中国工程院咨询研究项目

中国县（市）域城镇化研究

李晓江　郭仁忠　等　编著
干建国　张　娟

中国建筑工业出版社

审图号：GS（2019）1054号
图书在版编目（CIP）数据

中国县（市）域城镇化研究／李晓江等编著．—北京：中国建筑工业出版社，2019.3
ISBN 978-7-112-23291-8

Ⅰ.①中… Ⅱ.①李… Ⅲ.①县－城市化－研究－中国 Ⅳ.① F299.21

中国版本图书馆CIP数据核字（2019）第027651号

责任编辑：黄　翊　刘　静　王莉慧
责任校对：芦欣甜

中国县（市）域城镇化研究
李晓江　郭仁忠　等　编著
王建国　张　娟

*

中国建筑工业出版社出版、发行（北京海淀三里河路9号）
各地新华书店、建筑书店经销
北京雅盈中佳图文设计公司制版
北京缤索印刷有限公司印刷

*

开本：850×1168毫米　1/16　印张：29$\frac{1}{2}$　字数：557千字
2019年2月第一版　2019年2月第一次印刷
定价：256.00元
ISBN 978-7-112-23291-8
　　（33598）

版权所有　翻印必究
如有印装质量问题，可寄本社退换
（邮政编码100037）

《中国县（市）域城镇化研究》
编写委员会

编委会主任　邹德慈　李晓江

编委会成员　郭仁忠　王建国　张　娟　杨燕英
　　　　　　　周春山　王兴平　薛　力　杜荃深
　　　　　　　闫　岩　罗　彦　吕晓蓓　陈怡星
　　　　　　　王继峰

执 行 编 委　刘　航　李新阳　孙文勇　汪　鑫

序一

《中国县（市）域城镇化研究》是中国工程院多年来关于我国城镇化系列研究的最新成果，也是我于2012年至2013年主持的中国工程院重大咨询项目"中国特色新型城镇化发展战略研究"的后续延伸研究。

自秦统一中国以来，县一直是国家行政体系的基础单位。习近平总书记曾明确指出："郡县治，天下安。在我们党的组织结构和国家政权结构中，县一级处在承上启下的关键环节，是发展经济、保障民生、维护稳定的重要基础。"因此，研究县（市）域城镇化，对于推进新型城镇化，促进县（市）域经济社会健康发展有着重要意义。

在"中国特色新型城镇化发展战略研究"的过程中，研究团队形成了"人的城镇化"是城镇化核心的共识。根据中国的国情和改革开放40年城镇化的实际，中国特色的新型城镇化今后的发展，要注重以人为本，着力解决人的城镇化问题，核心是人的生产和生活方式转变。2013年12月中央城镇化工作会议指出："要以人为本，推进以人为核心的城镇化，提高人口素质和居民生活质量……"

改革开放40年来，我国在城镇化的进程中，人口由农村向城市的流动是多元多向的，相当数量的农村转移人口流向了沿海经济发达地区，流向了大城市，因此形成了若干人口和经济高度集聚的城镇群和大都市区；也有部分的农村转移人口流向了附近的中小城市和县城，出现了就近就地的城镇化模式。我国新型城镇化许多新的动向和新的形态，值得我们去开展持续、深入的研究。

2014年6月，中央成立了"京津冀协同发展专家咨询委员会"，我作为组长和十五位专家一起深度参与了国家重要的区域性战略——京津冀协同发展战略研究工作。到2018年11月，京津冀专咨委已经召开了102次全体会议。京津冀协同发展战略的核心任务是治理首都"大城市病"，疏解北京非首都功能，探索人口和经济密集地区的优化开发模式。这就使我们有机会深入全面思考城市群地区的发展问题，更加具体地认识到城镇化问题的重要性和复杂性，同时也深切感受到既要重视作为国家发展引擎的城市群地区的城镇化问题，也要关注周边县域的城镇化问题。因此，在2015年，我交待时任中国城市规划设计研究院院长李晓江同志向中国工程院申报县（市）域城镇化研究课题，进一步深入研究作为中国最重要的基层行政单元和就近就地城镇化的主要载体的县（市）域城镇化问题。

县（市）域覆盖了我国80%以上的国土，承载了我国62%的总人口和48%的城镇人口。2000年到2014年，县（市）域吸纳了全国56%的新增城镇人口，是我国城镇化的主体和基本面。县（市）域也是农民生产生活、农业现代化，乃至农村一、二、三产融合发展的重要支点，县（市）域城镇化直接关系到乡村振兴战略的成败，关系到乡村地区全面小康、现代化目标的实现，关系到亿万农民和中小城市（镇）居民的福祉。

县（市）域还承担着我国70%左右的小学和初中教育，是国家基础教育的关键层级，县（市）域的教育水平决定了我国未来的人力资源的水平。县（市）域保存着大量的传统村落和民居，保持着许多民俗文化传统，是中华民族"乡愁"的载体，是物质、非物质文化保护和传承的重要场所。

《中国县（市）域城镇化研究》以大量的实证数据认真分析了县（市）域在国家治理体系、人口城镇化、工业化、乡村振兴、脱贫攻坚、"三农"发展、人力资本提升、美丽中国建设中的地位和作用。总结梳理了我国人口城镇化建设由高速转向中高速；农村转移人口由东南沿海向中西部回流，向县（市）单元集聚；平原地区大量农村人口和农业劳动力"城乡双栖"、"城乡通勤"、"工农兼业"的生活与生产方式等现象。同时指出了县（市）域城镇化进程中存在的认识与行政行为的偏差、政府治理能力不足等重要问题。

《中国县（市）域城镇化研究》在对我国未来县（市）域城镇化预测的基础上，提出了要在坚持五大发展理念的基础上，坚持以人的现代化为根本目标，以城乡融合为基本语境，以生态文明为基本底线的县（市）域城镇化发展价值导向，提出了县（市）域城镇化发展目标与指标体系。

《中国县（市）域城镇化研究》以目标和问题双重导向，提出了保持行政体制稳定、明晰政府职能、强权赋能、三产融合、提升公共服务水平、保护乡土文化、改革财税和土地供给制度、构建空间规划体系等九个促进县（市）域城镇化健康发展的策略建议。提出了针对六类不同县（市）的差异化的发展策略指引。

综上所述，《中国县（市）域城镇化研究》是一个有较高质量的政策咨询研究成果，也是中国工程院对中央新型城镇化战略作出的新的贡献。感谢参加研究工作的各位中国工程院、中国科学院院士和专家，感谢中国城市规划设计研究院、深圳市数字城市工程研究中心、东南大学、中央财经大学、中山大学的课题团队的辛勤工作和为课题作出的重要贡献。只要我们坚持贯彻落实以习近平总书记为核心的党中央的战略方针，坚持调查研究、实事求是，就一定能让学术与工程科技的力量助力中国特色新型城镇化的健康发展，早日实现党中央提出的以人为核心的城镇化。

徐匡迪

2018 年 12 月 28 日

2012年至2013年,中国工程院名誉主席(原院长)、第十届全国政协副主席徐匡迪组织并主持了中国工程院重大咨询项目"中国特色新型城镇化发展战略研究"。当时,我带领中国城市规划设计研究院几十位中青年专家承担了咨询项目下设的"综合报告""中国城镇化道路与质量评析研究""城镇化发展空间规划与合理布局研究"三个课题。2015年徐匡迪主席要求中国城市规划设计研究院继续申报中国工程院咨询项目,组织开展县(市)域城镇化研究。2016年中国工程院正式批准设立政策咨询项目"中国县(市)域城镇化研究"。经过两年多时间的筹备、组织与项目实施,"中国县(市)域城镇化研究"工作顺利完成。

中国城市规划设计研究院在1980年代就开始关注并研究城镇化问题,有着长期的丰富的积累。参加本次咨询项目的团队继2013年参与完成"中国特色新型城镇化发展战略研究"后,又完成和参与了中央财经领导小组下达的"中国城镇化道路、模式和政策研究""山东省新型城镇化规划"、全国城镇体系规划的城镇化研究等重要政策研究和咨询课题,在城镇化领域形成了多层次的研究基础和经验积累。中规院上海、深圳、西部三个分院对东部、华南、西南等不同地区城镇化问题的长期研究,交通专业分院对城镇化进程中区域、城乡交通问题的持续关注,使中规院可以很好地发挥"中国县(市)域城镇化研究"牵头单位的组织作用,很好地把握研究工作的重点与方向,出色完成了本咨询项目的"综合报告"和"县域城镇化的国际经验借鉴""县域城镇化进程中的交通问题"两个专项研究报告,保障了咨询项目的高水平完成。

深圳市数字城市工程研究中心作为规划与国土系统的研究机构,拥有掌握全国性土地数据信息的优势,又有很强的数据分析处理能力,承担完成了"县(市)域土地利用演变研究"课题,有力地支持了县(市)域城镇化建设用地管理制度研究,揭示出当前县(市)域城镇化进程中土地利用的关键性问题。东南大学长期坚持城乡聚落体系研究,持续关注乡村地区建筑风貌和文化保护问题,在全国不同地区积累了非常丰富的实践,对县(市)域城镇化中的城乡聚落体系演变,对文化保护与传承展开了深入广泛的研究,完成了"县(市)域城乡聚落体系与建筑风貌研究"课题,为咨询项目提供了重要的支撑。中央财经大学团队长期关注县(市)单元的税收、财政体制和金融问题,既能从宏观上分析现行财政体制与县（市）域城镇化发展要求的制度设计问题，又拥有大量县（市）单元案例的多年数据与跟踪研究。中山大学团队对县域经济研究的长期积累及本次完成的以县为单位的县（市）域经济与产业发展研究有力地支持了项目对未来影响县（市）域城镇化的核心因素——工业化、经济与产业发展的基本判断和趋势预测。参与本咨询项目的五个单位通力合作与优势互补，保障了研究任务的顺利完成，保障了高水平、综合性研究成果的形成。

《中国县（市）域城镇化研究》对城镇化研究方法进行了有价值的探索和尝试，由此提高了政策咨询研究的科学性。

针对我国县（市）单元自然条件和发展模式差异性极大的特点，经过多种分类方法的比较，选取区位、人口密度和自然条件三个相对稳定的因素进行类型识别，并归纳出六类县（市）域城镇化的特征，提出差异化的发展指引。在国际比较研究中重点关注基层行政单元的城镇化特征与政策取向，详细分析比较各国的行政体制特征，选取与我国县（市）可比的行政层级进行比较研究，以准确理解不同国家的基层单元，使国际经验的借鉴更加准确、科学。在财政政策研究中，从税收制度入手，综合分析财政自主性、自给率，既有全国总量的分析，又有大量县（市）单元个体财政状况的分析，并且把研究扩展到金融政策分析，提出税收、财政、金融综合改革的建议。在交通问题研究中，通过典型县（市）较大规模的县城就业人员和乡村居民工作通勤问卷调查和访谈，获取大量第一手调查数据，证实了人口密集的平原地区县（市）广泛存在"城乡通勤""城乡双栖"等就近就地城镇化现象。在县（市）域未来城镇化水平和规模预测工作中，首先分析人口流动的特征，对未来影响人口城镇化的经济和一、二、三次产业发展趋势作出分析判断，在此基础上进行县（市）域城镇化总体水平的模型预测及六类县（市）域城镇化水平的预测，提高了预测结果的科学性与可信度。

"中国县（市）域城镇化"研究，是中国工程院城镇化系列研究的最新成果，填补了我国新型城镇化研究的一个重要空白。在研究成果的同行专家评审中，专家们认为研究成果"思路清晰，基础资料翔实，分析深入，成果系统全面，具有较强的综合性和创新性，是一项高水平、有特色的咨询研究成果"。本咨询项目达到较高的水平，得益于项目承担和参加五个专业机构的通力合作，得益于郭仁忠院士、王建国院士、杨燕英教授、周春山教授及其团队的努力工作,得益于李晓江、张娟同志对咨询项目的精心组织与协调和中规院多个业务部门团队的努力;得益于项目专家孟建民院士,项目顾问王瑞珠院士、郑时龄院士、崔愷院士、陆大道院士为项目提供的高水平的咨询意见;也得益于同行专家评审会的各位专家所提供的专业意见和建议。院士和专家们的真知灼见为项目顺利、高水平完成发挥了重要的作用。

邹德慈

中国工程院院士
中国城市规划设计研究院原院长
2018年12月

前言

"郡县治，天下安"，县级是我国两千多年以来最稳定的行政单元。县（市）域是国家治理体系中的重要的基础性层级，也是国家实施新型城镇化的主要载体。县（市）域城镇化是以县（市）域为重点，自下而上的本地城镇化发展范式，是以中小城市和小城镇为主要载体，吸纳农村富余劳动力转移的就地就近城镇化。推进县（市）域城镇化，对于解决"三农"问题，实施乡村振兴战略，推进城乡融合发展，全面实现小康目标，优化经济与人口地域结构具有重要意义；是推进生态文明，建设美丽中国，保护和传承优秀历史文化的主体空间；是优化城乡人居环境品质，提高农业地区公共服务水平，提升国家人力资本水平，改善城乡居民生活质量，全面实现现代化的关键。习近平总书记指出："县一级承上启下，要素完整，功能齐备，在我们党执政兴国中具有十分重要的作用，在国家治理中居于重要地位，是发展经济、保障民生、维护稳定、促进国家长治久安的重要基础。"

本咨询项目是2013年中国工程院重大咨询项目"中国特色城镇化道路发展战略研究"的后续研究，研究任务是厘清县（市）域城镇化发展的内在机制与主要影响因素；研究县（市）域城镇体系与城乡空间格局、土地利用、聚落形态、建筑风貌等发展趋势；总结我国县（市）域城镇化的分类特征，提出我国不同县（市）分类，推进县（市）域城镇化和城乡融合发展的政策建议，为我国新型城镇化发展提供理论与实践支撑。

本咨询项目的研究成果包括"课题1：中国县（市）域城镇化研究综合报告"（中国城市规划设计研究院）、"课题2：县（市）域土地利用演变研究"（深圳市数字城市工程研究中心）、"课题3：县（市）域城乡聚落体系与建筑风貌研究"（东南大学）、"课题4：支持县（市）域城镇化的财政政策与制度创新"（中央财经大学）和"课题5：中国县（市）域经济发展研究"（中山大学）。另外中规院团队完成了"县（市）域城镇化的国际经验借鉴""县（市）域城镇化进程中的交通问题"两个专项研究报告。

"中国县（市）域城镇化研究"咨询项目于2016年获中国工程院批准立项，并获批咨询研究项目任务及经费。咨询项目组于2016年10月和11月分别在深圳、南京召开全体会议，详细讨论各课题技术路径、研究方法和研究成果。2017年10月，咨询项目研究成果通过同行专家评审，参加审查的专家有清华大学毛其智教授、北京大学林坚教授、中国人民大学叶裕民教授、同济大学孙施文教授、北京大学周飞舟教授、清华大学武廷海教授、南京大学罗震东副教授。2017年12月，咨询项目研究成果通过中国工程院土木与水利学部常委会议审查。2018年2月，徐匡迪主席在上海听取了研究成果的详细汇报，并对研究成果的修改完善作出重要的指示。2018年3月到10月，参加咨询项目的各单位根据徐匡迪主席和学部常委会的要求，按照同行专家评审意见，对综合报告和各课题报告进行了全面的深化、修改和完善，形成交付出版的最终研究成果。

本咨询项目出版成果的所有数字化全国地图的各项数据均不包括香港、澳门特别行政区和台湾省。

本咨询项目出版成果的全部中国地图均由深圳市易图资讯股份有限公司绘制，咨询项目组特此表示深切感谢！

本书编委会
2018年12月

目录

序一 / 徐匡迪
序二 / 邹德慈
前言

课题1 中国县（市）域城镇化研究 综合报告

第一章 县（市）域城镇化的地位与作用 ………………………… 2
第一节 县（市）单元是国家治理体系中的重要层级 …………… 2
第二节 县（市）域是我国城镇化、工业化的重要空间 ………… 4
第三节 县（市）域是乡村振兴、脱贫攻坚的主战场 …………… 7
第四节 县（市）域是"三农"发展的主体空间 ………………… 8
第五节 县（市）域是提升国家人力资本的重要场所 …………… 10
第六节 县（市）域是建设美丽中国的基础底盘 ………………… 13
第七节 国家县（市）域发展相关政策的分析评估 ……………… 17

第二章 县域城镇化的特征 ………………………………………… 24
第一节 全国人口城镇化总体特征 ………………………………… 24
第二节 异地城镇化仍将持续，但内涵已经发生变化 …………… 29
第三节 "双栖"、"通勤"、"兼业"的就地城镇化新模式 ……… 32
第四节 县城、县级市区在县（市）域城镇化、现代化中的核心地位 … 39

第三章 县（市）域城镇化的主要问题 …………………………… 44
第一节 城镇化发展认识和行政行为存在偏差 …………………… 44
第二节 县（市）政府治理能力不足 ……………………………… 48
第三节 经济发展动力不充分 ……………………………………… 50
第四节 政府财政普遍失衡，财税制度有待完善 ………………… 52
第五节 土地利用结构不合理，建设用地配置机制有待优化 …… 55

第六节　县（市）域规划体系有待健全……………………………………58

　　第七节　县（市）域城镇化发展质量不高…………………………………59

第四章　县（市）域差异分析与类型识别……………………………………………66

　　第一节　县（市）域类型多样、差异巨大…………………………………66

　　第二节　县（市）域类型研究的多维视角…………………………………69

　　第三节　县（市）域差异的内在机制分析…………………………………70

　　第四节　城镇化视角的县（市）域类型识别………………………………72

第五章　基层单元城镇化的国际经验借鉴……………………………………………75

　　第一节　国际比较的方法……………………………………………………75

　　第二节　美国：空间集聚的城镇化…………………………………………76

　　第三节　德国：区域与层级均衡的城镇化…………………………………80

　　第四节　法国：由集聚走向均衡的城镇化…………………………………83

　　第五节　日本：自上而下的城镇化调节……………………………………85

　　第六节　国际经验小结………………………………………………………90

第六章　县（市）域城镇化发展趋势与预测…………………………………………92

　　第一节　人口结构与需求变化趋势…………………………………………92

　　第二节　经济与产业发展趋势………………………………………………98

　　第三节　县（市）域人口城镇化预测………………………………………110

第七章　县（市）域城镇化的目标与发展策略………………………………………116

　　第一节　理念、价值导向……………………………………………………116

　　第二节　保持体制稳定，优化行政层级，严控撤县设区改市……………120

　　第三节　明晰政府职能，重点突出民生、公共服务和城乡融合…………123

　　第四节　推进强权赋能，优化县（市）域治理体系………………………125

　　第五节　推动一、二、三产融合，促进县域经济高质量发展……………129

　　第六节　提升公共服务水平，培育县（市）域人力资本…………………131

　　第七节　加强乡土文化保护，传承地域特色风貌…………………………138

　　第八节　改革财税制度，实现政府责任与权力相匹配……………………142

　　第九节　改革土地供给制度，优化土地资源配置…………………………145

　　第十节　构建空间规划体系，优化县（市）域空间布局…………………148

第八章　六类县（市）域城镇化发展指引……………………………………………151

　　第一节　都市圈内的县（市）………………………………………………151

　　第二节　高密度平原县（市）………………………………………………155

　　第三节　低密度平原县（市）………………………………………………159

第四节　高密度山地丘陵县（市）……………………………… 161
　　第五节　低密度山地丘陵县（市）……………………………… 165
　　第六节　生态严苛地区的县（市）……………………………… 168
　参考文献…………………………………………………………… 171

课题2　县（市）域土地利用演变研究

第一章　县域城镇化与县域土地利用概况 …………………… 178
　　第一节　县域城镇化……………………………………………… 178
　　第二节　县域土地利用价值取向………………………………… 178
　　第三节　县域土地利用…………………………………………… 180
　　第四节　小结……………………………………………………… 184

第二章　县域土地利用时空演变与特征分析 ………………… 185
　　第一节　县域土地利用演变指标选取…………………………… 185
　　第二节　县域土地利用整体演变情况…………………………… 187
　　第三节　县域土地利用分项（地类）演变情况………………… 190
　　第四节　县域人口、经济与土地利用…………………………… 196
　　第五节　小结……………………………………………………… 198

第三章　县域空间演变特征分类与典型案例分析 …………… 200
　　第一节　县域空间演变特征分类………………………………… 200
　　第二节　典型案例分析…………………………………………… 216
　　第三节　小结……………………………………………………… 231

第四章　基于多情景分析的县域土地利用趋势研判 ………… 234
　　第一节　县域土地利用趋势模拟………………………………… 234
　　第二节　县域土地利用趋势研判………………………………… 237
　　第三节　小结……………………………………………………… 239

第五章　土地制度演变对县域城镇化的效应分析 …………… 241
　　第一节　城镇建设用地政策演变及效应分析…………………… 241
　　第二节　集体土地参与城镇建设的政策演变及效应分析……… 245
　　第三节　农用地政策演变及效应分析…………………………… 247
　　第四节　小结……………………………………………………… 248

第六章　县域土地利用问题与政策建议 ……………………… 249
　　第一节　县域土地利用问题总结………………………………… 249

第二节　支撑县域城镇化发展的土地政策建议 …………………… 250

　　参考文献 …………………………………………………………………… 252

课题3　县（市）域城乡聚落体系与建筑风貌研究

第一章　总则 …………………………………………………………………… 256
　　第一节　研究背景 …………………………………………………… 256
　　第二节　研究范围与对象 …………………………………………… 256
　　第三节　相关研究综述 ……………………………………………… 257
　　第四节　研究方法 …………………………………………………… 261
　　第五节　技术路线及框架 …………………………………………… 261

第二章　县（市）域城乡聚落体系研究 ……………………………………… 263
　　第一节　县（市）域城乡聚落体系演化发展 ……………………… 263
　　第二节　县（市）域城乡聚落体系现状特征 ……………………… 267
　　第三节　县（市）域城乡聚落体系的影响因素 …………………… 279
　　第四节　县（市）域城乡聚落规划的地方创新实践 ……………… 288
　　第五节　县（市）域城乡聚落空间规划改革策略 ………………… 297

第三章　县（市）域聚落风貌研究 …………………………………………… 305
　　第一节　县（市）域聚落风貌的定义及其发展机制 ……………… 305
　　第二节　当前我国县（市）域聚落风貌的特征与主要问题 ……… 307
　　第三节　城镇化过程中聚落风貌的发展策略 ……………………… 310
　　第四节　案例 ………………………………………………………… 312
　　第五节　县（市）域城乡风貌的几点思考 ………………………… 314

　　参考文献 …………………………………………………………………… 315

课题4　支持县（市）域城镇化的财政政策与制度创新

导言 ……………………………………………………………………………… 320

第一章　县（市）域城镇化进程中财政政策的地位与作用 ………………… 322
　　第一节　中国县级财政状况分析 …………………………………… 322
　　第二节　现行财政体制下中国县级城镇化 ………………………… 325
　　第三节　财政对县（市）域社会事业发展影响分析 ……………… 328
　　第四节　财政政策在县（市）域城镇化中的地位与作用 ………… 337

第二章 改革开放后县级财政体制与政策回顾 ……………… 338
第一节 1980~1993年财政包干县级财政体制与政策 ……… 338
第二节 分税制改革后县级财政体制与政策 …………………… 340
第三节 分税制财税体制对县（市）域城镇化的影响评价 ……… 343

第三章 支持县（市）域城镇化的财税政策改革思路 ………… 358
第一节 继续深化分税制改革 …………………………………… 358
第二节 防范县级财政风险 ……………………………………… 359
第三节 扩大县级财政专项资金统筹使用范围 ………………… 362
第四节 改革对县级政府的绩效考核机制 ……………………… 364

第四章 构建支持县（市）域城镇化的财税政策体系 ………… 367
第一节 进一步明确县级政府事权与支出责任 ………………… 367
第二节 继续深入推进省直管县改革 …………………………… 368
第三节 尽快构建地方税制体系 ………………………………… 370
第四节 完善县级财政转移支付制度 …………………………… 372
第五节 推动县级财政编制跨年度预算制度 …………………… 374
第六节 充分利用新型财政政策工具 …………………………… 376
第七节 完善财政支持新型农业社会化服务体系建设 ………… 378
第八节 制定支持县（市）域经济发展的税收优惠政策 ……… 380
第九节 鼓励金融机构加大对县（市）域城镇化建设的支持力度 …… 381

参考文献 …………………………………………………………… 383

课题5 中国县（市）域经济研究

第一章 县（市）域经济发展总体分析 …………………………… 390
第一节 县（市）域产业结构及空间分布 ……………………… 390
第二节 县（市）域经济分类 …………………………………… 392
第三节 县（市）域经济发展潜力分析 ………………………… 398

第二章 不同视角的县（市）域经济发展分析 …………………… 404
第一节 分省份的县（市）域经济发展分析 …………………… 404
第二节 城市群内外县（市）域经济发展分析 ………………… 405
第三节 分地形的县（市）域经济发展分析 …………………… 407
第四节 分等级的行政单位发展分析 …………………………… 410
第五节 分驱动力的县（市）域经济发展分析 ………………… 411

第三章 县（市）域经济发展存在的主要问题 …… 415
第一节 县（市）域经济问题 …… 415
第二节 县（市）域人口问题 …… 417
第三节 县（市）域财税问题 …… 419
第四节 县（市）域公共服务问题 …… 420
第五节 县（市）域资源环境问题 …… 421

第四章 县（市）域经济发展环境、目标和思路 …… 422
第一节 县（市）域经济发展环境 …… 422
第二节 县（市）域经济发展目标 …… 426
第三节 县（市）域经济发展指导思想 …… 427
第四节 县（市）域经济发展思路 …… 428

第五章 县（市）域经济发展策略 …… 431
第一节 县（市）域发展类型的综合框架 …… 431
第二节 不同阶段县（市）域经济发展策略 …… 431
第三节 城市群内外县（市）域经济发展策略 …… 434
第四节 不同地形县（市）域经济发展策略 …… 435
第五节 不同驱动力的县（市）域经济发展策略 …… 437

第六章 县（市）域经济发展政策建议 …… 440
第一节 推进供给侧改革 …… 440
第二节 加强基础设施公共服务建设 …… 441
第三节 构建发展新体制 …… 442
第四节 推进新型城镇化 …… 443
第五节 加快改善生态环境 …… 444
第六节 扎实推进脱贫攻坚 …… 445

参考文献 …… 446

附件 项目参加团队与专家名单 …… 449

课题 1 中国县（市）域城镇化研究 综合报告

第一章 县（市）域城镇化的地位与作用

第一节 县（市）单元是国家治理体系中的重要层级

一、县（市）单元是最稳定的一级行政单元

县级单元是我国历史上最稳定的一级行政单元。县制萌芽于 2500 多年前的春秋时期，确立于秦代，至今已有 2000 多年历史。历朝历代地方行政管理体系皆有所差异与变革，行政层级在二级制、三级制及四级制中变化，县以上的区域型行政单元的地域范围及名称在历史上各个朝代不断变化，但县级单元一直是最稳定的基本单元，有一部分县 2000 年以来其地域范围和名称都未改变。

由于县级单元在国家治理体系中长期稳定地存在，以县为单位的社会结构、地域文化和居民认知在中国历史上持续传承，因此对于国家社会治理与稳定、民生与文化发展均具有重大意义。

我国《宪法》明确的行政区划为省（自治区、直辖市）、县（自治县、市）和乡（民族乡、镇）三级。部分经济较发达的县改为县级市，但治理模式和职权范围与县相似。

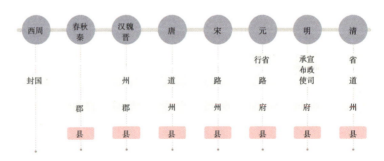

图 1-1 西周至清朝的地方行政体系变迁及县级单元的地位示意图

二、县（市）单元是国家治理体系中的重要层级

县级单元在我国地方政府行政体系中起到承上启下的重要作用，是承接上级行政单元政策与指令要求的基本单元。在我国古代社会，县是皇权统治的最基层

治理单元，同时也是上级行政单元与以自治为主导的基层治理单元（如乡、里和宗族）间的重要联系，即所谓"皇权不下县"。现代的县级单元依然是省级政府、地级市政府（我国宪法只规定"……较大的市分为区、县"，并没有地级市行政层级的明确规定）实施地方治理的重要载体。改革开放以来，县级单元在地方治理体系中的地位出现了多种变化，先后出现了市、地管县的实际行政运行体制，出现了县改市、县改区等体制性变化。近年来，县级单元的治理地位和县域发展越来越受到重视，行政体制向省管县的回归实践越来越多。

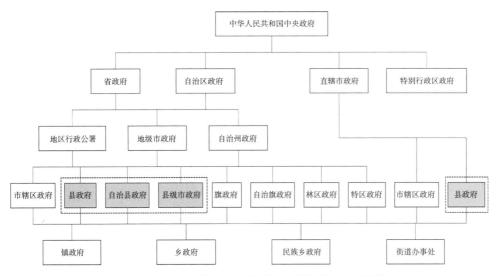

图 1-2　县（市）单元在我国现行实际治理体系中的层级

县（市）政府是负责"治民"事务，职权最完整的一级政府。县以上的地方政府主要负责自上而下的指令传导及对下监督作用，起到"管官"的作用。而县级单元则是直接面向基层，管理、服务具体事务的治理单元，主要起"治民"的作用。

县级单元管辖的地域范围宽广，长期管理和服务着广大农村地区，县以下的地方政府机构设置和职责通常并非全面覆盖，部分职权仍需要县级政府进行运作。历史上，县级政府除向上服务于中央治理之外，更多的职能在于向下的地方治理、物质建设、农业发展、教化百姓、保障公平等管理与服务。因此，县级单元在统筹城乡发展、满足城乡基层需求等方面发挥了重要作用，是城乡社会治理的重要层级。即使随着城镇化率不断提高，农村人口向城镇持续聚集，县级单元仍将承担城乡社会经济发展、基本公共服务供给、基础设施建设、社会治理等重要职能。

在国家新时期新型城镇化和乡村振兴的发展背景下，城乡关系仍在持续变动，国家的发展要求、基层的发展特征与服务需求也在持续变化。观察发达国家的现代化历程，我们可以发现，凡是拥有悠久农耕文明的国家，都会有相对繁荣、发达的乡村和小城镇，都会保持乡村和农业地区的健康发展，形成高度一体、融合的城乡关系，因此，国家治理结构也将相应地持续完善和变革。我国在工业化初期形成的城乡二元结构将随着现代化的进程而消失，生态与环境保护战略向农村延伸，乡村居民对基本公共服务和生活质量诉求的提高，县（市）域就近就地城镇化的趋势等，都对县级单元的治理构架、治理能力和治理水平提出了新的要求。

第二节　县（市）域是我国城镇化、工业化的重要空间

一、县（市）域是人口城镇化的重要空间

截至 2014 年底，我国县（市）域常住人口 8.5 亿，约占全国总人口 62%。随着城镇化的进程，县（市）域常住人口出现过持续外流的时期。尤其在 2000 年以后我国城镇化快速发展的时期，县（市）域常住人口规模和占比持续下降，省会以上、一般地级市的常住人口持续增长，而县级市和一般县的常住人口则呈现减少趋势，且增长规模与减少规模呈现 3∶1 的结构差距。但是随着近年来大城市规模集聚的边际效益开始递减，城市病显现，人口增长速度明显放缓，2010 年以后县（市）域出现人口回流的现象。

同时，县（市）域已经成为我国城镇化的重要载体。2000~2014 年，县（市）域城镇人口由 1.9 亿增长至 3.6 亿，占全国城镇人口比重从 42% 提高至 48%，县（市）域新增城镇人口 1.7 亿，占全国新增城镇人口的 56%。

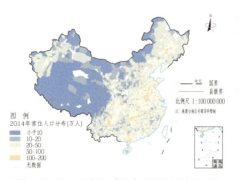

图 1-3　2014 年县（市）域常住人口分布

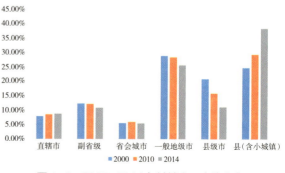

图 1-4　2000~2014 年城镇人口占比分布

专栏 1-1　安徽省县域城镇化回流现象

根据皖北城镇群城镇体系规划的调研，皖北地区居住在县域内部、就业在城市的人群意愿特征显著。其中，接近 80% 的第二代的年轻农民更倾向于未来在县域内部定居；意愿回到县城的比例为 22%；意愿回到村里的比例达到 43%；在工作地点上的意愿上更倾向于走出县域，其中意向走出安徽省的比例为 26%。

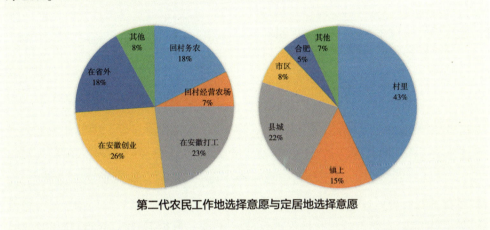

第二代农民工作地选择意愿与定居地选择意愿

二、县（市）域经济是国家经济重要组成部分

2002 年，党的十六大报告提出"发展农产品加工业，壮大县域经济"，这是"县域经济"概念首次被写进中央文件，此后"县域经济"被正式纳入国家经济建设和经济体制改革的范畴。

长期来看，县（市）域的经济发展始终占据国家经济的半壁江山，是国家经济的重要组成部分。即使当前中国经济进入新常态，在这一经济结构调整时期，县（市）域经济依然保持了较高的增长速度，为中国经济稳定、健康发展起到重要作用。2014 年县（市）域 GDP 占全国比重为 41.58%，剔除县改区对行政区划调整的影响，占全国比重达到 46%[①]，2005 年以来县（市）域 GDP 占比基本保持平稳并有小幅上升。从经济增量来看，县（市）域在经济增长中仍然占有十分重要的地位。2000~2014 年，县（市）域 GDP 增量约占全国的 43%。从经济增速来看，2000~2014 年县级市的名义 GDP 增速为 14.6%，县的名义 GDP 增速为 15.1%，与一般地级市相比相差不大。

---

① 以 2000 年为基期，将行政区划调整中改区的县（市）相关指标重新纳入县（市）域统计。

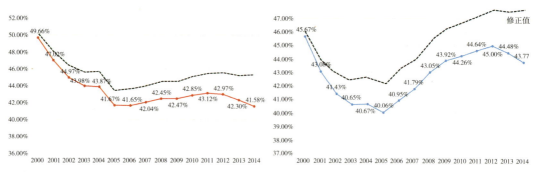

图 1-5　2000~2014 年县（市）域 GDP 占比
（资料来源：中国城市统计年鉴）

图 1-6　2000~2014 年二产增加值占比①
（资料来源：中国城市统计年鉴）

我国幅员辽阔，县域经济和城镇化发展水平区域差异显著，但总体来看大多数省份县（市）域对于本省 GDP 具有重要贡献。2005~2014 年，江西、广东、河北、陕西、黑龙江、辽宁等省份县（市）域 GDP 占全省比重整体持续上升。东部地区的江苏、山东、浙江、福建、河北等省份县（市）域 GDP 占比超过 50% 且保持总体稳定。东北地区的辽宁、吉林、黑龙江均出现地级市 GDP 比重下降、县（市）域 GDP 比重相对上升的现象。中西部地区省份除安徽、湖北县域经济比重低于 50%，大部分省份县（市）域 GDP 都接近甚至超过 60%，其中河南县（市）域 GDP 占比接近 70%。

图 1-7　2014 年部分省级行政区县（市）域 GDP 占比
（资料来源：2015 年中国城市统计年鉴）

---

① 个别年份数据缺失，采用前后两年间数据插值。

第三节 县（市）域是乡村振兴、脱贫攻坚的主战场

一、县（市）域是实现乡村振兴的重要空间

2004年以来，中共中央、国务院连续发布了14个有关"三农"问题的"一号文件"，对农业、农村、农民与县域发展提出了一系列的要求。党的十九大提出了"乡村振兴"的国家战略，显示了国家对于乡村地区发展的高度重视。

《中共中央 国务院关于实施乡村振兴战略的意见》中提出总体要求是坚持农业农村优先发展，同时建立健全城乡融合发展体制与政策体系，2050年实现乡村全面振兴。乡村振兴战略的提出，对推动农业的现代化、促进乡村制度改革、加强乡村治理及全面促进乡村发展有着重要意义。

伴随当前乡村振兴和城镇化进入转型提质的新阶段，乡村从服务城市、支持工业化的被动地位向城乡互补、全面融合新型城乡关系转变。县（市）域作为联系城乡的关键中间支点，作为覆盖广大乡村地域的区域型行政单元，对缩小城乡二元差距、促进城乡融合、实现全面乡村振兴有着不可替代的作用。县（市）域是建立城乡要素双向流动机制的重要层级，是实现产业兴旺、生态宜居、乡风文明、治理有效和生活富裕的乡村振兴战略总要求，推进乡村产业振兴、人才振兴、文化振兴、环境振兴和组织振兴的重要载体。

二、县（市）域是脱贫攻坚的主战场

消除贫困、改善民生、实现共同富裕，是社会主义的本质要求。脱贫攻坚是党的十九大提出的三大攻坚战之一。习近平总书记强调，"确保到2020年现行标准下农村贫困人口全部脱贫，消除绝对贫困；确保贫困县全部摘帽，解决区域性整体贫困。稳定实现贫困人口'两不愁三保障'，贫困地区基本公共服务领域主要指标接近全国平均水平。"扶贫工作，直接关系2020年全面建成小康社会的目标能否实现。截至2018年2月，全国共585个贫困区县，占区县级行政区划的20%，主要为县和自治县。县（市）域是全国打赢脱贫攻坚战、实现全面建成小康社会目标的主战场。2013~2016年4年间，每年农村贫困人口减少都超过1000万人，累计脱贫5564万人。

我国20多年来的扶贫振兴实践表明，仅靠转移支付、社会保障、普及低保等政策无法实现真正脱贫。必须通过县域经济发展，培育贫困地区的内生动力和经济活力；通过县域内城乡聚落和经济产业布局优化，实现贫困人口的产业扶持、转移就业、异地搬迁安排生产生活等脱贫方式。促进劳动力流动，实现经济上的

持续来源。因此，县（市）域为脱贫攻坚的主战场，县级政府是具备多种扶贫资源，实施脱贫战略的核心层级，国家规定的"脱贫攻坚任务不完成，县的党政主官不得调动"的政策说明县（市）域在脱贫攻坚中极其重要的作用。

第四节 县（市）域是"三农"发展的主体空间

相对于城市，县（市）域的特点在于农村占据绝大部分地域，农民占据人口的大多数或比重较高，农业经济占据重要地位。因此，县（市）域是"三农"发展的主体空间，县（市）域是服务"三农"，提升"三农"发展水平的重要层级。

一、县（市）域是农民包容性就业的"蓄水池"

相比城市，县（市）域具有更强的就业包容性。私营、个体从业、非正规就业等多种就业形式在县（市）域占据十分重要的地位。我国县（市）域就业人员总量从2010年后开始快速增加，私营和个体从业人员规模在2000~2014年间增长最快，剔除近年县改区行政区划调整的影响，2010年后县（市）域城镇私营和个体从业人员规模已经超过县（市）域单位从业人员规模和市辖区城镇私营和个体从业人员规模，成为县（市）域城镇就业的主要形式之一。2013年全国20县城镇化调查显示，非正规就业人口占县域就业比例约50%~70%。县（市）域对于充分、多元、包容性的就业与工作机会的供给，对于农民保障就业、工农兼业、脱贫致富、提高生活水平起到了重要的支撑作用。

全国20县调研——不同年龄农村劳动力就业情况　　　　　表1-1

	务农	农业兼业	本地务工	常年外出务工	就学参军及其他
16~19岁	3%	2%	5%	15%	75%
20~29岁	9%	9%	23%	46%	12%
30~39岁	13%	25%	26%	34%	2%
40~49岁	22%	37%	20%	20%	1%
50~69岁	30%	43%	15%	9%	3%
60~64岁	37%	46%	8%	4%	5%

（资料来源："中国城镇化的道路、模式和政策"课题报告）

二、县（市）域是推进农业现代化的基础平台

县（市）域集聚了最主要的农业发展资源，是农业生产的主要空间，也是通过二产、三产促进农业产业化、现代化的重要空间。农业现代化是县域城镇化的

重要支撑，只有充分提高农业生产效率，才能进一步释放农业劳动力，提升县域城镇化和现代化水平。

县（市）域是农业现代化的主战场，农林用地空间及各类农产品产量均占据绝大比重。2014年，县（市）域耕地总量达到1.12亿 hm²，占全国比重达到83.0%；林地面积达到2.24亿 hm²，占全国比重达到88.5%；第一产业增加值达到4.96万亿，占全国比重达到85.5%；粮食总产量达到5.07万吨，占全国比重达到83.5%；棉花、油料、肉类等主要农产品产量均达到全国80%以上。县（市）域通过农业生产确保了全国的粮食和农产品安全，承担了国家"命脉"功能。

县（市）域是推进我国农业现代化、产业化发展的重要平台。农业的效率提升及其向二、三产业延伸，需要多样化的生产性服务业支撑，主要依靠县（市）域内城镇提供在地服务。发达国家的经验表明，农产品加工业有极大的发展潜力，相关企业绝大多数聚集在农业地区的中小城镇。

县（市）域城镇化对于农业现代化有重要的推动作用。农业机械化是农业现代化的重要标志，2014年，县域农业机械总动力达到9.30亿 kW，占全国比重86.4%；县域机收面积达到6955万 hm²，占全国比重85.9%。目前，农机总动力高值中心集中于东北地区、山东半岛、京津冀地区，地均农机总动力也呈现东高西低的格局。除了农业机械适用性的地理因素，机械化程度的高低与县域经济水平、城镇的农业生产性服务能力明显相关。我国的农业机械化尚有巨大的发展空间，农业机械化必须有县（市）域城镇的支持。

三、县（市）域是农村基本公共服务的供给单元

县（市）域是提供基层公共服务、提高农民生活水平的重要单元。县（市）域承载了大量农村人口，公共服务需求量大；县（市）域悠久的历史形成了相对稳定的社会关系和基本公共服务的供给体系，是农村基本公共服务供给的基本单元，是我国基本公共服务均等化的重要载体。以教育、医疗服务为例，截至2015年底，县（市）域小学在校学生数占全国比重达到71.54%左右，普通中学在校学生数占全国比重达到68.21%左右，中等职业教育学校在校学生占全国比重达到37.07%左右；医疗卫生机构床位数占全国比例达到53.84%左右。

然而，县（市）域的公共服务仍待改善与提升，是我国增进民生福祉的重要短板。县（市）域各项基本公共服务的设施建设普遍低于城市，服务水平与城市的差距仍在扩大。医疗设施水平落后，2014年全国县（市）域每万人拥有医疗卫生机构床位数为33.49，86.06%的县域低于全国平均水平（48.26张/万人）。

社会福利设施不完善，2014年，全国县（市）域各种社会福利收养性单位个数为31947个，占全国社会福利收养性单位个数的33.25%；县每万人拥有社会福利收养性单位个数为0.34,89.23%的县域低于全国平均水平（0.70个/万人）；2014年，中国县域各种社会福利收养性单位床位数为296万张，占全国医疗卫生机构床位数的48.25%；全国县域每万人拥有医疗卫生机构床位数为31.69，77.13%的县域低于全国平均水平（44.90张/万人）。

以四川省为例，县（市）域常住人口占全省比重达到65%，而教育、医疗、社会福利等公共服务的供给水平过低。其中，医疗卫生床位数占全省比重仅为10.94%，每千人床位数为4.89张，低于全省水平（5.96张/千人）。各种福利性收养性单位数占全省比重低至0.58%，床位数占比仅为13.26%。医疗卫生机构各种福利收养单位数每万人为0.43个，远低于全省水平（9.77个/万人）。县（市）域小学、普通中学数量占比分别为32.33%、13.83%。

第五节 县（市）域是提升国家人力资本的重要场所

一、县（市）域教育落后，阻碍了国家人力资本提升

县（市）域公共服务的水平不仅决定了我国城乡广大普通国民的基本生活品质与基本健康水平，更直接关系到民族振兴与跨越中等收入陷阱的核心要素——人力资本提升。人力资本不仅可以直接提高生产经营水平，也可以通过与其他生产要素的协同而促进经济发展，有利于推动经济发展转型与社会稳定，进而跨越中等收入陷阱，实现国家富强与民族振兴。然而，在城乡公共服务水平严重分化的现实背景下，县域人力资本低下，已成为阻碍县域经济发展的重要因素，并可能成为影响国家现代化进程的主要障碍。

县（市）域教育层次整体偏低，导致县域人力资本水平低下。根据第六次人口普查数据，城市劳动力的高中（及以上）教育比例为51.51%，而镇和乡村劳动力的高中（及以上）教育比例分别只有30.88%和11.14%，差距巨大。而镇和乡村的劳动力规模占全国劳动力半数以上，决定了中国劳动力素质总体水平不高的现状，成为我国人力资本提升的短板。

同时，县（市）域教育水平还决定了我国未来人力资本可持续提升的能力与潜力。如前文所述，我国68%和72%的中、小学生在县（市）域接受基础教育，而县（市）域的教育基础设施的投入及师资力量严重不足，总体教育质量仍然堪忧。另一方面，县域教育层次提升需求仍然迫切，2010年，我国镇

的 16~18 岁高中（及以上）入学率仅为 66.11%，而乡村仅有 31.69%，据研究，成功跨越中等收入陷阱的国家或地区（如韩国、中国台湾、爱尔兰等）在与我国当前相同收入水平时，高中以上教育水平人口比重普遍在 70% 以上。因此，面向未来，我国人力资本提升仍面临持续动力不足的风险，重要的短板仍存在于量大面广的县（市）域。

近年来，县（市）域的中小学教育投入不断增加，但仍难以满足县域不断增长的教育需求。许多人口大县的初中、高中学位明显不足，高中、高职学校超大

> **专栏 1-2　农村儿童问题对中国的挑战**
>
> 优质的人力资源是国家实现现代化的重要因素，高中毕业生是衡量人力资源水平的重要标志。土耳其、巴西等掉入中等收入陷阱的国家，高中受教育程度平均水平为 32%，远低于高收入国家（如加拿大、美国，北欧国家等）的 75%。顺利跨过中等收入陷阱步入高收入的国家和地区，如韩国、中国台湾、爱尔兰、新西兰等在中等收入阶段时，72% 的劳动力是高中毕业生，已经拥有与高等收入国家人力资本水平相当的基础。
>
> **中等、高等收入国家高中受教育程度占比**
>
> | 国家 | 2010年占比（%） |
> | --- | --- |
> | 土耳其 | 31 |
> | 巴西 | 41 |
> | 阿根廷 | 42 |
> | 墨西哥 | 36 |
> | 南非 | 28 |
> | 中国 | 24 |
> | 中等收入平均水平 | 32 |
> | 高等收入国家 | 74 |
> | 中等收入"毕业生" | 72 |
>
> 值得警惕的是，中国 2010 年高中毕业生比重仅仅为 24%，是所有中等收入国家里面最低的，而且中国农村学生学习预期与学习意识不足。中国城镇中，93% 的孩子是上高中的，甚至超过了美国的 92%。但中国贫困农村 63% 的孩子一天高中都没上过，包括职中、职高。抽样表明，打算上高中的学生知道自己以后要中考，学习就非常认真。那些不想上高中的学生，他学习到的绝对知识的值是负的——不但是没学好中学知识，而且是倒退。最终导致的结果是，只有 37% 的农村学生进入高中。
>
> （资料来源：罗斯高《农村儿童的发展怎样影响未来中国》主题演讲，2017.09.15）

班（60~80 人/班）现象十分普遍；优质中学比例低，整体教育水平提高缓慢。县域中学教育资源不足导致农民工整体教育程度低，高中毕业生比例低，社会人力资本提升缓慢。县城初中和小学布局问题长期没有找到好的解决办法，集中办学、寄宿制提高了教学水平，但增加了学校投入，增加了家庭教育开支和上学交通困难，对幼龄学童的心理健康也有影响。相比在校小学生比重，县域中学生比重和中等职业教育在校学生比重较低，特别是为当地经济部门输送拥有专业技能的实用人才的职业教育明显落后于城市地区。

二、县（市）域人口问题制约了乡村振兴

我国县域单元普遍存在人口外流现象，中部、西部地区的省份尤为明显。省会以上、一般地级市、县级市和县人口增量比例关系基本为 3：3：-1：-1，县域单元人口始终处于不断减少的状态。2005~2010 年是部分县域人口流出最多的时期，2010 年以后总体规模有所趋缓。

人口的大量流出，导致部分县域内部形成大量空心村。农村空心化造成的留守群体社会服务与救助缺失问题严重。2015 年留守老人占农村老人的 23.3%，农村空巢老年人占老年人口的 51.7%[①]；独居老人占老年人总数的近 10%，仅与配偶居住的老人占 41.9%。而另据《中国老年人走失状况调查报告》显示，全国走失老人的重灾区同时也是大量人口流出的地区，走失的多数为农村留守老人。国家卫计委《中国家庭发展报告（2015 年）》显示，农村留守儿童占农村全部儿童的 35.1%；最新的全国农村留守儿童摸底排查显示，截至 2016 年 11 月，不满 16 周岁的农村留守儿童数量仍然有 902 万人[②]，其中有 6 万农村留守儿童无人监护，占 4%。人口流动导致的农村儿童智力发育和心理健康问题越来越受到关注，对我国人口素质和人力资本提升影响深远。

县（市）域人口老龄化现象严重。除西藏、新疆与青海外，我国其他省级行政区县域 65 岁以上老年人口均为 6% 以上，东部、中部和东北大部分省区的县（市）域超过 8%，已完全进入老龄化社会。

高素质人口外流，导致县域劳动力素质结构提升困难。县域流出的劳动力基本为青壮年劳动力和知识水平、能力较强的县域精英，从而导致基层人口素质和自治水平迅速下降，也导致生产和经营水平难以提高。在部分县域人口外流逐渐

---

① 2016 年全国老龄办发布的《第四次中国城乡老年人生活状况抽样调查成果》。
② 2016 年 3 月底开始，民政部、教育部、公安部在全国范围内联合开展农村留守儿童摸底排查工作。根据《国务院关于加强农村留守儿童关爱保护工作的意见》对于农村留守儿童的定义，本次摸排的对象是父母双方外出务工，或一方外出务工另一方无监护能力，无法与父母正常共同生活的不满 16 周岁农村户籍未成年人。

减缓、回流趋势逐步显现的背景下,高素质人口回流比例却相对较小,县(市)域对于高素质人群的吸引力仍然有限。

> **专栏1-3 农村儿童问题对中国的挑战**
>
> 哈佛学者罗斯高根据相关研究提出,中国农村半数以上的儿童存在着一定的智力问题,发达城市与落后农村之间,儿童智力发展水平可能存在着惊人的差距。陕西的抽样调查表明,农村超过一半的儿童智力发展缓慢。云南、河北,乃至上海浦东、北京农村抽样表明,低认知能力/语言能力婴幼儿比重远超城市,高达40%~50%(见下图)。也这意味着,中国几乎1/3的未来劳动力智商偏低的。研究认为,这种状况与农村儿童贫血等营养问题相关,而更重要的是与大量儿童"留守",由祖辈老人抚养,缺少父母关爱交流有关。这种养育上的不足,是儿童认知能力提升的障碍。

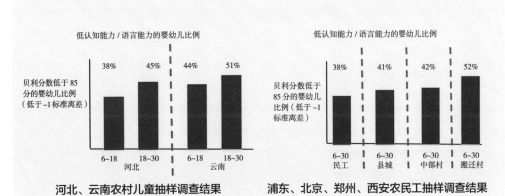

河北、云南农村儿童抽样调查结果　　浦东、北京、郑州、西安农民工抽样调查结果

第六节 县(市)域是建设美丽中国的基础底盘

一、县(市)域拥有丰富的自然和文化资源

我国国土空间幅员辽阔,地质地貌丰富多彩,衍生出壮美的自然景观和文化景观,形成了我国特有的国土景观空间。宏伟的山水格局和世界自然遗产、世界文化遗产、国家风景名胜区、世界地质公园、历史文化名城名镇名村等为代表的保护地是国家自然和文化壮美景观的菁华;千年优秀人居文化传统沉淀下来的城镇乡村聚落构成了美丽中国的核心要素。

从自然资源的分布来看,县(市)域承载了我国大量的自然景观资源,84%的世界自然遗产、77%的国家风景名胜区、66%的省级风景名胜区、

68%的国家森林公园、80%的国家地质公园、87%的国家湿地公园均分布在县（市）域空间内。同时县域内聚集了大量的文化资源，包括52%的世界文化遗产、55%的大遗址、68%的历史文化名镇、79%的历史文化名村以及88%的全国传统村落，县（市）域是建设美丽中国的基础性空间。

县（市）域的城镇化面对着国家重要的自然与文化遗产，面对着广域的自然山水，面对着大量的传统聚落，必须以建立正确的自然观、文化观、历史观为前提，实现以保护自然和文化为前提的合理发展，引导经济和人口的合理聚集与分

我国县（市）域内的自然资源与文化资源的数量与占比　　　表1-2

	全国总量（个）	县（市）域内数量（个）	占比
世界自然遗产	44	37	84%
国家风景名胜区	256	197	77%
省级风景名胜区	759	500	66%
自然保护区	1730	825	48%
世界地质公园	31	15	48%
国家森林公园	785	537	68%
国家地质公园	234	186	80%
国家湿地公园	285	247	87%
世界文化遗产	58	30	52%
大遗址	149	82	55%
历史文化名城	128	39	31%
历史文化名镇	251	171	68%
历史文化名村	276	218	79%
全国传统村落	2553	2243	88%

（资料来源：《全国城镇体系规划（2035）》（过程稿））

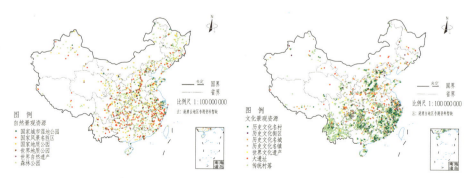

图1-8　国家重要自然景观资源（左）和文化景观资源（右）空间分布图
（资料来源：《全国城镇体系规划（2035）》（过程稿））

布，把县（市）域建设成山、水、林、田、湖、草与村、镇和谐融合的魅力中国的主体空间。

二、县（市）域是文化传承的重要载体

县是我国历史上延续最长、边界相对稳定的地域性行政组织机构，长期稳定的组织形态使县成为社会网络、文化认同的基本单元。县域文化具有很强的乡土性和原赋性，根植于当地居民的价值取向、观念形态、生活方式、民俗风情等多种社会、经济和文化要素，县有长期稳定性。保护与弘扬县域内的物质文化资源、非物质文化遗产以及其他特色文化资源，就是保护国家文化多样性和地域性、传承地域文化、彰显中华文明。

此外，在文化繁衍、交流的历史过程中，我国还形成了多层次、丰富的地方性文化分区和文化遗产廊道。这些地区和走廊是国家历史遗存和地区文化遗产富集地区，是文化传承的脉络，保护区域文化和保护国家遗产廊道需要以县（市）域来发扬文化、彰显特色，也需要对沿线的城、镇、村整体保护。因此，县（市）域也是文化地区和文化廊道保护的基础单元。

图 1-9　全国魅力特色区分布示意图
（资料来源：《全国城镇体系规划（2035）》（过程稿））

三、县（市）域是休闲体验经济的重要潜力地区

我国已经进入大众休闲度假的新时代。近几年国内旅游业迅猛发展，2005~2015年，旅游人次年均增长率13%，国内旅游总收入年均增长率21%，增速均显著高于全国GDP增长。2015年国内旅游突破40亿人次，旅游收入3.4万亿元；旅游就业人数占全国总就业人数的10%。旅游休闲已成为我国居民的日常消费，是拉动经济增长的重要动力，推动新型城镇化发展的重要力量。

"乡村是中国未来的奢侈品"。发达国家的经验也表明，乡村地区的资源价值随着现代化进程日趋提升，并呈现日益稀缺的特征。为了响应未来日益增长且丰富的消费需求，国家提出供给侧结构性改革的要求，其中消费经济衍生的新的空间需求是供给侧改革的重要领域。随着经济发展和国民收入增加，人口和经济密集区、非密集区的空间价值正在发生转变，有历史、有文化、有风景、有生态但经济欠发达地区将逐步成为新的价值空间。全国各地蓬勃兴起的农家乐新兴消费模式正在深刻改变农村的生活生产方式，并改变了城乡关系。尽管东部和省会城市仍显著吸引了大量旅游人口，但云南丽江、西藏林芝等诸多边远地区作为旅游热点，在县域尺度表现出强劲吸引力。景观资源最丰富的西部地区正在成为全国最具吸引力的区域，人文和自然资源丰富的县（市）域将成为新经济的关注热点。

在自然与文化资源富集的地区，通过资源与政策的合理配置，人口、经济和城乡聚落的合理布局，使这些地区的城镇与乡村实现面向旅游休闲消费需求和本地农副产品生产的特色发展道路，形成具有国际和区域影响力的广域旅游休闲地区。《全国城镇体系规划（2035年）》编制过程中提出了规划培育美丽中国的30个国家魅力特色区的构想。这些特色区总计占国土面积的28%，集聚约全国11%的GDP和18%的常住人口，覆盖了619个县（市）域，包括45%的国家级贫困县。这些县（市）域必然会走出特色发展、创新发展的城镇化道路。

> **专栏1-4 浙江云和探路"全域景区化"，打造美丽中国的县域样板**
>
> 作为全省首批"浙江美丽县城"试点县，云和县谋划"全域景区化"规划，打造美丽中国的县域样板。"美丽县城"建设与"美丽乡村"建设齐头并进，以城带乡，城乡互动，走出一条旅游与城镇融合发展的个性化质量型发展之路，为新型城乡关系的构建带来了新的思路和视角。2014年，云和县全面启动了"四改造三提升"行动，对县城主干道、溪流两岸的景观、建筑进行改造提升，把童

话元素融入城市规划、设计、建设和管理之中，致力于把云和打造成独具特色、不可复制的"童话名城"。云和在重视"美丽县城"建设的同时，也强力推进"美丽乡村"建设，将闲置在青山绿水间的山水资源转换成了"美丽经济"，将"美丽"两字不断地嵌入人们的幸福生活。为实现"全域景区化"，云和按照"一城一湖一梯田"的旅游布局，精心规划设计，对16个精品村进行提升和改造，并将其串联成了"十里云河"、"最美梯田"和"畲族风情"3条美丽乡村风景线。

（资料来源：课题组调研访谈整理）

第七节　国家县（市）域发展相关政策的分析评估

一、农村发展与城乡关系政策及其影响回顾

1949年以来，我国对于县（市）域发展政策的变化历程大致可以分为4个阶段。

第一阶段：1949年至改革开放前。我国将发展重点放在工业和城市建设上，并建立了包括《户口登记条例》、人民公社制度等在内的城乡隔离性制度。通过强制性的户籍制度和工农业之间的"剪刀差"有力推进了我国的工业化建设，而以乡村为主体的县级发展单元发展趋向缓慢，1978年我国城镇化水平仅为17.92%，远落后于工业化的发展。

第二阶段：1980年代初至1990年代中期。1982年我国发布第一个关于"三农"的中央"一号文件"《全国农村工作会议纪要》，首次正式承认了"包产到户"，确立了我国以家庭联产承包责任制为主的农业生产体制。1983~1985年连续三年中央"一号文件"相继确定了"放活农村工商业"、"鼓励发展社队企业"、"取消农产品统购统销"等政策。在此期间，农业生产和乡镇工商业发展呈现良好的发展势头，并一直保持到1990年代中期，同期小城镇也得到了快速的发展。

伴随着城乡经济的快速发展，行政区划调整也在1980年代兴起。我国于1983年启动了地方机构行政改革，实行"地市合并、由市领导县"的行政体制，并在江苏、辽宁、广东等经济发达地区率先施行。在这一行政体制下，地级市政府开始发挥在地级市与县之间资源统筹与调配的功能，地级市市辖区与县城及小城镇的发展差距开始扩大。随着县（市）域经济的快速发展，传统"以农村为重点兼顾城市"的县管理模式已难以适应发展要求。1986年国发46号文明确了我国"设市标准"，启动了撤县设市的改革浪潮。1993年国发38号文调整了"设

立县级市的标准"。1997年国务院作出"暂停审批县改市"的决定时,我国县级市数量已由1985年底的159个,快速增加到1997年的442个。

第三阶段:1990年代中期至2000年代初。1990年代中期,我国长达40多年的短缺经济时代结束,买方市场形成,市场竞争加剧;随着耕地、环保要求的提高,城市经济与产业的长足发展,乡村工业在全国范围内出现较大衰退,县域经济受到较大冲击。1994年取消了按照商品粮为标准的农业和非农业户口划分制度。受乡镇工业衰落、粮食价格过低、户籍制度约束减少等多重因素影响,我国出现了县(市)域农村剩余劳动力大规模向城市流动的现象,农村人口持续外流,乡村地区在出现了"空心村"现象。

随着大城市的加速发展,行政区划调整转向有利于大城市发展的"撤县(市)设区"方向。1995~2002年期间,我国约有60个县或县级市被撤销,成为地级以上城市的市辖区。与此同时,地级市发展重心的"市区化"倾向也越来越明显,代管的县的发展权益被地级市攫取。在这一时期,受政策影响,人才、土地、资本等各类资源纷纷向地级以上城市集聚,处于基层的县(市)域和小城镇的发展受到抑制,城乡差距、县市差距不断扩大。

第四阶段:2000年初以后至今。2002年党的"十六大"确定了"全面繁荣农村经济,加快城镇化进程"的发展方针,并于2003年全面推进农村税费改革。2004年再次就"三农"问题发出"中央一号文件",明确了《关于促进农民增加收入若干政策的意见》。同年中央经济工作会议做出了"我国总体上已经到了以工促农、以城带乡的发展阶段"的重要论断。此后,随着全面取消农业税、社会主义新农村建设、设立统筹城乡综合配套改革试验区等具体措施的实施,初步建立了"城市反哺农村、工业反哺农业"的发展机制,乡村发展活力逐步恢复,县域城镇化发展进入快速发展时期。

整体来看,我国关于农村与城乡关系发展政策经历了由"农业支持工业、农村支持城市"到"以工促农、以城带乡"的逐步转型。2013年中央"一号文件"提出了"把城乡发展一体化作为解决三农问题的根本途径"的指导方针。2017年,党的十九大提出乡村振兴战略,提出"坚持农业农村优先发展,坚持农民主体地位,坚持农村全面振兴,坚持城乡融合发展……"的战略方针。政策导向的转变对我国城乡关系、工农关系发展产生了深刻影响。近年来国家对县域经济和县域城镇化发展的政策主要聚焦于增强经济造血能力、提升公共服务水平、改善对外交通条件、完善要素供给、差异化的政策及考核措施等几个方面,目标在于推进城乡融合发展,推动大中小城市和小城镇协调发展,实现乡村全面振兴。

二、支持县域经济发展与转型的政策

2002年以后，县域经济的相关政策主要围绕"三农"问题、乡镇企业发展、创新驱动发展和小城镇建设问题，强调壮大县域经济的必要性。如国家新型城镇化规划中提到增强中小城市产业承接能力，构建大中小城市和小城镇特色鲜明、优势互补的产业发展格局；合理引导高校毕业生就业流向，鼓励其到中小城市创业就业。2017年国务院办公厅下发《关于县域创新驱动发展的若干意见》。"十三五"规划明确提出"发展特色县域经济"。主要政策内容可归纳为：①大力发展特色现代农业，扶持农产品精深加工和销售，推进农业产业化经营。②积极开发农业多种功能，挖掘乡村生态休闲、旅游观光、文化教育价值。③增强集体经济实力，支持龙头企业发展，引导企业和要素集聚；扶持发展一村一品、一乡（县）一业。④提高农民职业技能和创业、创收能力，积极拓展农村就业空间，促进农民就地就近转移就业。⑤从财政、金融、税收和公共品投入等方面为小城镇发展创造有利条件，促进基础设施和公共服务向农村延伸。⑥深化农村信用社改革，强化商业金融对"三农"和县域小微企业的服务能力等政策。

三、城镇建设用土地制度与发展空间的政策

城乡用地增减挂钩及城镇建设用地政策。2000年6月《中共中央 国务院关于促进小城镇健康发展的若干意见》提出"对以迁村并点和土地整理等方式进行小城镇建设的，可在建设用地计划中予以适当支持"，"鼓励农民进镇购房或按规划集中建房，节约的宅基地可用于小城镇建设用地"。同年，国土资源部《关于加强土地管理促进小城镇健康发展的通知》，第一次明确提出建设用地周转指标。此后，国家不断出台政策明确城乡建设用地增减挂钩试配套政策。城乡建设用地增减挂钩试点的开展，增加了县域建设用地规模，对优化城乡土地利用布局、缓解县域城镇发展的土地指标约束发挥了一定作用。但同时也造成了地方政府把有限的城市建设用地指标集中使用在地级城市，迫使县（市）域单一地采用增减挂钩政策，强制地拆村并点，强迫农民上楼的方式来解决城镇建设用地指标，不利于县域城镇化健康发展。

2009~2015年，城镇建设用地指标分配极度偏向地级以上城市，极大压缩了县域发展空间。不利于县（市）域城镇化人口迁移与产业梯度转移，不利于实现城乡基本公共服务均等化，阻碍了县域城镇化发展。

2001年以后，国家全面推广城市建设用地有偿使用政策，县（市）域的

2002年以来国家推动县域经济发展的相关政策　　　表1-3

时间	文件	内容
2002年	十六大报告	发展农产品加工业，壮大县域经济；开拓农村市场，搞活农产品流通，健全农产品市场体系
2003年	第十届全国人民代表大会第一次会议政府工作报告	推动县域经济发展；加强对农村富余劳动力转移的协调和指导，维护农民进城务工就业的合法权益
	十六届三中全会《中共中央关于完善社会主义市场经济体制若干问题的决定》	大力发展县域经济，积极拓展农村就业空间，取消对农民进城就业的限制性规定
2004年	中央一号文件	小城镇建设要同壮大县域经济、发展乡镇企业、推进农业产业化经营、移民搬迁结合起来，引导更多的农民进入小城镇，逐步形成产业发展、人口聚集、市场扩大的良性互动机制，增强小城镇吸纳农村人口、带动农村发展的能力
	全国人大十届二次会议	发展农产品加工业等农村非农产业，壮大县域经济
2005年	第十届全国人民代表大会第三次会议政府工作报告	发展乡镇企业，壮大县域经济
	党的十六届五中全会	要坚持把解决好"三农"问题作为全党工作的重中之重，推进社会主义新农村建设
2006年	中央一号文件	要着眼兴县富民，着力培育产业支撑，大力发展民营经济，引导企业和要素集聚，改善金融服务，增强县级管理能力，发展壮大县域经济
2007年	中央一号文件	继续发展小城镇和县域经济，充分发挥辐射周边农村的功能，带动现代农业发展，促进基础设施和公共服务向农村延伸
	党的十人大五次会议政府工作报告	推进农业产业化经营，支持龙头企业发展，壮大县域经济，拓宽农民就业增收渠道
	党的十七大报告	以促进农民增收为核心，发展乡镇企业，壮大县域经济，多渠道转移农民就业；统筹城乡发展，推进社会主义新农村建设
2008年	中央一号文件	增强县域经济发展活力，改善农民工进城就业和返乡创业环境；要通过政策支持增收，加大惠农力度，防止农民负担反弹
2009年	第十一届全国人大第二次会议政府工作报告	大力发展特色现代农业，扶持农产品精深加工和销售，发展农村二、三产业，加快小城镇建设，壮大县域经济
2010年	中央一号文件	大力发展县域经济，抓住产业转移有利时机，促进特色产业、优势项目向县城和重点镇集聚，提高城镇综合承载能力，吸纳农村人口加快向小城镇集中
2011年	第十一届全国人大四次会议政府工作报告	大力发展农村非农产业，壮大县域经济，提高农民职业技能和创业、创收能力，促进农民就地就近转移就业

续表

时间	文件	内容
2012年	党的十八大报告	坚持走中国特色新型工业化、城镇化、信息化、农业现代化道路,推动信息化和工业化深度融合、工业化和城镇化良性互动、城镇化和农业现代化相互协调
2013年	中央一号文件	加强财税杠杆与金融政策的有效配合,落实县域金融机构涉农贷款增量奖励、农村金融机构定向费用补贴、农户贷款税收优惠、小额担保贷款贴息等政策
2014年	中央一号文件	全面深化农村改革,激发农村经济社会活力,推进中国特色农业现代化,坚持家庭经营为基础与多种经营形式共同发展
2015年	中央一号文件	主动适应经济发展新常态,继续全面深化农村改革,推动新型工业化、信息化、城镇化和农业现代化同步发展,优化农业结构,转变农业发展方式
2016年	第十二届全国人大四次会议 政府工作报告	加快发展现代农业,促进农民持续增收
2017年	党的十九大报告	实施乡村振兴战略;要坚持农业农村优先发展,按照产业兴旺、生态宜居、乡风文明、治理有效、生活富裕的总要求,建立健全城乡融合发展体制机制和政策体系,加快推进农业农村现代化

城镇建设用地市场从无到有,对县(市)域城镇化发展的土地供给、资金筹措具有积极意义。大中城市和县(市)域之间巨大的级差地租,进一步扩大了城市与县(市)域财力差异及公共服务差距。县(市)域随之越来越强的土地财政依赖又导致耕地占用、产业用地粗放式利用和居住用地容积率不断提高,不利于土地利用文化的传承和城市风貌、宜居环境建设,加剧了城市与县域间发展的不平衡。

集体土地参与城镇建设相关政策。2013年十八届三中全会《中共中央关于全面深化改革若干重大问题的决定》提出,建立城乡统一的建设用地市场。在符合规划和用途管制前提下,允许农村集体经营性建设用地出让、租赁、入股,实行与国有土地同等入市、同权同价。这一政策是希望放宽土地流转范围,使农村集体建设用地可以进入城乡建设用地市场,让农村集体分享土地增值收益,逐步形成集体土地和国有土地双重的土地供应市场,有利于提高农村集体土地使用效率,缓解城镇土地供应问题。但由于这一政策明显威胁到大中城市土地财政的既有机制和既得利益,只有少数城市极有限地开展了尝试,并打破土地要素城乡合理配置的制度障碍。

四、公共服务与城乡统筹政策

中共十六届六中全会通过的《中共中央关于构建社会主义和谐社会若干重大问题的决定》提出的目标是:"到 2020 年,城乡、区域发展差距扩大的趋势逐步扭转,合理有序的收入分配格局基本形成……覆盖城乡居民的社会保障体系基本建立……实现全面建设惠及十几亿人口的更高水平的小康社会的目标。"

在提升公共服务水平方面,2002 年以来,中共中央、国务院相继颁布《关于进一步加强农村卫生工作的决定》《国务院关于解决农民工问题的若干意见》《劳动保障部关于做好被征地农民就业培训和社会保障工作指导意见的通知》《国务院关于在全国建立农村最低生活保障制度的通知》《关于深化医药卫生体制改革的意见》《关于开展新型农村社会养老保险试点的指导意见》《关于全面推开县级公立医院综合改革的实施意见》《关于统筹推进县域内城乡义务教育一体化改革发展的若干意见》等,对县(市)域和农村的医疗、教育、养老、社会保障、农民工培训作出具体的政策指引。国家新型城镇化规划中也提到"教育医疗等公共资源配置要向中小城市和县城倾斜,引导高等学校和职业院校在中小城市布局、优质教育和医疗机构在中小城市设立分支机构","全面建成覆盖城乡居民的社会保障体系,推进城乡社会保障制度衔接,加快形成政府主导、覆盖城乡、可持续的基本公共服务体系,推进城乡基本公共服务均等化。"虽然县城公共服务得到了适当的改善,但是,大中城市的公共服务水平提高更快,县(市)域公共服务提升远远跟不上城乡居民日益增长的需求。县(市)域与大城市公共服务水平差距仍在扩大。

在改善对外交通条件方面,国家新型城镇化规划提出"加强中小城市和小城镇与交通干线、交通枢纽城市的连接,加快国省干线公路升级改造,提高中小城市和小城镇公路技术等级、通行能力和铁路覆盖率……"。20 多年来,我国人口高密度平原和丘陵山区的道路建设取得了长足进步,大大便利了城乡交通,促进了县域经济的发展。但低密度丘陵山区和边缘地区的交通尚待进一步改善。

五、行政管理与促进协调发展政策

国家新型城镇化规划中提出"对于吸纳人口多、经济实力强的镇,可赋予同人口和经济规模相适应的管理权"。"适度增加集约用地程度高、发展潜力大、吸纳人口多的卫星城、中小城市和县城建设用地供给"。"十三五"规划中提出"赋予镇区人口 10 万以上的特大镇部分县级管理权限,完善设市设区标准,符合条件的县和特大镇可有序改市""扩大县域发展自主权,提高县级基本财力保障水平"。

国家新型城镇化规划中提到,对于城镇群地区,需要"增强中小城市和小城镇的人口经济集聚能力,引导人口和产业由特大城市主城区向周边和其他城镇疏散转移";对于资源环境承载力强、发展潜力大的地区,要"鼓励引导产业项目在中小城市和县城布局,依托优势资源发展特色产业,夯实产业基础";对于陆路边境口岸城镇,要"完善边境贸易、金融服务、交通枢纽等功能,建设国际贸易物流节点和加工基地";对于大城市周边的重点镇,要"加强与城市发展的统筹规划与功能配套,逐步发展成为卫星城";对于具有特色资源、区位优势的小城镇,要"通过规划引导、市场运作,培育成为文化旅游、商贸物流、资源加工、交通枢纽等专业特色镇";对于远离中心城市的小城镇和林场、农场等,要"完善基础设施和公共服务,发展成为服务农村、带动周边的综合性小城镇";对于限制开发区域和生态脆弱的国家扶贫开发工作重点县,取消地区生产总值考核。

国家的这些政策,对于县域经济和县(市)域城镇化的健康发展具有很强的针对性,具有重要的支持和激励作用。但这些政策还有待于国家有关部门和各级政府的认真贯彻落实。在现行的行政体制、资源与政策配置和考核体制下,许多政策实际难以得到很快实施,县域经济与县(市)域城镇化健康发展还需要更加具体、可操作、可实施的政策支持。

第二章 县域城镇化的特征

第一节 全国人口城镇化总体特征

一、城镇化从高速增长转向中高速增长

过去 40 年我国城镇化成就瞩目，人口城镇化规模大，增长快。从 1978 年以后的 40 年间，我国人口年均增长率为 0.9%。1978 年我国总人口 9.6 亿，2017 年达到 13.9 亿，增加 4.3 亿人，平均每年增加 1000 多万人。从人口城镇化来看，40 年间城镇常住人口从 1.7 亿人增加到 8.1 亿人，城镇化率从 17.9% 提高到 58.5%，年均提高 1.02 个百分点，高于同时期其他国家的城镇化速度，也高于许多发达国家同阶段的人口城镇化速度。

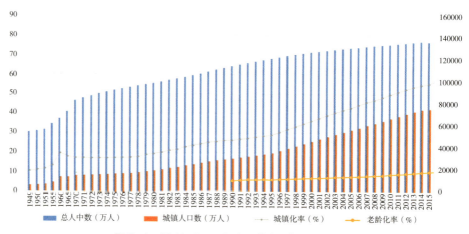

图 2-1 1949~2015 年全国总人口与城镇化水平

我国人口城镇化速度近年来明显放缓。我国人口总量增长缓慢，人口增速快速下降。1980 年代我国总人口年均增长 1555 万人，1990 年代年均增长量降至 1273 万人，而进入 21 世纪以来的 2000 年代与 2010 年代，人口年均增长量分别降至 745 万人和 702 万人。人口年均增速从 1970 年代的 1.9%，降至 21 世纪以来的 0.6%。从人口城镇化增速来看，也经历了一个由低速到高速，再从高速到中高速的变化过程。2000 年以前我国人口城镇化增速逐步提高，2000~2010 年人口城镇化水平年均提高 1.31 个百分点，2010~2016 年年均提

高1.18个百分点。一些学者认为，按照人口城镇化水平与增速关系的"诺瑟姆曲线"，城镇化水平超过50%以后，人口城镇化的速度会进一步提高。但我国近年来的实践表明，城镇化水平超过50%以后，人口城镇化增速有明显放缓的趋势。

二、城镇化路径多元，异地城镇化和就地城镇化并存

按照人口城镇化的空间流动距离，大体可将城镇化人口流动类型划分为四种：跨省城镇化、省内（县外）城镇化、县市内乡镇外城镇化、镇内城镇化。这四类流动人口城镇化群体增长经历了一个变化过程。2000~2010年流动人口年均增长1100万；2010~2014年年均增长500万；2014年起，流动人口增量开始下降；2015年流动人口2.47亿，比高峰时的2.6亿明显减少。

人口跨省流动主要流向沿海超大、特大城市，但流速减缓，流量减少。据统计，2015年全国跨省流动人口约8600万，主要集中在超大、特大城市和少数大城市，人口城镇化最高的前十位城市就集聚了4351万的跨省流动人口，约占总跨省流动人口的50%。但值得注意的是，2010年以来，跨省流动人口回流情况开始显现。表现为沿海发达地区净流入人口减少；中西部地区流出人口开始回流，速度减慢，2008~2015年，省外流动农民工占全部外出农民工的比重由53%降至46%。分析各省市2000~2014年人口流动情况可知，广东、上海、北京、浙江、江苏、福建等主要人口流入省市的流入人口减少。在人口流出的各省级行政区中，四川、安徽、湖南、湖北、重庆的流出人口减少。

2000年以来，人口跨省流动呈现近域化、区域化特征。跨省流动人口的迁入平均流动距离在缩短，如京津冀省际迁入人口平均距离从713km减少到600km；广东省从924km减少到884km。同时，区域化的人口流动成为主流，如2010年长三角的江浙沪皖跨省流动人口约1478万，区域内流动人口占70%；粤湘桂跨省流动人口1230万，区域内同样占70%；京津冀跨省流动人口404万，区域内占63%。

省内、县（市）内就近就地城镇化逐渐成为人口城镇化的主要方式。2008~2015年，我国省内流动农民工占全部外出农民的比重从47%增加到54%，人口就近就地城镇化的趋势十分明显。在省内流动中，省会城市的作用十分明显，成为省内流动的重要集聚城市。地级市的人口吸引力存在较大差异，大多数中西部地区的地级市并不强。同时，县（市）域的人口城镇化展现了较强的吸引力。2000~2010年，全国新增的约2.1亿城镇人口中，有51%的增长在县（市）域，县（市）域是城镇人口增长的重要载体。

三、城镇化层级分异显著,超大城市和县(市)域作用突出

不同层级城市之间发展机会不均等,造成经济与人口吸引力差异。虽然我国一直贯彻"大中小城市与小城镇协调发展"的城市发展方针,但行政等级化的政策与政府资源配置和地方政府增长主义盛行,导致市场化的城镇发展资源配置失衡、层级分工错位等问题。如超大、特大城市除了规模效益、集聚效益带来的天然优势,还明显得益于行政层级带来的政策与资源配置优势,形成要素成本过低,导致制造业、商贸服务业和人口的过度聚集;中小城市和县域由于土地财政等政策支持弱,公共投资严重不足,对经济和人口的吸引力不足。分工错位加剧了城市就业、服务供给与人口城镇化需求的结构性矛盾。

图 2-2 各层级城市人口经济规模与发展效率变化

超大、特大城市人口规模大,但城市病加剧造成边际效益低递减,增长放缓。2000~2010 年,超大城市城镇人口增长约 2800 万,占比提高至 12.0%。但超大城市经济与人口过度集聚导致城市综合承载力下降,土地财政依赖、房价飞涨、交通拥堵、环境恶化等城市病日益凸显,城市发展边际效益出现递减,人口增长趋缓。近年来,北京、上海、天津常住人口出现负增长。但同时,中西部地区省会城市和大多数沿海地区省会、副省级城市仍然是吸引跨省和省内流动人口的主要集聚城市。

地级城市发展差异明显,人口吸引作用不一。沿海发达地区中等城市发展态势良好,吸引本地和跨省流动人口的能力较强,在城镇化人口集聚中发挥较重要作用,如广东、江苏、辽宁。中西部地区地级城市既缺乏经济发展动力,也没有拉开与县(市)域的生活服务水平与层级,人口和产业吸引力不足,地区辐射带动功能难以发挥。75% 的城市城镇人口增长率低于全国平均水平,60% 的经济

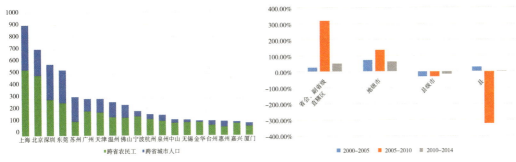

图 2-3 跨省流动人口主要城市分布情况　　图 2-4 不同时期常住人口增量层级分布

（资料来源：《全国城镇化体系规划（2035）》（过程稿））

增长率低于全国平均水平，存在着"中等城市陷阱"风险。部分城市由于人口外流，出现了城市收缩现象。

中小城市和县（市）域是聚集城镇人口的新增长点。43%的城镇人口分布在县（市）域，51%的城镇人口增量在县（市）域，表明尽管政策支持和公共投入不足，但由于县（市）域低成本发展机会和社会网络优势，使中小城市和县（市）域仍然是吸纳农村劳动力转移和安置家庭的主体层级，发挥我国城镇化"稳定器"的基础性作用。从全国 27 个省级行政区看，云南、新疆、湖南、江西等 7 个省级行政区的城镇人口主要集聚在县（市）域；浙江、广西、安徽、四川等 10 个省级行政区的县（市）域城镇人口占 50% 左右。

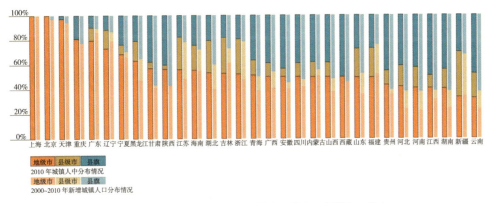

图 2-5　2010 年省级行政区城镇人口分布及新增人口分布

四、不同地区、省区城镇化模式差异大

从各大经济区来看，东部地区均衡发展，东北地区中上端集聚，中部地区中下端集聚，西部地区两端集聚。东部地区经济发展水平较高，呈现大中小城市、中心城市、地级城市和县（市）城镇均衡发展态势，各层级城镇人口分布

均衡。东北地区工业化发展较早，城镇化水平相对较高；人口密度较低，县（市）域难以形成具有规模吸引力的中小城市，人口主要集中在省会城市和中心城市。中部地区呈现梯形的结构，主要由于平原地区人口密集程度高，县（市）域的基础性作用强，人口向中下端集聚。西部地区呈现沙漏形结构，受经济发展阶段影响，中心城市吸引力强，仍在集聚人口，县（市）域的基础作用明显，人口向两端集聚。

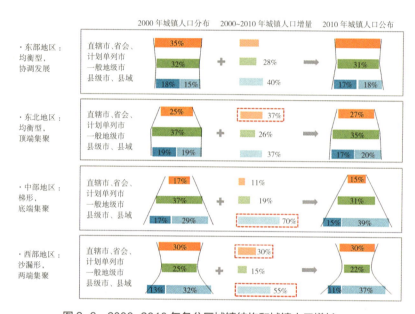

图2-6　2000~2010年各分区城镇结构和城镇人口增长

省、自治区城镇化人口分布存在明显差异。根据各省级行政区城镇人口的分布情况，主要可以归纳为L形、金字塔形、梭形、梯形等特征。L形省级行政区的城镇人口在大中城市占比较低，城镇人口主要集中在人口20万以下的小城市，各级城镇的结构普遍变动不大。代表省级行政区为黑龙江、山西、广西、河北、内蒙古、贵州、海南、宁夏、陕西、新疆、甘肃、青海、云南、西藏。金字塔形省级行政区大中小城市形成有序的规模体系，人口20万以下小城市不断减少，人口20万~50万小城市比重不断增加。代表省级行政区为广东、山东、辽宁、湖北、河南、吉林、安徽、湖南、福建、江西、四川。梭形省级行政区的城镇人口分布特征为两头小，中间大，人口20万~50万小城市成为城镇体系的主体，代表省份为江苏。梯形省级行政区的Ⅰ、Ⅱ型小城市都占有较高比重，20万以下小城市保持稳定。代表省级行政区为浙江。城镇规模等级及变化与各省区经济发展水平和所处阶段相关，高水平发展地区普遍为金字塔形结构，低水平发

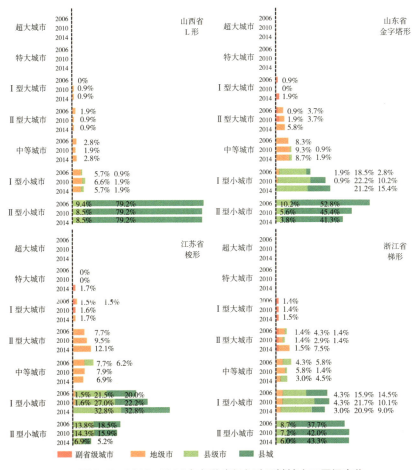

图 2-7 2006~2014 年部分省级行政区城镇人口层级变化

展地区多为 L 形结构，但是低水平地区是否一定会向金字塔形结构变化，存在较大不确定性，在不同政策干预下，会呈现不同结果。从江苏、浙江两个经济发展水平最高的省份看，由于经济结构、自身条件不同形成两种结果。江苏以平原为主，人口不断向上一等级城市集聚；浙江受地形影响，大中城市发展受限制，县域经济活跃，特色小城市、小镇成为发展重点。

第二节 异地城镇化仍将持续，但内涵已经发生变化

一、异地城镇化是我国人口城镇化的重要方式

城镇化的过程也是一个伴随着工业化、现代化的进程，农村人口向城镇、非农经济发达地区流动的过程，异地城镇化一方面是由于区域发展平衡被打破，沿

海劳动密集型产业人口需求增大，而中西部地区非农产业发展滞后，人口吸纳能力不足，农村劳动力过剩，而必然产生通过人口迁徙而实现的城镇化过程。

随着中西部地区发展振兴，非农就业机会快速增长，中西部与东部发展水平和收入差距缩小，东部地区产业升级转型下劳动力需求变化，新增就业人群的结构发生变化，中西部劳动力与家庭的就业、居住选择多元化，异地城镇化的人群规模、距离和方式都正在发生变化。另一方面，人口和经济向沿海和中心城市聚集也是城镇化的重要现象。可以断定，未来一个时期内，跨省和省内异地城镇化仍将持续，异地城镇化和就近、就地城镇化仍然是我国人口城镇化"双轮驱动"的两个轮子。

异地城镇化是县（市）域发展的重要推动力。近30年的快速城镇化过程中，中西部农村富余劳动力大量流出，其中安徽、四川、河南等省流出人口超过1000万人。欠发达地区农村劳动力大量流向沿海发达地区，缓解了当地的发展压力，缓和了紧张的人地关系，带动了农民家庭增收致富。流动人群通过异地城镇化较早接触大中城市的先进生产力，实现"就业城镇化"，在思想上也受到城市文明的洗礼，增强了生存能力和创业能力。发达的县（市）域通过吸引人口流入，实现了县域经济的发展和快速工业化、现代化的进程。在跨省流动人口中有近30%流入发达地区的县（市）域。

人口城镇化是多次、多样流动的复杂过程。由于跨省流动的人口市民化的障碍很多，实质性进程十分缓慢，农民进城，从就业到定居、安家也有一个选择与适应的过程，我国人口城镇化绝不是单一方向、单一维度的流动与迁徙的城镇化，而是多次流动、多向流动的城镇化。因此，简单采取大城市"市民化"政策推进流动人口落户定居，对地方政府来说不切实际，对流动人群来说也很难轻易接受。

二、异地城镇化带来的问题开始显现

适度的"异地城镇化"有助于加快发展，但过度的"异地城镇化"将造成严峻的社会问题。过量的劳动力外流，一方面造成了迁入地资源环境过度消耗，另一方面使迁出地出现大面积"空巢"现象，制约县（市）域的健康发展。

人口流入县（市）面临严峻的服务供给和社会管理压力。人口大量流入县（市）的公共服务和基础设施难以适应人口快速扩张，普遍存在基本公共服务与民生设施不足、土地财政依赖和房地产开发过度等问题。根据全国20县调研，四川成都郫县县城集中居住片区的人口密度已经达到成都中心城区水平；居民对公共服务设施的满意程度偏低，活动场地、图书馆、书店、电影院等设施缺失严重。郫县房地产行业贡献了地方财政收入的70%，但住房空置率非常高，外来人口定居意愿不高。由于外来人口具有流动性大、变动频繁、人员构成复杂等特点，对原有稳定的社会秩序造成不小的冲击，同时对当地社会治理造成极大压力。

进城农民工的根植性不强。"进得来，住不好，用不了，留不下"是进城农民面临的普遍问题。由于流入人口很难融入本地主流社会生活，往往聚集在城乡结合部及城中村，居住质量差，缺乏本地消费欲望，"挣钱回家"的理念根深蒂固。生活"低质"与生存"脆弱"，没有可预期的发展前景制约异地城镇化。低质直接制约了异地城镇化流动人口群体的个人与家庭发展，脆弱使得外来人口难以在一个城市长期、稳定居住与就业。

人口大量流出县（市）面临严重空心化的困境。大量农村劳动力外流，使农村地区原有稳定的社会结构支离破碎，农村空巢老人、留守儿童等成为不可忽视的社会问题；而离开的农村劳动力基本为青壮年劳动力和知识水平、能力较强的乡村精英，从而导致乡村基层人口素质和自治水平迅速下降，也导致农业生产和经营水平难以提高，乡村凋敝成为现实风险。

三、转向近域流动是异地城镇化的重要趋势

异地城镇化仍将持续存在。一方面，由于生态环境承载力的限制，中西部地区大量的县（市）并不适宜大规模的产业集聚和大量人口居住，通过异地城镇化引导人口外流，是此类县（市）的必然选择。另一方面，随着城市群地区的一体化更加紧密，城市间的流动更加便捷，大中小城市和县（市）的合理布局与分工格局优化，人口在城市群内跨省流动也将持续存在。因此，跨省流动的异地人口城镇化进程仍将持续。

跨省异地城镇化的规模将持续下降。我国沿海大中城市已进入工业化中后期，产业结构升级换代正导致人力资源需求结构出现新的变化，低素质、低技能劳动力的需求萎缩，新兴产业、技术资金密集型产业和现代服务业对熟练技工和高素质劳动力的需求增长，形成异地流动人员回流的推力；内陆地区以其丰富的资源优势，逐步承接沿海产业转移，城镇加速发展，就业机会增加，劳动力需求大幅回升，形成异地人员回流拉力。2010年以来，中西部跨省流动人口回流规模扩大。2010~2014年，东部5个主要人口净流入省市的流入人口减少。至2017年，7个主要人口净流入省市的流入人口全部减少；中西部10个人口净流出省份中，5个省的净流出人口减少。

近距离、省内流动趋势增强。如前文所述，农民工跨省流动比重下降，省内流动比重快速上升。中西部地区各省的中心城市和相对发达地区的地级市与县

（市）成为省内流动人口流入地区，如山东鲁西人口向济南、青岛流动，安徽皖北人口向合肥和皖江地区流动，四川山区人口向成都平原和川南中心城市流动。人口流动的空间尺度缩小。

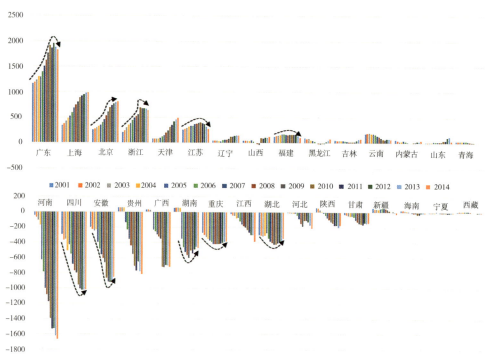

图 2-8　2001~2014 年各省流入流出情况（万人）

第三节　"双栖"、"通勤"、"兼业"的就地城镇化新模式

一、"城乡双栖"是县（市）域城镇化重要的居住形态

在外出打工并获得一定收入的农民工家庭中，"城里有房，村里有家"现象十分普遍。但农民工在城里安家，或通过购房来使自己的积蓄得到保值增值，无论选择租房还是买房，仍以房价和租金较低的中小城市为主。这些在城镇化迁徙过程中的农民工家庭平时在城市就业，只有在农忙时节和传统节假日才会回到村里。但无论在社会网络圈还是在精神寄托上，农村才是他们真正具有归属感的"家"。

在县（市）域层面，这种"城乡双栖"现象使城乡之间的就业、生活和公共服务等领域活动紧密联系，相互流动。虽然农民工家庭仍然在乡村，但却在人生发展的不同阶段和不同时间，在县城、镇和乡村之间的不同地点分别就业、居住，或享受公共服务。例如在村里常住，在县城短期居住或上班；家庭主体在村里居住，家长阶段性地在县城陪孩子上学。这种现象在平原和丘陵山区县（市）都较为常见。近年来，由于农村地区的道路交通条件不断改善，农民收入提高后机动车出行比例大幅增加，30~40min 可达县城的村民即使在城里就业，也基本上都不住在城里。根据《山东省新型城镇化规划（2014—2020 年）》现状调查，全省"城乡双栖"人口多达 900 多万。根据《河北省空间规划（2015—2030 年）》现状调查，"2014 年全省户籍城镇化率仅 32.76%，与常住人口城镇化率相差近 17 个百分点，存在约 1255 万的'城乡双栖'的农业转移人口。" 2013 年 20 县域城镇化调研发现，约 30% 的农村居民收入可以承受县城的商品住房价格；有 10%~40% 的农村居民已在城市购房，其中在县城购房的人群比例占 50% 以上。

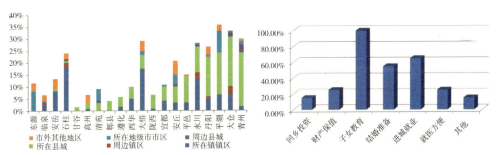

图 2-9　农民在外购房情况（左）及购房原因（右）
（资料来源："中国城镇化的道路、模式和政策"课题报告）

"城乡双栖"现象主要有四类原因：第一，视宅基地、农房和耕地为最后的生活保障，外出农民工的父母和子女仍主要居住在农村，享受农村教育、医疗服务较低的生活成本，同时成年人在就业困难时可以回到家乡获得生活来源。第二，视宅基地、农房和耕地为"福利"，并存在潜在的"升值"空间，他们会持续维护城乡两处住房，使城乡住房互为"第二居所"。第三，农民工或农民工家庭需要兼顾农业生产和非农生产，以维护较充分的收益，因此"双栖"既便于农业耕作，同时又可以便捷地到达城市务工和经商。第四，从事农业生产为主的农民，希望获得城市较高水平的公共服务，例如大量农民在孩子的初中、高中阶段在城市租房陪读，同时在城市就业创业。以上四类原因总结起来，都是农村的城镇化人口的就业、创业、增收、致富、生活、居住、赡养家庭和享用公共服务无法同时在一个地点，以可承受的支出来获得所导致的结果，这里既存在政府供给公共服务公平性、市民化政策、财政能力等方面的问题，也有农民在就业、生活方面的能力受到制约的问题。

> **专栏2-1　山东省青州市"城乡双栖"情况**
>
> 借助较高的机动化水平，富裕的青州农民实现了"城里居住，村里有房，田里工作"的"城村双栖"生活。特别是地势相对平坦的北部平原地区，相对发达的交通体系与较高的农村收入全面支撑了该地区农民的居住城镇化。在市区针对一家较大的房地产企业所经营楼盘的调查显示，小区购房者中30%~60%来自农村。
>
> 2014年，青州市区房价均价在4000元左右，相对于规模较大的花卉、蔬菜、苗木种植户每年超过10万元的收入而言，购房压力并不大。在调研的村庄中以蔬菜种植为主的庄家村在县城购房户数占到了35%。以花卉种植为主的夏坡村在已经进行新社区建设的情况下，仍有约40%的家庭在城区购房。在黄楼东德村的入户访谈中，有居民表示"上楼"后冬天上厕所也方便了，不用烧暖气，同时也节省出部分购买煤炭的费用，总体看"上楼"后的水费、燃气费、物业费等能够接受。此外，对于仍居住在乡村地区的居民而言，随着水、电、液化气罐等供应设施的完善，以及政府对于校车的补助（每月居民承担180元，政府补助120元），居住在乡村生活也更加方便。
>
> （资料来源："中国城镇化的道路、模式和政策"课题报告）

二、"城乡通勤"是县（市）域居民重要的就业方式

在城镇化、机动化快速发展和乡村道路交通体系不断完善的背景下，城镇与近郊乡村的交通可达性正在迅速改变，进而形成了全新的城乡交通关系，也带来了城乡居住和就业联系的变化。随着县域经济的快速发展，县城及镇驻地周边企业吸纳的农村劳动力数量不断增加，造成大量农村居民职住分离，即居住在农村，工作在县城或镇驻地，每天往返于城乡之间。

课题组对山东省的三个县（市）域——高唐县、邹平县和诸城市开展了县域城乡交通调查。调查内容聚焦在四个方面：一是农民外出务工的流向分布，县城和乡镇对农民的吸引力是否存在差异；二是县城和镇驻地的工作岗位对务工农民的吸引强度和影响范围；三是在新的生产和生活模式下，城乡交通特征（包括交通结构和交通方式选择）出现的新变化；四是务工农民未来居住、就业的意愿。

在务工农民的去向上，被调查农民的工作地点都集中在县域内部，外出比例仅为10%左右；但选择在县城、小城镇或乡村的比例显著不同。高唐农民务工地点向县城集中，以县城务工为主（占68%），在本镇驻地和农村务工的比例分别为9%和7%，到其他镇为4%。邹平农民在镇驻地和农村务工比例高，分别为28%和21%，县城务工占28%，到其他镇占13%。诸城农民在县城和村镇

务工的比例相对均衡，在县城工作占 43%，在本镇驻地和农村务工的比例分别为 27% 和 19%，到其他镇为 3%。这说明务工农民就业地点的选择除了考虑就近原则之外，县城经济和镇、村经济发展状况、就业机会与条件也是重要的考虑因素，调查结果与三个县的经济和产业空间分布特征基本相符。

在空间分布上，以村为单元统计本村农民务工的首位方向。结果显示，三县农民工外出的首位方向存在显著的空间差异性。高唐是以县城为中心的单中心形态，邹平、诸城特点是村镇和县城共同吸引，即就近务工的比例相对较高，呈现多中心、相对均衡形态。反映到出行距离上，高唐平均出行距离为 11.2km，邹平为 7.7km，诸城为 9.0km。

在城乡通勤特征上，由于大量非农就业在本县内部实现，因此务工农民每日往返于城乡之间的比例高达 70%~80%。农民出行以个体化交通工具为主，小汽车、摩托车和电动自行车占 80%。其中电动自行车的使用相当广泛，高唐达到 50% 以上（成本低、容易获取）。一些位于县城或镇区的企业为了吸引和稳定企业用工，由企业提供班车解决打工农民通勤的情况也越来越多。诸城市利用财政资金补贴开通了城乡公共交通，其出行分担率达到 10% 左右。务工农民的收入水平与交通方式选择具有相关性，低收入的农民骑电动车出行比例较高，经济条件较好的村民（通常月收入在 3000 元以上）小汽车出行的比例比较高。从城乡通勤的出行时间看，尽管三县的工作出行距离都高于一般地级市，甚至高于特大城市，但由于县（市）域乡村地区道路的改善，且基本上不存在交通拥堵问题，通勤时间仅为 20~27min，低于大城市的平均通勤时间，在可以承受的范围之内。

在城镇化的意愿上，县城的就业、居住及公共服务对务工农民有较高的吸引力。调查发现，愿意在县城居住的比例为 50%~60% 以上。但农民放弃农村户口及相应权益的意愿不强，希望保留农村户籍的比例高达 75% 以上。被调查的农民在县城购房的最主要目的是子女教育，其次是考虑结婚和工作便利性。

专栏 2-2　山东省高唐县、邹平县和诸城市城乡交通调查

调查采用问卷和座谈的方式进行，在高唐县、邹平县和诸城市按照距离县城、镇驻地的不同距离共选取了 208 个村庄、4160 户，向村干部和外出务工农民发放问卷。此外，在高唐县选取了 3 家大型企业向工人发放问卷共计 1000 份。

调查对象的基本特征：高唐、邹平和诸城三个县的务工农民均以 30~39、40~49 年龄段为主，此外，还包括 15%~20% 的 50 岁以上年龄段农民。邹平县 30 岁以下务工农民比例相对较高，为 21.5%。

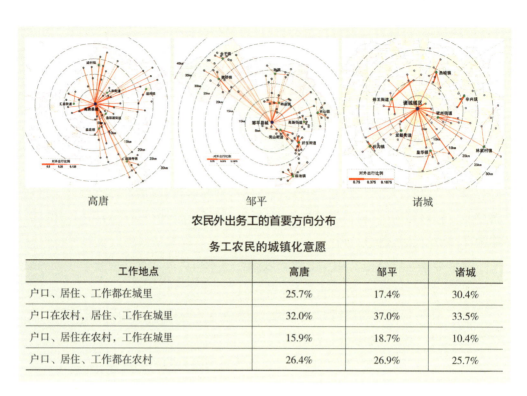

农民外出务工的首要方向分布

务工农民的城镇化意愿

工作地点	高唐	邹平	诸城
户口、居住、工作都在城里	25.7%	17.4%	30.4%
户口在农村，居住、工作在城里	32.0%	37.0%	33.5%
户口、居住在农村，工作在城里	15.9%	18.7%	10.4%
户口、居住、工作都在农村	26.4%	26.9%	25.7%

三、"工农兼业"是就地城镇化的有效途径

"工农兼业"狭义上解释为兼顾"农业"和"工业"，同时也泛指兼顾"农业"和"非农产业"。"工农兼业"既表现为农民工个体同时从事农业和非农生产，也表现为家庭成员在农业生产和非农就业方面的个体与代际分工。中国 70% 以上的农民工家庭都存在"以代际分工为基础的半工半耕"家庭模式[①]。

"工农兼业"既是我国农民家庭智慧的、经济的、理性的选择，但同时也是一种无奈的选择。一方面，农民家庭虽然有在城市务工经商的机会，但其收入不能保证家庭全部成员获得体面的生活，于是家庭中的老人或妇女继续从事农业生产，以增加收入来源。另一方面，这种"工农兼业"的状态，往往会产生家庭成员长期分离，留守老人和儿童等一系列社会问题。

近年来，随着县（市）非农经济的发展，在一些县域内部形成的"工农兼业"，呈现出一种比较良性的家庭分工与生活状态，即家庭中的壮年劳动力在就近的县城和小城镇就业，在农村生产、生活的老人和孩子能够得到不间断的照料。在家庭总收入不断提高的同时，自家生产的粮食蔬菜和农房等降低了家庭生活成本。课题组在河南、山东、四川农村调查中也发现，大量农村劳动力没有长期生活在农村，每年真正从事农业生产总的时间大多也不超过一个月，每年有很多的时间

---

① 贺雪峰. 中国农村家庭代际分工分析 [N]. 学习时报，2015-07-20（003）.

在城乡打零工、跑运输、做小买卖或在企业阶段性就业。因此，家庭成员之间，不同时间与季节之间的"工农兼业"、"农非兼业"会在县（市）域长期存在，为农村人口的就地城镇化提供了一个非常有效的途径。

2013 年 20 县城镇化调研也发现在河南西华等人口密集的平原县，一些可以由家庭分散工作完成产品生产的加工企业，为了获得稳定、低价的劳动力，把生产点分布到村庄甚至家庭，通过物流服务配送原料会集成员。这种生产方式便利了农村在村内实现"工农兼业"，也获得了良好的经济、社会效益，很受村民欢迎。

> **专栏 2-3　山东省安丘市"工农兼业"情况**
>
> 　　根据山东省安丘市劳动力劳动状态调查，随机抽样的 306 个劳动年龄人口调查显示：纯务农的 82 人，占 26.8%；兼业的 86 人，占 28.1%；本地纯务工的 12 个，占 3.9%；常年外出务工的 89 个，占 29.1%；未就业的 13 人，占 4.2%；上学和参军的 21 人，占 6.9%；其他未知情况的 3 人，占 1.0%。这体现出劳动年龄人口在务农、兼业、务工等就业类型中较为均衡的分布。分年龄段来看，29 周岁以下年轻劳动年龄人口中，纯务农的只有 4 人，占该年龄段人口的 4.7%，兼业务农的 8 人，占该年龄段人口的 9.3%，而外出务工的有 41 人，占该年龄段人口的 47.7%。相比而言，40~59 周岁的中年劳动年龄人口中，纯务农的占 38.1%，兼业务农的占 39.5%，外出务工的仅占 15.6%。总体看来，年轻劳动力以外出务工为主，而中年劳动力则以本地务农为主。这一就业特征一般体现于家庭成员的分工中，家中年长者主要从事农业，年轻者主要外出务工，以家庭为单位进行"兼业"生产。
>
> （资料来源：课题组调研访谈整理）

党的十八大以来，中央出台一系列支持"三农"发展的政策，现代农业加快发展，特色小镇和美丽乡村等建设逐步加快，城镇群和大都市区农村地区的新型农业、乡村旅游业、服务业快速发展。一些资源富集地区，农民农业收入和农村非农收入开始超过农民外出从事工业生产的收入，吸引中青年劳动力返乡就业、创业，灵活地在农业和非农产业之间兼顾和转换。"工农服兼业"更加成为一种很有生命力的就地城镇化和弹性就业新形式。

四、城乡就业、居住关系多元化是县（市）域城镇化长期现象

"城乡双栖""城乡通勤"与"工农兼业"现象背后的原因较多。对"城乡双栖"与"工农兼业"现象的讨论，主要集中在两个问题上：一是，这一

现象是否合理？二是，这些现象是阶段性城镇化现象，还是会长久存在的城镇化现象？

尚未在城市实现安家定居的农民，农房和耕地是农民最基础的生活保障。因此，在相当长的时间里，农民不会放弃宅基地和其上的农房，并将其视为"生活的退路"，也是第一代和第二代农民工回乡养老的依靠。因此，可以预计在2040年前，"城乡双栖"现象将长期存在。随着新生代农民工完全融入城市生活，乡村实际生活人口真正大幅减少，"双栖"可能会逐步消失。

但是，对于那些区位环境价值越来越高的农村，宅基地的拥有者即使已经在城市完全实现了市民化，也仍然不愿意放弃这一"福利"。这些地区的乡村，由于有持续的资金投入，生产、生活的条件不断提高，已经在城里有房有家，但长期持有农房使用权的"农民"，可能倾向于长期保持"城乡双栖"。如何甄别这一现象是否合理，需要进一步加强政策层面的研究。

十八届三中全会提出对农村土地征收、集体经营性建设用地入市和农村宅基地制度改革。2014年12月，国土资源部、中央农办和农业部共同出台《关于农村土地征收、集体经营性建设用地入市、宅基地制度改革试点工作的意见》，并在全国33个县开展"三项改革"试点。根据目前的试点情况以及农民对未来政策的预期，农民长期享有"宅基地"使用权不变，但农民是否会选择长期保持使用权不变，会因所处地区出台的不同政策有不同的选择，地区之间会出现较大差异。河南、安徽等人口大省，已经出台相关政策，鼓励农民进县城购房落户，旨在做强县城，同时对退出宅基地使用权的农民，给予购房优惠，也获得了农民一定程度的认可，但实际的效果尚待实践证明。

另一个视角的思考是，我国中、东部平原地区的人口密度极高，河北、河南、山东、江苏、安徽、浙江等省总的人口密度已经高于美国和欧洲定义城市地区的人口密度指标，已经是西欧的3.6倍。在河北中南部、安徽和江苏中北部、河南中北部的平原地区，人口密度已达到欧洲、北美都市区人口密度的2~3倍。在这样一种很高的人口密度下，随着道路与交通条件持续改善和人的机动化移动能力的不断提升，未来的城乡空间是否还是截然不同的两种形态，城乡关系是否还存在巨大的贫与富、发达与欠发达的关系？是否会出现城乡高度融合、高度一体的全新的城乡经济社会关系和全新的空间关系？随着经济社会的发展，不同类型空间的价值随人的价值观念变化而转换，乡村田园风光、小城镇文化特色成为人们向往与追逐的场所空间，类似"星球城镇化"的假设，也许会成为我国高密度平原地区未来的现实。因此，以"双栖"、"通勤"、"兼业"为特征的县（市）域就地城镇化应该得到应有的尊重和鼓励。

第四节 县城、县级市区在县（市）域城镇化、现代化中的核心地位

一、县城、县级市区在城镇化中的作用

县城和县级市区具有吸纳城镇化人口的重要作用。根据"六普"统计，县（市）域内城镇人口比重高达 43%，在承载人口城镇化方面发挥了重要的基础作用，而县城在吸纳人口就地城镇化和返乡回流中起到了核心作用。随着地区经济差距逐渐缩小，外出人口回流现象开始显现，县城成为重要的回流选择地。2006~2016 年，县城常住人口从约 1.19 亿增长至约 1.54 亿，县城常住人口占县及以上城市常住人口占比从约 24.20% 增长至约 24.45%。根据对安徽省外出从业人员的回迁意愿调查显示，到省外从业人口中有回迁意愿的比例在 70% 左右，而回迁目的地中有 19% 的人口愿意返回到合肥等中心城市，28% 的人口愿返回到县城。再如，根据对全国 121 个小城镇的详细调查发现，29% 的小城镇居民希望去县城，32% 的居民希望去大城市[①]，比例基本相当。由此可见，县城是我国吸纳农村转移劳动力，实现就地就近城镇化的重要载体空间。鼓励以县城为核心的就地就近城镇化，有利于解决农民工市民化的问题，对于缓解大城市人口、资源、环境和服务等各方面压力也能发挥重要作用。

除重庆、广东、浙江三省，其余省级行政区的县城常住人口数量呈现增长特征。对比县城和城市的常住人口增长情况，山西、内蒙古、辽宁、黑龙江、安徽、河南、湖南、贵州、陕西、甘肃、宁夏和新疆等 13 个省级行政区的县城常住人口呈现出加速向县城集聚的特征，东北和中西部地区省份县城的作用尤为突出。分地区来看，东北和中部地区县城常住人口与城市常住人口差距日益缩小，但西部地区县常住人口与城市常住人口差距略微拉大。

县城和县级市区是服务农村、农民的重要基地。县城和县级市区通常是所在县（市）域内城镇化水平最高、公共服务和经济要素最集中的地区，同时也是与附近中心城市、周边乡镇地区联系的枢纽。相对于县（市）域内的各个乡镇，县城具备相对完善的教育、医疗、养老等社会服务体系，为城镇、乡镇居民提供基础性公共服务的保障。县城的基本公共服务尤其是基础教育成为吸引县城人口集聚的重要动力。一方面，中国具有尊师重教的传统文化，另一方面，由于大部分小城镇没有高中，近一半的农村学生到县城上高中，因此学生及家长在县城租房就读、陪读的现象十分普遍，成为县域居住人口的重要组成。此外，由于县医院

---

① 赵晖等. 说清小城镇 全国 121 个小城镇详细调查 [M]. 中国建筑工业出版社，2017.

的医疗条件普遍好于小城镇，超过一半的本县居民在面对重大疾病时选择去县医院就医[1]。县城在公用设施比建制镇、乡有明显优势，尤其是在燃气、道路、人居环境、文化设施等方面具有较大的领先优势。因此，县城是推动、覆盖城乡基本公共服务均等化的关键。提高县城和县级市区的综合服务能力，提高公共服务设施配置标准，是县（市）域现代化的必然要求，是服务农村农民，推动乡村振兴的必然需求。

专栏2-4　临泉县案例

以阜阳市临泉县为例，2005~2012年，县城人口从9.3万人增长到近30万人。从访谈得知，县城30万常住人口中有学生10万人，暂住户口10万人（暂住户口多是给孩子陪读的）。幼儿园、小学、初中的学生约6万~7万人，其中来自乡镇约3000~4000人，农民工子女约占50%，高中学生中有80%左右为农民工子女，基于以上数量分析，10万学生中约7万为村镇学生进城。

学生与陪读人群成为临泉县城人口增长和集聚的重要动力，形成以教育为主、公共服务带动的特殊型城镇人口聚集和城镇化模式，临泉也成为罕见的贫困地区县城实施房地产限购政策的县。

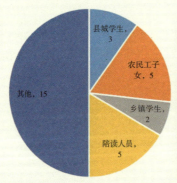
临泉县城人口构成（万人）

临泉第四中学旁街道

临泉县城人口构成和学校边景象
（资料来源：《皖北城镇体系规划（2013—2030年）》）

县城和县级市区是发展非农产业的重要载体。虽然县（市）域的经济密度远远低于大中城市，但是从整体上看，县（市）域和城市两者的经济规模基本相当，因此县城和县级市区在国民经济社会中有着重要的支柱作用，对国民经济作出的贡献不可忽视。

---

[1] 赵晖等. 说清小城镇　全国121个小城镇详细调查[M]. 中国建筑工业出版社，2017.

县城具备经济要素、社会要素集聚,以及农村地区富余劳动力就近工作就业的优势,因此有条件发展形式多样的二、三产业,为城乡居民提供多产业、多门类、多形式的就业岗位。县(市)域的社会结构稳定,具有传统熟人社会的特征,因此县城成为返乡农民工创业、兴办小微个私企业的重要空间。对四川省的调研表明,回流的农民工中,选择创业的人群大多数回到县城创业①。县城也是农业现代化、产业化发展中人才、技术、物资、社会化产业服务及农民工技能培训等服务的供给地,也是发展农产品深加工和本地资源加工业、延伸涉农产业价值链的重要空间。同时,县城在提供就业方面更具有灵活性和包容性,通过提供短期务工、非正规就业、兼业、自雇等多种形式的就业机会,保障了人口城镇化过程中所需的就业岗位供给。

图 2-10　各级城镇人口密度变化情况　　　图 2-11　县城暂住人口变化情况

(资料来源:《中国城乡建设统计年鉴》(2006—2016 年))

县城和县级市区是农村转移人口安置家庭的首选之地。县城具有相对优良的人居环境和生活服务配套,相对低的住房价格和生活成本。目前国内大部分县城的商品房单价约 3000~5000 元,对农村和小城镇居民来说更加容易承受。此外县城既具有准熟人社会的人际关系,又具有相对开放的社会关系,更容易满足乡村人口、外出农民工的居住需求,也成为外出农民工安置老人、儿童,安排子女就学和自己养老的首选之地。很多外出务工、创业人员在县城购房安置家庭养老,或给子女安排新婚成家用房。根据中国综合社会调查(2010 年),进城农民工城镇化意愿以县城或县级市为主。

二、县城、县级市区在现代化进程中的价值

县城和县级市区是发展县域经济和提升劳动力素质的重要空间。县城是推进我国农业现代化、产业化发展的重要平台。我国农业现代化水平相对较低,发展

---

① "四川省人口发展与城镇化路径研究"专题研究(《四川省城镇体系规划(2014—2030 年)》)。

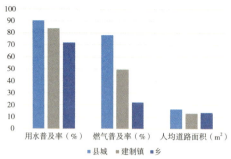

图 2-12 2016 年全国县城、建制镇和乡的
公用设施情况比较

（资料来源：2017 年《中国统计年鉴》）

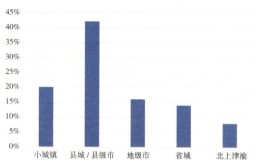

图 2-13 进城农民工意愿

（资料来源：根据中国综合社会调查（中国国家调查数据库、中国人民大学中国调查与数据中心）相关数据整理）

潜力空间巨大。同时，和大中城市相比，县域内城乡发展差距相对较小，城乡联系更加紧密，乡情更加浓厚，更具有直接带动乡村发展的意义。县城可以依托农业和生态功能的强化，推进农业、生态资源与旅游、教育、文化、康健、饮食，以及相关工业、服务业的深度融合，全面拓展和提升现代农业、旅游观光、休闲度假、健身养老等多种社会经济功能，上述条件将使县城具备未来新型消费业和服务业发展的重要潜力。同时，在人口红利下降以及经济增长方式转变的要求下，需要通过强化教育来提高劳动力素质，提升人力资本。拥有大量后备劳动力资源的县城，是承担高中教育和职业教育的关键平台，县城教育资源可以为县域劳动力提供基础教育服务和培训服务，这对于促进我国经济结构调整与劳动力人才资源持续优化具有重要意义。

作为我国最稳定的基层治理单元，县（市）域发展具有很强的稳定性与持续性，这种稳定性与持续性使县城和县级市区在文化、社会等方面收获了很多的积淀，在国家现代化进程中，尤其是社会治理与文明建设方面具有独特价值。县城是国家民主政治进步的先行主体和推进乡村治理体系改革的前沿核心，作为县级政府所在地，在国家治理体系现代化中具有两点价值：首先，县作为一直以来直接承载"治民"使命的基层治理单元，具有丰富的民主政治改革经验，也是最直接面对广大人民群众的治理主体之一，未来将是践行和推动我国社会主义民主政治进步的先行主体；第二，作为面向乡村治理的基层治理核心，未来将不断适应乡村地区价值转换带来的治理需求转换，成为推动我国乡村治理体系改革的前沿核心。对已进城工作居住家庭的调查显示，在县城等中小城镇实现城镇化的家庭在语言交流、生活习俗、社会交往等方面，更加容易与城市环境和既有城市居民相融合，伴随城镇化过程带来的贫富差距、居住分异、公共资源享用不均等导致的社会矛盾较少。

随着乡村地区价值从单纯的农业生产转向生态保育、新经济、低密度生活等多元价值，我国城乡发展从过去的"剥削性"二元结构转向"互补性"二元结构，县城和县级市区是城和乡的过渡和连接点。县城具有传承文化、乡愁的价值。县城也是现代化进程中保护和彰显文化传统，实现本土文化创新发展的重要场所，目前，国家历史文化名城一共 128 个，县城占 39 个。在增强重视文化发展的大背景下，基于传统文化的民间艺术、手工业、农耕体验等的发展，将会给本土文化与社会网络的主要承载地县城带来更大的潜在价值空间。根据对全国 121 个小城镇的调查，约六成小城镇拥有县级以上文保单位，五成以上小城镇有历史建筑，五成以上小城镇拥有经国家或地方相关部门认定的非物质文化遗产，超 1/3 小城镇保留有传统街区，六成以上小城镇会定期举办特色民俗文化活动[①]。因此，县城作为县域人口经济的集聚地，有条件在对外展示和彰显传统文化中承担核心功能。同时，县城还具有提供多元生活选择的价值。随着我国城镇化与现代化进程，城镇空间要满足多样化的生活方式需求，而县城在未来多样化生活选择具有无限的潜力。基于人口密度比较发现，县城的人口密度始终介于城市和建制镇之间，一方面，人口密度适中，可以满足城市经济服务对规模的要求，另一方面又不用承担由于人口密度过高而带来的一系列交通和环境的压力，因此在未来的城镇化进程中随着社会人群价值观的转变，县城由于人口密度适中而带来的一系列城市生活的优势会吸引更多人回归。

---

① 赵晖等. 说清小城镇 全国 121 个小城镇详细调查 [M]. 中国建筑工业出版社，2017.

第三章 县（市）域城镇化的主要问题

第一节 城镇化发展认识和行政行为存在偏差

一、城镇化发展的认识与实践普遍失衡

重经济增长而忽视社会发展。县（市）政府为了弥补自己在现行省、市、县（市）行政体制下经济发展水平和资源分配关系中的弱势地位，更是一切行政行为围绕经济转，热衷于招商引资，忽视了公共服务职能。这导致县（市）域内公共物品提供缺失，公共服务水平低下，社会发展很不充分，也导致农村地区三农服务供给严重不足。

普遍存在的以GDP为核心导向的政绩考核机制下，县（市）域政府更加片面追求城镇经济和非农产业发展以提高经济增长速度，忽视了县（市）域社会、文化、环境统筹，忽视农业、农村发展与公共服务供给；县（市）财政的羸弱，导致大量县（市）域政府把经济与财政收入增长放在行政的首要位置，从而忽视县（市）域城乡全面统筹发展，忽视城市生活和人居环境质量的提高。

重城镇化指标而忽视城镇化质量。许多地方存在重指标、轻质量，采取行政命令、一刀切考核的搞运动方式推进"城镇化"，盲目追求城镇化水平和城镇人口增长速度。一些大中城市热衷于通过行政区划调整来提高城镇人口规模，提高城镇化率；一些县（市）盲目推进合村并点来扩大城镇人口指标，获取"增减挂钩"的建设用地指标；一些县（市）盲目编制扩张型规划，建设大规模新城市，吸引人口和产业，造成城镇建设用地大量闲置和低效利用，使有限的财政资金造成巨大浪费。粗放城镇化模式与产业发展的盲目性，造成城镇化和经济增长质量的下降，陷入县（市）域不可持续发展的困境。

部分县（市）为了经济发展速度，引进大量污染环境或严重浪费资源的企业，破坏了宜居的生活环境，造成资源、生态及环境破坏。西部地区的县域城镇为迎合东部地区落后产能转移，土地超量供给，资源超限开采，降低环保准入门槛，在获得短期的经济发展的同时也失去了良好的生态环境优势[1]。例如腾格里沙

---

[1] 李志伟，赵志峰. 生态文明视域下县域城镇低碳发展的创新思路[J]. 科学管理研究，2018，36（2）：54-57.

漠腹地建起工业园区,就是西部地区在承接东部产业转移过程中,接受落后产能而造成的严重污染事件。

重城镇发展而忽视城乡融合。在工业化、城镇化的大背景下,县(市)城政府往往把城镇发展视为主要目标,指望以城镇发展带动非农经济,形成了"城镇偏向"的发展思维。在县(市)发展中重城镇、轻乡村,把本已十分有限的县级财政和资源过度投放在城镇建设上,不断挤压乡村发展的空间,加剧了县(市)层面的城乡二元结构问题,造成城乡差异的扩大。

地方各级政府对城乡融合、统筹发展的忽视,使得长期以来,乡村基础设施与公共服务的供给不足,乡村的文化、教育、医疗卫生、基础设施远远落后于城镇。同时城镇对乡村的虹吸效应逐渐加大,城乡要素单向流动,加剧了农村空心化、农业边缘化、人口老龄化、产业基础薄弱、劳动力结构畸形等问题。

二、"撤县改市"使县(市)政府从关注区域转向关注城市

"撤县改市",往往导致县(市)政府的工作重心从重视"三农"、统筹城乡转向关注非农经济与城市发展。对于非农经济发达、县城镇规模较大、县域非农人口比重较高的县,往往通过撤县设市的政策开放,来鼓励城镇化、工业化发展的重要行政区划改革。但是,撤县设市使县级市的职能定位与发展导向更加关注非农产业规模与城区建设,自上而下的考核要求也趋向城市标准,导致县级市对"三农"发展的重视程度降级,对城乡融合发展的忽视。随着撤县设市,政府的行政架构发生转换,导致县级市对三农服务的弱化。一般县的城关镇由镇政府主管,县政府主要关注县域整体的统筹协调与乡镇建设,而县级市的市区(街道)由市政府主管。从区域型政府走向区域和城市型政府合一后,县级市政府将趋向更加关注市区建设,工作重点由原来以农业和农村工作为主转移到城市和工商业为主。大规模的撤县设区,不利于县(市)政府城乡均衡发展综合治理职能的发挥。

三、"撤县(市)设区",削弱县(市)政府的发展自主权

特大、超大城市和城镇化程度高、空间高连绵的地区,由于近郊县域在市辖区体制不一,不利于协同、协调,因此推进撤县(市)设区有助于拓展城市空间、促进市县同城化,是必要的行政区划调整举措。如2000年广州的花都、番禺撤市设区,杭州的萧山、余杭撤市设区等。

但是近年来,通过撤县(市)设区扩大城市人口规模,攀比"无县市",成为一些大城市政府追求城市人口规模、经济规模和城镇化水平"政绩"的重要手

段。一些省会城市和地级市尚不具备中心辐射带动周边地区的势能,在撤县设区后无法带动原来县(市)的发展,导致中心城市和县(市)之间的功能并未得到有效整合。县(市)转变为区政府,部分管理事权上收后,进一步削弱了县(市)的发展自主权,导致县(市)的发展机会和资源被掠夺,同时不利于乡村地区的发展,尤其是教育、医疗、社会保障等很多方面都无法使居民获得与中心城区居民同样的待遇。盲目撤县(市)设区也导致城市空间布局碎片化。一些离中心城区很远的"市区",由于公共资源配置不足,自主权降低,发展状况反不如相对独立的县(市)行政体制。

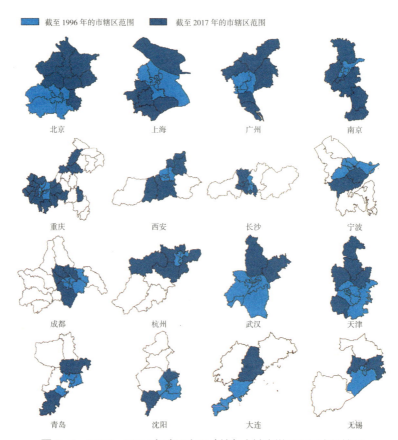

图3-1　1996、2017年我国主要(特)大城市撤县设区变化情况

四、"乡镇改街道",导致基层行政自主性降低、"城镇人口"虚高

大城市城乡结合地区的乡镇改街道是城市增长与扩张的必然过程,但一些地级、县级市为提高城镇化率指标和扩大城市人口规模而盲目推进乡镇改街道,由此带来大量问题,包括:大部分乡镇人口规模和人口密度偏低,改街道后难

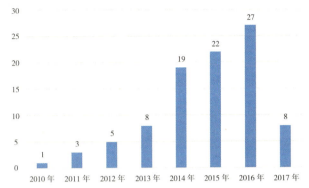

图 3-2　2010~2017 年 7 月份我国撤县（市）设区情况变化表（单位：个）
（资料来源：历年《行政区划简册》（中华人民共和国民政部）和
2017 年民政部行政区划变更情况批复）

以发挥集聚优势；相对独立的乡镇行政体制改为政府派出机构的街道后，导致活力不足，不得不依靠上级拨款，降低了乡镇的自主性。不少乡镇改街道的同时伴随着乡镇合并，带来了政府服务与城乡居民办事难度增加，尤其在山地和丘陵地区。此外，乡镇改街道后部分基层的管理权限被市政府上收，治理能力被削弱；同时城市社区与乡村社区管理模式差别较大，也导致了行政效率和效能的降低。

五、"撤村并点"，造成乡村居民被动"城镇化"

一些县（市）政府为了利用土地增减挂钩政策获取土地指标，不顾农民意愿，通过撤村并点让农民进城、上楼，来增加城镇人口规模和城镇建设用地等。多个省区的实践证明，此类新建的农村社区并不受农民欢迎。农村的生产和生活方式在空间上是紧密相连的，人为的强行改变必然导致农民生产和生活极大不便。如实施撤村并点后，绝大多数村民仍然从事农业生产，却要走出社区远距离去种田、饲养牲畜、存放农机具，增加了家庭经营的困难。尽管政府或社区提供部分就业岗位，但工资收入不能满足生活需要；农民的生产成本无端增加，造成了"老村拆不掉，新楼无人住"等一系列问题。如江西黎川县熊村镇实施"镇村联动"模式，打造小城镇建设示范点，农民从山里迁到镇区的两层楼房，但很多村民继续外出务工，社区依然空心，并且距离山上的耕地更远了，留守的老人和妇女种地更不方便。

此外，不恰当的撤村并点重组了居住空间，重构了居住模式，人为地导致历史形成的社会结构和社群生态被破坏，村民邻里交往减少，熟人社会瓦解，乡土文化消亡，进而对乡村基层自治能力和文化传承带来严重冲击。

第二节 县（市）政府治理能力不足

一、"市管县"体制下，事权与治理责任难以匹配

"市代管县"体制下，县（市）政府职责繁重，而事权受限。"市代管县"是我国工业化、城镇化进程中独有的行政体制，是中国城乡二元体制的典型行政行为之一。县（市）政府是政府行政体制中由"管官"转向"治民"的中枢环节，县（市）政府承担着发展经济、保障就业、维护"三农"、协调三产、社会治理与服务、公共服务与基础设施供给、公共安全与防灾减灾、生态保护与环境治理等的全面管理与服务职能。但过去20年来，县（市）政府权力处于被不断削弱之中。随着经济社会发展，县（市）的管理责任越来越大，但管理事权被不断上收，各类上级行政审批与监管越来越多，如国税、地税、质监、国土、工商、药监、金融、电力、石油、烟草等重要部门划归中央或者省直管，县（市）政府协调垂直部门和单位的工作难度越来越大，损害了县（市）政府主导本地经济和社会发展的能力。另外，部分重要部门人事权、土地使用权和财务权受省或地级市政府控制，游离于县（市）政府的权限之外，也给县（市）政府职权发挥增加了难度。

> **专栏3-1 "市管县"体制的合法性与问题**
>
> 《中华人民共和国宪法》第三十条明确规定我国地方行政体制为"省—县—乡"三级；只有直辖市和较大的市可以分为区、县。《中华人民共和国立法法》对"较大的市"作了明确规定：较大的市是指省、自治区人民政府所在地的市、经济特区所在地的市和经国务院批准的较大的市。目前，经国务院批准的较大的市共有18个。因此，"市管县"的行政管理体制只有在4个直辖市、27个省级政府所在地、4个经济特区、18个较大的市才有法律依据。在此之外，当前量大面广的地区实行"市管县"体制，没有宪法和法律上的依据。市管县体制明显存在以下问题：
>
> 增加行政管理层级和成本。"市管县"体制在省与县之间增加了一个管理层级，使得省对县域经济社会发展指导多了一个行政层级，增加了政策执行成本；信息传递增加了中间环节，导致行政效率低下。
>
> 县的利益被剥夺。"市管县"体制本意是发挥市对县域经济社会发展的带动作用，但只有经济相当发达的城市才具有较强的带动作用。有些自身经济并不发达的地级市所辖县达10余个之多，被管辖的县与地级市之间只存在低水

平的、自然状态的经济联系，并不能获得预想的辐射。很多地级市甚至通过截留指标、资金、争项目、财政提取和各种行政审批等方式侵占县的利益，阻碍县域经济发展。

农村的利益受损失。"市管县"体制下，重城轻乡、重市轻县的现象较为普遍，资源过度向中心城市集中，财政投入偏重城市，农村经济发展难以得到市、县两级财政支持，加剧了城乡二元结构。

（资料来源：根据李晓玉《中国市管县体制变迁与制度创新研究》、张晖《县级市由谁管——市管县体制合宪性分析与省管县体制改革建议》等文章整理）

二、高素质人口外流，发展能力受限

劳动力整体外流，导致县（市）劳动力素质结构提升困难。县（市）域流出的劳动力基本为青壮年劳动力和知识水平较高、能力较强的相对精英群体，导致基层人口素质和自治水平迅速下降，也导致生产和经营水平难以提高。

高素质人口外流严重，且回流有限。高素质人口外流主要体现在两个层面：一是跨省流动，尤其是中、西部分省级行政区高素质人口外流严重；二是省内流动，以河南、河北、安徽及广东等省份的县（市）域经济发展水平与中心城市落差较大，高学历人口大规模流向中心城市。在部分县（市）域人口外流逐渐减缓、回流趋势逐步显现的背景下，高素质人口回流到县（市）的比例却相对较小，县（市）域对于高素质人群的吸引力仍然有限。

三、村镇基层治理能力不断下降

县（市）"自上而下"的行政管理模式，导致乡村传统自治优势渐失，不利于充分发挥基层组织和村民的积极性。取消农业税后，乡镇政府介入农村公共事务和农业生产事务的积极性降低，乡村自治体系更多地承担了自身的公共事务供给职能[1]，县乡政府为农村提供的公共服务和管理付出则多有不足。同时，随着经济的发展、生活质素的提高及人口状况的变化，村集体社会公共事务开支不断增大，负担沉重，也由此带来诸多内部矛盾问题与治理困境[2]。乡村的精英和青壮年人才外流相比县（市）域而言更严重，导致基层治理缺乏人力资本保障。此外，乡镇政府并非完整职能政府，普遍通过减人员、减机构和减开支来压缩行政运转成本，同样难以承担基层治理的任务。

---

[1] 贺雪峰. 论乡村治理内卷化——以河南K镇调查为例[J]. 开放时代，2011（2）：86-101.
[2] 中国城市规划设计研究院"村镇规划与建设管理"课题。

第三节 经济发展动力不充分

一、经济发展水平不高

从全国总体层面来看,县(市)域对我国整体经济和城镇化的带动能力弱于大中城市单元,公共财政收入占比很低。2014年,我国县(市)域以全国87.04%的国土面积和68.37%的人口,仅创造了全国48.37%的GDP总量和14.70%的财政收入;而城市地区以县(市)域1/7的国土面积和1/2的人口,创造了县(市)域1.07倍的GDP总量和5.8倍的财政收入。从四大经济区来看,县(市)域经济总体水平均不高。2014年,东部地区、中部地区、东北地区、西部地区的县(市)域生产总值占各自地区生产总值的比重分别为36.77%、57.39%、44.01%、53.66%。东部地区和东北地区的大中城市经济规模的优势明显,县(市)域在面积和人口均占优势的情况下,生产总值所占比重都低于50%;中部地区和西部地区的县(市)域经济所占比重虽已超过50%,但考虑到县(市)域的国土面积和人口数量均远超50%,县域经济总量仍处于较低水平。

县(市)域产业结构方面,总体呈现低水平的"二三一"结构。县(市)域产业结构仍以较低水平和粗放型的工业为主体,农业占比较大(15%),服务业发展不足。相比而言,高等级的大中城市、中心城市的产业结构更优,县(市)域产业结构仍处在较低的水平,尚有较大提升空间。县(市)域工业发展总体质量不高,同质化、低效粗放发展与环境污染现象普遍,工业发展亟待转型升级。服务业发展不充分,总体上以基本生活型服务业为主,生产性服务业、特色型服务业发展水平较低。

中国四大经济区及其县(市)域主要经济指标　　　　表3-1

地区	东部地区	中部地区	东北地区	西部地区
地区生产总值(亿元)	350101	138680	57469	138100
县(市)域生产总值(亿元)	128739	79584	25295	74104
县(市)域占比(%)	36.77	57.39	44.01	53.66
地区行政面积(km²)	907600	990000	790000	6608300
县(市)域行政面积(km²)	716641	909358	632524	6094456
县(市)域占比(%)	78.96	91.85	80.07	92.22
地区年末总人口(万人)	47051	39816	10635	40185
县(市)域年末总人口(万人)	28166	30281	6262	28808
县(市)域占比(%)	59.86	76.05	58.88	71.69

二、人均经济发展水平不高

县（市）域人均 GDP 与全国平均水平有差距。2014 年，县（市）域人均 GDP 为 3.5 万元，比全国平均水平低 1.1 万元，约为全国平均水平的 3/4。2014 年，人均 GDP 低于全国平均水平的县（市）域占比高达 80.79%，其中 45.02% 的县域人均 GDP 未能达到全国平均水平的一半。

大部分县（市）域居民经济收入水平不高。2014 年，全国县（市）域与城市人均存款之比约为 0.29∶1，说明县（市）域地区的人民经济水平与生活水平依然明显落后于城市地区。仅江苏省、天津市的县（市）域与城市存款比大于 0.5；东、中部地区的县域与城市存款水平差距比西部地区小；广东省虽然是经济发达省，但其县（市）域地区的居民存款水平与城市地区差距也存在较大差异。

脱贫压力依然较大。截至 2018 年 2 月，全国共 585 个贫困区县，其中 558 个为县（市）域，占比达到 95%。贫困县主要分布在中西部地区，尤其是在胡焕庸线沿线地区集聚有大量贫困县，其中西部地区有 375 个，占比达 64%。在所有省级行政区中，贫困县最多的是西藏自治区，其全境都属贫困县；其次是云南省，有 73 个；第三是陕西省和贵州省，各有 50 个。

三、就业岗位供给总量有限

县（市）域就业岗位供给有限。从县（市）域第二产业就业人员规模看，西部多在 5000 人以下，占全部县（市）域数量的 12.2%；东部就业人员 1 万~5 万人的县（市）域有 715 个，占全部县（市）域数量的 36.4%；就业人员 10 万以上的县较少，多位于华北与中部平原及东部沿海地区。从第三产业就业人员规模看，西部地区多在 1 万人以下；东部地区县（市）域的就业规模相对较大，但在 10 万以上的县（市）域也仅占全部县（市）域数量的 25.1%。

四、特色产业培育不足

县（市）域拥有相对脆弱的生态承载力和丰富多样的资源环境，并不适合复制中心城市、大中城市的产业发展路径，更需要通过保护性开发和特色产业来提升县域发展动力。总体上，我国县（市）域的特色产业培育有待加强，特色农业、文化、旅游消费产业等充分依托地方特色资源的新功能、新业态仅在部分县（市）域出现，传承性和地方化的特色资源有待进一步挖掘。

第四节 政府财政普遍失衡，财税制度有待完善

一、县（市）公共财政收支严重失衡

公共财政支出占县（市）域 GDP 的比重大。对比 2006 年、2010 年和 2014 年，我国县（市）域财政支出规模占 GDP 的比重持续提高。从财政支出增加的边际倾向（MGP）来看，2006~2010 年为 17.82%，2010~2014 年为 19.64%，说明上级政府财政支出对县（市）域 GDP 的集中和控制力度不断增强。

县（市）域财政收支失衡问题持续扩大。2014 年，全国县（市）域公共财政收入为 2.09 万亿元，同时公共财政支出也呈现较快速增长，达到 4.92 万亿元。2006~2014 年，县（市）域财政支出与收入差额持续增加，从 2006 年的 0.56 万亿元增加至 2014 年的 2.83 万亿元。

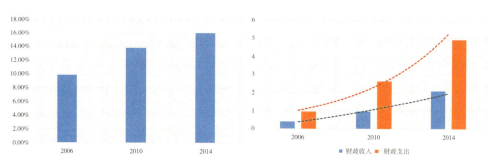

图 3-3 县（市）域公共财政支出占 GDP 比重（左）和公共财政收入与支出（右）
（资料来源：根据《中国财政年鉴》（2007~2015 年）整理）

二、县（市）政府事权与支出责任不匹配

基层政府普遍承担着较重的公共支出事务，而财权难以支持。中央政府和省级政府间的财政权利划分有明确规定，但省级与地级市政府、地级市与县（市）政府之间的财政权力划分，特别是支出分权规定比较模糊[①]。各省份之间及各省内部各级政府间财政分权存在较大差异，但呈现出的共同特点是财权层层上移，事权层层下放。这使得县、乡等基层政府普遍承担着较重的公共支出事务，但拥有的财力十分有限。县（市）政府的法定性公共服务支出规模巨大、科目众多，有限的财政收入难以支撑巨大的公共服务支出责任。县（市）政府的法定性投入涵

---

① 参见《关于完善省以下财政管理体制有关问题意见的通知》（国发 [2002]26 号）以及其他相关文件规定。

盖农业、科技、教育、卫生、文化、体育、计生、社保、治安、救灾、救济等几十个领域，科目达到上百项之多。

分税制施行、农业税免除后，乡村的公共服务供给更加困难。由于县、乡级财政困难，农民的养老、医疗、教育等公共服务供给陷入困境。不仅表现在有形的公共服务供给不足，更表现为无形的公共服务缺乏相应的制度来保障其供给。同时，我国也缺乏县（市）域和乡村基本公共服务的全国最低标准和对公共服务质量的有效监管机制，加剧了公共服务供给不足、水平较低。

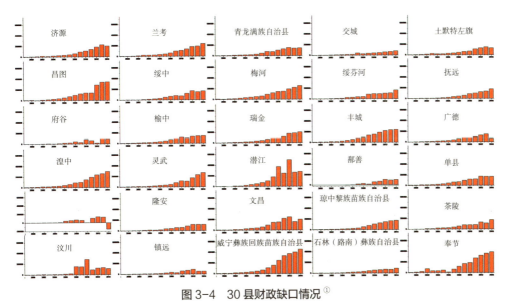

图 3-4　30 县财政缺口情况①
（资料来源：根据《中国县域统计年鉴》（1999~2014 年）整理）

1997~2005 年，县乡政府平均承担了中国 35.1% 的公共支出事务，但拥有的财政份额仅为 18.2%。1999~2014 年，统计的 30 个县（市）政府中②，大部分的预算内支出远远高于预算内收入，预算内资金缺口较为明显，财政压力过大。随着国家近年来密集出台的一系列惠民政策及地方自身发展的需要，县（市）财政支出需求还在不断上涨。主要表现在三个方面：一是养老保险支出存在巨大缺口，养老保险全面覆盖难以做到；二是教育支出短缺，中央要求对中小学老师实行绩效工资政策后，地方财政又需要安排一笔不小的支出；三是国家提出的改造扩建农村校舍、建立农家书屋等要求，地方政府更是无力负担。

---

① 柱状的长短和正负反映的是财政缺口的大小，负值说明收大于支，财政盈余，柱状越短或者为负值，说明县级财力越强，对上级的依赖越低，财政权力应该是越大的。
② 本研究从中西部县级单元中随机选取 30 个样本。

三、财政层级过多,县、乡财政权力受到严重制约

我国现有的多级政府体制是制约县(市)政府财政权力获得的重要因素,县(市)政府作为承担公共事务较多的一级政府,并未在财政分权中占据主要地位。在省、地级市、县(市)三级地方政府架构中,地级市政府不仅作为一级独立主体存在自身利益诉求,同时还扮演着省级政府的行政代理人和县(市)政府的管理者的角色,分税制改革以来这种多重身份蕴含的利益冲突随着收入权力的大幅度上移而逐渐显现并日益加剧。由于财政权力大幅度减少,地级市政府在留存较大收入份额的同时,将更多的支出责任下放给县(市)政府,而且截留、挪用中央和省级政府给予县(市)政府财政补助并扮演"攫取之手"的现象非常突出,加剧了县、乡基层政府的财政困境,阻碍了县(市)域经济社会发展。

四、县(市)政府无主体税种,财力短缺

当前县(市)域非税收入占财政收入的比重过大,有的县(市)非税收入占财政收入60%以上。自分税制以来,非税收入占县(市)财政收入的比重呈明显上升的态势。由于县(市)政府没有税收的立法权,弥补财政资金缺口的重要途径只有通过非税收入的渠道筹集财政资金。近年来,县(市)地方政府为了维持财政收入的增长,只能是"税不够,费来凑",导致地方收入中的非税收入比重越来越高。

税收收入作为县(市)政府收入中最稳定的来源,它的组成及变化直接影响了履行职能的能力。虽然县(市)税收收入的规模呈现较快增长,但成长性和稳定性弱于全国税收收入。县(市)税收收入占全国税收比重小。2014年,中国县(市)域税收总额1.94万亿元,占全国税收总额的16.28%。县(市)域税收收入在10亿以下的县(市)政府占比达到75.60%;50亿以上税收的县(市)政府仅为3.08%,主要分布在东部沿海地区。中国县(市)税收收入占财政支出的比例整体呈现下降趋势,比例最高的1993年为74.5%,最低的2004年为50%,县(市)财政支出中只有50%来自于税收收入,其他50%靠转移支付、收费、土地出让等手段筹集[①]。

在地方税收中,按照各个税收所占比例排列,依次是营业税、增值税、企业所得税、城市维护建设税、个人所得税、城镇土地使用税和耕地占用税等。营业

---

① 樊勇. 中国县级政府税收收入的结构、规模及影响分析[J]. 中国财政,2011(12).

税作为营改增之前地方政府的主体税种，占到了地方税收收入的 1/3，占比几乎是排名第二的增值税和排名第三的企业所得税占比的总和。随着营改增全面实施，地方政府马上会面临新的财力短缺问题。现行的地方税格局是极不合理的，具有明显的过渡时期烙印。营改增改革实际上使得地方税系建设变得非常迫切，其中关键点在于寻找一个可作为地方主要财力支柱的主体税种。

五、转移支付制度存在隐忧

专项转移支付比例过高，县（市）政府资金使用没有自主权。在中央和省对地方的转移支付中，包括专项转移支付与一般性转移支付，两者县（市）域在这两项转移支付中所占比例均呈现逐渐下降的趋势，且都存在较大问题，急需改革。而在对县（市）域的转移支付中，专项转移支付比例占据绝对优势。2000~2007 年，县（市）转移支付总额中，专项转移支付占比都在 80% 以上，2000 年所占比例高达 92%。

专项转移支付中，县（市）政府占比不高，且种类庞杂、有效利用率不高。专项转移支付几乎涉及了所有的支出项目，包括社保、支农、科技、教育和医疗卫生等五大项。巨额的配套要求，迫使县一级政府千方百计去凑够标准，不仅造成巨大的财政压力，也不断出现拆东墙补西墙的状况，使得财政资金不能得到有效的利用。

第五节 土地利用结构不合理，建设用地配置机制有待优化

一、"三生"空间用地结构性矛盾突出

2015 年，全国建设用地开发强度为 4.23%，但全国综合实力前二十强县（市）的平均开发强度已高达 20.43%，部分县（市）的开发强度甚至接近 60%。城镇高度开发与建设用地不断扩张挤压了农业和生态用地空间，导致城镇建设、农业、生态空间比例失衡，资源环境承载能力不足，县（市）域城镇化可持续发展也面临严峻挑战。

根据近年土地利用变化驱动力及活跃度，我国县（市）域土地利用演变自东向西大致可以划分为四大圈层，其土地利用结构变化特征如下：

建设用地普遍大幅增长，第三圈层增长最为迅速。在严格的耕地保护政策压力下，建设用地增长主要来源于园地、林地、水域和水利设施用地转移，对生态空间侵占较大。

耕地面积有所提升，但质量有所下降。我国优质耕地资源主要分布于东、中部地区，与工业化、城镇化发展重点地区高度重叠，在城镇高度开发的压力下，耕地重心不断向质量较差的西部地区迁移。2009~2015 年，我国第一、二圈层耕地共减少了 4.28 万 hm^2，而第四圈层耕地增加了 13.67 万 hm^2，优质耕地资源不断减少，国家农业生产、粮食安全面临挑战。

园地、林地、草地、水域及水利设施用地均下降。2009~2015 年，第一、二圈层水域和水利设施用地共减少了 20.5 万 hm^2。由于城市建设用地快速扩张，水域、山体、森林等自然生态用地不断被侵占，城乡生态空间保护压力巨大。

二、建设用地指标分配不合理

县（市）域土地利用与人口、经济发展格局存在空间错配。从近年县（市）域建设用地规模、人口规模、GDP 规模的演变特征来看，西部地区建设用地增量高于中、东部地区，与胡焕庸线揭示的人口—经济分布格局不相匹配，无论从人口还是经济衡量，中、东部地区建设用地分配都相对较少。虽然东部地区土地利用效率较高，但过度错配会加剧城乡空间供需矛盾，甚至导致城乡人居环境品质难以得到改善。例如，西藏、内蒙古、长江上游等地区人口有所减少，但建设用地规模却增幅较高；云南、贵州等地区 GDP 增长较快，但云南建设用地增长较少；内蒙古地区 GDP 增长幅度较小而建设用地规模则增长较多。

县（市）域内部用地配置也存在极化导向与资源分配不公平。建设用地指标过多集中于县城，阻碍了乡镇的特色化发展路径和非农经济发展；土地流转待完善，体制不够健全，对农民保障不足，流转量趋于饱和。此外，农村集体建设用地问题也非常严峻，存量规模过大，而且由于制度设计中缺乏流动渠道，导致大量闲置浪费；宅基地管理僵化，存量宅基地退不出，新增的人口还需要占地。随着城镇化过程带来的农村人口减少，出现"人减地增"这样令管理部门尴尬的局面；征地制度改变缓慢，过于依靠提高补偿而不是改变征地方式，无法消除各种矛盾，成为社会冲突集中的领域。

三、县（市）域在建设用地配置中处于弱势地位

建设用地实行自上而下的指令性计划管理，指标分配极度偏向城市。在省、市、县、乡的行政体制下，我国当前建设用地指标分配机制不断使优势资源和用地指标向上一级行政单元集聚，而县（市）在资源分配中处于明显弱势地位。2009~2015 年全国新增建设用地面积为 348.07 万 hm^2，其中 57.04%

（198.53 万 hm^2）分配给县（市）域，42.96%（149.54 万 hm^2）分配给城市。考虑到县（市）域行政面积占国土面积的 89.28%，大量交通、水利基础设施分布在县（市）域，这一配置结构实际是向城市倾斜，而新增城镇建设用地指标则明显集中在地级以上城市。县（市）域发展空间受到挤压，限制了县（市）域人口吸纳和产业发展能力，也不利于实现城乡基本公共服务均等化为目标的城乡融合发展。

城乡土地政策的实施更偏向于保障城市用地指标。2005 年，国土资源部颁布了《关于规范城镇建设用地增加与农村建设用地减少相挂钩试点工作的意见》，明确了城乡建设用地增减挂钩试点工作的基本要求、项目管理、相关配套政策等。实施城乡建设用地增减挂钩缘起于支持小城镇建设，对推进城乡统筹发展、优化城乡土地利用布局、缓解城镇建设用地指标约束具有重要意义。但在实践中，许多省和地级市以此作为用地指标上收的理由，把城镇建设用地指标都用于中心城市和地级市，使县（市）只能通过"增减挂钩"政策获得建设用地，使"增减挂钩"实质变或把城镇建设用地指标从县（市）域搬向城市。因此出现了擅自开展"增减挂钩"试点和扩大试点范围、突破周转指标、违背农民意愿强拆强建、强迫农民住高楼等一系列问题。

四、"土地财政"依赖与土地流转障碍并存

分税制下的"土地财政"放大了城市与县（市）域财力差异及公共服务差距，导致县（市）域城镇人口集聚能力进一步弱化。地方政府过度依赖"土地财政"推进城镇建设，对比大城市天量的土地成交金额，县（市）域土地出让金相去甚远，导致城市与县（市）政府财力差异不断扩大，公共服务配套设施的建设也难以为继，县（市）域城镇化吸引力也不断下降。同时，"土地财政"还造成县（市）域耕地萎缩和土地的粗放式利用，不利于耕地保护和生态格局保护。

土地制度改革未解决土地城乡二元结构问题，土地要素未实现合理流动。2013 年以来，农村土地制度改革在一定程度上激活了村庄发展和新农村建设，但没有从根本上打破土地要素城乡配置的制度障碍。尤其是农村集体经营性建设用地入市，主要是来自东部地区原乡镇企业，且仅限于城市规划圈外的存量土地，并没有从根本上打破城乡二元结构。此外，土地财政导致县（市）域融资困难，加大了财政差异，存在社会风险和金融风险，农村土地存在权益不完整、不清晰的问题，尤其是存在流转障碍，只能在内部流转，而且要求无偿退出，对农民权益造成极大影响。

第六节 县（市）域规划体系有待健全[①]

一、空间规划体系不健全

县（市）域空间规划体系未建立完善。根据《城乡规划法》，城乡规划包括城镇体系规划、城市规划、镇规划、乡规划和村庄规划，县人民政府组织编制县人民政府所在地镇的总体规划，县（市）域层次规划在国家法定规划体系中未提及。县（市）域规划编制的直接依据为《县（市）域村镇体系规划编制暂行办法》（建规〔2006〕183号），但该编制办法以纲领性要点为主，在实际规划编制与实施中存在诸多问题，也难以与其他部门的规划协调。现行土地利用规划主要作用在于管理和维护土地资源，不涉及县（市）城乡聚落布局在空间管控。

县（市）域空间规划的纵向传导关系待优化。县（市）域空间规划的任务应对上落实国家、省和地级市的空间规划要求，对下提出城镇和乡村的发展建设与国土空间管控指引，但目前城乡规划体系中纵向传递关系尚未明确，而土地利用规划的"国家—省—市—县—镇"五层级管控体系则偏重于资源管理，功能过于单一。

县（市）域空间规划的横向协调关系待明确。我国的空间规划事权存在部门条块分割的管理体制弊端，县（市）域空间资源规划编制方面事权与编制主体也并不明晰。各类规划由各部门自行独立编制，在人口统计口径、地图选择、用地分类标准、建设用地内涵和编制期限上均有差异，带来不同规划间空间管制的众多矛盾，造成各类规划的实施效果都不佳。[②]

2014年8月，国家发改委、环保部、国土部和住建部四部委联合提出了"多规合一"的编制试点，并选择了全国范围内的28个市县作为"多规合一"编制试点。但编制试点的内容与技术框架仍然与部门事权密切相关，如国土部门的试点着重于土地资源用途的管控和耕地保护，控制农业用地变更为建设用地，因此土地利用总体规划的空间管制主要体现为各类土地用途区的边界确定和可建设区域的确定，而对各类用途区之下的政策（如项目准入、环境控制）则并不涉及。

[①] 2018年3月，全国人大审议通过国务院机构改革方案。方案要求将国土资源部的职责、国家发展和改革委员会的组织编制主体功能区规划职责、住房和城乡建设部的城乡规划管理职责、国家海洋局的职责等整合，组建自然资源部。目前，空间规划体系改革尚在进行中，县（市）空间规划编制和管理有待进一步明确、观察和研究。

[②] 辛修昌，邵磊，顾朝林，厉基巍. 从"做什么"到"不做什么"：基于"多规融合"的县域空间管制体系构建[J]. 城市发展研究，2016，23（3）：15-21.

二、规划管控破碎化

部门事权的分割，导致了县（市）域空间规划管制内容的破碎化。城乡规划和土地利用总体规划是当前县（市）域空间管制的两种最直接的规划手段。县（市）城乡规划中的空间管制多在规划区或县城，并未对全域的镇、村进行管制，而土地利用总体规划中则以耕地保护为单一目标的空间管制，两类空间规划内容交叉分立，导致实际工作中的县（市）域空间管制难以得到有效实施。一是空间治理政策的碎片化，各部门空间规划往往只能根据部门事权提供相对单一的管制内容和要求，缺乏综合性和整体统筹能力。二是部门空间管制内容之间的不协调。各部门之间对于空间资源认定与空间分区难以衔接，进而造成空间政策区划的分异，使得地方政府在执行规划和决策时效率低下。同时也给地方政府造成一定的模糊操作空间，使得空间的保护和开发要求难以明确落地。[①]

三、规划编制缺乏针对性

当前大量的县（市）域空间规划实践，其技术方法与规划理念仍然基于传统的城市规划思维，而带来规划编制与规划实施的一系列不适应。县（市）域覆盖城市和大面积的乡村，是城乡融合发展、一二三次产业融合发展的载体，社会、经济、文化、生态各方面发展的特征与挑战，相比城市而言有较大差异。因此，县（市）域规划简单套用城乡规划编制体系与技术方法难以达到引导和管控的目的。同时，县（市）域空间发展涉及面广，各类县（市）域面临问题千差万别。统一和"全面"的规划编制技术标准和编制要求，难以适应不同地区县（市）域发展的实际需求。

第七节 县（市）域城镇化发展质量不高

一、公共服务和基础设施供给不足

县（市）域以教育、医疗、社会福利为主的基本公共服务供给不足、质量不高，是导致大量县（市）域个人发展能力受限和高贫困率的重要原因。教育方面，县（市）域整体教育基础设施的投入及师资力量的投入均有限；许多人口大县的初中、

[①] 董志海，张伟，包万隆，高恒，祝佳杰."细化与简化"并举的县域空间管制体系——基于玉门部省"多规合一"试点的若干思考[J]. 环境保护，2016，44（14）：45-51.

高中学位明显不足,超大班额现象普遍存在;中、小学校的硬件设施供给也存在较大缺口,总体教育质量不高。医疗方面,据不完全统计,2014年我国县(市)域医疗卫生机构床位数约为313万张,占全国医疗卫生机构床位数的47.44%。县(市)域每万人拥有医疗卫生机构床位数为33.49,86.06%的县(市)域低于全国平均水平(48.26张/万人)。社会福利方面,2014年,我国县(市)域各种社会福利收养性单位个数为31947个,占全国社会福利收养性单位个数的33.25%;县(市)域各种社会福利收养性单位床位数为296万张,占全国医疗卫生机构床位数的48.25%。全国县(市)域每万人拥有社会福利收养性单位个数为0.34,89.23%的县(市)域低于全国平均水平(0.70个/万人)。

公共服务配置不平衡。县(市)域城乡公共服务的供给存在着"重城市轻农村"的供给制度性问题,县城与市区往往是县(市)域公共服务配置最集聚、最优质的地区。县城以外的广大乡镇地区承担着繁重的基层管理事务,但是没有相应的行政权力,更缺乏足够的财力支持。按行政层级配置公共服务资源的机制与城乡人口流动、城乡居民对优质资源的需求不匹配,导致县城内水平相对较高的公共服务设施普遍不足而乡镇公共服务又存在水平太低、设施闲置的现象。以教育设施为例,一方面,县城学位数供给不足,有的中学师生比达到1:30,甚至出现单个班级学生人数超过100人的"大班额"现象;另一方面,大量乡镇中小学招生困难,教育资源投入和设施建设出现浪费。同时,新型城镇化背景下,居民公共服务需求日益多元化与差异化,"一刀切"的公共服务配置标准难以适应不同地区人口分布、交通条件和发展模式、路径的巨大差异,从而导致公共服务设施的功能无法充分发挥。

基础设施建设严重滞后。就全国县城而言,普遍存在基础设施历史欠账多、建设水平偏低的问题。根据2015年统计数据,全国县城用水普及率低于城市8个百分点,燃气普及率低于城市19个百分点,污水处理率低于城市7个百分点,而基础设施实际运行与服务的差距比统计数据大得多。县城市政公用设施建设固定资产投资额仅为城市的19%。广大中西部和东北地区的县(市)问题更加严峻,东北地区和中部地区的县城用水普及率分别为81.58%和86.57%,远低于东部地区县城的96.68%,也低于各自地区城市的97.11%和96.97%;中、西部和东北地区县城的燃气普及率分别为72.27%、69.59%和61.83%,远低于东部地区县城的92.45%,也低于各自地区城市的92.80%、91.01%和91.83%。对于山区县而言,基础设施需求与建设运营成本费用高的矛盾更加突出。山区县(市)基础设施不仅欠账多,而且建设和运营成本大大高于平原县和丘陵县;由于滑坡、塌方、泥石流等地理灾害频发,山区交通等基础设施后期管护成本也十分高昂。目前"一刀切"的基础设施建设补贴政策和地方政府按同样比例配套资金的政策，无疑对山区县加快改善基础设施造成了巨大的政策制约。

二、城乡建设忽视文化保护与传承

生活需求、营建方式与文化保护相矛盾。工业化和标准化的建造方式是地域性建筑文化和城乡聚落特色消逝的重要因素；急功近利、盲目模仿的建设理念是造成城乡建设中地方特色与风貌丧失的根本原因。在疾风暴雨式的工业化、城镇化进程中，在缺乏对乡土文化的理解，缺乏对自然山水的尊重，缺乏对地域特色研究的情况下，城乡建设过度追求经济效益与效率目标，而对文化保护过于忽视。在非人口与经济密集地区的县城建设中，盲目建设大量无地域差别、无本土特色、缺乏社区活力的城镇新区，复制宽马路、大广场、高楼林立的大城市景观，使得小城镇应有的人性化尺度、亲切宜人环境和地方特色日渐丧失。

一些村镇盲目推进旅游业或工业发展，导致空间聚落模式发生急剧改变，使得传统建筑空间及村落空间结构遭到建设性破坏。如云南省丽江市宁蒗自治区泸沽湖周边的摩梭族村落，在游客增多后，当地居民开始围绕接待游客的目标进行自家住宅的改造以及围湖建设违法建筑，不仅破坏了原始村落景观，其生活模式及传统文化也在外来人口增多、产业变化的背景下发生着巨大变化，传统文化的痕迹越来越模糊。政府引导的规划重视村落的环境治理及旅游业发展引导，并没有将传统文化及乡土特色的保护作为基本出发点。

行政主导下的"新农村建设"，对乡土文化和乡村社群结构缺乏尊重。不少省级行政区出现了行政力量主导的村庄撤并与"新农村建设"浪潮，导致传统村落存续的巨大危机，对乡土文化和乡村社群造成了巨大冲击。行政性的村庄撤并过于追求速度，使得承载数千年农耕文明的村庄数量急剧减少，相当数量的传统村落彻底走向终结。传统村落的消失还不仅是灿烂多样的历史创造、文化景观、乡土建筑、农耕时代的物质见证遭遇到泯灭，大量从属于村落的民间文化传统——非物质文化遗产也随之消亡。大量的"新农村建设"以现代化的材料及建造方式、统一的建筑样式及格网化的路网进行建设。这种缺乏对传统生活方式理解、照搬城市社区模式的建设，也使得乡土文化与地域特色无法延续。

乡村建设缺乏保护与传承意识。大多数的村庄规划和建设中缺少对村庄整体的内生发展机制思考，导致很多村庄或乡村社区建设、整治仅仅停留在空间的整治层面，农业生产能力落后，农民生活保障不足，农村环境恶化的局面没有得到根本性改善。乡村规划照搬城市规划的做法和土地政策不完善也导致了拆旧建新的"自主性破坏"。对传统村落文化保护的稀缺性、珍贵性价值认识严重不足，大量具有传统特色的乡村和建筑缺乏有效的管控和保护措施，面临消亡的危机。包括对传统村落大量乡土建筑"自然性毁损"、"建设性破坏"、"旅游性破坏"等现象仍然十分普遍。

三、自然环境污染风险大

县（市）域总体环境状况不容乐观。根据2016年《中国环境状况公报》，有约40%的县（市）域环境状况为差或较差。全国2591个县（市、区）级单元中，生态环境质量为"优""良""一般""较差"和"差"的县（市）域分别有548个、1057个、702个、267个和17个。"一般"的县（市）域占国土面积的22.2%，主要分布在华北平原、东北平原中西部、内蒙古中部、青藏高原中部和新疆北部等地区；"较差"和"差"的县（市）域占32.9%，主要分布在内蒙古西部、甘肃西北部、青藏高原北部和新疆大部。

县（市）域资源环境承载力受限，难以支撑全面大规模工业化路径。根据《全国城镇体系规划（2035）》提出的面向2030年的全国生态空间安全格局，90%以上的生态保护区域面积在县（市）域内。根据资源环境四类要素（评价要素包括土地资源潜力、水资源潜力、环境胁迫度、生态胁迫度）的综合评价，人居环境不佳、生态敏感度较高地区基本都是县（市）域。人居环境条件较差、生态高度敏感地区，县（市）域数量占比91%，面积占比99.5%；生态环境敏感、承载力一般地区，县（市）域数量占比92%，面积占比93%。

因此，大量县（市）域在区位、资源、生态敏感性等条件的约束下，并不适合规模化的工业化路径。如我国山区丘陵县大都居于国家生态屏障地区或生态脆弱区，生态环境承载力较弱，在功能定位上基本上被定位为限制开发区甚至禁止

图3-5　2015年全国县（市）域生态环境质量分布
（资料来源：中华人民共和国环境保护部，
《中国环境状况公报2016》）

图3-6　全国资源环境承载力分析图
（资料来源：《全国城镇体系规划（2035）》
（过程稿））

开发区。但由于经济落后，地方政府的发展冲动十分强烈，经济增长与生态环境保护冲突加剧。这些地区县（市）域承担了保护区域、流域环境的责任，应当获得充分的生态环境补偿和转移支付，同时还需要通过人口疏解来减轻环境承载压力，通过保护性开发与特色发展促进经济增长。

环保基础设施建设滞后，运行状况不佳。长期以来，国家用于防治环境污染的资金几乎全部投到了工业企业和城市，对县（市）域环保投入近年来才开始安排，但仍存在投资少、地方配套资金难到位、投资效果不好的问题；农村环境保护基础设施建设和运行的投入严重不足，资金和技术严重匮乏，监管缺位。目前约80%的县（市）已基本建成或在建污水处理厂，但污水管网配套建设缓慢，污水厂运行问题多，没有发挥应有作用，难以满足城乡生活、工业污水处理的需求。城乡垃圾无害化处理设施建设进展缓慢，除了沿海发达地区，大部分县（市）域没有资金或能力有效解决农村生活垃圾收集、清运和处理；垃圾填埋场普遍存在选址论证不充分、设计规模不足及垃圾渗滤液溢出等问题，急需新增设施与完善垃圾无害化处理设施。未来一个时期内县（市）政府的财政负担和城市的资源环境压力还会越来越重，县城及农村环保基础设施建设和运行的短板效应会更加明显。

环境污染监控与管治能力不足。大量高消耗、高排放的工业分布在县（市）域。据各地环保监测数据，河北、山东、山西、河南等省大气、水体污染主要来自于镇村工业、矿业的排放。在国家大力加强城市环境治理、城市产业转型升级的背景下，许多污染企业向大都市区以外迁移，县（市）域面临着新的污染与资源消耗转移的压力。乡村畜禽饲养业的发展和农药化肥的超量使用，使农村面源污染开始出现排污种类多、浓度高的特点。国家的环境监管体系是针对城市和重要点源污染防治而开始建立的，对县（市）域广大农村地区的环境污染监控与防治一直不够重视。县（市）域在经济发展的压力下，环境治理的积极性不高，应对能力不足。

县（市）域城镇化、工业化趋势使得环境问题越来越呈现出"面域化"的特征。各种污染因素交叉衍生出更加严重、复杂的污染状况，不仅需要对不同的污染源单独治理，还需要形成一套综合治理体系。但目前大部分县（市）域治理结构以及资源配置难以实现综合治理的目标。大部分县（市）域缺乏有效协调城乡建设、产业发展与布局、环境监控与治理的工作机制，难以通过协调优化布局降低环境污染。此外，农村环境保护体制也很不完善，存在"垂直分级负责，横向多头管理"的重大缺陷，决策、投资、执行、监管主体不明确，造成决策迟缓、执行不力、投入不充分、监管不到位的情况。

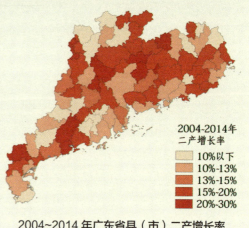

专栏3-2 珠三角制造业呈现从核心向外围县（市）域转移扩散态势

在珠三角地区土地劳动力成本持续上升和2008年全球金融风暴的双重冲击下，广东省开始实行"双转移"战略，加快珠三角地区企业向粤东西北地区转移。2015年，全省产业转移工业园44个中，落在县（市）域的产业转移园有26个，县（市）域地区成为承接产业转移的重要载体。转移产业包括大量化工、建材、水泥等污染性企业。

2004~2014年广东省县（市）二产增长率

四、县（市）域交通基础设施建设与管理水平滞后

由于我国个体机动化交通爆发式增长，交通设施配套与交通管理水平严重滞后。通过对全国各省20县调研发现，近年来我国县（市）域机动化交通呈爆发式增长。对于不同规模和经济水平的县（市）域，随着经济水平的提升，机动车保有量大多呈现指数型增长态势，说明全国县（市）域普遍面临交通机动化进程快速发展，对基础设施相对落后的县（市）域而言，未来可能出现棘手的交通问题。

从宏观数据来看，县城与大中城市市区人均道路面积规模相当（15.39m², 15.34m²），但通过多个县（市）与大中城市的进一步比较研究发现，县（市）域交通管理严重滞后造成资源利用效率低下、交通秩序混乱等问题十分突出。受到财政能力限制和居民素质影响，县（市）域基础设施落后、管理力度不足、交通流混杂成为县（市）域城镇交通的主要问题。例如小汽车、电动自行车、接送小孩及载客两用的电动三轮车、无牌照微型四轮货运电动车、传统的人力车等不受监管，在城区内随意穿梭，造成了交通运行不畅。另外，县（市）域基础设施配套滞后，难以应对交通快速机动化带来的种种问题。例如，多数县城缺少公共停车场建设，配建停车泊位标准低、数量严重不足，导致沿街停放极为普遍，在城市管理缺位的情况下，停车秩序混乱，严重干扰了交通正常运行。

城乡公共客运服务差，县（市）域居民出行受到制约。当前我国县（市）域公共交通服务普遍存在规划滞后、设施用地不足、服务能级不高、体制机制有待完善等问题。其中，最为突出的是县（市）公共客运服务营运机制有待完善。基于对城乡通勤务工农民的调查分析，普遍可以接受的城乡公共交通费用成本为

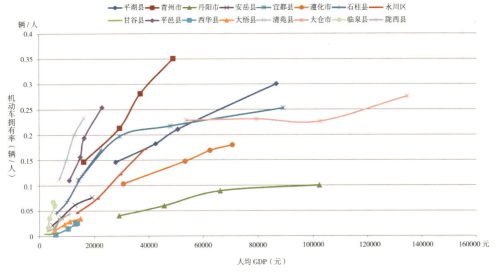

图 3-7　2005~2012 年各县机动车保有率与人均 GDP 关系图

1~2 元。因此公交运营收入与成本支出存在较大差距，需要政府进行补贴。但多数地方政府未承担或无能力承担公共交通服务运营补贴，县（市）域公交客运服务往往承包给企业甚至个人，而以营利为目的的公交服务质量无法得到保障且缺乏有关部门监督，造成服务质量低下、安全隐患突出、无法实现地区全覆盖等问题，加剧了以摩托车、电动车为主的个体机动化发展进一步加速。

第四章 县（市）域差异分析与类型识别

第一节 县（市）域类型多样、差异巨大

一、经济发展水平不一

受到自然地理和资源环境条件的影响，我国县域经济呈现出较大的东西差异，县域经济发展要素多集中于东部地区，而西部地区县域经济发展相对落后。从全国分县 GDP 和财政收入分布来看，县（市）域的经济发展水平差异基本符合我国总体经济发展格局，呈现出由东向西递减，以主要中心城市向外扩散和递减的特征。中东部地区经济规模较大，特别是长三角、珠三角、京津冀、成渝四个城镇群及周边县经济最为发达。其中地均 GDP 较高的县集中于胡焕庸线以东地区。

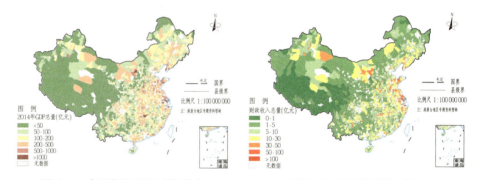

图 4-1　全国分县 GDP 总量分布　　　　图 4-2　全国分县财政收入

从东西方向上看，县（市）域 GDP 规模东部地区最高，但 GDP 增速则中西部地区较快。GDP 规模空间分布差异明显，东部高而西部低。东部地区 GDP 高的县（市）主要集中于沿海地带，在中部地区沿京广交通走廊形成南北方向狭长的高值带。西部地区县（市）的 GDP 规模总体上相对较小，新疆东部、青海格尔木、甘肃和宁夏相邻的资源开发型县（市）GDP 规模较大，但西部县域经济增长迅速，尤其是贵州、重庆、四川、新疆和甘南地区。

从南北方向上看，南方的县（市）经济增长速率要高于北方，华北地区增长率较低。东北地区县域经济增长速度则形成由中心城市向四周递减的格局。

从人均 GDP 增量和增速来看，自 2000 年以来的人均 GDP 及其增速与城

镇化整体格局存在一定差异，主要城镇群和资源型地区的人均 GDP 增长较为明显。西部地区由于基数较小，人均 GDP 的年均增速较高。

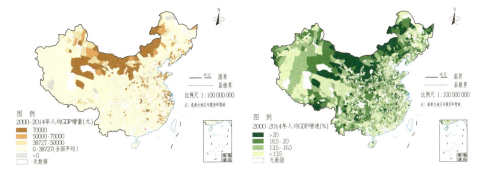

图 4-3　2000~2014 年分县人均 GDP 增量（左）及年均名义增速（右）

从第二产业的增量和增速来看，第二产业的增量与第二产业的占比表现出相似的格局，中东部地区的二产增加值绝对增量占据优势。从增速来看东部沿海二产增速放缓，进入转型发展阶段；西部工业化加速发展，主要城镇群和主要廊道地区县域经济的表现更为显著。

从第三产业的增量和增速来看，第三产业的增长空间与人口和城镇的空间分布高度一致。江苏、贵州、内蒙古中部、新疆西部等地区县域的第三产业增速领先。

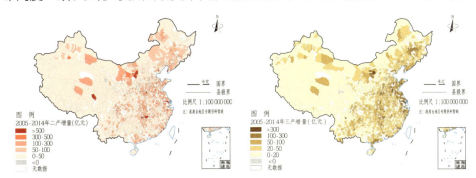

图 4-4　2005~2014 年县（市）域二产增加值增量（左）及三产增加值增量（右）

二、就业规模分异明显

县（市）域从业人员数空间差异巨大，呈现明显的东多西少格局，与胡焕庸线所揭示的人口分布规律相似。从县（市）域第二产业从业人员规模看，西部多在 5000 人以下，占全部县域数量的 12.2%；东部二产从业人员 1~5 万人的县（市）域有 715 个，占全部县域数量的 36.4%；二产从业人员 10 万以上的县多位于东中部平原人口高密度地区和东部沿海地区。从第三产业从业人员规模看，西部县（市）多在 1 万人以下；东部县（市）的从业人员多在 2.5 万人以上，占全部县域数量的 68.5%，其中从业人员在 10 万以上的县域占全部县域数量的 25.1%。

三、交通建设水平差异大

从全国和省域尺度下的交通条件来看，县（市）域交通条件的差异非常大。交通条件好的县（市）域多位于人口密集的平原地区，靠近国家和区域交通廊道；交通条件差的主要位于山区、地广人稀的边远地区、经济欠发达地区。道路交通条件也呈现出沿海、沿廊道不均衡分布的状态，华北地区、长三角、珠三角、山东半岛、辽中南地区公路交通条件优越，中西部交通走廊地区公路密度高。东北、华北铁路密度高，而人口和城镇的高密度地区基本集中在交通走廊沿线。

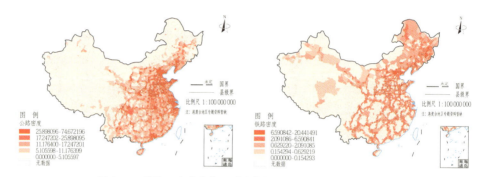

图4-5　公路网密度分布图（左）与铁路网密度分布图（右）

县（市）域交通条件普遍不如地级市市辖区。从国家规划、各类专项规划来看，交通设施布局对地级市考虑较多，既有公路网络建设具有层级导向，即便在整体条件较差地区，地级市市辖区相对县域单元仍具有明显的交通优势。例如《国家公路网规划（2013—2030）》提出"国家高速公路全面连接地级行政中心，城镇人口超过20万的中等及以上城市，重要交通枢纽和重要边境口岸"，对小型县（市）域具有规模排斥性。

专栏4-1　山东省县域交通条件

以山东省为例，济青走廊、京沪走廊、滨州、淄博、沿海地区公路密度较高，反映出较为明显的交通优势，而临沂、菏泽等地区相对较弱。从横向比较来看，地级市市辖区公路密度普遍较高，即便在聊城、菏泽等经济相对较弱的城市，其市辖区的公路密度依然远远高于县（市）域。

山东省公路网密度分布图

四、城乡聚落形态多样

由于县（市）域范围内自然地理、资源禀赋、人口密度、经济发展、交通设施、土地开发强度各不相同，县（市）域的城乡聚落体系在结构、规模、分布和形态等方面存在分异。

从县域聚落整体分布形态及与县域"县城—镇—村"规模结构两个维度进行分类研究，根据聚落整体的分布特点，考虑空间分布集聚度，可分为高中低密度；根据聚落体系的结构特征，考虑乡镇集聚规模的差异，可分首位型及均衡型。由此，可以将城乡聚落体系划分为六种类型。

县域城乡聚落类型划分 表4-1

类型划分	城乡聚落空间分布密度	空间分布形态	规模特征
高密度均衡发展型	城乡聚落密度高，聚落密度高于30个/km²，人口密度大于300人/km²	空间分布均衡，联系紧密，城乡聚落内各要素之间协调发展，城乡间物质、能量、信息等要素交流频繁，城乡网络化发展特征明显	规模等级结构明显且合理
高密度首位发展型	城乡聚落密度高，聚落密度高于30个/km²，人口密度大于300人/km²	城乡聚落空间分布不均衡，城乡聚落内各要素发展产生集聚性，城乡间物质、能量、信息等要素发展、交流均向少数发展较好的聚落集中	城乡聚落规模较小，规模结构呈现高值集聚特征，首位度较高
中密度均衡发展型	城乡聚落密度中等，密度高于12个/km²，人口密度大于150人/km²	城乡聚落空间分布较为均衡，初步形成网络化特征，城乡聚落密度中等，城乡间物质、能量、信息等要素有一定交流	规模存在中等水平均衡特征，等级规模结构不明显
中密度首位发展型	城乡聚落密度中等，密度高于12个/km²，人口密度大于150人/km²	城乡聚落内各要素发展不均衡，城乡间物质、能量、信息等要素发展、交流均向少数发展较好的聚落集中，城乡聚落空间分布不均衡	规模存在次高值集聚特征，等级规模结构明显
低密度均衡发展型	城乡聚落密度低，密度低于6个/km²，人口密度低于150人/km²	城乡聚落内各要素发展不均衡，城乡间物质、能量、信息等要素发展、交流均向少数发展较好的聚落集中，城乡聚落空间分布不均衡	规模存在低值集聚特征，城乡聚落规模小，等级规模结构不明显
低密度首位发展型	城乡聚落密度低，密度低于6个/km²，人口密度低于150人/km²	城乡聚落空间分布呈现低水平均衡状态，城乡聚落通过主要的交通道路进行联系和交流	规模存在低值均衡特征，首位度较低，聚落体系的等级规模结构不明显

第二节 县（市）域类型研究的多维视角

近年来，我国专家、学者对于县（市）域城镇化的类型研究存在多维视角，由于关注的因素不同，分类方法和结果也各不相同。部分学者倾向于关注以可变因素为分类依据，采用阶段数据结合增量数据的分类方式，从而得到反映经济社会发达程度的分类结果；部分学者关注根据不变因素对县（市）域进行分类，如空间距离、资源禀赋、交通可达性等因素，从而得到分类结果，反映出县（市）域的区位或资源特征；另有部分学者结合以上两种分类思路，同时考虑经济、产业、人口等可变因素，也结合空间、自然、地形等相对稳定的因素，共同构成相对全面的评价体系，得到自然和经济相结合的分类结果，能够同时反映县（市）域的城镇化模式、发展动力、发展路径等。

县（市）域不同维度分类研究的代表文献、指标体系及分类结果　　表4-2

	代表学者及文献	分类方法及指标体系	分类结果
多维可变因素	冯兴华等，《长江中游城市群县域城镇化水平空间格局演变及驱动因子分析》（2015年）	熵值法，三个子系统：人口、经济、社会城镇化指标	耦合集聚型、中心洼地型、拮抗聚集型、核心边缘型
	王崇举等，《成渝经济区县域差距及县域经济聚类发展研究》（2013年）	发展存量数据，经济、人口等；发展增量数据，增速、投资趋势等	经济最发达型、发达型、较发达型、欠发达
	刘荣增等，《河南省县域经济分类和发展战略研究》（2006年）	发展水平数据：经济、人口等；发展趋势数据：增速、投资等；发展潜力数据：财政、文化等	工业型、农业型、贫困型
	杨雪峰等，《基于分类指导战略的湖南县域经济发展影响因素分析》（2014年）	GDP规模及增速、产业结构数据、人口数据等	经济强县、城乡复合发展县、扶贫开发县
不变因素	朱彬，《江苏省县域城乡聚落空间分异及其形成机制研究》	空间距离、城镇密度	高密度均衡型、中密度多核心型、中密度首位城市型、向心集中型
	龙奋杰等，《基于可达性的新型城镇化模式研究》（2016年）	交通可达性、资源可达性（土地、环境、矿产等）	农业产业型、工业产业型、交通物流型、生态旅游型、综合都市型
综合	杨友孝等，《中国县域资源组合结构的分类研究》（2000年）	可变因素：经济、社会、人口；不变因素：自然、地形条件	自然资源型、自然资源与经济资源混合型、经济资源型
	闫天池，《我国县域经济的分类发展模式》（2003年）	可变因素：产业结构划分；不变因素：地形条件、空间区位	山区县、市郊县；农业主导县、工业主导县、服务主导县

第三节　县（市）域差异的内在机制分析

前文从实证视角的研究表明县（市）域发展存在巨大的差异性，也从学术研究视角梳理了县（市）域发展分类研究的不同维度。县域存在差异已经成为不争的事实，关键是要剖析和把握决定县（市）域差异的内在机制。在本研究过程中，各课题、专题研究团队根据各自的研究领域、关注的问题，先后提出了11种不同的县（市）分类方法，包括从城乡聚落、经济发展、产业结构、人口流动、交通特征、财政水平、投资结构等视角切入的类型识别研究及分类结果。经过多轮讨论，根据城镇化研究范畴特征，本次研究认为，城镇化的动力是经济与产业发展，因此区位和地理条件是重要的影响因素；城镇化的主体是人，而人口密度对城镇化的空间格局、聚集模式、生产及服务供给具有决定性影响。同时，城镇化是一个长期趋势，研究应当更加关注相对稳定的影响因素。本次研究认为，经济、产业、基础设施、聚落形态更多的是县（市）域城镇化差异的"果"，而地理区位、地形地貌、人口密度等不变因素、稳定因素则是造成县（市）域城镇化差异的"因"，后面将分析"因"与"果"之间的关系。

地理区位决定城镇化发展动力和水平。从全国县（市）域城镇化水平整体而言，以珠三角、长三角、京津冀三大增长极的城镇化水平较为突出，东部地区及其他省会周边县（市）的城镇化水平普遍较高，中西部地区县（市）的城镇化发展起步晚、水平低，全国层面的区域差异在逐步缩小，但整体格局基本稳定。

在各区域内部，中心城市的辐射对周边地区城镇化发展水平也具有巨大影响，距离中心城市越近、经济依附性越强的县（市）域，其资源越能够优先得到开发，从而带动城镇化发展，远离中心城市的县（市）域则发展动力相对较弱。

地形地貌影响城镇规模和密度。我国东中西部之间、南北方之间，地形地貌存在很大差异，而不同的地形起伏度和高程会直接影响城镇的密度和格局。从空间分布来看，自东向西随着海拔的升高，城镇的规模和密度都逐步下降，坡度达到25°以上的山区和海拔高于4000m的高原地区不适宜人类聚居，城镇密度相当稀疏。将不同的地形地貌与城镇分布、密度作相关分析可以看出，西北广大的沙漠化、石漠化等地区为不宜人居地区，城镇的规模和密度都很低；平原县（市）相对于山区和丘陵而言，具有更好的农业生产条件，人口密度最高，城镇规模相对较大，城镇密度也较高。

人口密度影响城镇化发展模式。不同人口密度地区的经济产业、城镇化发展模式也具有显著的差异特征。如同为平原地区，黄淮海等传统农业区人多地少，人口密度大，虽然城镇化水平偏低，但农村富余劳动力多，成为流动人口主要输出地，而由于人口密度高，城乡关系紧密，公共服务供给的效率高，生活服务带动的人口集聚特征明显。而东北、内蒙古地区人口密度低，县（市）的经济发展和公共服务难以形成规模效益，农村人口流动偏向于中等城市或大城市。

第四节　城镇化视角的县（市）域类型识别

综上所述，由于地理区位、人口密度、地形地貌等条件影响，不同地区的县（市）域在经济水平、交通建设、聚落形态等方面都存在巨大差异，因此对于县（市）域进行分类研究显得尤为必要。本研究基于地理区位、人口密度、地形地貌三类要素，构建了六种类型县（市）域分类的技术框架。

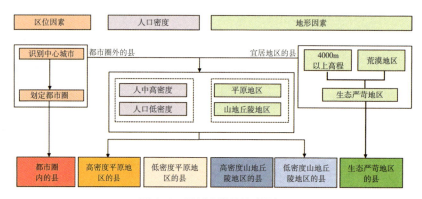

图 4-6　县域分类的技术逻辑

首先，根据区位因素识别出受中心城市辐射带动的都市圈内的县（市）。以 2014 年各地级市市辖区 GDP 总量为依据，分为 6000 亿元以上、2000 亿~6000 亿元以及 750 亿~2000 亿元三档，识别 A、B、C 三类共计 100 个中心城市。以各中心城市市辖区建成区地理重心为起点，根据不同等级道路的不同预期速度，A 类中心城市识别 2 小时交通圈，B、C 类中心城市识别 1 小时交通圈。根据交通圈覆盖各县（市）域面积比重，覆盖率 50% 以上直接纳入都市圈范围。若覆盖率 50% 以下，进一步分析中心城市与各县之间在制造业、信息产业、科研产业、高技术产业上的总部与分支联系；位于与中心城市联系前 50%，且分支数量大于 2 的县（市），判定为都市圈内的县（市）。

第二，基于地形地貌，识别受地理环境硬约束的生态严苛地区的县（市）。选取海拔高程高于 4000m 以及荒漠地区两方面因素，将这两个要素涉及面积占县域 70% 以上的县划分为生态严苛地区的县（市）。

第三，根据地形条件以及人口密度的差异，对其他的县（市）进一步分类。把坡度 15% 以下地区占县（市）域比重 95% 以上的县识别为平原地区县（市），其余识别为山地丘陵地区的县（市）。以 2010 年常住人口密度为基础，以平原县（市）平均人口密度 255 人 /km² 为标准区分平原地区高、低密度的县（市）；以山区丘陵县（市）平均人口密度 150 人 /km² 作为区分山地丘陵地区高、低密度的标准。从而，将除了都市圈、生态严苛地区之外的县（市）分为高密度平原县（市）、低密度平原县（市）、高密度山地丘陵县（市）和低密度山地丘陵县（市）四种类型。

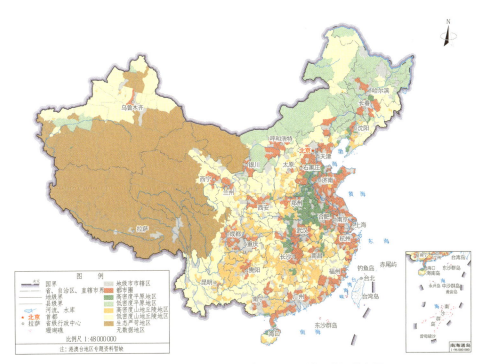

图 4-7　全国六种类型县（市）域城镇化地区空间分布图

最后，依据县（市）地域完整性原则对部分县（市）域进行人工调整，使各类型县（市）域分布相对集中，识别出六种类型的县（市）域城镇化地区。其中，24% 属于都市圈内的县（市），10% 属于高密度平原县（市），7% 属于低密度平原县（市），21% 高密度山地丘陵的县（市），30% 属于低密度山地丘陵的县（市），8% 属于生态严苛地区的县（市）。

各类县（市）域基本情况 表4-3

		都市圈	占县域比重	高密度平原地区	占县域比重	低密度平原地区	占县域比重	高密度山地丘陵地区	占县域比重	低密度山地丘陵地区	占县域比重	生态严苛地区	占县域比重
数量（个）		471	24%	188	10%	136	7%	405	21%	566	30%	152	8%
面积（万 km²）		89.44	9%	27.30	3%	126.84	13%	77.17	8%	261.31	28%	367.17	39%
户籍人口（万人）	2000年	30732	36%	13434	16%	4186	5%	21202	25%	14462	17%	940	1%
	2010年	32000	35%	14470	16%	4279	5%	22999	26%	15347	17%	1089	1%
常住人口（万人）	2000年	29842	37%	12746	16%	3979	5%	19890	25%	13817	17%	963	1%
	2010年	29775	37%	12450	15%	4001	5%	20035	25%	13687	17%	1110	1%
人口密度（人/km²）	2000年	656		467		31		258		53		3	
	2010年	655		456		32		260		52		3	
城镇人口（万人）	2000年	7570	43%	2111	12%	1062	6%	4038	23%	2730	15%	195	1%
	2010年	11909	42%	3859	14%	1396	5%	6665	24%	4174	15%	277	1%
城镇化水平	2000年	50%		17%		27%		20%		20%		20%	
	2010年	79%		31%		35%		33%		31%		25%	
GDP（亿元）	2000年	21762	51%	5544	13%	1749	4%	7919	19%	5163	12%	386	1%
	2010年	94079	51%	22581	12%	10340	6%	33768	18%	23635	13%	2129	1%
	2014年	148469	50%	35754	12%	16109	5%	54933	18%	39742	13%	3614	1%

第五章 基层单元城镇化的国际经验借鉴

第一节 国际比较的方法

由于不同的社会经济背景以及历史，各国城镇化的发展历程与阶段具有显著的差异性，包括城镇规模结构、集聚程度、城镇化发展模式与速度的差异以及区域均衡趋势上的变化。

二战之后，城镇化的国际案例比较研究一直受到西方学界的关注，如1973年布赖恩·贝利（Brian J. L. Berry）发表的《比较城市化——20世纪的不同道路》。就我国而言，城镇化国际经验的对比研究主要集中在以下几个方面：关于城市化水平的研究，核心在于研究城市化水平与经济发展水平的关系[1]~[5]；关于城市化发展道路与模式的研究[6]~[9]；关于城镇化过程中具体公共政策的研究[10]。但之前的研究往往以国家作为研究对象，并没有深入到国家内部城镇化格局或层级的差异性研究，也很少关注国家内部基层单元与欠发达地区的城镇化特征研究。

本研究选取了法国、德国、美国以及日本四个案例。美国、日本大城市较多，美国人口向都市区集聚的趋势还在增强，而日本的区域发展正走向均衡。作为欧洲大陆的两个典型代表，法国、德国的中小城市较多，但区域的集聚与均衡程度也存在差异性。通过对这四个城镇等级结构、城镇关系迥异的国家的城镇化发展历程研究以及背后机制的解析，研判发达国家城镇化过程中所显现的共同规律，可以为中国未来县（市）域城镇化的发展提供重要的借鉴。

---

[1] 朱宇. 51.27%的城镇化率是否高估了中国城镇化水平：国际背景下的思考[J]. 人口研究，2012（2）：31-36.
[2] 王曦，陈中飞. 中国城镇化水平的决定因素：基于国际经验[J]. 世界经济，2015（6）：167-192.
[3] 陈明星，陆大道，查良松. 中国城市化与经济发展水平关系的国际比较[J]. 地理研究，2009（3）：464-474.
[4] 李郇. 中国城市化滞后的经济因素——基于面板数据的国际比较[J]. 地理研究，2005（3）：421-431.
[5] 李京文，吉昱华. 中国城市化水平之国际比较[J]. 城市发展研究，2004（3）：1-10.
[6] 李浩. 城镇化率首次超过50%的国际现象观察——兼论中国城镇化发展现状及思考[J]. 城市规划学刊，2013（1）.43-50.
[7] 李浩."24国集团"与"三个梯队"——关于中国城镇化国际比较研究的思考[J]. 城市规划，2013（1）：17-23，44.
[8] 李圣军. 城镇化模式的国际比较及其对应发展阶段[J]. 改革，2013（3）.81-90.
[9] 何志扬. 城市化道路国际比较研究[D]. 武汉大学，2009.
[10] 郭兴平，王一鸣. 基础设施投融资的国际比较及对中国县域城镇化的启示[J]. 上海金融，2011（5）：22-27.

对各国基层单元城镇化发展经验的比较研究首先遇到的问题是，在各国行政区划不一致，对城市定义不同的背景下，如何选择与我国县（市）域有可比性的行政区划层级。

对行政区划而言，中国县（市）域城镇化研究对象是非市辖区的县级行政单元。因此，本研究选取四个国家的行政区划层级时主要考虑两点，一是与中国县（市）域平均面积相仿[①]，二是重点关注这些国家的欠发达地区。

不同国家基层行政单元选取　　　　表5-1

	中国：县（市）	美国：县	法国：省	法国：区	德国：县	日本：都道府县
个数	1908	3194	101	334	412	47
平均面积（km²）	4312	2896	6374	1928	1168	8042
主要特征		区域性政府，与城市是两套行政系统	为中央集权设置，有一定社会事务自治权	服务于省政府，无自治权	分为乡村县（Landkreise）和城市县（kreisfreie Städte）两种	一级行政区，包括一都、一道、二府、四十三县

就城市和城镇化地区定义而言，由于不同地区的人口密度、人口总量等特殊情况，难以采用统一标准来界定。本次研究按照各国自身对城镇人口的定义，来界定城镇化水平和城市化地区。

第二节　美国：空间集聚的城镇化

美国共拥有3194个县或类似行政单位（county equivalent），每个县的平均面积2896km²。与中国相比，美国的县在行政权力以及事权负责上具有显著的差异性。首先，美国县（市）域的行政权力因州而异，如在康涅狄格州与罗得岛州，县只是地理概念，并不拥有任何行政权力或义务。而马里兰州的县则提供大多数公共服务。其次，与中国县（市）域按经济规模和发展水平进行县改市，县与市的行政概念比较含混不同，美国的县（市）域是很清晰的区域型政府概念，县与城市属于两个不同的统计口径，因此在地理单元上会出现一个城市跨越两个不同县的情况。在行政职能上，在城市存在的情况下，县级政府往往负责非城市型的事务。在统计系统中县与城市也是两套系统。

[①] 中国县（市）的平均面积差异较大，在西部高原、荒漠化地区有的县域面积达1万km²以上，东北、内蒙古的地广人稀地区县域面积也很大。在胡焕庸线以东的大多数地区，县（市）域面积多在1000~2000km²。

一、城镇化发展历程

美国城镇化发展历经三个阶段：

城镇化酝酿时期：1830年之前处于城镇化酝酿阶段，城镇化发展缓慢，城镇化率不超过10%。

城镇化加速并初步完成阶段：1830~1920年是美国城镇化的加速发展阶段，以美国东北部、五大湖等地区的工业化发展带动了城镇化的快速发展，城镇化率从1830年的10.8%快速增长到1920年的51.2%。

郊区化与空间再聚集时期：1920年之后是美国城镇化发展的郊区化时代，1920~1960年，美国花了40年时间将城镇化率从51.2%增加到69.9%。这一时期大城市的郊区化是主要空间特征。1960年之后城镇化发展速度有所下降，1960~2010年，美国花了50年之间，城镇化率从69.9%增加到80.8%。这个阶段美国的人口与经济继续向东部、西海岸、佛罗里达、中南部城市群地区聚集。

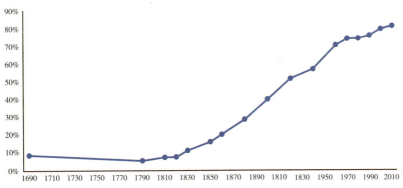

图5-1　1690~2010年美国城镇化水平发展历程

二、城镇化特征

2010年，美国的城镇化率为80.8%，就美国县的城镇化率来看，差异性明显。有超过40%的县城镇化率低于30%，30%的县城镇化率在30%~60%之间，只有不到30%的县城镇化率高于60%。

特征一：大区域均衡，各区内相对集聚。从各大分区人口变化来看，由于西部大开发以及阳光地带的发展，美国正在走向分区均衡。四大分区的人口占比差距变小，1900~2000年，西部地区人口占比从5.4%上升到22.5%，中西部地区从34.7%减少到22.9%，南部地区和东北部地区人口比重变化不明显。

但是从各大分区内部来看，人口密度差异大，人口高度集聚在几个大都市区内，显示出大区域均衡、区内集聚的整体特征。

美国2010年不同城镇化率的县个数、总人口、城市人口比重　　　表5-2

城镇化率	县个数比重	总人口比重	城市人口比重
30%及以下	40.40%	6.10%	1.10%
30%~40%	10.90%	3.60%	1.60%
40%~50%	10.10%	3.90%	2.20%
50%~60%	9.40%	4.50%	3.10%
60%~70%	8.50%	6.30%	5.10%
70%以上	20.70%	75.60%	87.00%

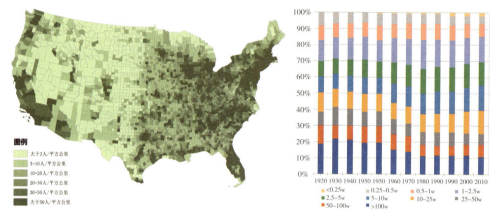

图5-2　2010年美国主要地区的各县人口密度图（左）和
各层级城市人口占比（1920~2010年）（右）①

特征二：分层均衡，人口向大都市区集聚。从城市规模层级来看，美国各层级城市发展比较均衡，大、中、小城市人口占比相当。1920~2010年，美国人口规模在2.5万~25万之间的城市人口占比有所上升，而人口25万以上城市的人口占比有所下降，不同规模层级城市的人口分布逐步走向均衡。①

但从具体区位来看，小城市的发展主要集中在大都市区周边。从1980~2000年美国各大区大都市区人口占本区人口比重来看，各大区大都市区的人口比重均有所上升，显示出大都市区人口占比持续上升、高度集聚的特征。

美国四大区域大都市区人口占本区人口比重（1980~2000年）（单位：%）　　表5-3

区域	1980年	1990年	2000年
东北部	90.6	90.5	90.7
中西部	72.9	73.9	74.6
西部	86.2	87.5	87.3
南部	70.5	73.4	74.7

---

① 美国分别在1950年和1990年的人口普查中，对城市人口的统计口径进行调整，图中前者为按照以往口径统计的城市人口比重，后者为按照新口径统计的城市人口比重。

特征三：人均收入区域差距不断减少。从人均收入水平发展来看，可以明显发现收入水平较低的县，人均收入增长率更快、不同区域人均收入水平趋向均衡的特征。其中中部地区、东南部地区人均收入增长快，表明收入增长最快的不是人口高度集聚的大都市区，国家的人均收入水平趋向均衡，更加公平。

特征四：人口回流与库兹涅茨周期的关系明显。从人口变化与经济发展之间的关系来看，在经济发展速度较快的时候，如二战后的1960年代和里根行政当局主政的1980年代，人口呈现出向都市区集聚的趋势；而在经济欠佳的时候，如1970年代的石油危机、2000年左右的互联网泡沫时期，人口则向中小城市的回流。美国城镇化人口流动整体表现为人口回流与库兹涅茨周期关系明显的特征。

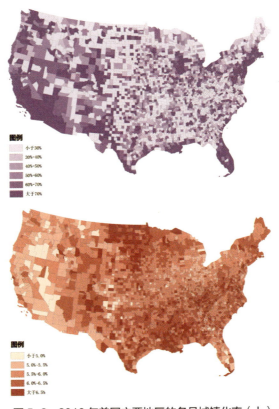

图 5-3　2010 年美国主要地区的各县城镇化率（上）和 1970~2015 年美国人均收入年增长率（下）

三、城镇化机制解析

二战后郊区化政策推动了大都市区周边小城市的蓬勃发展。美国小城市的发展得益于二战后一系列导致人口向大城市郊区转移的政策。在基础设施建设上，1956年《高速公路法》强力推动公路建设，同时机动化的快速发展提高了人的机动性，促进了郊区化和小城镇发展。在金融政策上，积极推出面向中产阶级自持住宅的住房政策。在产业布局上，通过1960年代"示范城市"计划将大量项目布置在郊区和"阳光地带"。2000年又通过乡村地区财政援助计划，平衡城乡生活水平差异。

对于美国中西部广大的农业地区，国家的家庭农场和农业补贴政策共同提升了农业地区的收入水平。美国现代农业更多地呈现出规模化经营的特征，而由于政府收入二次分配，均衡了人均收入水平，使得中西部地区的大部分县人均收入水平及增长速度与东西部都市区基本相当或更高，有效缩小了国土空间的区域差距。

第三节 德国：区域与层级均衡的城镇化

德国行政区划分为州、市县、镇3级，全国共拥有16个州（Länder），409个市县（Kreise）以及3个城市州。409个市县根据城市与乡村主导职能的差异，又进一步分为乡村县（Landkreise）和城市县（kreisfreie Städte）两种，县以下是乡镇（Gemeinden）。就市县规模来看，县平均面积1168km²，约与中国中东部的县（市）面积相仿。

2011年不同城镇化率的县、总人口、城市人口比重　表5-4

城镇化率	县个数比重	总人口比重	城市人口比重
30%及以下	13.30%	6.90%	2.10%
30%~40%	11.40%	7.30%	3.70%
40%~50%	9.70%	7.00%	4.60%
50%~60%	10.70%	10.30%	8.10%
60%~70%	11.20%	15.50%	14.40%
70%以上	43.70%	52.90%	67.30%

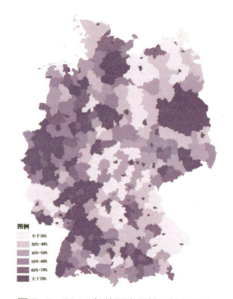

图5-4　2011年德国主要地区城镇化率

一、城镇化发展历程

德国城镇化发展历经三个阶段：

城镇化初期阶段：1871年以前，随着产业革命开始了城镇化进程，属于初期发展阶段，1871年城镇化率达到36.1%。

城镇化快速发展阶段：1871年以后，随着普鲁士统一全国，工业化推动快速城镇化进程，1890年城镇化率达到50%。

高度城镇化阶段：1945年以后，随着二战后经济恢复，城镇化稳步提高，达到高度城镇化阶段。城镇化率从50%~70%，德国大概花了70年的时间，1960年城镇化率达到71.4%。而从1960~2015年55年间，城镇化发展进入缓慢的成熟期，2015年城镇化率为75.3%。

二、城镇化特征

特征一：人口主要集中在中等城市，且趋势在增强。从 1961~2011 年德国不同规模层级城市的人口总量变化来看，大城市人口变化不大，50 万以上的城市数量始终在 20 个左右，人口总量在 2000 万左右。中等城市承载人口多，增长速度快，10 万~25 万规模的城镇数量最多，人口也最多。近 20 年来 25 万~50 万的县（市）域人口快速增长。而中小城市人口有减少趋势，5 万~10 万的县（市）域人口逐步降低。

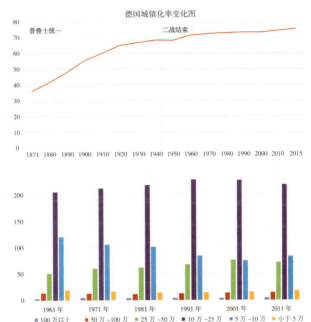

图 5-5　德国城镇化率变化（上）和县（市）域分规模数量比较（下）

特征二：东西差异较大，南部增长较快，大区内部均衡。从人口分布变化来看，受东西德合并前东德经济相对落后的影响，原东德区域人口向西德转移，东德出现减少，各县的城市人口减少，10 万人以下的县逐步增多；南部地区经济发展良好，吸引人口流入，城镇人口逐步增加，10 万以下的县逐步减少；各现大区州内部各级城镇和不同地区呈现均衡发展的特征。

特征三：中等城市经济贡献度高。从不同规模城市对国家的经济贡献度来看，中等城市经济贡献度高，10 万以上城镇 GDP 贡献占比在提高，10 万~50 万规模城镇 GDP 占比最高。而 10 万以下小城市缺少规模效应经济贡献度低，并有降低趋势。

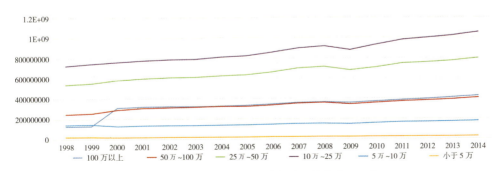

图 5-6　不同规模市县对国家经济贡献度（GDP）

特征四:"城乡双栖"特征显著。一方面,农业在德国国民经济中的意义不断降低,一产占国民生产总值的比例由 2000 年的 1.1% 降至 2016 年的 0.6%,一产就业人数占比由 2000 年的 2.6% 降至 1.4%。另一方面,乡村地区基础设施、交通网络、数字化设施和公共服务设施完善,实现了城乡生活质量、公共服务质的无差异化和便捷而高效的交通联系;同时德国乡村地区居民点与农地的功能性关系日益疏远,城镇地区的人口和资源要素呈现向乡村地区回流的特点。当前德国大量农村居民不再以务农为主,利用私人机动交通往返于居住的乡村和工作的城镇之间,呈现出显著的"城乡双栖"特征。

三、历史原因与联邦制促进均衡发展

历史成因。德国独特的历史渊源与法律约束是城镇化均衡模式形成的重要原因。19 世纪初,德国的诸多邦国相互制衡的机制为城镇的均衡发展提供了历史的基础;同时,《宪法》《联邦建设法》对于联邦制国家的各种限定和约束也强化了均衡发展。

从产业发展来看,德国产业革命是从具有天然资源禀赋的小城镇发展起来的,在工业化初期就形成独特的"小镇 + 企业"的发展模式。

独特的市镇设置模式为均衡城镇化提供了体制保障。作为最基层的地方自治单位,市、镇、乡均是地方自治组织,这些基层组织在发展上有很大的自主性,从而得以充分发挥自身优势,实现特色化的发展模式。

体制与政策。在行政体制上,通过平等的城市关系、固定的分税制原则,保障每个城市都有税收来源;在经济体制上,充分发挥市场的作用,兼顾市场的自由与社会平衡;在治理体系上,实施多层次、多维度的管理与自治机制,保障各利益团体与公众参与;在公共政策上,通过发达地区带动薄弱地区,实现城市与县城、镇、村"等值化"发展。

在政策导向上,国家积极推动去中心化、均衡发展的政策,以实现均衡化的城镇发展。第一,打造"特色的点",保障中小城镇的发展活力与配套服务;第二,打造"发达的线",通过方便、发达、全覆盖的交通网络,满足年轻人前往大城市的需求,也解决了向单一城市集中的问题;第三,打造"共赢的圈",通过功能上相互区分与联系的 11 个城市圈,加强圈内部各城镇联系,避免形成过度复合化的单一大城市。此外,在东部、西部均衡发展问题上,联邦政府采取"团结补贴",收取税率为 5% 的"团结税",每年给东部新联邦州提供 120 亿欧元(约合 980.41 亿元人民币)的补贴,一直持续至 2019 年。

第四节　法国：由集聚走向均衡的城镇化

法国行政区划分为大区、省、区、选区、市镇 5 级。省、区、选区、市镇是法国大革命时期设立的，其中省与市镇两级有自治权，而区与选区没有自治权。作为均衡各地区发展的重要措施，1982 年设立大区这一行政层级，且具有较大的自治权。就平均面积而言，法国的省的平均面积与中国地级市的面积相仿，而区的平均面积与中国中东部地区县（市）的面积相似，因此，本研究同时采用法国省、区两个行政层级来作城镇化比较研究。

一、城镇化发展历程

法国当前城镇化水平 79.5%（联合国口径），法国的城镇化发展可以分为四个阶段。

封建农业社会阶段：1830 年之前，法国是欧洲小农经济特征最突出的国家，尚处在农业文明社会，城镇化水平很低。

基本实现城市化阶段：1830~1930 年法国农业仍占主导，以农业和农村人口为主，经历接近百年的城镇化过程，1931 年城市人口首次超过农村人口，城镇化率达到 51.2%。

高度城镇化阶段：二战后法国城镇化进程明显加速，城市化水平从 1946 年的 53.2% 快速提高到 1968 年的 69.9%，22 年间年均提高 0.71 个百分点。

分散与均衡城镇化阶段：1968~2015 年的 47 年期间，城市化速度明显放缓，城镇人口分布趋向于分散化和均衡化，城镇化水平从 70% 缓慢提升至 80%。

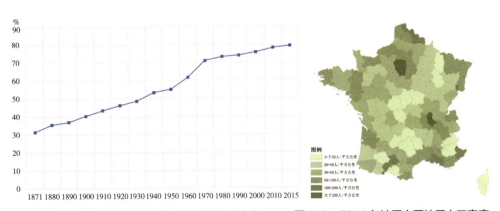

图 5-7　1871~2015 年法国城镇化率演变　　图 5-8　2011 年法国主要地区人口密度

二、城镇化特征

特征一:人口分布区域集聚。法国城镇人口分布呈现典型的区域集聚的特征。巴黎所在的法兰西岛以2%土地吸纳了19%的人口,28%的城镇人口。全国人口的大多数集聚在巴黎盆地、阿莫里坎丘陵、法德边界、里昂周边、地中海沿岸五个地区。

特征二:"单一中心城市+农村地区"的城镇化模式。按照欧盟300人/km²、5000人的聚落计入城市的标准进行测算,2011年法国城镇化率61.1%(前文法国城镇化率采用的是联合国统计口径)。其中35.4%的区城镇化率低于30%,36.8%的区城镇化率在30%~60%之间。法国城镇化空间结构基本呈现"单一中心城市+农村地区"的城镇化模式,除了巴黎、里昂两大都市区之外,其他地区都是以较大人口规模、较高城镇化水平的城市为中心,周边围绕着广大城镇化率较低的农村地区的空间形态。

不同城镇化率的法国区个数、总人口及城市人口所占比重 表5-5

城镇化率	区个数比重	总人口比重	城市人口比重
30%及以下	35.40%	14.70%	4.00%
30%~40%	14.90%	9.10%	4.50%
40%~50%	12.70%	10.50%	6.90%
50%~60%	9.00%	8.60%	6.70%
60%~70%	5.30%	7.70%	7.00%
70%以上	22.70%	49.40%	70.8%

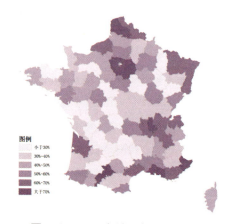

图5-9 2011年法国各区城镇化率

特征三:人口从集聚逐步走向均衡。1961~2011年,法国人口增长整体趋势基本稳定,而这一阶段,巴黎、里昂及周边地区的人口增长减弱,法兰西岛占法国人口比重的增长趋势减缓,而阿莫里坎丘陵地区、阿基坦盆地逐步成为人口增长地区。另外,地中海沿岸始终是人口增长地区,东北部法德边界地区经历了人口先减后增的过程。

特征四:经济向都市区集聚,经济水平更加均衡。就经济发展而言,经济要素快速向巴黎、南特、波尔多、马赛、里昂、斯特拉斯堡六个都市区集聚,但由于南部地区,如阿基坦盆地、里昂周边、中央高原、地中海沿线的经济持续发展,国土层面的经济水平更加均衡,人均收入差距缩小。

特征五：中小型农场主导的乡村发展模式。法国乡村是以中小型农场主导的经营形式。2007年法国共有52.7万个农场，平均农场规模约52hm^2，高于欧盟平均水平，但远小于美国约170hm^{2}的平均农场规模。其中，土地规模小于5hm^{2}的农场占24.7%，小于50hm^{2}的农场占62.6%。相对较小规模的农场经营方式促进了法国农场经营的多样化和农民的兼业化倾向，在农村地区形成了农产品加工业、农场旅游等丰富的多样化功能。

三、国家坚持均衡的区域发展政策

行政体系。通过中央和地方权力的相互协调和制衡，确保地方发展的活力。同时通过1982年设立大区，增加地方权力，增加地方发展的自主权。法国通过行政体系的调整以及一系列政策的推动，保障城镇人口和城镇体系的均衡化发展。

政策强力推动。法国政府从二战后至今一直通过经济、产业、社会、空间规划等多维度政策的推动，促进经济与人口的均衡发展，促进城镇化空间的均衡发展，如1955年《经济和社会发展基金》和《特殊设备津贴》、1964年《平衡型大都市政策》、1965年《新城规划》、1967年《服务业分散化政策》、1972年《中等城市政策》、1974年《地方分权政策》、1975年《小城市政策》、1990年代《项目疆域（territoires de projets）政策》等。

第五节　日本：自上而下的城镇化调节

日本全国分为47个一级行政区：一都（东京都）、一道（北海道）、二府（大阪府、京都府）、四十三县，其下再设立市、町、村。平均每个一级行政区面积8042km^2，差不多是中国平均县（市）面积的2倍，但日本各行政区的面积差异很大，从2531km^{2}的香川县到147906km^{2}的北海道不等。日本的二级行政区市町村共4134个，平均面积229km^2，又明显小于我国平均县（市）的面积。因此本研究采用日本一级行政区作为比较研究对象。

一、城镇化发展历程

日本城镇化发展历程可以分为四个阶段。

1868~1930年，起步阶段：日本的工业化、现代化进程起步于明治维新，此后，日本的产业革命带动人口向城市集聚。1890年日本城市人口约为320万，占全国总人口的 7.8%；在产业革命后期，1920~1930 年的 10 年间，城市人口达到了 1544 万人，占全国总人数的 24%。

1931~1945 年，城镇化停滞时期：1930 年代的产业发展带动城市人口持续增加，但受二战影响，城市化进程受阻。1931~1940 年间，城市人口年均增长率超过 1%，1940 年全国城市人口的比重达 35%。二战期间，大量城市居民为躲避轰炸而迁居农村，1945 年日本城市化率降至 27.8%。

1946~1975 年，城镇化加速阶段：在朝鲜战争、全球新技术革命的背景下，日本迎来了经济高速发展的黄金时期，人口加速向东京、大阪、名古屋等大都市聚集。到 1975 年，约有 76% 的日本人居住在城市中。

1976 年以后，城镇化稳定阶段：这期间，依托高技术产业发展，日本城市化进程以质的提升为主。这段时期的日本城市人口增长变得十分缓慢，1996 年日本城市化水平为 78%，仅比 20 年前高出 2 个百分点。

图 5-10　1890~2000 年日本城镇化率

（资料来源：世界银行世界发展指标展指标 http：//databank.shihang.org/data/reports.aspx?source=2&country=JPN）

二、城镇化特征

特征一：城镇人口向三大都市圈集聚。日本的人口主要集中在东京都市圈、近畿都市圈以及中部都市圈。其中东京都市圈是全国人口集聚度最高的地区，且呈不断上升趋势。东京都市圈占全国人口比重 1975 年为 24%，2015 年提高为 27%。

从日本人口迁徙的数据看，1975~2015 年间，人口迁徙愈加呈现出向东京都等都市区集聚的趋势，但三大都市圈人口增长态势逐渐放缓降低，而三大都市圈以外地区人口迁出的县个数逐年增加。

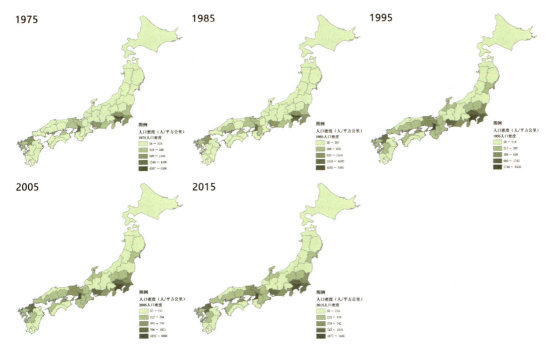

图 5-11　1975~2015 年日本主要地区的都道府县人口密度

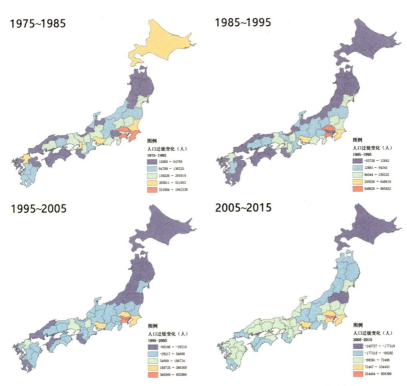

图 5-12　1975~2015 年日本主要地区的都道府县人口迁徙规模变化

特征二：高度城镇化的都市圈和低城镇化率的外围地区。日本 2010 年城镇化率 67.3%。都道府县之间城镇化率差异很大，有 6% 的县城镇化率低于 30%，60% 的县城镇化率在 30%~60% 之间，仅 27.7% 的县城镇化率高于 60%。

日本2010年不同城镇化率的县个数、
总人口及城市人口比重　　表5-6

城镇化率	县个数	总人口比重	城市人口比重
30% 及以下	3	2.30%	1.00%
30%~40%	13	15.10%	8.40%
40%~50%	14	16.20%	11.00%
50%~60%	4	6.80%	5.80%
60%~70%	3	4.40%	4.20%
70% 以上	10	55.20%	69.70%

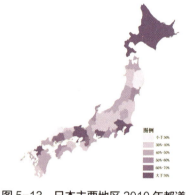

图 5-13　日本主要地区 2010 年都道府县城镇化率

特征三：区域经济水平差异逐步缩小。除东京都仍然一极独大外，其他区域之间的经济发展水平差距逐步减小。通过分析 1975~2015 年各都道府县人均 GDP 发现，各都道府县人均 GDP 离散系数在 0.2 左右，且呈下降趋势，说明区域间经济水平差距正在缩小。

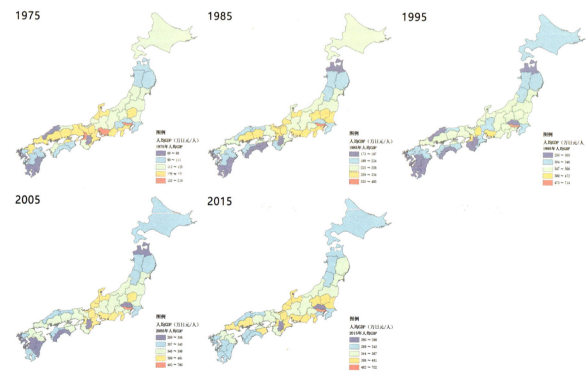

图 5-14　1975~2015 年日本主要地区的都道府县人均 GDP 变化

三、国家持续的均衡化政策调控

日本在区域政策上,长期坚持引导空间上的均衡发展,主要通过财税政策、基建投资、产业结构、制度创新四个方面的政策与机制来促进人口与经济均衡发展,引导城镇化人口与国土空间均衡发展。

财税金融优惠政策。在财税政策上,通过1960年代的《新产业城市建设促进法》《低开发地区工业开发促进法》等,用财政转移支付的方式对欠发达地区的城市与产业发展给予补贴;通过1990年代的《过疏地区活性化特别措施法》等,采用减免税收的方式支持地方经济发展;通过设立直接服务于落后地区的开发公库、优惠贷款、提供援助等手段,采用优惠金融方式对欠发达地区予以援助。

增加公共品投资建设。在公共品投资建设上,日本通过《海岛振兴法》《山村振兴法》《半岛振兴法》等,推动这些地区的道路、港口、市政等基础设施建设,加强信息基础设施建设;同时国家对都道府县市町村的教育经费支出补助50%,振兴落后地区教育,达到基本公共服务的均质化。

优化经济产业结构。日本的产业发展经历了三个阶段,在三个阶段中均通过不同的政策激励,推动中小城镇的产业发展。

1960年代~1980年代,日本产业以加工贸易为主,通过《新产业城市建设促进法》《低开发地区工业开发促进法》《工业整备特别地区整备促进法》《工业再配置促进法》等政策,以工业发展带动欠发达地区发展。

1980年代~1990年代,日本逐步转向"技术立国",通过《高技术工业集聚区域开发促进法》,指定了较均衡分布的26个城市培育发展现代科技工业;通过《有利于地方产业提升的特定事业聚集促进法》,指定22个地区,将智能工业向地方分散。

2000年以后,逐步强化新经济与服务经济发展。通过《综合疗养地建设法》,推动长期滞留型休闲娱乐设施的建设;通过《知识集群创新事业》政策,鼓励以大学及研究机构为核心,建设知识产业集群。

推动制度改革与国际化战略。在最新一轮的第六次全国综合规划(六全综)中,日本重点推出六个国家战略特区,在超大城市、教育、医疗、旅游、农业等政策上放宽管制,实施专业化改革路径。如冲绳县作为国际旅游试点,部分旅游场所将不纳入宾馆管理法管理,放宽签证发放条件;福冈市进行创业、就业的改革试点;新泻市进行农业规模化改革试点;兵库县养父市进行丘陵地区农业改革试点。"六全综"还特别鼓励日本不同地区和城市要在国际化的区域格局中寻找战略机遇,培育具有国际化地位的产业功能。

第六节　国际经验小结

通过对美国、德国、法国以及日本城镇化过程与基层单元城镇化特征的分析，可以归纳出以下四点重要的经验借鉴。

一、空间尺度与行政制度影响城镇化的集聚、均衡模式

一个国家的城镇化空间结构特征是集聚还是均衡，取决于多方面的原因，既与发展历史有关，也与国家空间与人口规模、政治体制等有着密切的联系。具体来看，幅员辽阔、自然条件等差异较大的国家往往形成区域集聚的格局，如中国、美国，人口往往在若干大都市区集聚发展；面积较小的国家更容易实现区域均衡，如德国各区域人口比重基本均衡。此外，中央集权的国家由于权利的上收，进而造成资源等向高层级行政单元集聚，导致大城市、超大城市等成为人口集聚的主要地区，如中国、法国和日本。而联邦制国家和强调地方自治的国家，会赋予地方更多自主权，激发地方更多活力，因此更容易形成层级与区域均衡的结构，如美国、德国。

二、发达国家仍有大量城镇化水平不高的基层单元

发达国家当前均已进入高度城镇化阶段，城镇化率均已超过70%，有的甚至超过80%。然而具体分析基层单元或县的城镇化率，可以发现其内部存在巨大的差异性。总体来看，各国都有70%左右的基层单元的城镇化率不到60%，仅有德国由于有城市县的存在，这一比重略低，甚至很多县的城镇化率不到30%。因此追求每个县都有较高的城镇化水平不应成为我国城镇化发展的目标。由于特殊地理条件、社会经济条件以及历史条件的制约，绝大多数县的城镇化率将保持在中低状态，甚至有些县的城镇化率在一定历史阶段内会出现下降的现象。这一系列现象均是城镇化发展中的客观现象，反映了发达国家城镇化的经验，也是城镇化的内在规律。

三、缩小地区、层级间的人均收入水平差距比缩小城镇化率差距重要

从德国、美国的案例中可以发现，虽然城镇化水平具有差异性，但是人均收入水平却不是以城镇化水平区分的，因为是人均收入水平，而不是城镇化水平反映出一个国家和地区的现代化水平。若各基层单元之间人均收入水平差距缩小，说明虽然存在城乡差异，但每人所享有的生活质量、社会福利和公共服务供给

等的差异性在降低。同时，也可以看到，人均收入水平差距的缩小并不代表人均 GDP 差距的缩小，德国若干都市区人均 GDP 的提高仍然快于其他地区，因此国家层面的收入二次分配将是推动区域间均衡化和国家整体现代化进程的重要手段之一。

四、用多种政策推进欠发达地区现代化，是促进健康城镇化的有效途径

如何实现现代化的目标？通过以上案例的分析，可以发现在国家层面可以通过多种举措来提高现代化水平，而不只是追求城镇化率。促进国家整体现代化可以应用以下五个方面的共同举措。第一，积极鼓励地方发展特色产业，如德国巴伐利亚地区的科技研发、日本冲绳的旅游等，通过特色产业发展实现多样化的发展路径。第二，积极调配人均占有资源量。美国的大农场模式使得每个农户占据大量的农业资源，从而可以保障较高的收入；而法国则采取鼓励乡村地区加工业、旅游业发展来弥补人均资源量的不足。第三，积极应用收入的二次分配。如美国的农业补贴、日本的财政转移支付等，均是通过自上而下的手段促进均衡化的发展。第四，积极扩大地方政府的自主权。法国通过行政区划的手段，日本通过战略特区的设立，形成激发地方活力的重要举措，鼓励更多主体直接参与全球市场竞争，从而促进各地的自主发展。第五，积极增加公共品投资。均等化的基础设施、交通设施以及教育、卫生设施投资，是保障各地机会均等的重要条件之一，日本、德国在这方面的举措值得我们借鉴。

第六章 县（市）域城镇化发展趋势与预测

第一节 人口结构与需求变化趋势

一、农民工素质与农民收入提高

农民工群体受教育水平提高，素质不断提升。2017年，农民工中，未上过学的占1%，小学文化程度占13%，初中文化程度占58.6%，高中文化程度占17.1%，大专及以上占10.3%。大专及以上文化程度农民工所占比重比上年提高0.9个百分点。1980年及以后出生的新生代农民工逐渐成为农民工主体，占全国农民工总量的50.5%，比上年提高0.8个百分点，与老一代农民工相比，新生代农民工的生活价值观、生活方式，以及择业、择居的取向发生了很大的变化。

农村家庭收入结构变化，工资性收入比重提高。1990年以来，农村家庭经营收入占比从约76%下降至2016年约38%。工资性收入从1990年20%提升至2016年约41%。家庭成员与个人多种就业、工农兼业、灵活就业改变农村家庭的经济状况，也使农村人口有更多样化的生活选择和就业选择。

较之老一代农民工，新生代农民工收入水平与教育层次高于父辈，安土重迁的理念极大削弱，家庭结构也由"1（劳动力）+2（妻子+小孩）+2（老人）"的"夫

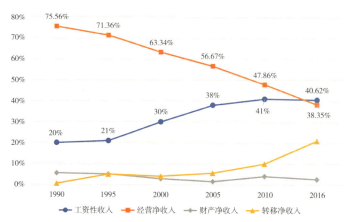

图6-1 1990~2016年中国农民收入构成变化情况
（资料来源：历年中国统计年鉴）

妻分离式家庭"转变为"2（大人）+N（小孩）+2（老人）"的"代际分离式家庭"。因而其更注重享受型家庭聚居和服务等多元化的消费，而非单一关注收入盈余；从单一追求收入总量转向追求工作时间、辛苦程度与社会福利平衡；从解决生存需求转向多元的生活需求，以及家庭资产附带的福利与增值。同时，更为重视朋友及家庭内部紧密的社会联系，拥有更强烈的获得尊重与自我实现的需求。

图6-2　2010年新老农民工群体家庭消费结构对比
（资料来源：基于CGSS2010数据分析）

图6-3　农民工家庭成员居住地情况
（资料来源：零点集团群体与社会心态事业部"一线城市第三产业进城务工人员问卷调研"，2012~2016年）

二、老龄化与人口抚养压力剧增

我国的劳动力总量下降，出现历史性拐点。在2013年，我国劳动年龄人口（15~64岁）达到10.06亿峰值，人口红利的拐点出现。近几年我国劳动年龄人口每年减少200万~300万，今后一段时期内劳动年龄人口规模将继续下降，预计到2030年劳动年龄人口为9.6亿人左右。

劳动力下降带来深度老龄化的挑战。统计数据显示，2010年我国人口抚养比达到34.2%，是历史最低水平，后将伴随劳动力下降和老龄人口的增多而不断上升。预计到2025年，65岁以上老龄人口比例将超过14%，进入深度老龄化社会。而老年人口抚养比将由2016年的16.7%，提高至2030年的26%左右，总人口抚养将达到50%，社会抚养压力不断加大。

图6-4 劳动力人口、全国抚养比发展历程与趋势预测
（数据来源：《全国城镇体系规划（2035）》（过程稿））

教育资源不平衡，教育普及压力不降反增。在计划生育政策下，我国少儿数量逐年下降，近几年数量略有回升，小学生数量占全国少儿群体的比重也从1990年的38%上升到42%左右。随着二孩政策的实施，未来一定时期内小学生数量会有一定幅度的增加。县（市）域的出生率、二孩及多孩一直多于城市，县（市）域因二孩政策带来的就学儿童的增加不会很大。但是，随迁儿童上学面临问题仍较大，对于义务教育阶段的随迁儿童，55.8%的农民工家长反映在城市上学仍然存在较多问题。费用高、本地升学难、孩子没人照顾是农民工家长认同度最高的三个主要问题，认同率分别为26.4%、24.4%和23.8%[①]。

从近年农民工流动模式看，出于成本收益综合考虑，全家流动的比例很低，增长也缓慢。以青壮年外出打工为主，将老人与小孩留在县（市）城乡居住的状况将持续，因而将带来更为突出的老龄化与儿童抚育压力。据统计分析，我国经济落后人口输出省份的抚养比明显高于沿海发达地区。因此，中西部县（市）域的抚养压力还会持续增加。

随生活水平提升，除传统社区养老院等社会福利性养老设施外，老人对康体养生、日间照料等养老服务需求提高，而老年公寓、老人日间照料中心等养老设施在县（市）域严重不足。留守儿童除传统义务教育需求外，对补习辅导、兴趣

---

① 数据来源：国家统计局. 2017年农民工监测调查报告 [EB/OL].2018-04-27[2018-07-07]. http：//www.stats.gov.cn/tjsj/zxfb/201804/t20180427_1596389.html

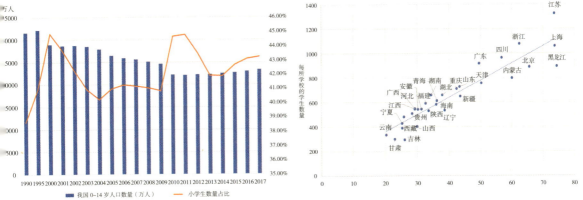

图 6-5 我国 0~14 岁人口数量及小学生数量占比变化

图 6-6 我国省级小学校平均教师和学生数量

（资料来源：《中国统计年鉴 2016》）

图 6-7 2010~2014 年农民工流动模式分布①

资料来源：罗震东，夏璐，耿磊.家庭视角乡村人口城镇化迁居决策特征与机制——基于武汉的调研 [J].城市规划，2016，40（7）：38-47.)

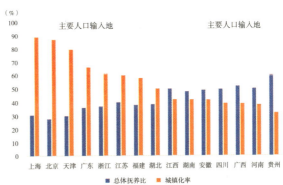

图 6-8 全国 2010 年主要人口输入地与输出地的总体抚养比与城镇化率

（资料来源：赵民，陈晨.我国城镇化的现实情景、理论诠释及政策思考 [J].城市规划，2013，37（12）：9-21.)

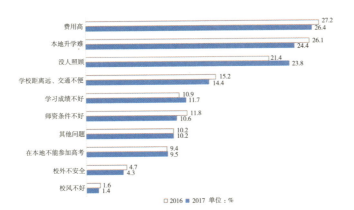

图 6-9 义务教育阶段随迁儿童上学面临的主要问题

（资料来源：国家统计局.2017 年农民工监测调查报告 [EB/OL].http://www.stats.gov.cn/tjsj/zxfb/201804/t20180427_1596389.html,2018-04-07/2018-07-07.）

---

① 2015 年起，全国农民工监测调查报告不再统计该项指标。

培训等提升型教育服务需求增加，对游乐场、运动场等活动空间需求提升，但义务教育学校建设仍然与大中城市有较大差距，提升型教育服务设施十分匮乏。同时，近年来因留守而影响儿童心理健康发育的问题日益增多，但心理关怀与辅导在中西部县（市）域严重不足。

三、新增就业人群结构变化

2007年起，城镇新增就业群体中，普通高校毕业生已经超过农民工。其中，2017年，普通高校毕业生达到793.6万，约占城镇新增就业人数的59%，成为新增就业的主力军。近年来新增就业人口中农民工数量不断下降，2017年仅为125万。

图6-10 城镇新增就业人数及其来源

（资料来源：历年国民经济和社会发展统计公报、农民工监测调查报告以及人力资源和社会保障部相关统计数据）

农村大学生的问题需要引起关注，重点院校的农村大学生数量极低，同时农村家庭毕业生就业率（81.2%）明显低于城市家庭出身的毕业生（87.2%），农村大学生在就业中容易受到忽视，就业比较困难。

每年新增的700多万大学毕业生，毕业时更换城市工作成为主流。阿里蚂蚁金服的《大学生就业流向报告》中显示，在2000~2014年的五届大学毕业生中，大约有59%的毕业生在就业时都选择离开学校所在城市，去别的城市打拼，而其中，有一半的人是在省内迁移，另一半则是跨省迁移。从选择的地域上来看，长三角、珠三角、京津冀、成渝四大城市群是其主要的选择方向。

大学生群体社会积累相对薄弱，但对工作条件和生活品质有一定要求。其对安全且相对低价的住房需求尤为突出。同时，由于尚处于广泛提升自我素养的成长阶段，大学生群体对多样化教育服务有所要求，并对包含经验交流、信息对接、就业咨询在内的多元畅通信息平台依赖度较高。此外，大学生群体对聚餐、娱乐、休闲等交流性消费空间需求突出。

因此，县（市）单位要吸引大学毕业生就需进一步完善住房供应体系，尤为注重对符合县域发展紧缺型人才的住房支持。同时，注重网络系统建设，搭建多样化就业创业信息平台，构筑与高知群体广泛交流体系。在完善基本生产生活服务的同时，注重对多样化休闲娱乐与消费交流空间建设与业态培育。

在就业人群结构变化的背景下，县（市）域一方面要创造机会吸引大学生，留住大学生；另一方面也要更加关注吸引本地农村转移劳动力，利用好农村地区尚有的人口红利。同时，还应该重视新生劳动力培养培训，扩大高中、高职教育规模，提高教学水平，在人力资本提升上打好发展的基础。

四、中等收入群体成长及需求变化

根据世界银行标准换算，国家统计局将年收入在6万~50万人之间的家庭列入中等收入家庭范畴。近年来，我国已近3亿人口进入中等收入群体。2016年，国务院发布《关于激发重点群体活力带动城乡居民增收的实施意见》，进一步提出"不断培育和扩大中等收入群体"。根据瑞士信贷银行发布《2015全球财富报告》，中国中等收入群体达1.09亿人，超越美国9200万名的中等收入成年人，位列全球第一。我国中等收入群体快速扩大，预计2025年将达到40%左右，成为世界上最大规模的中等收入群体。根据麦肯锡公司的研究，四个核心城市（北上广深）的中产阶级群体全国占比将由40%降至16%，一批区域中心城市的中产阶级群体快速成长。

中等收入群体的成长将带来消费需求的增长与变化。中等收入社会的消费将从满足温饱转向品质、安全，转向高档和奢侈的消费；从产业消费转向服务消费，转向体验型消费。相对于低收入群人群，中等收入人群的价值观更加多元，具有重教育、重居住环境、爱消费、爱社交，多休闲，常旅游的生活方式。中等收入群体具有较强的个人期望和特殊偏好，因此通常选择拥有特定环境与生活条件的地方留居，如艺术家群体倾向选择自然环境优美、易于创作的地方。中等收入群体对消费、服务、住宿等倾向于个性化的追求，如对特色化、品质化服务的要求，对私密性社会网络和私人化空间需求。对此，需注重提高服务弹性，有效应对季节性、阶段性服务诉求；在建设多样化、品质化公共空间的同时，注重提供私密性和选择性的私人场所。

因此，县（市）域面向中等收入群体兴起的变化趋势，应该重视发展旅游休闲产业，利用本地特色山水、自然生态和田园风光吸引旅游人群。都市圈地区的

图6-11 基于大数据的主要城市群工作日（左）和节假日（右）人口流动情况
（资料来源：据《全国城镇体系规划（2035）》（过程稿），基于腾讯大数据的全国城镇人口分布与流动研究专题，由中国城市规划设计研究院和腾讯云团队和共同完成）

县（市）应该关注中等收入人群"多业、多艺"的特征，吸引其参与县域新经济发展，为中等收入人群"双城居住""周末家庭""第二居所"等生活方式供给空间。

第二节　经济与产业发展趋势

一、经济与产业发展的新语境

全球化与信息化改变了经济发展逻辑。全球化对城市发展的最大影响，主要是政经与社会关系重塑，进而牵动了城市发展与变迁。信息技术高速发展，重新塑造人与人、人与社会、人与自然的各种关系，诞生网络社会（network society），教育、科研、密集使用信息技术的生产性服务业成为决定城市经济发展和城市地位高低的主要因素。在全球化、信息化语境下，连接性弱化了物理邻近性，关系论更新了区位论，城市职能的空间分布以及城市间的联系在流动空间体系中已经发生变化，使得小城市可以拥有中级、甚至高级职能[1]，城镇的增长潜力不再单纯地取决于自身的规模大小，而更多地取决于其与区域网络中其他城镇的功能作用强度[2]。因此，县域经济发展既面对着更加艰难的经济环境，也迎来更多的机遇。

---

[1] 潘竟虎，石培基，董晓峰. 中国地级以上城市腹地的测度分析[J]. 地理学报，2008（6）：635-645.
[2] 罗震东，张京祥，全球城市区域视角下的长江三角洲演化特征与趋势[J]. 城市发展研究，2009，16（9）：65-72.

中国经济发展面临严峻考验。不断升级的地缘政治紧张局势可能会加剧走向更多单方面和孤立主义政策的趋势，导致新兴经济体困难和风险明显加大。同时，欧美国家先后启动"再工业化"进程，希望在新的高度上夺回工业发展的主导权。中国与发达国家在信息、生物、环保等领域的新一轮科技和产业竞争愈演愈烈，与此同时，中国用工、原料、土地成本上升，部分制造业外流转入成本更为低廉的经济体。因此，中国高端产业和劳动密集型产业都面临巨大的挑战。

我国经济已由高速增长转向高质量发展，正处在转变发展方式、优化经济结构、转化增长动力的攻关期。经济发展方式正在向生态文明的方向转变，2014年，中国生态环境质量"优"和"良"的县（市）域占国土面积的45.1%，"较差"和"差"的县（市）域占30.6%。如何在保护生态环境的同时，促进经济发展和生活水平提高，是县（市）经济发展的重中之重。

经济结构正在优化。国家供给侧结构性改革提出"三去一降一补"的要求，传统制造业与房地产业要"退"，战略新兴产业、现代制造业、服务业要"进"，农业要"优"。

房地产业方面，着力应对高库存与高房价并存的结构性失衡问题，加紧一、二线城市控房价，推动三、四线城市去库存。通过保障房、廉租房、租售同权等措施推进房地产业健康发展。

现代制造业方面，《中国制造2025》提出："以促进制造业创新发展为主题，以提质增效为中心，以加快新一代信息技术与制造业深度融合为主线，以推进智能制造为主攻方向，以满足经济社会发展和国防建设对重大技术装备的需求为目标，强化工业基础能力，提高综合集成水平……实现制造业由大变强的历史跨越。"

服务业方面，生产性服务业向专业化和价值链高端延伸，"十三五"规划提出服务业增加值占GDP比重达56%，将生产性服务业比重提高至50%左右的目标。并且着力推进工业与服务业的深度融合，如引导生产企业加快服务环节专业化分离和外包。

同时，生活性服务业向精细和高品质转变。近年来，我国旅游业迅猛发展，占GDP比重不断提高。2005~2015年，旅游人次年均增长率13%，国内旅游总收入年均增长率21%，增速均显著高于全国GDP增长。此外，文化娱乐产业快速发展，年均增速超过30%，均反映出国民对更为丰富多样的生活性服务的诉求。"十三五"规划纲要据此提出，加快教育培训、健康养老、文化娱乐、体育健身等领域发展。

农业方面，2017年中央农村工作会议提出深化农业供给侧结构性改革，走质量兴农之路。坚持质量兴农、绿色兴农，实施质量兴农战略，加快推进农业由增产导向转向提质导向，夯实农业生产能力基础，确保国家粮食安全，构建农村一二三产业融合发展体系，积极培育新型农业经营主体，促进小农户和现代农业发展有机衔接，推进"互联网+现代农业"加快构建现代农业产业体系、生产体系、经营体系，不断提高农业创新力、竞争力和全要素生产率，加快实现由农业大国向农业强国转变。

经济增长动力正在转换。消费、技术进步、服务业对我国经济发展的贡献率不断提升，取代出口、投资，逐渐成为拉动经济发展的"新三驾马车"。首先，消费将成为经济增长最主要的拉动力量。预计在未来5~15年，消费对我国经济增长的贡献率将由目前的50%左右上升至70%以上，将超过投资成为GDP增长的重要动力。第二，技术进步对经济增长的贡献将越来越大。预计到"十三五"期末，技术进步对我国经济增长的贡献，将由过去平均30%左右上升至40%左右，到2030年将接近50%[①]。第三，服务业比重将快速上升，农、工业比重将持续下降。预计至2030年，服务业占我国经济比重将由2014年的48%左右上升至65%左右。

图6-12 我国消费和投资占GDP比重预测（左）与工业和服务业占GDP比重预测（右）
（资料来源：世界银行. 世界银行报告[R]. 2012.）

二、层级下移背景下制造业"提升效率"与"创新驱动"的要求

制造业正向县（市）域转移和集聚。县（市）域在发展一般制造业方面越来越具有优势。一是在要素成本方面，包括土地、原料等要素成本；第二，在就地城镇化背景下，劳动力的可获得性；第三，县（市）域治理体系相对更加简单，企业受到的政府管制流程更简洁，制度成本相对较低。

---

① 王凯. 关于规划供给侧改革的几点思考[EB/OL]. http://www.planning.org.cn/report/view?id=150，2016-03-01/2018-07-09.

地级以上城市工业受经济转型和环境控制的影响出现产业转移，县（市）域成为城市产业转移的重要承接点。县（市）域规模以上企业工业总产值持续增加，其中内资企业总产值增速明显，与市辖区差距不断拉大。多项指标显示，一般制造业正在向县（市）域转移。同时应注意到，除了发达地区的中心城市周围的县（市），大多数工业发展较好的县（市）域的工业结构中，高能耗、高排放、低质量、低技术制造业占较大比重，国家的去产能政策将会对其产生很大影响。

从全国范围看，县（市）域二产对本省产业发展也起着支撑性的重要作用。大部分省级行政区县（市）域二产占全省二产比重超过50%，其中江西、福建、新疆、贵州、山西、海南等省级行政区县（市）域二产占比超过60%，河北、河南、青海等超过70%。

县（市）域制造业"提升效率"与"创新驱动"的要求。县（市）域制造业大多处于"要素驱动""效率驱动"以及"要素驱动转向效率驱动"的阶段（占比分别为36%、33%、27%），大量县域制造业发展未来将从"要素驱动"向"效率驱动"或从"效率驱动"向"创新驱动"升级的趋势。

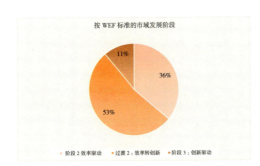 

图6-13　按WEF标准的中国市域（直辖市、副省级市）（左）和县域发展阶段数量占比（右）（2014年）

一方面，传统产业是县（市）域具有比较优势的产业，是县域经济发展的重要基础和支撑，但同时存在过于依赖要素优势、粗放发展的问题。在供给侧改革的背景下，县（市）域制造业将按照"优化结构、创新产品、增强配套、淘汰落后"的要求，推动传统产业调整改造升级。

另一方面，在"大众创业，万众创新""互联网+""中国制造2025"等产业新政的背景下，在"有风景的地方就有新经济"的新发展逻辑下，一些发展基础较好的县（市）域制造业正迎来创新驱动发展的转型。浙江省县（市）域以制造业为主导产业的"特色小镇"就是县（市）域制造业转型与创新发展的探索代表。

专栏6-1 浙江特色小镇模式

根据浙江省对特色小镇的定义,从"特色小镇是以浙江'块状经济'和现有产业集聚区为基础,而不是以行政建制小城镇为主体"的定义就可以看到,是否拥有强大的县域制造业基础成为入选特色小镇的关键因素,这不仅可以在已经入选的特色小镇的产业类型分布中得到验证,也可以在这些特色小镇与浙江块状产业集群呈现高度的空间叠加上得以呈现。在第一、二批入选的浙江特色小镇中,根据已有的县域制造业基础进行升级的小镇数量,即高端装备制造业、历史经典产业、信息产业等三类特色小镇的比重已超过一半。其中,以高端装备制造业为特色的小镇数量遥遥领先。尤其在第二批特色小镇的分布中可以看到,浙江特色小镇的创建更多是浙江块状经济的产物,这些块状经济使得小城镇特色产业鲜明,经济活跃度高,为未来产业的创新升级提供了强有力的支撑。

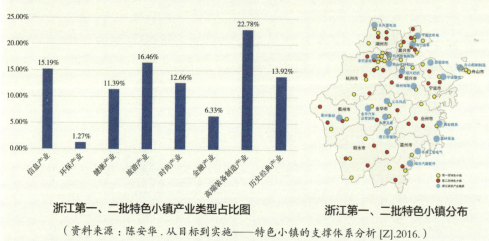

浙江第一、二批特色小镇产业类型占比图　　浙江第一、二批特色小镇分布

(资料来源:陈安华. 从目标到实施——特色小镇的支撑体系分析 [Z].2016.)

专栏6-2 西部返乡经济——遵义·正安县

正安县隶属贵州省遵义市,地处武陵山集中连片特困地区,交通区位条件落后,工业基础薄弱,是典型的山区贫困县。近年来,西部外出务工人员回流趋势显现,由乡情纽带引发的返乡经济为正安带来发展新机遇,使正安在短短几年内发展成为吉他制造基地。

正安县自1990年代起便有组织地开展劳务输出。多年来,正安外出务工人员规模扩大到十几万人,其中曾在广州等地从事吉他行业的技术工人多达5.4万。不少正安外出工人已经成为行业技术骨干和经验丰富的管理人才,并渴望回乡发展,例如神曲吉他创始人郑传玖。

2003年,郑传玖受其兄郑传祥的影响进入吉他制造行业,经过多年努力在广州创立了神曲乐器制造有限责任公司。2013年,郑氏兄弟响应县委、县政府号召,决定返乡创业,将神曲吉他带回家乡发展,并引来多个商业经营伙伴落户正安。正安筑巢引凤,对吉他生产企业大开"绿灯",出台相关优惠政策,并在该县经济开发区建起"正安·国际吉他园"。截至目前,占地200亩的"正安·国际吉他园"已建成标准厂房20万 m^2,已入驻吉他产业园的企业达18家。2015年正安县年产吉他约150万把,产值15亿元,解决就业2500余人。2015年,国家机械委质量司正式授予正安县"中国吉他制造之乡"称号。

(资料来源:《遵义市城市总体规划(2017—2035年)》(在编),2017.)

三、"互联网+"背景下乡村电商经济发展机会

综合各界对"新经济"的定义与解读,本研究将"新经济"理解为:信息时代背景下遍布各个领域的创新发展,其核心在于以科技进步及信息技术革命为引领,实现旧动力转型升级和新动力培育,从而探求新的经济增长点。从当前县域发展的趋势来看,互联网电子商务已经成为对县域城镇化产生深刻影响的新经济门类。

县(市)域电商成长迅速,淘宝村县批量涌现。截至2017年12月,我国网民规模达7.72亿,普及率达到55.8%,超过全球平均水平(51.7%)4.1个百分点,超过亚洲平均水平(46.7%)9.1个百分点[1]。2003~2013年,县(市)域电子商务发展先后经历了起步、小规模增长和规模化扩散三个阶段,年度新增网商规模分别达到万级、十万级和百万级。尤其自2006年后,县域网商规模持续、快速增长,在2010年后,呈现规模化扩散的态势。

与此同时,互联网在乡村地区的迅速普及也激活了以淘宝村为典型代表的农村电商经济。从2009年全国第一个淘宝村在浙江省出现至2017年底,在全国共发现2118个淘宝村,广泛分布在24个省市区,其中,中西部地区68个,东北地区10个,西部地区的广西、贵州、重庆、陕西、陕西和新疆首次首先"零突破"[2]。2015年,国务院《关于促进农村电子商务加快发展的指导意见》提出要"积极培育农村电子商务市场主体,扩大电子商务在农业农村的应用,改善农村电子商务发展环境"。

这些淘宝村虽然位于乡村地域,但网商主营产品是以生产销售工业产品为主,这样极大促进了乡村制造业的发展,也带动了本地居民的生活、生产方式转向非农化。除此之外,县(市)域电子商务的发展也使得农产品的网上销售

---

[1] 中国互联网络信息中心. 第41次互联网发展状况统计报告[EB/OL]. http://www.cac.gov.cn/2018zt/cnnic41/hxsj.htm,2018-01-31/2018-07-09.
[2] 阿里研究院,阿里新乡村研究中心. 中国淘宝村研究报告(2017年)[R]. 2018.

额节节攀升。2015 年县域农产品电商销售额同比增长超过 65%。中西部地区电商下乡也十分迅速。2016 年，淘宝天猫网购金额增速排名前 25 的县有 19 个来自中西部地区。

淘宝村特色商品举例　　　　　表6-1

商品	地点	说明
鸟笼	移风店镇大欧村（山东省即墨市）	大欧村制作鸟笼始于明代，已有 500 余年历史
牡丹画	平乐镇平了村（河南省孟津县）	全国唯一的"牡丹画生产基地"，有农民画师 900 多人
宣纸	丁桥镇李元村（安徽省泾县）	宣纸已有 1500 多年历史，"始于唐代、产于泾县"，"宣纸制作技艺"被列入国家非物质文化遗产保护名录
银器	草海镇新华村（云南省鹤庆县）	银器制作始于唐代，世代相传，有 1200 多年历史

电商促进县（市）域就业、创业。电商行业的低创业门槛与农村低成本生产环境结合，为乡镇小微企业提供了创新创业的温床。此外，互联网信息技术改善了乡村传统产业的生产经营劣势与区位束缚，提升了县乡地区农特资源、本土工艺、非农制造业等的市场竞争力，使得乡村产业得以参与全国乃至全球分工，实现规模与职能的提升。随着我国消费能力和需求快速增长，具备创新精神和市场敏感性的草根企业家利用"互联网＋本土产业基础＋低成本生产空间"的复合优势，推销产自县乡地区的特色产品、蓝海产品，迎合多元化、个性化的消费需求。到 2017 年，淘宝村中草根创业者开设的网店已达 49 万个[①]。

电子商务的兴起激发了乡村多元的就业机会，推动了本地就业从一产向三产的非农化转移，促进了自下而上的乡村就地城镇化进程，并且通过带动物流、快递、包装等服务业发展，新增大量间接就业[②]。另外，据阿里研究院分析，淘宝村平均新增 1 个活跃网店，可以创造约 2.8 个直接就业机会。据估算，2017 年，全国淘宝村活跃网店直接创造的就业机会超过 300 万个[③]。电子商务的就业吸纳力使淘宝村不仅成为本地劳动力的蓄水池，也成为外来专业技术人群的集聚地。

---

① 阿里研究院．阿里新乡村研究中心．中国淘宝村研究报告（2017 年）[R].2018.
② 阿里研究中心．淘宝村研究微报告 2.0 [R].2013.
③ 阿里研究院．阿里新乡村研究中心．中国淘宝村研究报告（2017 年）[R].2018.

专栏 6-3　电商经济带动农村创富消贫

在创造大量就业的同时，电商经济也实现了带动农村地区创富消贫的作用。2016年国务院《关于促进电商精准扶贫的指导意见》提出"以贫困县（832县）、贫困村（12.8万）和建档立卡贫困户为重点，在当地政府的推动下，引导和鼓励第三方电商企业建立电商服务平台，注重农产品上行，促进商品流通，不断提升贫困人口利用电商创业、就业能力，拓宽贫困地区特色优质农副产品销售渠道和贫困人口增收脱贫渠道，让互联网发展成果惠及更多的贫困地区和贫困人口。"截至2016年，山东曹县开通网店2万余个，销售额近25亿元，直接带动4000多名贫困人口脱贫。此外，淘宝村对乡村振兴的促进作用开始凸显，2017年国家级贫困县淘宝村达33个，省级贫困县淘宝村达400个。在2015年，这些贫困县在阿里巴巴零售平台上实现网络销售额超过215亿元的成绩，同比增长80.69%，网店销售额超过1亿元的贫困县达34个。

2015年电商消贫十佳县

排名	县	市/州	省
1	平乡	邢台	河北
2	鹤庆	大理（州）	云南
3	文山	文山（州）	云南
4	舒城	六安	安徽
5	镇平	南阳	河南
6	广昌	抚州	江西
7	苍溪	广元	四川
8	新化	娄底	湖南
9	蕲春	黄冈	湖北
10	光山	信阳	河南

注：1. 研究样本包括县和县级市。
2. 从电商惠及广度、电商惠及深度两方面综合评价。
3. 电商消贫十佳县入围要求：该县年活跃网店 ≥ 500个、网店年销售额 ≥ 1亿元。
（资料来源：阿里研究院. 2015年中国县域电子商务研究报告 [R]. 2016.）

专栏 6-4　电商经济带领黔货出山——黔东南州·凯里市

凯里市位于贵州省东部，是黔东南苗族侗族自治州首府，拥有丰富的少数民族特色资源。凯里区位交通优势和发展条件并不突出，但近年来，通过大力发展电子商务，不断推广本地红酸汤、有机香米、水晶葡萄、蓝莓、苗族银饰、刺绣、蜡染等具有苗侗特色绿色食品和手工艺品，激活了本地经济发展动力，为本优质特色产品开拓全国、国际市场。2016年，凯里成功入选国家级电子商务进农村综合示范县，并被阿里研究中心评选为贵州首个"全国电商百佳县"。

凯里借助电商之风，打造民族工艺品示范点和农业特色产品基地，大力促进农特产品变"网络商品"，让本地居民享受到电子商务带来的经济效益。目前凯里互联网众创产业园已有阿里巴巴、富士康等43家电商企业，并建成黔东南州首家跨境电商O2O体验中心，利用其平台让本地农特产品和民族工艺品等跨出国门，助推黔货出山。

四、消费升级背景下乡村旅游多元化发展可能

乡村旅游进入产业化时代，规模不断壮大。根据《中国乡村旅游发展指数报告（2016）》，2016年全国乡村旅游人次达13.6亿，并判断未来十年中国乡村旅游还将持续升温，2025年预计达到30亿人次。随着接待人数及收入的快速增长，乡村旅游市场地位不断攀升，从原先缺乏组织、小众自发的零散旅游进入大规模、长链条的产业化发展阶段。

同时，国家在政策层面也给予乡村休闲旅游产业化发展的契机与保障。2017年中央1号文件指出要大力发展乡村休闲旅游产业，并首次提出用产业化的思维发展乡村旅游产业，通过横向拉长旅游产业链、纵向融合产业发展促进乡村旅游产业升级。文件还强调通过"旅游+"、"生态+"等模式，实现农业、林业与旅游、教育、文化、康养等产业深度融合，并为保障乡村休闲旅游产业的发展提供了模式、业态、组织、资金、监管规范等多方面的支撑。

国家引导与农村自发"双轮驱动"，加快发展。乡村旅游的迅速发展动力来自几个方面：一是国家自上而下的政策引导。据不完全统计，国家发布乡村旅游相关政策文件超过20个。此外，2017年，国家发改委等14部门联合印发《促进乡村旅游发展提质升级行动方案》，明确提出乡村旅游是提高城乡居民生活质量、促进贫困地区脱贫攻坚的重要抓手。二是市场驱动。根据相关统计，2016年，全国乡村旅游类产品实际完成投资3856亿元[1]。三是交通进步促进旅游发展。2017年底，全国机动车保有量已达3.1亿辆[2]，私家车的普及使自驾游发展迅速，而乡村旅游则是自驾出行的重要选择之一。四是中等收入群体崛起带来消费升级，面向新兴人群的个性化、多元化的旅游消费呈现多元化态势，消费者从过去的关注观光游越来越转向关注自然健康、旅游休闲、文化体验等。

---

[1] 资料来源：国家旅游局.2016中国旅游投资报告[R]，2016.
[2] 资料来源：国家公安部。

增强就业带动能力，成为扶贫开发的主要方向。旅游业具备就业吸纳能力强、经济效益突出的特征，乡村旅游对广大农村地区推进就地城镇化、脱贫发展，实现小康具有重要意义。据统计，"十二五"期间（不含2015年），全国已通过发展乡村旅游带动了10%以上的贫困人口脱贫，旅游业脱贫总人数达1000万人以上。2015年，全国乡村旅游人次达13.6亿[①]。

国家新一轮扶贫开发战略中，乡村旅游仍将占据重要地位。目前国家发改委、国家旅游局、国家扶贫办等相关部门共同推进旅游扶贫，2015年扶持约2000个贫困村开展乡村旅游；到2020年，将扶持约6000个贫困村开展乡村旅游，使1200万贫困人口脱贫致富。

乡村旅游呈现三大发展趋势：①市场资本大量进入乡村。近年来，"资本下乡"趋势日益明显，农村投资主体越发多元化，大量市场资本爆发式进入乡村，推动乡村空间再生产。②业态呈现升级趋势。随着政策背景的优化和旅游专业人群的参与，乡村旅游呈现出专业化、大规模的新格局。乡村旅游正在经历从"农家乐——乡村观光旅游——乡村度假休闲——乡村生活"的转变，农家乐阶段是以农民作为投资、管理主体的一种基础性业态；乡村观光旅游则出现了乡村观光业态，乡村度假休闲则出现了度假、娱乐、休闲、文化等多元业态，"5+2"的生活方式将成为常态，未来乡村也将具备品质生活的特征。③旅游产品丰富多元。随着乡村业态的升级，乡村旅游产品正在衍生出满足各类人群需求的商务、休闲、度假、文化产品，包括生态休闲、文化创意、商务洽谈、新兴消费、健康养生、娱乐休闲等新兴产品。

五、乡村振兴背景下农业非粮化、新主体、产业化发展趋势

农业生产"非粮化"趋势。我国谷物产量占国内粮食产量的90%以上，实现了谷物基本自给。当前世界主要谷物价格基本维持稳定。"十三五"期间我国粮食政策开始调整，未来在保证粮食安全的情况下，将不再追求总量连续增产，而是调整优化农业结构，提高农产品综合生产能力和质量安全水平。同时，近年来我国粮食种植成本不断上升，而大城市对高端农产品的多样化需求快速增长，激发了非粮农产品生产的市场前景。此外，根据国内对于国人食品消费结构调整的相关研究，未来城乡人均粮食消耗量将不断下降，肉类和菜类消费量逐渐上升。以成都为例，受土地流转费增长过快、季节性农业劳动力雇工困难、粮食边际收益率大幅下降、人工成本飞涨等因素影响，目前除下辖崇州市"十万亩粮食基地"

---

① 中国社科院舆情实验室. 中国乡村旅游发展指数报告[R].2016.

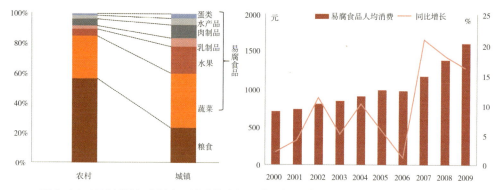

图 6-14　国内城镇与农村食品消费构成差异（左）与易腐食品人均消费变化趋势（右）
（资料来源：成都远景战略规划研究，2017.）

依托政府补贴依然大规模种植粮食外，其余区（县、市）规模流转普遍不愿从事粮食经营。目前，成都 30 亩以上规模流转中粮食经营仅占 15%①。

新型农业经营主体快速壮大。在新的发展转型时期下，我国农业面临"五化"（农村空心化、务农老龄化、要素非农化、农民兼业化、农业副业化）、"双高"（高成本、高风险）、"双紧"（资源环境约束紧、青壮年劳动力紧缺）的新形势和挑战。在此背景下，截至 2016 年，我国家庭农场、农民专业合作社、农业产业化龙头企业等新型农业经营主体总量达到 280 万个，新型职业农民总数超过 1270 万人，成为农业转型发展的新生力量。目前，在部分农业改革发展领先地区，新型农业经营主体已成为主导，并逐渐形成体系。以成都为例，2016 年，成都市级农业产业化重点龙头企业达 492 家，百亿元以上企业 5 家，农业产业化经营带动农户面超过 80%；发展农民专业合作社 10214 家，家庭农场 4367 家；持证农业职业经理人达到 9142 人。围绕新型经营主体，探索形成了"农业共营制"等多种适度规模经营模式，全市适度规模经营率达到 56.8%。

> **专栏 6-5　山区特色农业现代化——遵义·湄潭县**
>
> 湄潭县隶属于贵州省遵义市，是典型的山地农业县，其以茶为核心的农业现代化发展经验被国家农业部总结为全国七大现代农业建设模式示范之一，湄潭县也被评为全国排名第二的茶叶生产重点县。
>
> "到湄潭当农民去！"是遵义市一句广为人知的话语，更体现了湄潭农村现代化的成功与自信。"十二五"期间，湄潭茶园面积从 28.5 万亩增加到 60 万亩，地区生产总值增长 2.5 倍，城镇居民人均可支配收入 28501 元，农村居民人均可

---

① 中国人民政治协商会议成都市委员会. 关于适应新经济形势 推进成都农业发展的建议 [Z]. 2016.

支配收入 11579 元（个别发展突出的村落，村民人均年收入突破 3 万元）。湄潭以提高产出效益、带动农民增收为目标，推进农村制度改革创新以及特色资源产业化发展。一方面，湄潭已成立农村股份经济合作社作为农村产权制度改革的突破口，赋予农民对村集体资产的占有权和收益权，建立"家家是股东，户户能分红"的新型农村经营体系；另一方面，湄潭积极引进优质茶企业，以"企业带动＋合作社组织＋农户参与"的方式推进茶产业拓展延伸。目前，以阳春白雪、兰馨翠芽等龙头茶企为代表，湄潭已经开始出现以企业生产组织为纽带，跨越三产，集合"种植培育—生产加工—品牌营销—文化展示—茶旅休闲—特色消费"等产业环节为一体的现代涉农产业生态系统。此外，湄潭大力发展旅游休闲服务和专业生产服务，先后建设了西南地区最大的茶交易中心——中国茶城，以及中国茶海、桃花江、天下第一壶等旅游景区，向特色服务业跨越式发展。

（资料来源：《遵义市城市总体规划（2017—2035 年）》（在编），2017.）

农副产品加工引领农业产业化发展。根据发达国家的现代化经验，即使在资本密集型、科技型工业体系下，农副产品加工产业在工业体系中仍然占据相当份额。相比发达国家，我国的农副产品加工业还很不发达，农副产品经过加工而产生的附加值潜力远远没有发挥出来，大多数农副产品未经深度加工直接进入市场。

以日本东京为例，尽管东京形成了典型的以资本密集型主导的工业体系，周边的土地价格和劳动力成本也极高，但是，东京 2010 年仍然在都市圈范围内保持了较高的涉农产业。食品加工、饮料、烟草、饲料业的公司数为 1475 家（占 15.6%），从业者数为 51404 人（占 24.8%），生产额为 16585.94 亿日元（占 13.3%）。涉农产业以中、小规模的劳动密集型企业为主。

农产品加工行业未来将是县域的重要产业。近年来，我国农产品加工发展成效显著，已成为农业现代化、产业化的重要支撑力量和农业供给侧结构性改革的重要产业。到 2016 年底，规模以上农产品加工业主营业务收入达到 20 万亿元，占制造业比例为 19.6%。农产品加工是行业覆盖面广、产业关联度高、带动农民就业增收的基础性产业。据统计，农产品加工业每亿元加工营业收入约吸纳 78 人就业；农民人均收入 9% 以上来自农产品加工业工资性直接收入。目前，我国农产品加工业与农业产值比达 2.2：1，农产品加工率达到 65%[1]。2016 年，国务院发布《关于进一步促进农产品加工业发展的意见》，明确提出发展目标：到 2020 年，农产品加工转化率达到 68%，规模以上农产品加工业主营业务收

---

[1] 资料来源：国家农业部。

入年均增长 6% 以上，农产品加工业与农业总产值比达到 2.4∶1；到 2025 年，农产品加工转化率达到 75%。

第三节　县（市）域人口城镇化预测

一、人口城镇化预测思路

具有农耕文明传统和悠久历史的国家与移民立国的"新大陆"国家的城镇化模式具有明显差异。前者如欧洲国家、俄罗斯、日本，都长期保持着大中小城市与小城镇、农村相对均衡的发展，保持着比较和谐互补的城乡关系，乡村和小城镇持续繁荣。根据最新数据，2018 年欧盟仍有 28% 的农村人口，城市化水平仅为 72%。而"新大陆"国家，如北美、澳洲、南美国家，城市与乡村关系相对疏离，城市化水平也较高。我国作为具有悠久农耕文明传统的国家，也必然会形成更加均衡的城乡关系，长期保持广大的农村地区。因此，我国城镇化水平不会连续不断提高，会稳定在 70%~75% 之间。

我国是一个多民族和具有地域文化的国家，在不同民族地区和不同亚文化区之间，存在着语言、生活习惯、文化习俗的差异。城镇化的人口流动也是一种社会文化现象。文化的差异会引发疏离和歧视，而地域文化的认同会对人口的流动和聚集产生吸引。因此，中国的地域文化分区特征一定会影响人口城镇化的聚集模式，我国不会出现"新大陆"国家人口在沿海少数几个自然禀赋好、经济发达地区高度聚集的城镇化空间特征，当前已经出现的中西部地域性人口回流具有明显的地域文化因素，也说明了地域文化对城镇化的重要影响。

我国人口分布极不均衡，胡焕庸线以东聚集了 95% 左右的总人口和城镇人口。我国东中部平原浅丘地区的人口密度是西欧诸国平均人口密度的 3.6 倍。一方面，在地广人稀的地区仍然具备一定的资源条件，会吸引城乡人口居住，同时国土和边境安全也要求在这些地区保持一定的城乡人口和正常的经济社会发展。另一方面，在人口高密度地区，在相对较小的空间尺度下，随着城乡之间的融合程度不断提高，城乡差距持续缩小，城乡空间关系会越来越模糊，城乡之间的居住、就业、服务的关系会更加多元、多样。农村居民不必进入城镇也可以实现现代化，享受现代文明。在人口高密度地区，未来城镇化指标不再具有表征先进、富裕、繁荣的意义。

此外，我国近年来的人口城镇化进程也已经表明，农村人口的城镇化不是单一方向、一次性流动或前戏的过程。从农村人口个人流动到家庭迁徙、定居是一个多次、多向流动的过程。有的甚至通过代际传递的渐进过程才完成了家庭城镇化的进程。尤其在我国尚存在城乡二元结构的制度下，全社会实现完整意义的家庭城镇化更需要一个漫长的过程。因此，简单化地推进进城落户的"市民化"既不明智，又存在巨大障碍，也不能得到流动人口认可。

根据以上认识，本课题的城镇化预测工作与《全国城镇体系规划（2035）》研究工作相结合，以人口城镇化预测以2015年数据为基础，对比第五次、第六次人口普查数据，采用"总量、分区、分层、分流动类型和县（市）域"的思路，进行趋势预测。第一，对人口城镇化总量进行预测，判断全国至2035年城镇人口总量及分区、省区特征；第二，结合人口城镇化流动类型分析，预测人口城镇化的流动形式变化；第三，对全国城镇人口进行分层预测，判断大中城市与县（市）域人口城镇化总量；第四，结合县（市）分类结果，分别预测六类县（市）域人口城镇化总量。

二、人口城镇化发展趋势预测

人口城镇化趋势预测以2015年为基数。2015年，我国城镇化水平达56.1%，处于城镇化从高速向中速过渡阶段。预测至2020年，全国总人口规模达14.2亿左右，城镇人口总数8.7亿左右，比2015年新增城镇人口1亿左右，城镇化水平达60%左右；2015~2020年，常住人口城镇化率年均增长约1个百分点。预测至2035年，全国总人口规模将达到峰值14.5亿左右，城镇人口总数约10.4亿，城镇化水平达72%左右；2020~2035年，常住人口城镇化率年均增长约0.8个百分点。2015~2035年全国城镇人口将增加2.7亿左右。

从分区来看，至2035年，东部地区城镇化水平达到76%左右，中部地区城镇化水平达到70%左右，西部地区城镇化水平达到67%左右，东北地区城镇化水平达到72左右。

从分省来看，至2035年，河南、四川、山东、安徽各省级行政区新增城镇人口达1800万以上；河北、湖南、江苏、广东各省级行政区新增城镇人口达1200万~1800万；江西、广西、云南、贵州、湖北、陕西、浙江各省级行政区新增城镇人口达800万~1200万；重庆、新疆、福建、山西、辽宁、甘肃、内蒙古各省级行政区新增城镇人口达500万~800万；天津、黑龙江、吉林、海南、宁夏、青海、北京、上海、西藏各省级行政区新增城镇人口在500万以下。

采用经济相关法与年龄队列法，对我国人口城镇化区域流动趋势进行预测可知，至2035年，跨省流入人口由第六次普查的8600万下降至5000万左右。东部地区城镇化水平稳步提升，仍是跨省流动人口的主要承载地，但规模有所下降。中西部地区城镇化水平快速提升，外出人口回流规模扩大。预测至 2035 年，约 3000 万人回流到中西部地区，中西部地区区域内流动趋势还会增强。东北地区城镇化速度将进一步放缓，有一定规模的人口外流。

三、人口城镇化流动类型趋势预测

2015 年，全国城镇人口共 7.7 亿人，其中包括从乡村流入城镇的农业转移人口 2.3 亿人（即待市民化人口）。2015~2035 年间，这部分人口除部分回流至乡村外，通过自然增长，累计新增约 4000 万人。

2015 年，全国乡村人口约 6 亿人（不包括流动的农业转移人口）。2015~2035 年间，自然增长约 4000 万人，达到 6.4 亿人。这部分人中累计约 2.3 亿人继续从乡村流入城镇，转变为城镇人口，并完成市民化进程；而仍然居住在乡村的人口约 4.1 亿人（包括部分回流至乡村的流动人口）。

从人口城镇化流动类型来看，2015~2035 年，累计新增约 5000 万跨省农业转移人口异地城镇化。因此，人口流入省市为流动人口提供公共服务，实现常住人口基本公共服务均等化，推进流动人口市民化仍然任重道远。2015~2035 年，省内县外农村转移人口规模由 2015 年的 5000 万累计新增 8000 万左右；同时，从跨省回流至本省的省内县外人口规模累计达 1000 万左右。中西部各省级行政区应全面推进就地就近城镇化，实现省内基本公共服务均等化，保障省内农村转移人口在流入地落户定居。2015~2035 年，县内农村转移人口规模由 2015 年的 4000 万累计新增 7000 万左右；同时，从跨省回流至本县内人口累计达 2000 万左右。因此，必须高度重视县（市）域就地城镇化。应当全面提升县城与重点镇综合承载能力，同时注重发挥城乡双栖、城乡通勤等就地城镇化的就业、居住、服务支撑作用。

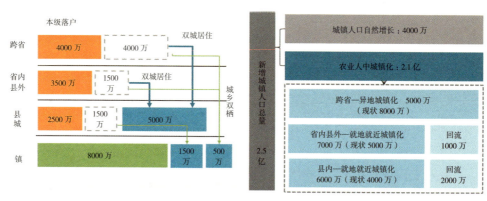

图 6-15　2035 年新增城镇人口分类构成
（资料来源：《全国城镇体系规划（2035）》（过程稿））

四、县（市）域人口城镇化总量预测

根据《全国城镇体系规划（2035）》（过程稿）的预测，至 2035 年，我国城镇人口中有 25% 将集聚在省会及计划单列市，30% 在地级市，17% 在县级市，28% 在县城和镇，县（市）域集聚的城镇人口占到全国的 45% 左右，与当前县（市）域城镇人口占比没有大的变化。但县（市）域城镇人口总量将达到 4.6 亿，比 2015 年增加约 1 亿。城镇人口在城市群内、外不同层级城镇的分布差异明显，2035 年城市群区域内在省会以上城市、地级市、县级市、县城和镇的城镇人口比重为 34∶30∶15∶21，64% 的城镇人口集中在省会以上城市与地级市；在城市群外区域，这几类城镇的城镇人口比重为 3∶32∶19∶45，有 64% 的城镇人口集中在县级市、县城和镇。

2035年城镇人口分层级预测表　　　　表6-2

	城市群内			城市群外			合计		
	数量（个）	2035年城镇人口（亿）	城镇人口占比（%）	数量（个）	2035年城镇人口（亿）	城镇人口占比（%）	数量（个）	2035年城镇人口（亿）	城镇人口占比（%）
省会以上城市	34	2.4	34	2	0.1	3	36	2.5	25
地级市	145	2.1	30	114	1	32	259	3.1	30
县级市	197	1.1	15	163	0.6	19	360	1.7	17
县	560	1.5	21	1009	1.4	45	1569	2.9	28
合计		7.1	100		3.1	100		10.2	100

（资料来源：《全国城镇体系规划（2035）》（过程稿））

从几大区域 2035 年的城镇人口分布看，东部地区 2035 年新增的 7900 万城镇人口中，直辖市、省会、计划单列市约占 19%，一般地级市约占 41%，县（市）域约占 40%。从 2035 年东部地区全部城镇人口分布看，县（市）域合计承载 1.51 亿城镇人口，其中县级市和县（含县城与镇）各自承载 0.76 亿。

中部地区新增 9700 万城镇人口中，直辖市、省会、计划单列市约占 18%，一般地级市约占 27%，县（市）域约占 55%。从 2035 年中部全部城镇人口分布看，县（市）域合计承载 1.43 亿城镇人口，其中县级市承载 0.42 亿，县（含县城与镇）承载 1.01 亿。

西部地区新增 9600 万城镇人口中，直辖市、省会、计划单列市约占 32%，一般地级市约占 26%，县（市）域约占 42%。从 2035 年西部地区全部城镇人口分布看,县(市)域合计承载1.1亿城镇人口,其中县级市承载0.26亿,县(含县城与镇)承载0.84亿。

东北地区新增1900万城镇人口中,直辖市、省会、计划单列市约占47%,一般地级市约占40%,县(市)域约占13%。从2035年东北地区全部城镇人口分布看,县(市)域合计承载0.33亿城镇人口,其中县级市承载0.17亿,县(含县城与镇)承载0.16亿。东北地区县(市)域的城镇人口比重很低。

2035年分区县(市)域城镇人口预测(亿人)　　　表6-3

	分区城镇人口	县级市城镇人口	县城、镇人口	县(市)域城镇人口合计	县(市)域占比
东北地区	1.00	0.17	0.16	0.33	33%
东部地区	4.20	0.76	0.76	1.51	36%
中部地区	2.60	0.42	1.01	1.43	55%
西部地区	2.40	0.26	0.84	1.10	46%

(资料来源:《全国城镇体系规划(2035)》(过程稿))

由城镇化人口的预测可见,我国未来的城镇化人口的总体格局中,县(市)域仍占到45%,与现状结构没有大的差异。县(市)域城镇人口在西部地占46%,在中部地高达55%。县(市)域城镇化仍是我国城镇化的主体。

五、六类县(市)人口城镇化趋势预测

都市圈内县(市)。承担都市圈外溢功能和人口,城镇人口将进一步集聚。至2035年,都市圈内的县(市)城镇人口总量18900万,新增城镇人口7000万,占六种类型县(市)城镇人口增量的39%。其中,县城和镇城镇人口总量9600万,占比51%;县级市城镇人口总量9300万,占比49%。

高密度平原县(市)。未来依托综合服务与工业化驱动的城镇化路径,引导外流人口返乡,城镇人口也将保持集聚的态势。至2035年,高密度平原县(市)城镇人口总量7100万,新增城镇人口3200万,占六种类型县(市)城镇人口增量的18%。其中,县城和镇城镇人口5500万,占比77%;县级市城镇人口1600万,占比23%。

低密度平原县(市)。未来重点实施转型驱动的城镇化发展路径,城镇人口增量与增速相对较低。至2035年,低密度平原县(市)城镇人口总量1700万,新增城镇人口300万,占六种类型县(市)城镇人口增量的2%。其中,县城和镇城镇人口1200万,占比71%;县级市城镇人口500万,占比29%。

高密度山地丘陵县（市）。依托县城与重点镇综合服务能力的提升，城镇人口增量与增速较高。至2035年，高密度山地丘陵县（市）城镇人口总量11200万，新增城镇人口4500万，占六种类型县（市）城镇人口增量的26%。其中，县城和镇城镇人口7600万，占比68%；县级市城镇人口3600万，占比32%。

低密度山地丘陵县（市）。实施魅力引领策略，探索特色城镇化发展路径，城镇人口增量与增速相对平稳。至2035年，低密度山地丘陵县（市）城镇人口总量6600万，新增城镇人口2500万，占六种类型县（市）城镇人口增量的14%。其中，县城和镇城镇人口5500万，占比83%；县级市城镇人口1100万，占比17%。

生态严苛地区的县（市）。实施生态优先的发展路径，城镇人口增量与增速均较低。至2035年，生态严苛地区的县（市）城镇人口总量500万，新增城镇200万人，占六种类型县（市）城镇人口增量的2%。其中，县城和镇城镇人口400万，占比80%；县级市城镇人口100万，占比20%。

2035年分类型县（市）域城镇人口预测（亿人）　　表6-4

类型	县城镇人口	县级市城镇人口	县（市）域城镇人口合计
都市圈内县	0.96	0.93	1.89
高密度平原县	0.55	0.16	0.71
低密度平原县	0.12	0.05	0.17
高密度山地丘陵县	0.76	0.36	1.12
低密度山地丘陵县	0.55	0.11	0.66
生态严苛地区的县	0.04	0.01	0.05

第七章 县（市）域城镇化的目标与发展策略

第一节 理念、价值导向

一、核心发展理念

1. 国家的发展愿景与要求

随着中国特色社会主义进入新时代，我国经济已由高速增长阶段转向高质量发展阶段，正处在转变发展方式、优化经济结构、转换增长动力的攻关期；我国社会主要矛盾已经转化为人民日益增长的美好生活需要和不平衡、不充分的发展之间的矛盾。县（市）域作为国家社会治理体系中最稳定的行政单元，是实现"两个一百年"奋斗目标和中华民族伟大复兴的中国梦的必由之路，也是国家推进城镇化和现代化的重要空间。提升县（市）域城镇化发展质量，是我国解决发展不平衡、不充分问题的关键环节，是提升区域发展、不同等级城镇发展和城乡发展均衡化水平与居民生活质量的重要领域。新时期，要坚持新发展理念，以科学发展作为解决我国县（市）域发展问题的基础和关键，在县（市）域城镇化过程中贯彻共享、协调、绿色、创新、开放发展理念。

2. 共享发展

坚持发展成果由人民共享，推动人的发展现代化，让广大县（市）域地区城乡居民共享改革发展成果，不断缩小城乡与区域差别，使全体人民有更多获得感；县（市）域城镇化应坚持以提高公共服务均等化水平为重要目标；在城镇化过程中，要公平对待不同人群，尊重流出人员的应有权益，给予流入人员应有的服务与保障，让流出、流入人员都有尊严而体面的生活。

3. 协调发展

县（市）域城镇化的核心就是要促进城乡协调、推进乡村振兴。县（市）作为联系城乡的关键中间支点，对缩小城乡二元差别、促进城乡融合以及实现全面乡村振兴均有着重要的作用。县（市）域的发展要以服务"三农"、脱贫攻坚和实现乡村振兴作为重要的发展目标，要着眼于聚焦产业兴旺、生态宜居、乡风文明、治理有效和生活富裕的乡村发展总要求，着力建设成为乡村产业振兴、人才振兴、文化振兴、生态振兴和组织振兴的重要基层单元。县（市）域城镇化过程中要注重经济发展、城乡建设与历史文化保护相协调，实现物质文明与精神文明相协调，坚持保护文化、传承历史，坚定民族文化自信。习近平总书记曾提出："一个国家、一个民族的强盛，总是以文化兴盛为支撑的，中华民族伟大复兴需要以中华文化发展繁荣为条件。"县（市）域承载了大量的历史文化资源，也承载了中华民族的乡愁记忆，必须给予重点保护与传承。

4. 绿色发展

县（市）域覆盖了全国90%以上的国土空间，几乎所有的生态功能区和农产品主产区都位于县（市）范围内，可以说县（市）域是国家的生态底色，也是国家生态产品供给和生态安全保障的主体。县（市）域城镇化必须贯彻生态保护、绿色发展的理念，实践更加绿色的发展方式和生活方式，坚持把生态文明建设放在县（市）域发展的突出地位，深入实施县（市）域内山、水、林、田、湖一体化保护与修复。正确处理生态保护与经济发展的关系，以良好的生态环境作为县（市）域发展的新动能与新资源，促进县（市）域经济健康可持续发展。

5. 创新发展

相对于城市，县（市）域在城镇化发展新阶段具有独特优势，按照"有生态、有风景、有文化的地方就有新经济"的发展逻辑，县（市）域是创新产业、新经济的重要载体。同时，县（市）域城镇化要坚持体制机制创新，重点推进公共服务供给、乡村基层治理、社会福利保障等方面制度创新，提升城镇化质量与内生发展活力。

6. 开放发展

县（市）域城镇化的动力越来越依赖县（市）域开放水平，因此应重视经济开放性，努力融入区域乃至国际经济体系。县（市）域多处于相对偏僻、闭塞的地区，尤其要重视社会与文化的开放性，强化城镇化过程中的文化交往能力，以吸引人才、发展本土新文化。县（市）域经济开放与文化交往需要充分的交通支撑，因此需要特别重视县（市）域内外交通联系便利性与可达性。

二、发展的价值导向

1. 以人的现代化发展为根本目标

县（市）是全国打赢脱贫攻坚战、实现全面建成小康社会目标的主战场。县（市）域居住生活着我国60%的人口，而其中大多数属于中低收入人群，属于社会的弱势群体，一部分还处于贫困之中，或者在脱贫和返贫之间挣扎。没有县（市）的充分发展，没有县（市）城乡居民收入水平和生活质量的持续提高，大城市与城市群地区发展得再好也没有意义，国家的现代化也无法实现。

县（市）承担着全国大多数小学、初中学生的教育责任,是实现人力资本发展、人的现代化的重要载体。县（市）域仍然生活着全国半数以上的少年儿童,而县（市）高中教育普及的总体水平还很低。没有县（市）域的全面发展和公共服务能力与水平的持续提高,我国的总体人口素质就不可能提高。

县（市）既是大多数农民进入城市的出发点,也是他们回归本土的落脚点。经过40年的改革开放,城乡关系已经发生变化,城镇化已不再是进城打工或定居的概念。"城乡双栖""城乡通勤"与"工农兼业"等普遍存在的城乡融合的生产、生活方式,使进城务工的农民既能在城市化进程中寻找到向上流动的机会,也能够在县（市）域内改善生存状态,实现就地城镇化。因此,城乡高度融合的县（市）域单元,特别是县城,是广大农民个体和家庭发展的重要空间,也使县（市）域城乡居民具备更好的应对社会风险的能力。

因此,县（市）域城镇化是提高国家人口素质、提升国家人力资本、实现人的发展的重要支撑,也是人的城镇化不可或缺、不可忽视的重要空间。

2. 以城乡融合为基本语境

"中国要强,农村必须强;中国要富,农村必须富;中国要美,农村必须美。""三农"是国家发展的基础,县（市）域是"三农"发展的主战场。县（市）是农民包容性就业的"蓄水池",也是推进农业现代化的基础平台和改善农村基本公共服务的基本单元。县（市）作为联系城乡的关键中间支点,对缩小城乡二元差距、促进城乡融合、实现全面乡村振兴均有着重要的作用,县（市）域经济的充分、健康发展是中国解决"三农"问题的重要前提。

随着中国城乡二元关系的逐步转变,城乡互动的壁垒正在逐渐消除。但我国城乡二元结构的消除尚需时日,而县（市）域已经是广大农民就地从农业生产转向非农、从乡村生活转向城镇的主要空间,也是农村转移人口安放家庭、抚育老幼的首选地,更是支撑多次流动、多向流动的渐进式城镇化的主要空间。因此县（市）域是城乡要素流动中间的重要纽带,也是平衡城乡关系、促进城乡融合发展的关键环节。

3. 以生态文明为基本底线

良好的生态环境是实现人类社会可持续发展的内在要求,是增进民生福祉的优先领域。发达国家的经验和我国几十年的发展经验告诉我们,随着经济社会进步、收入水平提高,中等收入人群的价值观将更多元,消费需求更加旺盛。探索自然、体验文化成为人们的基本需求。高度城镇化、高度发展的社会,不仅拥有发达繁华的都市,也应保存有良好的自然生态,拥有美丽富饶、特色浓郁、人与自然和谐共生的广大乡村和小城镇。

县（市）域是美丽中国的构成主体，拥有大量的自然文化遗产，拥有代表中国壮美自然的山水林田，沉淀着千年文明传承下来的城乡聚落。县（市）的发展能否与自然与文化遗产的保护相协调，能否传承优秀人居文化，守护乡愁记忆，决定着美丽中国建设的成败。

因此，县（市）域城镇化是国家生态文明建设和美丽中国建设的必然要求，是守护珍贵自然与文化遗产的必然要求，是实现乡村永续发展的重要途径，也是我国当前供给侧结构性改革的重点领域。

三、县（市）域城镇化发展目标

基于五大发展理念，从两个视角确定县（市）域发展目标—指标体系：一是自上而下的国家要求视角下的目标，即国家对每个县均应进行统一管控和指引，并需要国家政策投入来支持的目标。二是各地自下而上发展视角下的目标，包括两类：第一类是需要每个县根据自身发展水平和发展阶段因地制宜确定具体指标的目标；第二类是与所在省、市的发展水平挂钩，逐步缩小区域和城乡差距的目标。

具体目标—指标体系如表 7-1。

县（市）域城镇化发展目标与指标表　　　　　　　　　　　表7-1

理念	子理念	指标	单位	2035年目标	类型
共享	共享发展	常住人口	亿人	各个县自下而上确定	因地制宜型
		农民人均纯收入	万元	接近或达到所在省级单元平均水平	缩小差距型
	共享服务	12年免费教育入学率（小学、初中、高中）	%	100	统一要求型
		中小学班额达标率	%	100	统一要求型
		县（市）域二级甲等以上医院覆盖率	%	100	统一要求型
		每千常住人口执业（助理）医师数	人	达到所在地级单位市区水平	缩小差距型
		人均体育场地面积	m^2	达到所在地级单位市区水平	缩小差距型
	共享保障	基本社会保障覆盖率（养老保险、基本医保）	%	100	统一要求型
		民生领域支出占财政支出比例	%	达到所在地级单位市区水平	缩小差距型
协调	城乡协调与文明协调	城乡居民收入比	—	各个县自下而上确定	因地制宜型
		县（市）域城镇化率	%	各个县自下而上确定	因地制宜型
		文化馆数量	个	达到所在地级单位市区水平	缩小差距型
		公共图书馆数量	个	达到所在地级单位市区水平	缩小差距型

续表

理念	子理念	指标	单位	2035年目标	类型
绿色	生态保护与修复	地表水质量达到或好于Ⅲ类水体比例	%	高于所在省级单元平均水平	缩小差距型
		污水处理达标率	%	100	统一要求型
	集约节约	县（市）域国土开发强度	%	各个县自下而上确定	因地制宜型
		城乡生活垃圾无害化处理率	%	100	统一要求型
	城乡环境	平均空气质量优良天数比率	%	高于所在省级单元平均水平	缩小差距型
创新	创新人才	新增劳动力平均受教育年限	年	接近或达到所在省级单元平均水平	缩小差距型
		专业技术人员比例	%	接近或达到所在地级单位市区水平	缩小差距型
	创新环境	三次产业比重	—	各个县自下而上确定	因地制宜型
		民营经济所占比重	%	各个县自下而上确定	因地制宜型
	创新产出	农业科技进步贡献率	%	各个县自下而上确定	因地制宜型
开放	交通支撑	从县城中心出发抵达机场的平均时间	%	各个县自下而上确定	因地制宜型
		从县城中心出发抵达高铁站的平均时间	%	各个县自下而上确定	因地制宜型
	文化交往	游客人次	万人次	各个县自下而上确定	因地制宜型

第二节　保持体制稳定，优化行政层级，严控撤县设区改市

为了实现县（市）长期稳定健康发展，推进县（市）域城镇化，实现乡村振兴，应当进一步深化政策，优化现行的省、市、县、乡镇行政体制。应当保持县（市）行政单元稳定性，严格控制撤县（市）设区，审慎推进改县设区，加快推进省管县体制改革；做强做优地级市，但要严格限制地级市对县（市）的改革、资源与利益的侵占。

一、严格控制撤县（市）设区

县是我国历史上最稳定、职权最完整的一级行政单元，是统筹与平衡城乡关系、促进城乡融合的重要层级，具有重要的社会、文化和治理意义。当前的撤县（市）设区实践，常常造成县（市）的发展资源和自主事权被削弱，广大农村地区的农民的利益被忽视，不利于县（市）政府全面公平地处理城乡关系，重视乡村治理，为广大乡村地区服务。因此，应保持县（市）行政体制的完整性与稳定性，并在此基础上重点保障县（市）发展的资源供给与政策支持。

二、审慎推进撤县改市

审慎进行撤县设市,对撤县设市标准进行进一步斟酌与研究,对于部分具备行政区划调整条件的县(经济基础较好,县城人口规模在 20 万以上,或者人均 GDP 超过全国地级以上城市平均水平的县),应根据实际情况谨慎设立为县级市,同时探索撤县设市的城市型政府,关注乡村,重视"三农",公平处理城乡关系的治理模式。

三、积极推进有条件的镇扩权

贯彻中央"在符合行政区划合理调整的前提下,选择部分有条件的地方进行撤镇设市设区试点,优化行政层级和行政区划设置""对吸纳人口多、经济实力强的镇,可赋予同人口和经济规模相适应的管理权"的精神,加强经济发达镇的行政管理体制改革和新型城镇化综合改革,给予土地、建设、金融扶持政策。理顺县、市与经济发达镇的关系,做到权责相称。探索适应经济发达镇实际情况的财政管理模式,明确政府事权和支出责任。

专栏 7-1　经济发达镇认定标准

根据《关于深入推进经济发达镇行政管理体制改革的指导意见》,充分考虑地区发展水平差异和主体功能区布局,合理确定经济发达镇认定标准。

东部地区经济发达镇建成区常住人口一般在 10 万人左右,中部和东北地区一般在 5 万人左右,西部地区一般在 3 万人左右;常住人口城镇化率、公共财政收入等指标连续两年位居本省级行政区所辖乡镇前 10% 以内。

对落实国家重大战略、完善区域城镇体系和促进区域协调发展具有特殊地位和作用的镇,以及历史文化名镇等特色小镇,应予重点考虑。

专栏 7-2　浙江省苍南县龙港镇开展国家新型城镇化综合试点的主要任务

《国家新型城镇化综合试点总体实施方案》中明确指出要探索建立行政管理创新和行政成本降低的新型管理模式。龙港镇位于浙江省八大水系之一的鳌江入海口南岸,是中国第一座农民城,面积 172km^2,辖区建成区 19km^2。2013 年常住人口 43.7 万人,户籍人口 36.2 万人,其中建成区常住人口 24.9 万人,镇区人口密度达每平方公里 1.3 万人;地区生产总值 185.6 亿元,财政总收入 18.8 亿元。

龙港镇开展国家新型城镇化综合试点的主要任务包括:①厘清政府、市场和社会职能分工;②明确"县级单列管理"基本定位;③按照城市发展要求合理下放权力；④加快推行"大部门"制；⑤切实完善社区服务与治理；⑥调整优化人员结构和编制；⑦有效压缩行政成本；⑧积极探索多元化公共服务供给模式；⑨建立完善城市治理体系；⑩配套推进城镇化相关制度改革。

四、加快推进"省管县"体制改革

克服"市代管县"体制造成的行政层级过多问题，防止中央或省级政府划拨的指标和资金被截留、侵占，令县（市）政府能够更及时有效地与省政府进行沟通，省的相关调控政策及财政也能够更迅速地传递到县。应当加快推进"省直管县"的体制行政改革，保障县（市）财政留成比例、财政收支增长速度、公共资金运转效率；保障县（市）土地、规划权量和指标；提高县（市）发展积极性和自主权，激发县（市）域发展活力。

近年来，各地进行了大量的"省管县"体制改革探索。具体包括：①实行财政体制"省管县"，扩大县（市）财政收支管理权限；②进行扩权试点，扩大县（市）经济社会管理权限并赋予人事权，如浙江、安徽、湖北等；③全面实施"省管县"，如海南建省之初就实行县、市分治，县由省直接管理。目前，在全国试点的24个省级行政区中，约60%的地区实行了财政体制"省管县"，约40%的地区实行了"扩权强县"改革，约40个县实行了全面省直管县试点。

> **专栏7-3 国际经验：行政管理层级扁平化结构是世界大多数国家的选择**
>
> 尽管世界各国的历史、政治制度、行政体制不完全相同，但行政管理层级扁平化是大多数国家的普遍选择。据对191个国家和地区的初步统计，包括中央（联邦）政府在内的行政层级多在三级以下（其中，地方政府行政层级在两级或以下），约占89%，如美国、加拿大、德国、日本等国家。超过四级（其中，地方政府层级在三级或以上）的只有21个国家，约占11%。实践证明，事权责任清晰的前提下，简化的行政层级更有利于基层单元行政自主性、能动性的提升。
>
> **191个国家行政层级划分统计**
>
> | 层级 | 无级别 | 一级 | 二级 | 三级 | 四级及以上 |
> | --- | --- | --- | --- | --- | --- |
> | 数目（个） | 10 | 32 | 60 | 68 | 21 |
> | 占比（%） | 5 | 17 | 31 | 36 | 11 |

五、研究推进省级行政体制改革

当前省管县体制改革也存在一些问题与挑战。一是省级政府管理幅度与管理能力不匹配，我国部分省级行政区划较大，平均下辖89个县（区、市），其中，辖100个以上县（市）的省级行政区达10个左右。全面推行"省管县"后，省级政府管理工作量将大幅增加，过宽的管理幅度对省级政府部门构成巨大的挑战。二是改革措施不配套，可能导致一定时期县（市）与地级市之间、县（市）之间难以协调、统筹，出现恶性竞争。

因此，在推进"省管县"改革的同时，应研究推进省级行政体制改革。一是推进行政管理层级扁平化，参考国际经验，从"省、地、县、乡"四级体制走向"省、县、乡"三级体制，并探索地级市的区域性管理职能向区域性协调职能转向；二是适当增加省级行政区数量，尤其是对于下辖地域面积广阔或县（市）众多的省级行政区适度缩减省的规模，有利于平衡省级政府的管辖幅度与综合治理协调能力；三是进一步探索与行政区划改革相应的配套措施，如跨行政区协调机制的建立与完善、财税土地制度的相应变革等。

第三节 明晰政府职能，重点突出民生、公共服务和城乡融合

随着我国走向中等收入社会，全面实现现代化的经济发展动力转换，县（市）政府的职能首先应当突出民生，保障公共服务，用高质量的民生和生活水平吸引人口定居和产业进入，协调好生产、生活、生态之间的关系；平衡现代化发展与历史文化保护；统筹城镇市与乡村地区发展，为城镇化人口提供公平的发展机会和多样化的生活选择。

一、重点关注民生改善与社会发展

县域经济是我国经济发展的基本层次，县（市）是我国经济发展的基本单元。在经济下行压力不断增大的背景下，县（市）是国家稳定就业，保障民生的重要层级。县（市）政府应将改善民生、稳定就业作为首要职能，通过发展经济，为持续改善民生奠定坚实物质基础；通过改善民生，为经济发展吸引人口和人才，稳定用工，进而实现发展的良性循环。

县（市）级政府应通过持续不断改善民生，释放消费潜力，拉动内需，催生新的经济增长点，为经济发展、转型升级提供内生动力；应将精准扶贫作为改善民生的重点，因地制宜地加快推进扶贫工作；同时应健全更加公平的社会保障制度，保障公平参与发展，分享发展成果。

县（市）政府应着力保障就业，实施更加积极的就业政策，创造更多就业岗位。要加强就业服务，鼓励返乡创业，支持返乡就业，保障人口回流就业无缝衔

接。尤其要包容非正规就业，加强对非正规就业群体的劳动技能培训，促进其就业能力的进一步提升。

县（市）域是提升地方公共治理水平的重要基础环节，是我国社会稳定与公共安全的基础。县（市）政府应着力于构建和谐的社会网络，完善公共安全体系；提高基层自治能力，推进基层治理民主化。

二、着重补齐公共服务与社会保障短板

县（市）域是推进基本公共服务均等化的重中之重，也是基本公共服务与基础设施的短板集中地区。加强和提升基本公共服务，完善社会服务体系是县域城镇化最重要的任务之一。

县（市）政府应积极推进县（市）域公共服务的供给侧改革，尤其要加快推进义务教育资源均衡发展和提高水平，加快医药卫生服务和保障体系建设，以公共服务为抓手，推动县（市）城发展和县域城镇化质量提升。

要加快构建覆盖城乡居民的社会保障体系，健全社会救助体系，创新社会养老、附助教育服务体系。要建立多渠道投融资机制，吸引社会资金，鼓励社会和民办机构参与社会服务建设。

三、积极推进城镇和乡村融合发展

县（市）域形成以城带乡、城乡互动、融合发展的新格局。以县城和小城镇为支点推进县域城镇化，提升县域城镇的承载和服务能力，因地制宜，科学规划，构建合理的乡镇、村体系和村落空间布局，科学布局生产、生活、生态空间。

要从县域资源环境条件出发，推动城镇化与工业化、农业现代化、服务业发展的融合，形成具有县域特色的现代产业体系，将产业发展与人口集聚、城镇建设结合起来，使人口城镇化与土地城镇化、产业城镇化同步发展。

要探索形成城乡融合发展的体制机制。结合城镇化制度建设，积极稳妥地推进户籍制度、社会保障制度和农村产权制度改革，完善农村土地流转和征地补偿制度，形成城乡公共服务共享机制，完善有利于促进城乡人口迁移、转换的体制机制。

四、探索差异化发展路径与自下而上的体制机制创新

我国的县（市）域众多，受自然地理、资源环境、交通条件、人口密度等的影响，县域经济发展千差万别，必须坚持分类差异化发展的原则，因地制宜地制定发展策略。要立足县（市）域的资源优势和发展基础，探索多元的发展

路径，发掘地域特色的新产业与新经济，不断激活县域经济的活力。县（市）域城镇化要坚持制度创新和体制机制创新，探索破解"市代管县"的行政制度改革，赋予县（市）发展更大的自主权；探索制定跨区域的生态补偿和区域合作机制，促进生态型地区共建共保；提高县（市）域的基层治理能力，推动治理现代化，鼓励自下而上的治理创新，建立职责明确、奖惩分明、衔接配套、务实管用的社会治理责任体系。

第四节 推进强权赋能，优化县（市）域治理体系

一、强权赋能，提高县（市）政府的发展能动性

推动省、市政府对县（市）域进一步简政放权，强权赋能，提升县（市）域在财政、土地、政策等方面的自主权。优化事权分配格局和财政、人事、行政权力格局，使县（市）政府的责、权、利相一致。但对一些关系到经济社会可持续发展、区域协调发展等长期性、全局性管理事项，上级政府应保留一定的审批权，以避免县（市）政府的短期性、非可持续行为。

全面改革国家资源、财政、政策由省到地级市、县的逐级下达的行政层级化配置方式，有效限制和约束上级政府在财政资金、土地指标、投资项目建设选址等领域的剥夺行为，促进各行政层级发展机会与权力的均衡。

建立健全权力清单、责任清单管理模式，划定政府与市场、社会的权责边界。注重发挥政府投入的引导作用，发挥市场配置资源的决定性作用，把市场配置资源的有效性和政府配置资源的公共性有机结合起来，构建资金、土地、劳动力等资源科学合理配置的长效机制。

二、加强政府执政能力建设

提升县（市）政府治理能力。县（市）领导人要树立正确政绩观，做到"民之所好好之，民之所恶恶之"；要善于把握经济社会发展趋势，敏锐发现基层创新动向，注重调查研究，坚持从实际、从全局出发谋划事业和工作，要有"功成不必在我"的境界；提升领导班子党建水平，提升经济发展和社会治理的领导力、执行力和创新力。

国家和省要大力激励和引导人才向县（市）政府和专业部门流动，以建立专业化、高素质的人才队伍；进一步加强对县域干部和专业人员的培训，提高综合素质；进一步创新领导干部交流制度，发掘各类专业干部人才。

改革政府绩效考核机制,有效指引地方政府治理。构建完善的分类、分区差别化考评指标体系,针对不同县(市)的区位条件、发展基础、资源禀赋、功能定位设计考核体系与指标,防止"一刀切"式考核。

在考核目标上,淡化传统的 GDP 考核,要把社会民生保障、基本公共服务水平提高、资源消耗、环境生态保护等方面内容纳入考核,促使考评重心从"以生产为中心"转向"以国民福祉为中心"。

完善绩效考评指标体系,将各发展与资源管理规划提出的约束性指标纳入考核,合理设置时效性目标任务与长期性目标任务考核办法。将政府工作部门划分为经济调节与管理、社会管理与政务管理、市场监管与执法监督,专项事务管理等四大类开展考评,因地制宜、量身定做,形成更加精细化、切实有效的部门考评指标。

改进考评方式方法。由县绩效办统一制定发布当年绩效考评的指标体系框架,各部门框架编制可量化、可报告、可核实的年度工作目标和任务;改变传统的年终工作总结的方式,建立一套规范的绩效报告制度。

三、鼓励治理创新,充分发挥基层自治优势

鼓励基于地方实际和基层需求的治理模式创新。县(市)域发展情况差异巨大,自上而下的制度安排难以完全适应地方实际需求,需要充分结合各地经济社会结构与文化习俗,鼓励县(市)治理创新,切实提升基层的发展活力与动力。

> **专栏 7-4 县域治理的云安探索:统筹发展与创新激励**
>
> 云安模式特点在于强调统筹发展,关注"该干什么的地方就干什么,能干什么的人就干什么",实行分类指导、分级确定职责,强化县域经济建设、镇域社会建设和村级社区建设,推进资源环境城乡区域统筹发展。
>
> 明确主导功能,创新考核机制。全县乡镇划分为优先发展区、重点发展区、开发与保护并重示范区三类功能区。制定全新的政绩考评标准,引导县镇村干部落实主体功能区划。建立与主体功能区划相适应的财政保障机制,加大对镇级财政的保障力度。同时,实行放权强镇和大部制改革,提高镇级政府的施政能力。
>
> 创新激励机制,激发县域活力。通过"以奖代补"等方式,激发居民主动"共谋、共建、共管、共享",共同缔造美好生活环境。

积极发展乡村民主自治，激发自下而上的治理活力。县以下要全面探索直选，试行乡镇自治；按照民主选举、民主决策、民主监督、民主管理的基本要求，筑牢基层民主自治基础。人口流入的县（市）域，要吸纳新市民、新居民参与社区管理；人才与精英流失的县（市），要探索"空心化"带来的治理能力难题，借鉴成都郊区"五老八贤"参与治理的经验，吸引人口流入与回流。

加强对社会组织的引导和培育，激发各类社会组织的活力，探索社会组织在县域治理中的积极作用。充分吸引企业、第三方机构等社会力量参与县域治理。培育城乡社区和基层自治组织适度的经济发展和资源积累能力，增强基础活力和部分公共服务自给能力，分担县、乡政府的公共服务责任。

结合地方的自治传统和文化习俗，探索通过新时期的乡规民约、志愿劝导、活动教化等方式规范和约束村民行为，促进乡村社会文明与环境品质建设。

专栏 7-5　县域治理的安乡探索：新时期的"乡规民约"

乡规民约是历史上村民自我管理的优秀传统。新时代对乡规民约进行创新运用，有利于实现群众的自觉行动，在依法治国的法律框架下，赋予乡规民约新的形式和内涵，形成居民共同约定的规矩。安乡县新乡规民约的建立遵循以下步骤：

一是成立农民理事会，由村里热心公益、有群众威望的人作会长，由一名村干部担任副会长。

二是由会长牵头，结合村里的实际，广泛征求群众意见后，拟定初稿。乡规民约以简短易记、重点突出为宜。

三是提交村民代表大会讨论，形成征求意见稿，征求村民意见。

四是召开全体村民会议，投票表决，征求意见稿。若有2/3以上的村民同意，则形成了有效的乡规民约，否则需要修改后继续征求意见。乡规民约来自群众，农民理事会作为公益性群团组织，必须督促村民自觉遵守约定，基层党员干部也要模范遵守，引导和培育文明村风。

安乡县践行乡规民约建设以来，县域乡村环境品质、社会文明等方面均收到了较好效果，居民在县域治理中的积极性与主动性不断提高，形成了良好的社会治理环境。

四、关注人口流出县（市）治理，实现均衡、公平发展

人口城镇化大趋势下，部分县（市）域乡村地区的人口外流不可避免，而人口流出将带来一系列社会、经济、建设问题，此类地区的治理应予以重点关注。

> **专栏 7-6　日本、韩国面向人口流出地区的治理模式探索**
>
> 日韩两国城镇化历程与我国有相似社会文化背景，通过推行治理政策与措施，在一定程度上提升了村镇地区的吸引力，缓解了人口外流。
>
> **韩国振兴策略**
>
> 韩国农业协同组合推动农业与农村的现代化；政府主导，强化教育培训，提高农民素质及村干部治理水平；中央设立农村振兴厅，道（省）设立农村振兴院，市县设立农业技术中心；建立"村—企"及"村—校"合作制度，强化城市反哺作用；以企业帮助乡村改善农产品流通、销售渠道，以大学帮助乡村培养专业化农业人才等。
>
> **日本政策措施**
>
> 1970 年制定的《过疏地域振兴特别措施法》（2000 年修订）提出促进农业现代化、休闲观光业等发展；强化基础设施支撑，强化与城镇的联系；整备村镇环境，增强宜居性等措施，推动了城乡交流密切化与农村环境优化。
>
> 1971 年，通过《农村地域工业导入促进法》将工业、物流业、贸易业等导入乡村，促进农业结构改善。在一定程度上缓解了大城市病，也带动了农业机械化及乡村产业结构升级。
>
> 1969 年通过全国综合开发计划，以地方中心城市的广域生活圈构想，根据迁移诱因及结果按照三种类型，重新梳理村镇居民点体系。
>
> （资料来源：李兵弟. 部分国家和地区村镇（乡村）建设法律制度比较研究[M]，中国建筑工业出版社，2010.）

面向人口流出地区的治理，应强调因地施策，以全县（市）域整体现代化水平的提升为核心目标，基于资源环境及地域差异，尊重城镇化与人口流动的客观规律，振兴部分村镇，撤并部分村镇，使城乡在城镇化进程中实现稳定、协调、共生和可持续的关系。

对于有一定资源基础和区位优势的地区，应探索促进产业与服务的集聚，实现县（市）振兴。基于资源特色，推动农业现代化，发展特色产业、传统手工业等，吸引人口集聚或回流；适度推动农地流转，实现规模经营；基于区位优势，有选择性地导入制造业，集聚人口；提升公共服务品质，吸引人口定居。强调城市对乡村的反哺，尤其是教育培训、人才支持方面，实现可持续的造血机制。

对于资源环境较差、人口密度低、发展动力不足的边远地区，在保障国家边防安全的基础上，适度采取迁并的方式，整合村镇居民点，保障公共服务效率；推动村庄建设用地退出，恢复生态农业空间。

第五节　推动一、二、三产融合，促进县域经济高质量发展

一、县（市）域是推进一、二、三产融合发展的主战场

县（市）级政府应该把经济与产业的发展集中到一、二、三产业联动发展、协同发展、融合发展上，以充分利用自身资源禀赋和生态环境承载力，以二产发展带动一产升级，促进农业稳定、农民增收与就业多元化，以三产服务一产升级和农村生活质量提高。

县域经济是扩大内需增长的潜在市场，是加快转变方式、优化经济结构、推进一、二、三产融合发展的主战场。县（市）政府应该以市场为导向，依据自身资源禀赋和生态环境承载力，着力优化产业结构，培育优势产业，促进产业转型与融合。

加快县域产业从要素驱动、投资驱动向创新驱动转型。工业发展不再是县域经济的唯一动力，应支持县域技术创新、业态创新、商业模式创新等多元创新发展，重点围绕农业的产业化、工业化和信息化深度融合需要，推动一、二、三产业融合发展。要将绿色发展作为引领非农产业发展转型的主要力量。利用去产能和环保监管强化的倒逼机制，转变的产业结构和增长方式，促进发展方式从粗放转向质量与集约增长。

县（市）政府应以保障农业发展为基本职能，推进农业供给侧结构性改革，加快农业技术创新，加强农业生产性服务供给。加快发展县（市）域服务业，特别要充分利用物联网、互联网，挖掘县（市）域信息消费、文化消费、生活消费服务业潜力，切实发挥现代服务经济对县域经济增长的拉动作用。

二、实现五化同步，做好产业基础

应从全县（市）域的角度，规划城乡一体化空间布局、产业布局和人口布局，统筹考虑产业、居住、文化、休闲、生态等功能；根据产业基础和人口城乡分布特点，加大对城乡路、水、电、讯、网等基础设施的建设力度；加快实现城乡一体的社会保障体系，完善教育、医疗、养老、就业等服务水平，吸引更多的企业和农村人口向县城和小城镇聚集，大力构建以新型城镇化、新型工业化、现代农业和现代服务业的多元化产业发展新格局。推进一、二、三产业和信息化的深度融合，实现资源的高度集聚和高效利用。要有重点地建设好新型工业园区、现代农业园区，培育发展一批特色产业和骨干企业，提高产业聚集力和企业竞争力。要加强区域经济合作与交流，培育发展具有地方特色和

品牌优势的产业、企业和产品，不断加深县域经济在区域产业分工体系中的参与程度。

三、促进中西部县域经济转向新型工业化和特色化

中西部县域经济的实力差距主要体现在工业发展的差距上。因此，只有工业的跨越式发展，才能从根本上促进中西部县（市）的追赶步伐；而要使中西部县（市）的后发劣势变为后发优势，根本的措施就是积极大力推进新型工业化。

坚持以开放为突破口，积极招商引资，内引外联，以此弥补县域资源、技术、资金不足，为新型工业化发展开创空间。把县域土地、劳动力、资源及环境等优势，转化成招商引资、城市建设和促进民营经济发展的优势，承接大中城市或其他发达地区劳动密集型、资源综合利用型、配套协作型产业的梯度转移，为新型工业化开辟道路。

尽快建立科学的县域经济发展规划体系。县域决策层要在充分、科学分析基础上，建立县域经济发展综合规划和专题规划，突出搞好县及中心镇社会经济发展的工业园区规划，将新型工业化和城镇化结合，提高县域工业集聚水平。采取多种方式，积极引导县域中小型企业加入大企业集团和优势企业的产业分工协作体系，围绕其主导产品生产配套零部件，加工品牌产品，扩大市场占有率。

实施产品链延伸的集群战略，强化企业间的分工与合作，实现具备竞争优势的转型。切实加强政府对农业产业化发展的宏观指导，抓好龙头企业和基地的建设，完善农业产业化组织的内部利益机制，建设高效的社会化服务体系。

发展特色产业。建立"一县一色、一乡一业、一村一品"的特色经济体系，将乡镇工业同发展农业产业化经营及培育县域特色产业紧密结合起来，培育规模经济，壮大新型工业化的县域基础。

四、加快推进都市圈内的县（市）域经济转型

在区域一体化和都市圈经济兴起的背景下，县域可利用区域内高度集聚的要素资源，并借助外力推动自身发展。首先，应进一步明确县域经济在都市圈经济中的分工与合作，县域产业的战略定位要以产业结构调整为重点，大力接收中心城市的带动和辐射，积极融入都市经济圈。其次，要进一步加快县域城市化进程，重点引导县域人口和二、三产业向县城、中心镇集聚，并以此为突破口，加快推进县域经济进入不同层面的圈层结构，促进与周边县市特别是中心城市的融合发展。最后，要统筹城乡资源配置，充分发挥市场机制的基础性作用，建立和完善

要素配置的路径和机制,最终使得各类要素资源能在都市圈之间、城市之间以及城乡之间自由流动。

位于都市近郊且实力较强的县域,主动承接大城市的辐射和转移,积极主动融入大都市经济圈。首先,在都市圈内部建立和完善大中小城市和农村地区的分工协作关系。依托发达的基础设施网络(尤其是轨道交通体系),不断增强关联性和互动性,形成一个大中小城市分工有序、紧密协作的大都市经济区。例如杭州都市圈周围的富阳、临安、德清、海宁等县(市),积极利用近年来杭州市的劳动密集型企业、重工业企业转移和扩散的机遇,吸纳具有比较优势的产业进驻。同时利用杭州高等院校搬迁的机遇,吸引这些学校入驻,加强与大院、大所的产学研合作,积极融入大杭州都市经济圈。

都市圈交界地带且实力较强的县域,应培育区域次中心城市和卫星城。要按照合理分工的原则,充分发挥自身优势,将现有的主导产业做大做强,不断壮大县域经济实力。同时,也要注意研究中心经济发展的新特点、新变化,把一些大都市因受发展空间、生产成本和环境保护等因素限制的无法做的产业和项目吸引过来,迅速壮大这些产业和项目的规模,提升县域经济竞争力。最终,促进其向未来大都市圈的区域次中心城市或重要的卫星城方向发展。

都市圈外围欠发达地区,要大力发展绿色经济和生态经济。一方面,立足县情实际,因地制宜制定发展战略,切合自身实际做好培育发展绿色经济、生态经济的文章,围绕种养加工、观光旅游、休闲娱乐等领域兴办一批生态产业项目。要利用其丰富的农业资源,形成与之相关的农产品加工环节和产业链,并通过政府引导形成上规模的产业集群。另一方面,还需要通过特别的财政转移支付生态补偿机制、要素的自由流动和人口转移等途径,提高其经济发展水平,最终实现经济社会可持续发展。

第六节 提升公共服务水平,培育县(市)域人力资本

县(市)级政府应积极推进县(市)域公共服务发展,国家和省级政府要着力帮助县(市)域政府推进公共服务的供给侧改革,尤其要加快推进义务教育资源均衡发展并提高其水平,加快医药卫生服务和保障体系建设,以公共服务为抓手,推动县城发展和县(市)域城镇化质量提升;加快构建覆盖城乡居民的社会保障体系,健全社会救助体系,创新社会养老服务体系;要建立多渠道投融资机制,吸引社会资金,鼓励社会和民办机构参与社会服务建设。

一、全面提升公共服务品质,增强人口吸引力

城乡公共服务设施与基础设施布局对引导人口合理布局至关重要,也是改善民生的重要举措。优质的公共服务与基础设施是促进城镇化发展的重要推动力,也是政府治理的重要着力点。县(市)的公共服务体现了国家各级政府的服务水平和治理能力,是国家供给侧改革的重要领域。

完善基本公共服务供给,推动就地城镇化与人口回流。随着农民收入提高,多元化生活需求增长,通过提高县城和重点小城镇的公共服务与基础设施质量,以优质的公共服务、人居环境吸引农村转移人口集聚与流出人口回流,将成为推动县(市)就地、就近城镇化的重要动力。重点优化县(市)域基础教育①设施布局,进一步提高校舍建设、师资配备、设备装备和经费保障。加强县(市)域医疗卫生服务与养老服务体系建设,"县—镇—村"三级均要合理布局公益性医疗卫生机构和养老服务设施。

专栏7-7 公共服务设施推动县城发展与县域城镇化的实践

1. 怀集实践:高品质商业服务设施推动县域城镇化

肇庆市怀集县冷坑镇,由镇政府主导推动镇区市场改建成镇区商业综合体——泰源购物中心。极大地改善了购物环境,提高了镇级商业配套的服务质量,顺应了不断升级的镇级居民消费水平,也通过服务设施带动了村镇城镇化,提高了欠发达城镇化的质量。

2. 大埔实践:崇文重教下教育资源推动县域城镇化

怀集县冷坑镇泰源购物中心

大埔县城地处边缘山区,其所在地盆地仅16km²,可建设用地极为有限,不具备建设大中型工业园区等条件,其工业工地占比仅为4.3%,难以工业为驱,发展传统城镇化的路径。但由于大埔自古崇文重教,对子女教育很为重视,县城的教育资源不断集聚,成为城镇化主要动力。

同时,对学位的需求刺激了当地房地产发展,县城购房成为满足子女教育需求的重要手段。近年来,大埔房价快速上涨,至2012年,均价已经达到3000元左右,远超出县城本地居民工资水平。

---

① 包括幼儿园、小学、初中及高中。

大埔县城现状建设用地及平衡表

用地代码	用地名称	用地面积（hm²）	占城市建设用地比例（%）
R	居住用地	253.93	53
A	公共管理与公共服务设施用地	77.76	16.2
B	商业服务业设施用地	23.44	4.9
G	绿地与广场用地	44.51	9.3
M	工业用地	20.52	4.3
S	道路与交通设施用地	43.99	
	其中：城市道路用地	36.15	9.2
U	公用设施用地	13.00	2.7
W	物流仓储用地	1.96	0.4
H11	城市建设用地	479.13	100

创新公共服务供给类型，吸引年轻人与高素质人口集聚。提供适应年轻人需求的品质化公共服务，吸引高素质人口集聚，培育持续发展动力。高校毕业生已成为城镇新增就业的主体人群，应进一步提升县域内重点城镇的公共服务品质，提供适应年轻人、高素质人群需求的高品质、特色化服务设施，包括各类交流性公共空间、特色消费空间、优质教育培训设施等，以吸引年轻人，留住年轻人，培育县（市）域发展的持续活力。

重视乡村公共服务，建构城乡一体的公共服务与基础设施供给体系。以完善的公共服务辐射广大农村地区，是推动城乡融合和农村现代化的重要着力点。广大农村地区受制于规模门槛与人口密度，在提升公共服务的多样性与品质上难度较大，需要以县域城镇为重要载体，基于生活圈与服务半径，将多元化与高品质的公共服务覆盖全域，使全域乡村居民享受现代城市文明成果，实现乡村现代化发展。

实行城乡能源、交通、通信、水利、流通、环保、防灾等基础设施统一布局和建设。城市间的基础设施衔接，要尽可能统筹考虑农村需要；积极推进城市供水、燃气、供热、污水和垃圾处理向周边村镇延伸，形成城乡一体的基础设施体系。统筹布局污水处理厂、垃圾处理厂等环境设施，做好污染防治，避免干扰和污染农村环境。因地制宜确定镇村污水收集和垃圾处理方式。

二、着力提升教育水平，提高人口素质

推动义务教育均衡发展，实现城乡教育均等化。全面深化教育改革，推进大中城市与县（市）域义务基础教育均衡发展。首先，加强制度设计，持续着

力以县（市）域为重点抓手的城乡教育资源均衡配置；其次，统筹城乡师资配置，提升教育质量，通过建立创新管理模式，加快义务教育教师队伍轮岗交流和教师培训，探索退休教师进乡村讲学等方式，利用信息技术共享优质资源，实行教职工编制城乡、区域统筹和动态管理，盘活编制存量，弥补县（市）域师资力量与教学水平的不足，实现城乡教育均等化；最后，在保障教育质量的基础上，增加投资新建、改扩建城镇中小学，着力真正解决中小学，尤其是高中的"大班额"问题。

> **专栏 7-8 义务教育均衡发展的"山东版本"**
>
> 2017年山东有43个县（市、区）义务教育全部通过"国检"，并提请国务院教育督导委员会认定公布。山东省137个县（市、区）历经5年努力即将全部通过国家评估认定，其通过国家认定的总县数位居全国第一。
>
> **经验1：政府统筹推进。** 出台了《山东省中长期教育改革和发展规划纲要（2011—2020年）》《关于推进县域义务教育均衡发展的意见》等一系列政策文件，将教育均衡发展纳入考核指标。
>
> **经验2：区域办学一体化。** 在政策引领下，各级政府把公共教育资金用于所有学校办学条件的改善上，并使区域范围内所属各学校都具备相同的办学条件。
>
> **经验3：弥补教育短板。** 2014年启动改善贫困地区义务教育学校办学条件的"全面改薄"。工程覆盖全省15个市111个县（市、区）的9765所学校，惠及460多万名农村中小学生。
>
> **经验4：优化师资配置。** 2015年起在全省整体推进"县管校聘"管理改革。2016年起，省财政安排专项资金，实施免费师范生培养计划，计划3年培养1万名免费师范生，充实乡村教师队伍。
>
> （资料来源：山东教育社. 义务教育均衡发展的"山东版本"[Z/OL]. http://www.sdjys.org/index.php/news/view/id/25564.html. 2017-11-20/2015-07-09.）

提升基础教育层次，尽快实施高中教育全面普及。在义务教育的基础上，全面加快实施拓展高中阶段教育的全覆盖面与质量提高，提升我国人力资本整体水平。继续扩大县（市）域高中教育的覆盖范围，尤其是面向乡村地区的教育普及，县（市）域优质高中招生名额分配比例必须连年提高，尽快普及，并充分向农村初中倾斜。同时，在有条件的地区，试点探索高中阶段的"免费教育"，全面提升县域教育水平。目前，全国不少地区都在探索高中教育免费的做法。县域经济发展较快的陕西吴起县，自2007年开始实施15年免费教育。2008年,唐山市免除了公办普通高中公助在校生的基本学费,10.6万名高中学生受益。西藏的高中阶段教育也免除了学费、住宿费、教科书费和杂费等费用。

> **专栏7-9 部分县(市)探索高中阶段免费教育**
>
> 青少年在15~18岁时,是人生观、世界观逐步形成的时期。以往的义务教育只进行到初中毕业,而没有覆盖青少年形成人生观、世界观的最重要时期。这是导致青少年道德水准下降、犯罪率提高、思想混乱的重要原因。因此,进行"9+3"义务教育试点不仅是要进一步提高受教育者的文化素质和技能,更重要的是在青少年成长的关键时期加强了道德、理想和信念教育。
>
> 现在,全国一些地方陆续探索"免费教育",延长初中后义务教育年限成为突破口。而对于高中阶段教育中占半壁江山的中职教育,国家已经开始采取措施,将逐步将其变为免费教育。
>
> 例如,国家级贫困县陕西宁陕县从2008年起逐步推行从学前到高中的15年免费教育,2008年实现免费职业教育,2009年实现免费高中教育,2011年实现免费学前教育。据悉,为集中财力办教育,宁陕采取了精简会议、启用电子文件、压缩行政经费等一系列节俭措施。时任宁陕县县长邹成燕表示,地方穷,并不代表就应减少对教育的投入,关键在于有没有想办法。
>
> (资料来源:人民网."穷县办富教育"引叫好声一片 "免费高中"有多远;中国教育在线,陕西宁陕15年免费教育调查)

建立完善职业与成人教育体系,支撑县(市)域产业转型升级。探索与现代农业、工业企业紧密结合的职业教育与成人教育体系。探索构建以县(市)级职业教育中心为核心、乡镇文化技术学校为基础的县域职业成人教育培训网络,提升农村职业教育和成人教育基础能力,为县域经济社会发展、产业发展提供人力支撑。

县(市)域的职业与成人教育体系,既要强调面向新经济、新业态,培养新型技能人才,促进新动能发展和产业升级,带动扩大就业和脱贫攻坚;更要吸引年轻人务农,培育高素质的职业农民,为农业现代化和农业持续健康发展提供坚实的人力基础和保障。

同时,县(市)政府应积极开展务工返乡创业系统服务,提升创业与再就业环境,为返乡人员提供就业便利。可以通过建立专业服务平台、设立孵化机制、劳动力备案、针对性的创业培训等方式达成。

专栏 7-10　玉屏县引导在外人员返乡创业就业案例

以玉屏县为例，2014年落实《中共铜仁市委雁归工程实施方案》，以不断引导和扶持玉屏籍在外人员返玉屏创业、就业。首先，建构雁归工程服务体系，设立各个乡镇的雁归工程服务机构；其次，建立雁归工程数据库，实行动态管理，充分了解就业需求、培训和创业意愿；最后，建立创业项目数据库，帮助创业项目网络推介。2014~2017年，全县建成创业孵化园和创业园各1个，每年新增创业、就业"雁归人员"3600人以上，新增创办各类企业和个体工商户350户以上；每年新增返玉屏创业、就业的各类专业技术人才、企业经营管理人才和技能人才150人以上，其中高层次人才达到15人以上[①]。

三、因地制宜，明晰责任，优化公共服务供给方式

根据地域特征，差异化配置公共服务。县（市）政府需要统筹的公共服务设施包括教育、医疗、文体、商业、社区服务、行政管理、金融邮电、市政公用、生产服务九大类。要实现县（市）公共服务均等化，保障服务便利性，保持服务提供的经济性，就需要从空间资源的配置和统筹安排着手，以规划为引导，形成适应不同县（市）类别、地域特征的差异化公共资源配置模式。

充分考虑城乡人口密度、自然资源禀赋、经济发展水平，以及城乡聚落布局特征和未来格局，因地制宜选择集聚、均衡、分散的公共服务布局方式，避免一刀切。例如，在人口密度高、交通可达性较好的县（市），公共服务设施宜采用均衡布局；在人口密度高的山地丘陵地区，宜采用以县城和重点镇为核心的集聚型布局；经济较发达的县（市），公共服务要由"均等化"向"均好化"发展；对于经济欠发达的县（市），集中提升县城公共服务水平，有利于吸引人口向县城集聚，带动县（市）域发展。

应将县（市）域总人口（包含流入的农村转移人口）作为城乡公共服务设施总量和布局安排的依据，保障城乡居民享用公共服务的权利。建议各省颁布本省城乡公共服务配置标准，统一城乡教育和医疗两项基本公共服务设施配置标准。

专栏 7-11　适应地区发展特征的差异化公共服务改善模式

1. 贵州经验：山地地区根据城镇密度和人口规模来分类配置

贵州针对全省地形破碎、人口和城镇分布空间差异性显著的特点，改变传统逐级配置，实现有限供给下的资源合理配置，分类指引。

---

① 钟君，刘志昌，吴正杲. 中国城市基本公共服务力评价（2016）[M]. 社会科学文献出版社，2016.

由于城镇密度不足和人口高度分散,在县城覆盖不到的地区增加供给。同时,多乡镇联合供给,适度集中以兼顾设施效率和服务质量。

2. 宁夏经验:地广人稀地区,以基本生活圈为载体配置公服设施

由于宁夏地广人稀,以县城为单位不能满足基本公共服务均等化要求;以镇为基本单元,受地方经济发展水平的影响,存在不经济现象。

因此,宁夏结合城镇空间格局和人口分布特征,打破行政边界的限制,在一种介于县级和镇级中间的层级,以基本生活圈为载体,配置公共服务设施。

3. 安徽经验:平原地区,乡村实行更细分的公共服务配置层级

在充分考虑交通条件、人口支撑和地方经济发展水平的情况下,乡村地区形成以镇为综合公共服务中心、以中心村(新型社区)为基本服务单元的相对均衡的乡村空间布局模式。其中镇服务半径6km,中心村服务半径2km。乡村地区按照中心镇—一般镇—中心村—自然村四个等级配置不同标准的服务设施。

明确职责,建立权责清单,保障公共服务供给。公共服务均等化的持续推进有赖于政府部门的有力监控与保障。县(市)政府部门可以通过建立公共服务权责清单,推动公共服务均等化实施与建设。服务权责清单不仅可以明确政府部门自身单位的职责定位,也可以加强内部管理、落实绩效考核,从而进一步提升公共服务质量,同时还为城乡居民的知情权与监督权提供了更有力的保障。

> **专栏7-12 宁海县权责清单**
>
> 以宁海县为例,当地政府于2014年先后出台权责清单。据统计,宁海全县提供基层一线、教育、卫生及农林牧水及社会保障服务类较多。其推行的服务清单梳理了当地公共服务体系,提高了自身服务效率,动态化实时监管事务进展,真正惠及当地居民。
>
> 宁海县事业单位公共服务清单概况表
>
> | 序号 | 事业单位分类 | 单位数量(家) | 服务清单数量(项) |
> |---|---|---|---|
> | 1 | 基层一线 | 78 | 525 |
> | 2 | 教育 | 129 | 510 |
> | 3 | 卫生计生 | 24 | 107 |
> | 4 | 农林牧水 | 34 | 81 |

续表

序号	事业单位分类	单位数量（家）	服务清单数量（项）
5	社会保障与福利	20	70
6	房地产服务城市公用	15	55
7	其他	15	43
8	文化	10	40
9	信息咨询	8	19
10	标准计量、技术监管、质量检测	3	9
11	规划设计与勘测设计	3	9
12	经济监督事物	3	8
13	环境保护	1	6
14	交通	5	6
15	物资仓储、供销	1	6
16	体育	1	3
	总计	350	1497

（资料来源：钟君，刘志昌，吴正果．中国城市基本公共服务力评价（2016）[M]．社会科学文献出版社，2016．）

保障政府投入，探索多元主体供给模式。划分政府与市场的合理边界，探索多元供给模式。继续强化保障政府投入与转移支付，支持县（市）域基本公共服务的完善与提升。探索由国家或省设立公共服务专项资金，以教育、医疗、交通、信息网络等为重点方向，保障基本公共服务均等化。推进公共服务设施市场化改革，打破县（市）政府垄断，使市场主体和社会力量参与到县域公共服务供给机制中，提高公共服务供给的效率，实现资源的有效配置。积极推进县域公共服务的社会化，将原来由政府承担的部分公共服务职能转移给非政府组织、私人部门和社区。通过政府购买服务，吸引社会资金的参与，探索发挥多元主体的参与模式，以提高公共服务的质量与效益，补充县（市）域政府供给能力不足。

第七节　加强乡土文化保护，传承地域特色风貌

在县（市）域城镇化建设中，要以创建地域文化保护与传承机制为根本，以满足人们精神文化需求为出发点，以建设鲜明地域特色的乡村为载体，立足历史文化的文化本位，发挥乡村文化资源保护开发对县（市）域社会经济、可持续发

展的促进作用。县（市）政府县（市）政府要重视精神文明和文化建设，推动文化场所建设和物质文化展示，提升城乡居民的文化自信与文化修养。同时充分整合文化资源与产业发展，培育特色手工业、文化旅游业等县域发展新动力。要着力保护传统风貌特色和历史文化遗产，强化对县域非物质文化的保护、传承与利用，将历史文化保护与文化产业发展结合起来，促使历史文化资源成为提升城市品质、培育创新经济的积极因素。

一、明确政府的文化保护责任，加强制度与模式研究

明确政府在历史文化保护上的责任。明确县（市）级政府的历史文化保护责任，建立县域历史文化（整体）保护的体制机制，落实历史文化遗产保护的责任主体。对历史文化保护的要求不能局限在国家各类名录。首先，应开展基层文化遗产普查，充分掌握县域内文化遗产、优秀建筑、特色风貌地区的翔实信息；其次，要建立历史文化保护的规划与管理制度，对各类保护对象要编制保护规划，确定保护范围和保护要求；第三，要强化问责机制，严禁拆真建假、拆旧建新等建设性破坏行为；最后，要建立宣传教育机制，让城乡居民认识文化遗产的价值，培育历史文化保护共识。

探索文化保护与特色发展、乡村振兴相结合的模式，将文化遗产资源丰富、分布密集的聚落作为整体保护，结合旅游发展、人居环境改善与基础设施建设，实现文化保护的多元价值，让村民享受文化保护的好处。

因地制宜制定历史文化与风貌规划。选取传统风貌保存比较好的县城、乡镇、村落，制定保护与发展规划，根据实际情况确定保护与建设的关系。对于正在变化中的县城、乡镇、村落，应注重其历时性的体现，不应拆新建老、涂脂抹粉，而应处理好建筑与环境、新老建筑之间的关系。对于已经改建、新建的城镇、乡村聚落，要尊重其建设现实条件，优化城市与山水自然关系，优化空间尺度。

专栏7-13　江苏省推进美丽乡村建设的经验

2011年江苏省启动"美好城乡建设行动"，2014年整合村庄规划建设示范与美丽乡村建设试点，开展美丽乡村建设示范，并逐年扩大示范试点范围，建设了一批美丽乡村示范项目。

总结下来，江苏省村庄环境整治改善有四个特点，即普惠性、务实性、乡土性和前瞻性。乡土性中，把乡村归为五种类型：古村保护性、自然生态型、人文特色型、现代社区型和整治改善性，对五种类型的村庄分别施策。前瞻性中，江苏强调以镇村布局规划为引领，实施分类整治、渐进改善，一般自然村只要求达

到环境整洁村标准，规划布点村庄则要求在整治的同时，提高公共服务水平，吸引农民资源集中居住，建设康居乡村。

苏州市东山镇陆巷村（左、中）和徐州伊庄镇倪园村（右）美丽乡村建设前后比较

二、培育民间乡土文化传承共识，激发本土建造能力

以社会民间力量作为乡土文化传承主体。要激励村民集体与个体、社会组织和公益机构参与乡土文化传承和文化传统保护。通过文化教育与宣传，建立乡村文化协会、乡村建设协会，让村民切实加入到乡村文化传承和传统文化保护中来。

引导自下而上的创造性保护与利用方式。鼓励盘活有历史文化价值的存量资产，依托老村、老宅发展农家乐和休闲旅游等经营活动，使文化遗产服务于乡村的特色发展。

传承发扬本土建造，传承文化，激发活力。乡村建设要逐渐摆脱标准化、城市化的营建模式，鼓励动员社会组织、公益机构、志愿人士和设计师下乡，探索传承历史文化，体现本土特色，适应现代生活的乡村建筑样式；鼓励一家一户的农房设计与营造，形成有个性、有传承又协调的村庄风貌；鼓励利用本地材料，并提升其物理性能和结构性能，发展适合新乡土建筑的乡村绿色建材与技术体系。县（市）政府应当对集镇和乡村的风貌建设给予技术支持和指导，基于聚落资源、环境、区位、功能，引导居民创造风貌特色，避免盲目照抄大城市或形成千篇一律的新农村建设，塑造乡镇聚落风貌的个性特色。

县（市）政府应培养当地的施工队，传承当地的工法，使用当地材料和技术，既可以保护传统，又能够创造本地就业和活力，传承传统工匠精神。

专栏 7-14　喀什老城改造案例

在喀什老城区抗震改造中，当地政府在试点地区试行了原有每户宅基地维持不变的就地改造模式，实行了每家每户一对一设计，设计人员与每户居民面对面共商房屋改造方案。这一方法有效保护了街巷原有尺度和肌理,并鼓励居民自己拆房,把原来的门窗、梁柱等用在新居上,既保留老街区的风貌,还减轻居民的压力。政府再统一把所有房屋外墙用新材料刷成老城千百年来保持不变的土色,将老城的"土气"传承下来。改造后的老城依然保留着古老喀什的民族风情。老城庭院式的古朴民居、热闹的巴扎、淳朴的手艺人、每一条街巷,都在尽量还原喀什生活本来面貌,兼具民族特色与现代元素。

这一方法后来被玉树地震灾后重建所借鉴,并以此方法化解了灾后重建的诸多矛盾。

改造前的喀什老城区阿图什巷

改造后的喀什老城区阿图什巷

三、提倡尊重自然、传承文化的规划设计

充分尊重自然山水特征。聚落规划与建筑设计要尊重地域的气候和场地自然特征,挖掘城乡独特的自然资源所能形成的空间特色。如乡村的河、湖、塘等自然要素不仅具有景观作用,而且更重要的是水系的生态功能,乡村规划设计要有意识地保存乡村生活环境与水的相互依存关系。

在地形地貌处理上,应特别注意控制乡村建筑高度和人性化尺度,要尽量减少对自然地形的改造,特定的地形地貌本身就是一种自然风景资源。传统中国传统民居应对地形复杂多样,顺应地形地势,因山借水,化不利为有利,既节省了人力、物力,又保护了自然山水的优秀传统。

人文精神的传承与创新。遗存建筑是人文继承的重要物质载体,亦是创新之源。既要保护好建筑遗产,维护好传统聚落和谐统一的地域建筑特色,也要对地域特色进行当代诠释。在设计中抽取传统空间组合的精髓,以现代建筑语言表达乡村建筑文化精神,从意境的层次传达文化内涵。

传统与现代建筑技术的融合。要发展多种适应性建筑技术,一方面应包括传统技术,即保护继承传统工艺,局部再现传统工艺之精美;另一方面应充分利用现代技术,大力开发现代绿色建造技术,提高材料和构造性能,提升建筑质量和物理环境质量。

四、加强地域民俗文化保护和传承

做好民间文化遗产的普查、搜集、整理、编印和研究,并归类建档、妥善保存和展示。重点抓好民俗文化的静态保护、活态传承。通过展示传统生产工具、生活用具、民族服饰、乐器、手工艺品,保存民族和乡土记忆。鼓励、引导村民将民族与地方语言、歌舞、生产技术和工艺、节日庆典、婚丧习俗融入日常生活,活态展示民风、民俗,传承民族和乡土记忆。

重视发现、培养乡土文化能人、民间文化传承人,特别是非物质文化遗产代表性传承人;鼓励民族文化进校园、进课堂;鼓励少数民族、地方文化工作者和社会各界人士参与村屯文化建设和群众文化活动。推动民俗文化产品开发,通过市场推动文化传承。发挥传统村规民约在传承民俗文化中的作用,提高村民的文化保护自觉性。

重点加强集中体现民族特色、地方特色的标志性公共建筑,如村门、戏台、楼阁、凉亭、民俗展示馆、文化广场、文化长廊、园林景观等文化惠民工程,提供充足的民俗公共文化活动空间。

鼓励村民开展对歌、跳民族舞蹈、举办民宿节庆等文化活动,增强乡村旅游的文化特色和吸引力;支持群众创办具有当地特色的文化团体、表演队伍;精心培育根植群众、服务群众的民族地域文化活动载体和文化样式。

第八节 改革财税制度,实现政府责任与权力相匹配

县(市)域城镇化推进和县域经济发展,必须破解县(市)级财政瓶颈,深化改革财政、经济体制、创新探索利用社会资本、金融资本支持城乡发展与建设。要合理划分县(市)政府的事权范围,明确事权与支出责任;保障县(市)基本财力,完善省直管县的财政体制改革;完善地方税制体系,改变税收分享办法,增加县(市)政府税收来源;完善县(市)财政转移支付制度,加大县(市)政府对转移支付资金统筹力度。要充分利用新型财政政策工具,包括利用财政资金注资政府投资基金支持产业发展,创新公共服务领域财政投融资机制,尝试发行社会影响力债券等。要完善财政支持新型农业社会化服务体系建设,支持乡村振兴"三农"发展。

一、实行分级预算，建立分级财政管理体制

实行分级预算。分级预算要求各级预算主体的独立自主性。在明确市场经济政府职能边界的前提下，合理划分各级政府的事责和财权。分级制要克服分税制过分注重收入的弊端，兼顾财政支出与收入两方面，其中重点是财政支出。依据公共产品自身属性、外溢性覆盖面、获取信息难度、供给效率等因素，按照全局利益最大化的激励—相容机制来划分各级政府的事权与责任边界。

减少财政管理层次。大力推进"省管县"的财政体制有利于省级政府直接在财力上有针对性地加大对县域经济发展的支持力度，提高转移支付资金和专项资金的使用效率。

二、扩大财政专项资金统筹使用范围

以项目、科目、部门、政府预算体系、跨年度预算、各类收入、增量与存量、编制与执行等为切入点，有序推进财政资金统筹使用。推动跨年度预算的统筹协调，建立跨年度预算平衡机制。县（市）政府一般公共预算，如出现超收，可用于化解政府债务或补充预算稳定调节基金；如出现短收，可通过调入预算稳定调节基金或其他预算资金、削减支出等方式予以弥补。

加大专项资金的统筹使用。对上级政府下达的专项转移支付资金，县（市）政府可在不改变资金用途的前提下，发挥贴近基层的优势，按程序报批后，将支持方向相同、扶持领域相关的专项转移支付资金整合使用。

做好财政存量资金的统筹使用。县（市）一般公共预算和部门预算的结余资金、连续两年未用完的结转资金，一律由县（市）财政清理收回统筹安排使用。推进预算稳定调节基金的统筹使用，合理控制预算稳定调节基金规模。建立健全财政存量资金与预算安排统筹结合的机制，对上年末财政存量资金规模较大的县，适当压缩下年财政预算安排规模。

加大政府债务资金的统筹使用。加大存量债务资金和新增债务资金的统筹使用力度。县（市）举借的债务，只能用于公益性资本支出和适度归还存量债务，不得用于经常性支出。

三、建立支持县（市）域发展的税收政策

进一步完善财税分配体制。完善财税分配体制，适当增加县（市）级税收收入，保障地方政府社会民生服务投入的需求；合理解决县（市）级税收转移问题，大型企业集团税收与税源尽可能保持一致；加快地方税制体系建设，国家制定合

理的地方税收法律和相关政策，稳定地方财政能力。

制定税收优惠政策，促进资源型县转型发展。对县域经济尤其是资源依赖型县应有一定的政策倾斜，制定相应的财税激励政策，促进其经济转型，培育新的税收增长点。在此基础上，运用好信息化技术，加强部门协作，加快推进信息管税进程，促进县（市）级税收收入稳定提升。

完善"以奖代补"激励机制。将中央财政支持与地方工作实绩挂钩，充分调动基层政府的积极性和主动性。在解决县（市）乡财政困难方面应注重帮扶与激励并重，既给予必要的财力支持，又要注重调动县（市）乡积极性和主动性。解决现实困难与建立解困机制并重。重点解决好工资、运转等基本保障问题，通过"以奖代补"，引导县（市）立足于发展增收、减人减支，建立起自我发展、自我保障的机制。

四、充分利用政策工具，发挥社会资本作用

利用财政资金注资政府投资基金支持产业发展。县（市）级政府应当在现有财力基础上，合理配置财政资金，设立政府投资引导基金，支持创新创业、中小企业发展、产业转型升级发展、基础设施和公共服务领域发展。通过政府投资基金的引导和扶持作用，发挥其资金杠杆作用，提高县（市）政府的公共服务质量，并且引导社会资本向县（市）流动和下沉。

创新公共服务领域财政投融资机制。加强县（市）域公共服务领域的投资力度，提升县（市）政府公共服务的财政保障能力。在公共服务领域引入社会资本，实现政府和社会资本合作，增强公共服务领域投资建设和运营能力。积极探索政府向社会力量购买公共服务、PPP模式（公私合作伙伴关系）、特许经营等公共服务领域财政投融资方式等创新工具。

五、鼓励金融机构支持县（市）域城镇化

县（市）域新型城镇化建设要构建功能健全、便捷高效的金融服务体系。金融机构营业网点服务范围向县（市）域城镇化重点地区延伸，在人口集中的中心村、镇设立新的营业网点；扩大农村营业网点业务范围，优化农村金融基层网点布局，支持营业网点的业务升级；大力提高涉农金融机构的支付结算水平，强化结算服务功能，提高资金的使用效率。

加大信贷投入力度，大力支持县域城镇化建设。调整和优化信贷结构，金融机构要扩大专项额度，加大对县域实体经济发展的资金投放。强化基础设施建设的金融支持，并通过金融创新，推动县（市）域城镇化，支持城乡生态化、信息

化发展。改善产业结构优化升级的金融服务，加大对县（市）域城镇化建设中的战略性新兴产业、骨干企业、各种工业园以及产业转移企业的金融支持。

加强对城镇化进程中人口地理空间转移和身份转换的金融支持。从住房的供需两个方面入手，满足新增城镇人口的住房需求，鼓励就近、就地城镇化和农民在城镇购房安置家庭。供给方面，通过扩大保障性住房的贷款规模、降低贷款利率、放宽贷款审批条件及简化贷款审批程序等措施，增加保障性住房的供给。需求方面，对申请房贷的农村社区居民实行差异化贷款政策，在控制风险的前提下降低贷款门槛。

贷款支持乡村居民素质提高和创业。金融机构应相继发放联保或小额担保贷款、农民工创业贷款、贴息扶贫贷款等，支持农村社区的复退军人、返乡农民工、失业和就业困难人员接受职业技能培训，进行其创业和自我就业。

启动农村消费信贷业务。积极为收入稳定的农户开展购车、住房装修和其他消费方面的信贷业务，提高居民生活水平，启动城乡消费市场和农产品流通市场。

第九节　改革土地供给制度，优化土地资源配置

县（市）域城镇化要提升城镇和乡村的基础设施和公共服务设施水平，提高城镇人居环境水平和综合承载力，既要提高土地资源集约利用效率，又必须解决城镇化建设所需的资金、土地缺口问题。解决好"地从哪里来""钱从哪里出""粮食怎么保"这三大问题，确保土地供求平衡、资金需求平衡和土地占补平衡，这就要求改革和优化县（市）域的建设用地、农村耕地制度与管理。

一、善用城镇建设用地资源，提高土地供应质量和价值

土地经营是城市经营的重要组成部分，要充分发挥政府一级土地唯一供应者的优势，全面盘点现有的土地资源规模，协调城镇土地利用与城区扩张速度，确保县（市）域城镇化的土地可持续供应。推进储备土地的多样化前期开发，完善待开发利用土地周边的生态环境、教育文化、医疗卫生、商业服务等配套设施，提升城镇储备土地的开发利用价值。按市场需求合理投放配套完善的"熟地"，科学利用土地资本化机制，解决"地从哪里来""钱从哪里出"的难题。统筹规划城镇建设用地，合理配置工商业用地、居住用地和生态环境用地，实现"三生"用地平衡、人地平衡，"住有所居"，建设生态、宜居、活力、幸福的城镇。

二、改革建设用地配置方式，优化资源配置

优化计划配置，引入市场调节。探索建立新增建设用地指标与农用地数量和质量相挂钩机制。上级政府依据下级政府保有农用地的数量和质量分配新增建设用地指标。农用地数量与质量及不同农用地之间的权重依政策目标与重要性而定。探索构建新增建设用地指标市场机制，可在一定范围内探索将分配的新增建设用地指标有偿转让给其他地区。运用市场机制对新增建设用地配额的初次分配进行调剂和再配置。建议交易主体为县（区）人民政府，交易范围可先在地级市级范围内试点。加快"人、宅、地"系统联动改革。在地方探索的基础上，审慎推动"人、宅、地"系统联动改革机制。在农民自愿的前提下，对宅基地进行复垦并验收通过后，按一定比例发放权利凭证，记载有房权和地权，分别代表权利人享有可交易的房屋权利和土地权利的大小。房权按照交易价格（承兑比例）转换为可兑换的城市保障房面积；地权按照"增减挂钩"原理转换为等面积的城市新增建设用地。权利凭证的卖方是宅基地退出者，买方是经营性的用地主体（企业）或者地方政府、公益性组织等。政府建立公开交易市场，并可以根据复垦成本、最低住房标准等制定最低价格，具体交易价格（房权承兑比例）由市场供需决定。根据农民工进城的主要流向，现阶段可控制在地级市范围内交易。推进集体建设用地流转改革。构建集体建设用地流转机制，审慎进行土地管理法的修改和完善。可以先行试点放开集体经营性建设用地入市，从都市圈外扩展到圈内，从存量扩展到增量；逐渐放开流转范围，修改"兴办乡镇企业和村民建设住宅经依法批准使用本集体经济组织农民集体所有的土地"规定；建立县（市）域内增减挂钩指标交易市场，突破项目区限制，提高存量建设用地配置效率。

推进自主统筹使用城乡建设用地。在条件成熟时，可试点改变国家对新增建设用地指标管理实行的"总量控制、统一分配、层层分解、指令性管理"体制，试验国家通过土地利用规划控制县（市）域未来10~15年的新增建设用地总量，县（市）政府在规划期内探索逐渐放开自主统筹县内新增建设用地指标的使用途径、开发时序、用地结构、空间布局的新模式。其中，使用途径是指根据实际情况，选择自用或者有偿转让用地指标；开发时序是指按照市场需求，自主决定用地开发与供地时序；用地结构是指自主决定用地配置结构；空间布局是指在不占用基本农田等前提下，自主决定用地空间布局。

三、有序流转农村建设用地指标，盘活乡村存量资源

当前，乡村土地平整、厕所建设、污水处理、生态修复、娱乐文化设施普及、传统文化传承、清洁取暖等工程都存在巨大的资金缺口。农村建设用地是城乡建设用地的主要组成部分，激活农村建设用地存量资源，有利于突破城镇化和乡村振兴的土地和资金的瓶颈，为城乡融合提供发展空间和资金支持。要落实农村宅基地管理制度，提升宅基地管理水平，推进空心村综合整治，以获得农村建设用地结余指标。建立城乡统一的建设用地市场，将农村集体经营建设用地结余指标与城乡建设用地同等入市、同权同价，有效流转农村建设用地指标，提升农村建设用地价值，让农村居民在新型城镇化中受益。

四、推进耕地利用改革，保障国家粮食安全

2017年"中央一号文件"明确提出落实农村土地"三权分置"，党的十九大报告进一步提出土地承包经营权延长30年。在县（市）域城镇化进程中，必须改革农村耕地利用模式，在保护基本农田、保障国家粮食安全的前提下，引导和带动农村土地经营权流转，例如，建立政府土地信托公司，为农村耕地信托提供全方位服务。同时，对信托耕地按照产业发展规划进行精准化、规模化治理，提升耕地质量，然后把治理过的耕地租赁给优质农业企业经营，鼓励农业企业以市场为导向发展适度规模生产，提高耕地集约利用率，实现农民、信托公司、农业企业之间的利益融合、多方共赢。农民从信托公司获得土地经营权转让的收入，代表政府的土地信托公司在土地整治中获得新增土地，可以让土地指标在跨区域交易市场进行交易，探索地级市甚至全省城镇化进程中的耕地占补平衡。农业企业通过对信托公司支付土地经营租金，就可以获得优质的耕地资源，降低了农业企业经营的交易成本。

五、创新体制机制，加强土地利用监管

要坚持市场配置和政策调控相结合，提升土地经营能力，激活城乡土地资产，用好城乡建设用地，提升国土资源支撑，保障县（市）域城镇化科学有序推进的能力。着力推进"多规合一"的空间规划改革，对全域进行"城镇、农业、生态"三大空间精准划定，严格恪守城镇开发边界线、永久基本农田红线和生态保护红线，高效配置空间资源，完善土地保护管控机制。推进"三块地"开发利用法制化，实现"一张蓝图干到底"。建立土地交易市场，完善跨市县土地交易机制，强化土地资源的有效供给，为县（市）域城镇化高质量发展提供战略支撑。

第十节 构建空间规划体系，优化县（市）域空间布局

一、建立"国家—省域—市/县"三级空间规划体系

空间规划的核心是国土空间资源与城乡发展的整合与统筹。为了提高空间资源管控效率，除了各专业部门规划的"多规合一"[①]，规划层级的简化也十分必要。在过去空间类的规划管控中，最复杂的是土地利用管控的"国家—省—市—县—镇"五级体系。从提高管控效率和增加县（市）域自主统筹能力角度，建议国家空间规划的管控体系分为"国家—省—地级市区/县（市）"三级，即地级市市辖区与县域（县级市）同一等级，地级市上编制市辖区的空间规划，县（市）空间规划独立编制，由省级政府批准，有利于规划体系与行政体制保持一致性。

市/县空间规划的依据是省级空间规划。省级空间规划在落实国家空间规划的基础上，系统整合土地规划、城乡规划、林业规划、交通规划、水利规划等，对省域空间布局进一步细化。省域空间规划将初步划定"三区三线"，确定三类功能空间（生态、农业、城镇）的边界和规模[②]。

县（市）域空间规划是县（市）实施全域空间资源保护、土地利用和城乡发展的顶层规划，是县城建设规划、城镇村详细规划、村庄规划的依据。建议取消镇总体规划。

二、发挥规划管控作用，统筹保护与发展，城镇与乡村相协调

构建自然保护格局，统筹安排城乡发展空间。县（市）域空间规划的任务是落实国家和省的空间规划要求，主要内容应包括：区域协同发展目标与策略；县（市）域城乡总体空间布局，划定"三区三线"，确定管控策略与实施机制；构建生态安全格局，制定生态空间保护策略；划定综合环境功能分区，确定分区策略；保护耕地，优化农业空间布局，确定保护与发展策略；根据城镇化目标，确定"三区"人口容量、县城人口规模和镇村体系；在三区内确定空间主体功能，推进土地集约利用，合理布局产业发展、城镇建设、资源保障、基础设施（交通、水利、市政）建设、防灾与减灾设施建设等；提出乡村发展策略和分区分类指引。对地

---

① 2018年3月国务院公布机构改革方案，成立"自然资源部"，将原来分散在发改、国土、住建、水利、林业、农业等部门的资源管理和规划管理职权集中到一个部门，实现空间规划在行政管理上的"多规合一"。
② 在省级空间规划试点中，宁夏的空间规划对自治区内所有的市辖区/县域给定了建设用地规模，海南的空间规划则划定了所有县（市）的"三区三线"。

区人口、产业、设施建设提出刚性约束要求。基于县（市）自然资源与生态环境问题，提出自然与生态空间保护和生态修复策略。

划定生态红线和生态控制区。"生态红线"的保护属于绝对意义上的保护，生态红线区内禁止开发建设，加快"生态红线"内的农民搬迁；在国家重点生态功能区和生态敏感的县（市）划定生态控制区，生态控制区内要严格限制产业与开发项目准入，引导乡村及人口外迁。建议国家出台统一的生态红线区搬迁安置补偿标准，根据地区经济情况，向上浮动补偿标准。由于生态敏感脆弱地区农民往往存在就业能力弱、社会适应能力不强等问题，应引导他们在语言文化相近、就业创业机会较多、包容性较强的县城实现城镇化，同时落实就业等后续发展问题。

统筹农业空间中的生产、保护和发展。根据资源保有状况，以及农业地区的农林草地保护、耕地休耕、土壤保护和水土修复计划，测算农牧林业就业人口容量，对农业人口城镇化任务和目标作出合理预测。因地制宜引导农业地区的人口转移，推进县（市）域城镇化。农业劳动投入密度较高强度地区，如特色农产品优势区和设施农业区预留配套的二、三产发展用地和村镇发展建设空间，支持服务农业生产的农村居民点实现就地城镇化和现代化。

划定城镇开发边界，合理布局发展空间，优化城乡聚落体系。全域划定县城、镇和乡的开发边界，规划用地的主导功能。将采矿采石区、独立工矿区、"特色小镇"、集"生产＋加工＋科技"的现代农业产业园纳入城镇开发边界。城镇开发边界内的各项建设必须执行控制性详细规划要求。通过城乡建设用地增减挂钩的"新增建设用地"，必须集中布局在城镇开发边界内，引导集中发展。

城镇开发边界内是城镇化的重点地区，是引导县域人口集聚的核心空间。县（市）合理布局工业园区，是发展经济、吸引劳动力就近就业的重要空间，但必须注意集约发展，提高土地利用开发效益。规范"特色小镇"建设，依托"特色小镇"发展产业和公共服务功能，带动农民就地城镇化。让"特色小镇"达到与县城同等的基础设施和公共服务水平。科学制定现代农业产业园规划，统筹布局生产、加工、物流、研发、服务等功能，提升基础设施和配套服务，鼓励农民创业就业。

三、以人为本、因地制宜，提高空间规划编制的针对性

因地制宜，关注县（市）域发展主要矛盾。应当针对不同类型县（市）域的主要矛盾，编制解决问题、有所侧重的规划。对于经济较发达、人口密度较高的县（市）域，空间规划应从城乡一体、融入区域发展着手，重点解决发展方式粗放、

建设用地过度蔓延、生态破坏、农业空间压缩及生活环境污染等核心问题。对经济欠发达和人口密度较低的县，可以采用"城乡分治"的规划与管理模式，重点解决县城带动能力不强、乡镇服务能力弱、村庄空心化现象严重等核心问题。一方面，通过规划引导和增强县城及重点镇的经济带动能力；另一方面，适当鼓励空心村庄居民集中居住。此外，对于旅游资源禀赋较好的县（市）域，空间规划要突出旅游业发展，增强县域经济发展动力。对于自然灾害频发的县（市）域，聚落安全问题是第一要务，空间规划应当合理布局城镇，控制聚落规模，迁移易受灾害威胁的城乡聚落。

关注人的变化，满足人的需求。在发展转型时期，特别要从人的发展和需求变化为出发点来认识和编制规划，在规划方法上要更加关注因人的变化而产生的社会问题的研究，从经济发展优先转向公共利益优先，从注重人口规模转向注重人口结构、人群分异和不同人群的需求；从只关注城镇居民转向全面关注城市居民、进城务工人员、农村居民及留守人口。并以人的视角进行规划和设计，这不仅是规划方法上的变化，更是转型时期空间规划目标、理念和话语体系的变革。

同时，要把以人为本的理念落实到县域发展的公平、正义和各人群的利益平衡上，通过有效的公众参与，使规划能够满足城镇居民、乡村农民、企业、社会精英、民间组织等各利益主体基本利益诉求，促进县域和谐发展。

第八章 六类县（市）域城镇化发展指引

第一节 都市圈内的县（市）

我国位于都市圈内的县（市）域共有 471 个，地域总面积 89.44 万 km²。2010 年常住人口 2.98 亿人，占全国县（市）域比重 37%，人口密度 655 人/km²，是美国、欧盟城市化地区人口密度指标的 2 倍左右。2014 年 GDP 总量 14.85 万亿，占全国县（市）域比重的 50%。主要集中分布在东部沿江沿海地区，围绕在直辖市、计划单列市和省会城市等 100 个国家和地区中心城市周边。

图 8-1 都市圈内的县的分布

都市圈内县基本概况　　　　　表8-1

	数量	占所有县域比重
县（市）域数（个）	471	25%
面积（km²）	894379	9%

续表

	数量	占所有县域比重
2010年常住人口（万人）	29775	37%
2010年城镇人口（万人）	11909	42%
2014年GDP（亿元）	148469	50%
2010年人口密度（人/km²）	655	

一、特征与发展趋势

1. 县（市）域城镇化进程的主体区域

2000~2010年，我国都市圈内的县承载了全部县（市）域41%的城镇人口增量和50%的经济增量。都市圈内的县（市）大部分为人口高度密集区域，人口密度高于200人/km²的县（市）占很高比例。

2. 就近城镇化和异地城镇化的主要载体

都市圈内的县（市）依托大城市区域的经济产业发展动力，同时带动本地人口城镇化和本区域及远距离外来人口迁入，成为异地城镇化和就地就近城镇化的主要载体。以长三角城市群为例，2010年以后，皖江地区开始出现人口回流，人口的净流出数量下降。2003~2014年，长三角地区流入人口中，跨省流动从76.7%下降到58.4%，县内流动从10.2%上升到21.3%，县外地市内流动从6.7%上升到10.0%，市外省内流动从6.4%上升到10.3%，农村外流人口逐步从跨省流动转为省内流动。

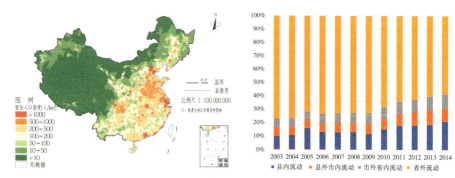

图8-2　2010年（六普）常住人口密度　　图8-3　皖江地区外出人口目的地比重变化

以郑州周边为例，富士康等大型企业的发展带动地区就业增长。富士康科技集团在郑州有三个厂区，分别是郑州航空港厂区（位于新郑市）、中牟县厂区（位于中牟县）、经开区厂区，2011年底入驻员工总数达13万人，带动了郑州周边新郑市、中牟县的人口增长。

3. 发展进入工业化中后期阶段

按照钱纳里的工业化和经济增长阶段判别指标，都市圈的内县（市）整体上已经进入工业化中后期阶段，以长三角和成渝地区为例，除长三角安徽、浙南丘陵地区、四川西部、贵阳南部等部分县（市）域外，大部分都市圈内的县（市）已经进入工业化中后期。

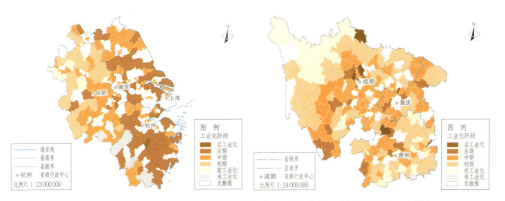

图 8-4 长三角（左）和成渝地区（右）县（市）域工业化发展阶段判断

4. 城乡差别逐渐缩小

随着城镇化水平提高和社会经济发展，都市圈内的县（市）进入城镇化中后期阶段，传统农民和农业已占极低的比例，农业从业人员比重大幅下降。大规模的基础设施建设和财政投入也使得乡村地区的公共服务水平和人居环境品质获得了提升，城乡居民的生活方式、公共服务水平等差距都在逐步缩小。

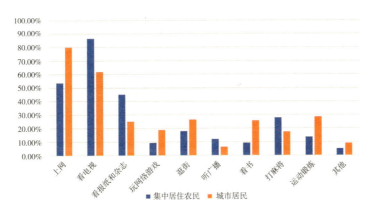

图 8-5 苏南地区城乡居民闲暇生活内容调查对比

（资料来源：范凌云.社会空间视角下苏南乡村城镇化历程与特征分析——以苏州市为例[J]. 城市规划学刊，2015（4）：27-35.）

5. 资源环境面临压力

高速的工业化进程和人口集聚给这类县（市）带来了巨大的资源环境压力，造成了生态空间破碎、环境污染日益加剧等问题。以长三角苏南地区为例，作为全国百强县密集区域，昆山、太仓等县市与周边的上海、苏州等大都市区已经连绵发展。从苏州地区城乡建设遥感图上可以看出，随着城市和产业园区空间的急剧扩张，生态空间被严重压缩并碎片化，同时这一地区的空气、水、土壤污染等环境问题也日益凸显出来。

二、发展策略指引

都市圈内的县（市）未来城镇化发展重点将由提高城镇化水平向提升城镇化质量转变，由外延扩张型向内涵提升型转变。要加快产业结构转型，大力培育以生产性服务业为主体的新兴经济增长点；要不断提高人居环境与公共服务品质，吸引人才集聚，提升综合实力和品质。

1. 承担都市圈外溢功能和人口，培育新生中小城市

要进一步强化产业和人口承载能力，承担中心城市外溢的功能和人口，以推动县（市）域经济社会发展，有助于控制中心城市发展规模，治理中心城市的大城市病。推动发展模式转型，积极提升县（市）城区产业发展水平，保障居住条件，以更好的就业、居住和服务吸引本地农业转移人口就地城镇化、市民化。完善、稳定住房供给市场，为农业转移劳动力家庭提供经济适用、可承受的商品房，缓解中心城市房价过高的问题。

在产业发展、新增建设用地、公共服务设施和基础设施建设等方面探索体制机制创新；推动强县扩权，提高社会治理和城市建设水平；积极建设宜居宜业、充满活力的新生中小城市。注重发展满足都市圈地区新兴消费需求的服务业，如旅游、休闲、养生、保健等产业。发挥在都市圈内独特的优势。

2. 以资源环境容量为前提，降低资源环境负荷

都市圈内的县（市）资源环境负荷较重，要以资源环境容量为前提，强调以水定城、定产、定人，实行最严格的水资源管理和节约用地制度，控制城市规模，推动发展模式转型，降低资源环境负荷，避免人口向资源环境超载地区过度聚集。资源环境承载能力超载的县，要率先转变发展模式，严格控制新增建设用地和开发强度，积极扩大生态空间。

3. 推进本地农业转移人口市民化，常住人口基本公共服务均等化

健全农业转移人口的市民化机制，积极落实市民化任务，发挥其为中心城市疏解人口、截留人口的作用。加快实现常住人口基本公共服务均等化，保障外地流入人口在住房、教育、医疗等服务方面与城镇居民有同等的权利。重点提高教育和医疗设施建设标准和服务水平；承接中心城市外溢的优质公共服务，鼓励中心城市学校、医院到县（市）域设置分校（院），加强都市圈内公共服务共享。

4. 注重交通发展，推进区域一体化

县（市）域交通建设要在内外两端共同发力，营造出行便利、宜居乐业的小城交通模式。一方面，加强县域与都市圈中心城市的交通联系，打通瓶颈阻隔，形成多通道联系；鼓励中心城市快速道路和轨道快线向县域延伸，进一步缩短时空联系距离。另一方面，提高县城和小城镇的道路网络密度和公共交通服务水平，保障步行和自行车出行空间，提升本地交通出行舒适度，鼓励绿色交通发展。

第二节　高密度平原县（市）

我国高密度平原地区的县（市）域共有 188 个，面积 27.3 万 km^2。2010 年常住人口 1.25 亿人，占全国县（市）域比重 15%，人口密度 456 人/km^2，是美国、欧盟城市化地区人口密度指标的 1.5 倍。2014 年 GDP 总量 3.58 万亿，占全国县（市）域比重 12%。主要分布在豫南、皖北、鲁西南、冀中南地区。

图 8-6　高密度平原县的分布

高密度平原县基本概况　　　　　　　　　表8-2

	数量	占县域比重
县（市）域数（个）	188	10%
面积（km²）	273033	3%
2010年常住人口（万人）	12450	15%
2010年城镇人口（万人）	3859	14%
2014年GDP（亿元）	35754	12%
2010年人口密度（人/km²）	456	

一、特征与发展趋势

1. 地区人口密度很高，人口大县多

这一地区的人口密度非常高，2010年平均人口密度高达502人/km²。同时，人口大县多，户籍人前20位县城中有9个属于这类县（市）。户籍人口增长快，2010~2014年，皖北地区多个县（市）的增速大于1%。

2. 劳动力输出地区，人口大量外流，处于快速城镇化的中前期

高密度平原县（市）是人口净流出地区，截至2010年，人口净流出2020万，占户籍人口比重14%。同时，人口净流动变化加剧，皖北地区净流出总量和占比双双上升，河南高密度平原县（市）净流出总量翻了2倍多。

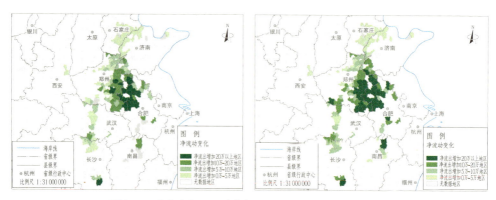

图8-7　高密度平原县（市）2010年人口流动情况（左）
与2000~2010年人口流动变化情况（右）

高密度平原县（市）整体处于快速城镇化发展的中前期阶段。2010年，皖北地区和豫西南地区基本处于城镇化前期阶段；2014年，豫西南地区大部分县已经进入快速城镇化的中期。

3. 国家的农业战略性地区，工业化发展滞后

按照钱纳里的工业化和经济增长阶段判别指标，以皖北地区为例，这一类

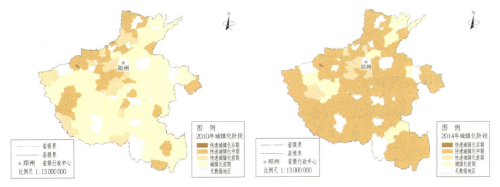

图8-8 河南省2010年（左）和2014年（右）城镇化阶段

型地区整体处于工业化前期，2014年第一产业占比为19%，第二产业占比为49%，第二产业发展相对缓慢。在全国主体功能区中，该类地区也是农业战略布局的重要地区。

4. 资源环境承载压力大

该类县（市）人口高度密集，要依靠工业化来实现现代化和城镇化，但工业化发展所面临的资源环境压力巨大。以皖北地区为例，水资源高度紧缺，2011年人均水资源占有量395m^3，不足安徽省的1/2以及全国的1/5，并且现状人口规模已经突破水资源承载力。以山东地区为例，其水资源总量有限，地下水已经出现超采趋势，水体污染物排放量仍在逐年增加。

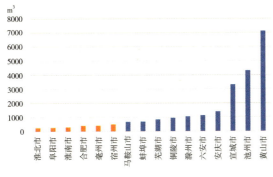

图8-9 2011年安徽省各市人均水资源量

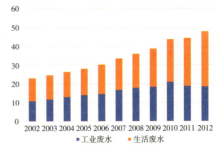

图8-10 2002~2012年山东省水体污染物排放量

5. 基本公共服务驱动的城镇化

高密度平原县（市）多为人口大县，农村人口的基本公共服务需求很大；本地青壮年劳动力外流后，留守家庭和儿童的公共服务需求仍然很大。而由于县域经济欠发达，地方政府用于基本公共服务的财力严重匮乏。同时，农村居民不断增长的教育、医疗需求，使高密度平原县（市）形成了依靠基本服务驱动的城镇化模式，城镇化动力依赖于本地的教育、医疗、住房与消费带动，就读学生、陪读家庭和外出劳动力安置的留守家庭成为城镇人口增长的重要成分。

二、发展策略指引

高密度平原县是人口大量输出地区，也是国家重要粮食主产区和资源环境超载地区。未来城镇化发展应着重于鼓励人口和家庭适度外迁，同时也需接纳农业转移人口就近就业，吸引外出人口回流；要积极发展服务业，推动工业化与农业现代化并进，推进县域经济发展；以农业生产安全为前提，保护好区域生态安全格局；要大力发展基本公共服务，提高本地城乡居民的福祉和人力资本水平。

1. 提高城市服务能力，吸引人口和产业集聚

高密度平原县（市）应走以综合服务驱动的城镇化发展路径。全面提升县城规划建设水平，强化县城与重点镇综合服务能力，以基本公共服务作为重要动力，提高公共服务质量与基础设施水平，提供完善的住房保障、公共服务、社会保障体系，增强集聚要素的吸引力。在此基础上发挥多元化就业对县域城镇化的支撑作用，大力承接产业转移，着力改善就业创业环境，引导农业转移人口就地、就近就业安家，吸引外出人口回流，促进县域就地城镇化。

2. 差异化推进县域经济发展，促进包容性就业

鼓励以专业化和特色化为主要方向，基于自身优势的特色产业发展，形成专业化聚集和产业竞争力提升，为城乡居民提供充足的就业。如农业地区借鉴"寿光模式"，鼓励涉农产业发展，通过二、三产业的发展，支持农业发展等。鼓励发展地方特色手工业，实施回乡创业扶持政策。

除了城镇单位部门正规就业外，外出农民工常以农业专业化服务、临时雇工、个体生产与买卖等多种非正规就业方式，参与非正规部门和形态的经济活动。这些非正规就业、非正规经济是农民非农就业、增加收入的有效方式，也是城乡居民获得较低生活成本的重要原因。应当加强对小微企业的财税支持，在空间布局中注意创造适宜非正规经济活动的场所。

3. 以农业生产安全为基础，保护好区域生态安全格局

高密度平原县是国家粮食主产区，必须首先确保农业耕地不减和粮食安全。大力发展现代农业和农产品加工业，在产业布局上有意识地引导大型农产品深加工企业落户，重点扶持粮食龙头企业、专业合作社、家庭农场、专业大户、农户与职业经纪人共营等经营主体，大力发展农产品就地深加工和增值转化，打造成集粮食生产、深加工、仓储、商贸为一体的农产品基地。

构建生态安全格局,严格保护具有区域价值生态廊道和城镇隔离绿带。防止土地空间过度开发、城镇空间过度连绵,提高生态安全保障。

第三节 低密度平原县(市)

我国低密度平原地区的县(市)域共有 136 个,面积 126.8 万 km²。2010 年常住人口 0.40 亿人,占全国县(市)域比重 5%,人口密度 32 人 /km²。2014 年 GDP 总量 1.61 万亿,占全国县(市)域比重 5%。主要分布在内蒙古东部、东北三省、叶尔羌河流域。

图 8-11 低密度平原县的分布

低密度平原县基本概况　　　　　　表 8-3

	数量	占县域比重
县(市)域数(个)	136	7%
面积(km²)	1268358	13%
2010 年常住人口(万人)	4001	5%
2010 年城镇人口(万人)	1396	5%
2014 年 GDP(亿元)	16109	5%
2010 年人口密度(人 /km²)	32	

一、特征与发展趋势

1. 国家重要的农牧地区和重点生态功能地区

低密度平原县（市）大多是我国传统商品粮基地和规模化牧业地区，当前一产比重仍高于 15%，其中内蒙古的蒙古高原中部草原农业产业协调区、蒙古高原东部典型草原牧业发展区、吉林西部平原农业区、西部杂粮赤豆产业带，以及黑龙江的松嫩平原农产品主产区、三江平原农产品主产区等是我国商品化农业生产的重要地区，担负重要的农业、牧业的国家责任。

低密度平原县（市）大部分是全国主体功能区中划定的国家重点生态地区，如内蒙古呼伦贝尔草原草甸生态功能区、浑善达克沙漠化防治生态功能区、阴山北麓草原生态功能区、吉林科尔沁草原生态功能区、黑龙江大小兴安岭森林生态功能区、三江平原湿地生态功能区等，都承担着重要的国家生态屏障作用。

2. 行政体制多样的农林牧区格局

低密度平原县（市）的行政体制比较多样且复杂。这类县（市）由于历史上不同时期多次实施垦荒、屯垦戍边等国家战略，形成农垦系统农场、林业系统林业局和建设兵团等特殊体制，与行政区划的县、市在地理空间上交叉重叠。

3. 人口密度低，户籍人口低增长，人口收缩

低密度平原县（市）的人口密度很低，近几十年总体呈现出常住人口规模收缩的特征、户籍人口增长率很低，外出人口规模又在增加。2010 年低密度平原县（市）人口净流出 278 万，占户籍人口比重的 6%。2000~2010 年，东三省常住人口下降约 28 万，户籍人口增长仅 9 万，外出人口增加 103 万，内蒙古常住人口下降约 6 万，户籍人口增长仅 15 万，外出人口增加 77 万。

人口低密度与人口收缩的特征，使该地区大量公共服务供给十分困难。一方面，由于地广人稀，很难形成公共服务的规模效益；另一方面，由于人口收缩，一般县城以及乡镇地区的公共服务设施处于低效利用的状态。这也是低密度平原县（市）城区对人口吸引力不足、县（市）域城镇化不活跃的原因。

二、发展策略指引

低密度平原县（市）常住人口收缩，人口密度低，城镇发展动力不足。未来应强化针对性的城镇化布局策略，引导人口向重点地区集聚；完善生态补偿机制，保障国家生态安全；提高对外开放度，培育特色化产业，带动地区经济增长；推进公共服务跨体制合作，提高城乡居民生活质量。

1. 大疏大密，向重点发展轴线集聚，维护边境地区人口集聚

由于人口密度低，低密度平原县（市）适合采取"大疏大密"的城镇化空间布局策略，依托综合运输主通道，以资源环境承载能力强、发展基础好、潜力大的地区为重点，引导人口和产业向发展条件较好的重点地区和发展轴带上集聚，提高密集地区的人口和要素集聚能力，辐射带动区域整体发展。低密度平原县（市）担负了我国北方地区戍边重任，必须要保障边境城镇居民点一定规模的人口集聚，充分发挥城镇在维稳戍边、集聚人口、传播文明等方面的独特作用，保障国土安全。

2. 完善生态功能区补偿机制，保护国家生态安全屏障

未来应当进一步加强生态保护，建设国家重要的生态安全屏障。完善对重点生态功能区的补偿机制，扩大重点生态功能区转移支付补偿范围和引导性、奖励性补助范围，提高禁止开发区补偿标准。降低生态敏感地区的人口集聚压力和资源环境承载负荷，控制城镇化和工业发展。

3. 培育特色化产业，加强沿边开发，推动转型发展

调整和优化传统产业结构，提高农业、牧业产业水平。大力培育特色化、专业化的农产品精深加工；保障粮食和食品稳定、高效和高质量供给。重点扶持推进资源枯竭、产业衰退、生态退化地区和城镇转型发展，提高经济产业发展和城镇化发展质量。

提高区域开放度，立足于东北亚、中亚开发开放视角，发展对外贸易、国际旅游、资源开发合作。融入国际性区域产业链和经济网络。大力支持民营经济发展，进一步放宽民间资本进入的行业和领域，使民营企业成为推动发展、增强活力的重要力量。

4. 推进公共服务资源跨体制共享，提高城乡居民生活质量

要通过体制机制创新，推动低密度平原县（市）与农场、林场、兵团合作，共建共享基本公共服务设施，以提高公共服务水平和生活质量，有利于吸引人才，稳定人口，吸引人口回流。在地广人稀的边境地区、边缘地区，要创新发展灵活性、小型化、高品质的公共服务供给，发展分布式、设备型的生活服务基础设施。

第四节　高密度山地丘陵县（市）

高密度山地丘陵县（市）域共有 405 个，面积 77.17 万 km^2。2010 年常住人口 2.00 亿人，占全国县（市）域比重 25%，人口密度为 260 人 /km^2。2014 年 GDP 总量 5.49 万亿，占全国县（市）域比重 18%。主要分布在中部、东南部地区，以及主要城镇群地区的外围。

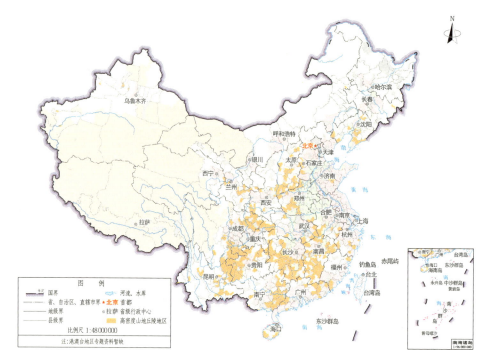

图 8-12 高密度山地丘陵县的分布

高密度山地丘陵县基本概况　　　　表8-4

	数量	占县域比重
县（市）域数（个）	405	21%
面积（km²）	771694	8%
2010年常住人口（万人）	20035	25%
2010年城镇人口（万人）	6665	24%
2014年GDP（亿元）	54933	18%
2010年人口密度（人/km²）	260	

一、特征与发展趋势

1. 人口密度较高、地形条件复杂，是县（市）域城镇化的重要地区

高密度山地丘陵县（市）由于人口密度较高、地形条件复杂，县域城镇化的问题较为突出。人口总量占比和增量在六类县（市）域中较大。2010年高密度山地丘陵县（市）在全国县（市）域中户籍人口占18%，排名第二，2000~2010年人口增量排第二；城镇人口占16%，排名第二，2000~2010年人口增量也排第二；常住人口占17%，排名第二，2000~2010年人口增量排名第一。同时，这类县（市）的城镇化水平较低，增速较快。2010年平均城镇化水平为33.1%，低于全国县（市）域平均水平。2000~2010年，年均增长1.26个百分点，六类县域中排名第二，是我国县（市）域城镇化的重要地区。

2. 处于工业化初中期阶段，经济发展相对滞后

根据2014年人均GDP及工业化阶段划分可以发现，高密度山地丘陵县（市）总体处于工业化初中期阶段。通过连续对比2000~2005年、2005~2010年、2010~2014年间的全国县（市）域人均GDP增量，这一类型的县（市）人均GDP长期低于全国平均水平，经济发展水平相对滞后。尤其是部分资源条件差、远离中心城市的高密度山地丘陵县（市）经济发展基础差，机会少，发展前景不乐观。

3. 自然文化资源富集，旅游和新经济开始兴起

丰富的地形地貌也使这类县（市）成为自然和文化资源富集、生态环境优越的地区。近年来，一些拥有独特资源或靠近中心城市，或处于发达地区的高密度山区丘陵县（市）旅游快速发展，部分县（市）还吸引并发展了科技、文创等新经济产业。

专栏8-1 天台县案例

以浙南山区为例，其拥有浙江省接近1/2的国家级自然保护区和5A级景区，浙江省天台县通过旅游业的快速发展，带动第三产业全面提升。2014年，旅游业总收入占GDP比重已达46%，第三产业产值占比达50%。同时，以旅游为基础推动城镇化发展。天台县实施"一业融五化"战略，充分发挥旅游业的"一业兴、百业兴"的综合功能，推进旅游业与文化、信息化、新型工业化、农业现代化、新型城镇化相互融合互动发展。

2004~2014年天台县GDP及旅游总收入变化　　城镇化水平及旅游发展水平对比

县城成为城镇化主体，公共服务设施配置模式有待创新。这类县（市）由于用地条件限制，通常导致人口和经济集聚在有限的几个用地条件比较好的地区，形成县（市）域非均衡发展格局。有的县（市）甚至形成县城"一城独大"、高度集聚的城镇化模式。非均衡或过度集聚的模式导致公共服务的全域覆盖率低，边远地区居民使用不便，影响生活水平提高，基本公共服务配置方式需要创新。

二、发展策略指引

高密度山地丘陵县由于人口密度较高、地形条件复杂，县域城镇化的问题较为复杂。一方面，要全面提升县城与重点镇的综合承载能力，提升公共服务与基础设施水平，优化空间布局，提高县域就地城镇化承接能力。另一方面，要充分利用靠近中心城市的区位优势以及人口多的人力资本优势，强化县城的产业发展。同时积极利用生态文化资源，发展旅游与新经济。

1. 县城强化产业发展，全域推进特色发展

县城要强化产业发展动力，根据资源禀赋，因地制宜地培育和发展特色优势产业，形成一批特色产业集群。根据人口密度较高的特点，考虑适度发展劳动密集型产业，缓解就业压力。大力发展本地资源型的特色农业和加工业，大力发展生态休闲旅游，鼓励居民参与旅游开发，把富民作为旅游发展的出发点和落脚点，促进就业与民生改善。积极保护传统村镇，建设"记得住乡愁"，展现文化自信的代表性区域。

2. 小县大城，以县城为重点的非均衡聚集模式

县城用地条件比较好的县，适合采用"小县大城——非均衡聚集"的发展模式，实施城镇点状集聚发展策略，将县城作为城镇化主体；对于县城1小时交通圈难以覆盖的县（市），要合理布局并扶持县域副中心镇的发展，以实现公共服务均等化和就地城镇化来促进城乡一体发展。县域交通建设要与人口、产业集聚形态相适应，大力发展县乡公共交通，覆盖边远乡村，适度提高县城交通基础设施的配置标准，加强与周边大城市的快速交通联系。

3. 强化生态环境保护，加强生态敏感区管制

高密度山地丘陵县（市），要强化环境保护和生态修复，节约、集约利用土地、水、能源等资源，切实保护耕地和基本农田，着力推进绿色、低碳发展，减少对自然的干扰和损害。根据环境容量，严格控制城镇建设规模。同时，要加强生态敏感区管制，强化自然保护区、风景名胜区、森林公园、地质公园、重要湿地、蓄滞洪区、重要水源地等生态敏感区的保护。

第五节　低密度山地丘陵县（市）

低密度山地丘陵地区的县（市）域共有 566 个，面积 261.31 万 km²。2010 年常住人口 1.37 亿人，占全国县（市）域比重 17%，人口密度为 52 人/km²。2014 年 GDP 总量 3.97 万亿，占全国县（市）域比重 13%。主要分布在我国地理三大台阶的交界地区、新疆西北部地区、东北的东部和北部，大多沿主要山脉带状分布。

图 8-13　低密度山地丘陵县的分布

低密度山地丘陵县基本概况　　　　表 8-5

	数量	占所有县域比重
县（市）域数（个）	566	30%
面积（km²）	2613135	28%
2010 年常住人口（万人）	13687	17%
2010 年城镇人口（万人）	4174	15%
2014 年 GDP（亿元）	39742	13%
2010 年人口密度（人/km²）	52	

一、特征与发展趋势

1. 经济基础薄弱，连片贫困严重

低密度丘陵山地县（市）中贫困县多，共计 227 个，占全国贫困县总数的 40%，并且空间呈现连片分布现象。以广西为例，低密度山区丘陵县多为贫困县。

2. 自然资源丰富，地理条件不适宜发展一般工业

该类地区内自然资源丰富，是国家主要旅游景区的集中地。以浙江西部低密度山地丘陵县为例，集中了将近全省一半的国际级自然保护区和 5A 级景区。旅游产业是该类县的主要经济支柱，旅游收入占到 GDP 的 60%~80% 左右。相比之下，工业发展缓慢，普遍处在工业化初期，二产的带动能力有限。

3. 生态脆弱、敏感，环境保护任务重

低密度山地丘陵县（市）的自然地形复杂，50% 以上的这类县属于中度以上的生态脆弱区，有相当部分处于国家重点生态功能区内，生态环境保护的任务重大。如广西、贵州的低密度山地丘陵县多属于典型的岩溶地区，生态极度敏感脆弱，水土流失、石漠化等生态退化问题严重。湖北西部多低密度山地丘陵县，该地区同时也是三个全国重要的生态功能区，水源涵养和生物多样性等生态环境保护任务重大。

4. 基础设施供给不足，自然灾害风险高

低密度山地丘陵县（市）由于地方财力有限，国家支持不充分，交通、水利、电力、通信等基础设施覆盖范围非常有限，水平比较低。且受制于地形条件，基础设施建造成本是平原地区的 2~3 倍以上，维护成本是平原地区的 1~2 倍。山地丘陵地区地质、气象等自然灾害频发，安全防灾问题紧迫。而基础设施供给不足使得灾害的危害性和损失程度更大。

5. 少数民族集聚，文化保护任务艰巨

我国低密度山地丘陵县（市）有一半以上同时是少数民族县，文化保护的任务艰巨。由于民族宗教、生活习俗、语言等原因，这些县的居民大多不希望离开乡土，或在发达地区竞争力、生存能力差，异地城镇化难度大。

二、发展策略指引

低密度山地丘陵县范围内自然与文化资源丰富，是建设美丽中国的重要空间载体，核心策略是探索魅力引领的特色城镇化发展路径。此类县大多处于生态脆弱区和少数民族聚居区，肩负重大的保护任务，要避免传统工业化的发展模式，

应当把城镇化发展与历史文化保护、生态环境保护相结合,在保护优秀国土景观和珍贵文化遗产的同时,发展生态农业、旅游休闲、"互联网+"等新经济和绿色产业,满足日益增长的休闲消费需求。

1. 整合自然与文化资源,建设魅力特色区

整体保护区域内的自然资源、文化资源与传统聚落,建设自然与文化景观、特色城镇、传统村落相结合的广域旅游休闲地区,打造带动贫困地区发展的魅力特色区。积极培育具有本地资源、民族与地域、文化特色的城镇,发挥传承和保护国家自然文化遗产、组织休闲旅游服务作用。

2. 加强政策扶持,激励特色发展

建立以生态价值、特色发展为基础的考核机制,全面取消地区生产总值等增长类的考核;建立鼓励特色发展的土地、财政、税收等方面的针对性支持政策;适当放宽旅游用地指标,严格控制工业用地规模;鼓励城乡居民自己创新创业,参与文化旅游业发展,改善乡村基础设施和卫生条件,大力开发多样化旅游产业,满足旅游需求和本地居民创业、就业需求。

3. 优化空间布局,建设面向特色发展的服务与基础设施

促进人口向城镇发展条件适宜地区和交通干线沿线集聚,将生态移民、地质灾害治理移民与魅力特色旅游区、生态保护区建设相结合,人口密度过低、交通条件较差的地区首要创新义务教育、卫生等基本公共服务和生活服务供给方式,提高便利性与服务质量,以此为重点实现基本公共服务全覆盖。

加强面向特色发展的服务与基础设施建设,重点加强与魅力特色区的交通联系,因地制宜采取多元化的交通服务方式,完善旅游交通网络,提高旅游交通的便捷性;加快国省干线公路的升级改造,推进文化与风景道建设,兼顾运输和旅游双重功能;提升特色城镇的高速公路、支线机场可达性,建设区域旅游服务中心。边远地区推广采用分布式、设备型基础设施供给。

4. 加强边境县(市)城镇和居民点发展,强化维稳戍边职能

发挥云南、新疆、广西和东北三省等边境地区县的维稳、戍边作用,加强由传统"屯垦戍边"向"建城戍边"的战略转变,建设好兵团的团场、连城镇和农垦、林业城镇,以边境口岸城镇和居民点带动就地城镇化发展,落实"兴边富民"工程;加强沿边城镇开放,以国家重点开发开放试验区、边境经济合作区、跨境经济合作区为空间发展重点,完善跨境交通、口岸和边境通道等基础设施,重点促进境外资源、产业等生产要素向口岸城镇和沿边重要节点城镇集中。

第六节 生态严苛地区的县(市)

生态严苛地区的县(市)域共有152个,面积367.17万 km²,占国土面积和全部县(市)域面积的将近40%。2010年常住人口0.11亿人,人口密度3人/km²。2014年GDP总量3600亿。主要连片集中在西藏、新疆大部分地区和青海、四川、甘肃、内蒙古西部。

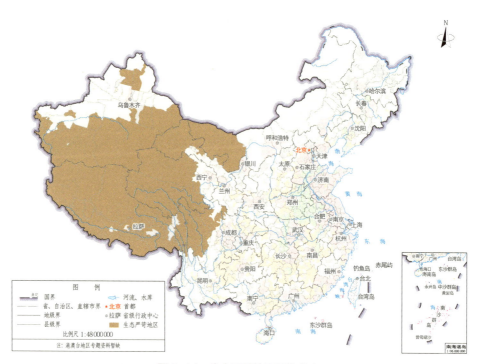

图8-14 生态严苛地区县的分布

生态严苛地区的县基本概况　　　　　表8-6

	数量	占所有县域比重
县(市)域数(个)	152	8%
面积(km²)	3671729	39%
2010年常住人口(万人)	1110	1%
2010年城镇人口(万人)	277	1%
2014年GDP(亿元)	3614	1%
2010年人口密度(人/km²)	3	

一、特征与发展趋势

1. 极度地广人稀，人口和经济密度双低

生态严苛地区的县（市）主要分布在地广人稀的西部地区，或生态环境极度敏感，或资源严重匮乏，或高原高寒不适合人类居住生活，其中塔克拉玛干沙漠、羌塘高原属大面积无人区，因此人口和经济密度很低，占我国接近40%的国土面积，仅集聚了1%左右的人口和经济。

2. 基础设施覆盖难度大，基本公共服务能力弱

由于这一地区地形条件复杂，基础设施覆盖难度大，城镇提供公共服务的效率低、能力弱。以川西地区为例，生态严苛地区的县（市）连片，远离经济发达地区且交通不便，中心城市的服务设施难以覆盖。同时城镇规模小，常住人口规模普遍在5万以下，难以发展高水平的基本公共服务和生活服务。复杂的地形条件和很低的人口密度也使得这一类型地区的公共服务和基础设施建设难度大、投入高。

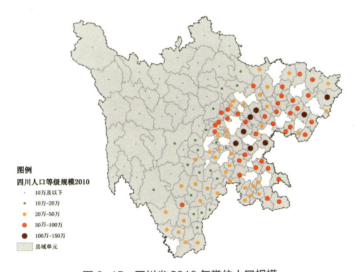

图 8-15　四川省 2010 年常住人口规模

3. 地理条件特殊，具有重要的生态价值

这一类型地区生态条件特殊，北部主要是严重缺水的荒漠、戈壁地区，南部主要是高原地区，是国家生态格局中青藏高原生态屏障的重要组成部分，自然资源丰富，类型多样，是长江、黄河、澜沧江、雅鲁藏布江等重要河流的发源地，是世界高原特有生物的集中分布区，也是维持中国乃至全球气候稳定的"生态源"和"气候源"。

4. 具有重要的战略价值，是国家安全屏障

生态严苛地区的县（市）有相当一部分位于我国西北和西南边疆地区，具有重要的国土安全和生态安全战略意义。横亘于中国西部的青藏高原犹如一道拱形垂天石盾，使中国西南边界与南亚次大陆的印度板块形成极为巨大的海拔落差，形成一道无法越过的安全屏障；新疆是中国与西亚以及俄罗斯之间的战略屏障，是"一带一路"中"一路"的交通要道，是中国连接中西亚、欧洲、南亚的咽喉地区。这些地区在国家战略中的地位是无可替代的，边疆安全稳定也是国家安全的永恒使命。

二、发展策略指引

生态严苛地区的县（市）是国家重要的生态安全屏障和国家边境安全屏障，对支撑边远地区发展具有特殊地位和作用。核心策略应当采取生态优先的城镇化、现代化发展模式，积极加强生态环境保护，不追求城镇化的速度、水平与一般意义上的经济增长，通过本地的生态型经济发展和国家的扶持与保障，实现生态优先的稳定、和谐的可持续发展。

1. 疏聚结合，适度向资源禀赋较好的地方集聚

由于地形条件复杂，基础设施覆盖难度大，城镇服务能力弱，需要充分尊重当地居民意愿，考虑农牧民生活习惯，采用聚散结合的方式适度集聚，宜聚则聚、宜散则散。一方面，积极稳妥地引导严重荒漠化、生存条件艰苦区和地质灾害频发地区的农牧民向承载能力强的交通干道沿线地区和小城镇实现线状聚集；另一方面，保障边境城镇和农牧居民点一定规模的人口集聚，保障国土安全。探索创新提高基本公共服务水平和服务便利性的方式，提高基本公共服务的保底作用。

2. 加强国家政策扶持，实现长治久安和稳定发展

在"一带一路"倡议多向开放的战略格局下，许多生态严苛地区的县将成为国家向西开放的门户和走廊。因此，未来这一地区要稳定人口规模，努力防止人口进一步流失；要加强边境地区小城镇建设，大力扶持特色旅游业和农林牧产业的发展，提高外贸流通功能，建设各类商贸市场，开展边境互市贸易。国家要加大政策扶持力度，集中实施一批教育、卫生、文化、就业、社会保障等民生工程，大力提高这类县的人均收入水平，实现经济社会的长治久安和稳定发展。负责对口援建新疆、西藏、青海的各省市要把援建的重点放在民生和经济"造血"上，同时要十分重视民族地区的历史文化保护，防止建设性破坏。

3. 积极改善人居环境，提高城镇综合承载能力

积极改善人居条件，科学利用戈壁荒漠，强化城镇集中紧凑发展和低碳发展，

探索适应新疆、西藏等特殊气候条件的城镇建设模式，开发应用新能源和新型城乡基础设施技术，提高城镇综合承载能力。以水资源和生态环境承载力为前提，统筹农业、资源型产业布局与城乡布局，避免贪大求全、浪费土地和水资源。大力发展清洁能源和可再生能源，建设清洁能源基地和示范城镇。

参考文献

[1] 杨璐璐. 改革开放以来我国土地政策变迁的历史与逻辑 [J]. 北京工业大学学报（社会科学版），2016，16（2）：18-29.

[2] 廖永林，唐健，雷爱先. 土地市场改革：回顾与展望 [J]. 中国土地，2008（12）：14-17.

[3] 郭林，耿慧志，王琦. 土地流转政策的演变及其对小城镇建设的影响 [C]. 中国城市规划年会. 2014.

[4] 朱会义，李秀彬. 关于区域土地利用变化指数模型方法的讨论 [J]. 地理学报，2003，58（5）：643-650.

[5] 王秀兰，包玉海. 土地利用动态变化研究方法探讨 [J]. 地理科学进展，1999，18（1）：81-87.

[6] 陈江龙，曲福田，陈雯. 农地非农化效率的空间差异及其对土地利用政策调整的启示 [J]. 管理世界，2004（8）：37-42.

[7] 刘冬娟. 基于生产函数理论的工业用地集约利用评价研究 [D]. 华中农业大学，2008.

[8] 谭荣，曲福田. 农地非农化的空间配置效率与农地损失 [J]. 中国软科学，2006（5）：49-57.

[9] 李之领. 中国GDP何时超过美国——基于趋势外推法和ARMA组合模型的预测 [J]. 吉林工商学院学报，2012，28（6）：10-16.

[10] 潘维. 中国模式——中华体制的经济、政治、社会解析 [EB/OL]2011-09-18. http：//ccga.pku.edu.cn/html/chengguo/20090904/1833.html.

[11] 汪晖，陶然. 论土地发展权转移与交易的"浙江模式"——制度起源、操作模式及其重要含义 [J]. 管理世界，2009（8）：39-52.

[12] 张蔚文，李学文，吴宇哲. 基于可转让发展权模式的折抵指标有偿调剂政策分析——一个浙江省的例子 [J]. 中国农村经济，2008（12）：50-61.

[13] 谭荣，曲福田. 中国农地非农化与农地资源保护：从两难到双赢 [J]. 管理世界，2006（12）：50-59.

[14] 张恒义. 中国省际建设用地配置效率研究 [D]. 浙江大学，2011.

[15] 李效顺，曲福田，张绍良. 基于管理者认知调查下的土地指标配置分析 [J]. 中国人口资源与环境，2011，21（11）：92-98.

[16] 郑振源. 土地管理制度改革的核心是改行政配置为市场配置[J]. 中国土地科学, 1996, 10 (s): 14-18.

[17] 石晓平, 曲福田. 土地资源配置方式改革与公共政策转变[J]. 中国土地科学, 2003, 17 (6): 18-22.

[18] 陆铭. 建设用地使用权跨区域再配置: 中国经济增长的新动力[J]. 世界经济, 2011 (1): 107-125.

[19] 靳相木. 新增建设用地指令性配额管理的市场取向改进[J]. 中国土地科学, 2009, 23 (3): 19-23.

[20] 龙开胜, 陈利根. 农村集体建设用地流转制度改革的路径和挑战与完善[J]. 国土资源科技管理, 2009, 26 (2): 99-103.

[21] 吴次芳, 叶艳妹. 土地科学导论[M]. 北京: 中国建材出版社, 1995.

[22] 但承龙, 王群. 西方国家与中国土地利用规划比较[J]. 中国土地科学, 2002, 16 (1): 43-48.

[23] 申惠文. 法学视角中的农村土地三权分离改革[J]. 中国土地科学, 2015, 29 (3): 39-44.

[24] 崔宝敏. 天津市"以宅基地换房"的农村集体建设用地流转新模式[J]. 中国土地科学, 2010, 24 (5): 37-40.

[25] 周立群. 农村土地制度变迁的经验研究: 从宅基地换房到地票交易所[J]. 南京社会科学, 2011 (8): 72-78.

[26] 杜茎深. 指标市场的引入及其地价形成的影响[D]. 浙江大学, 2013.

[27] 徐保根, 杨雪锋, 陈佳骊. 浙江嘉兴市"两分两换"农村土地整治模式探讨[J]. 中国土地科学, 2011, 25 (1): 37-42.

[28] Robert A. Johnston, Mary E. Madison. From Landmarks to Landscapes: A Review of Current Practices in the Transfer of Development Rights[J]. Journal of the American Planning Association, 1997, 63 (3): 365-378.

[29] MD Kaplowitz, P Machemer, R Pruetz. Planners' experiences in managing growth using transferable development rights (TDR) in the United States[J]. Land Use Policy, 2008, 25 (3): 378-387.

[30] 靳相木, 沈子龙. 新增建设用地管理的"配额—交易"模型——与排污权交易制度的对比研究[J]. 中国人口资源与环境, 2010, 20 (7): 86-91.

[31] 邹秀清. 农地非农化: 兼顾效率与公平的补偿标准——理论及其在中国的应用[J]. 经济评论, 2006 (5): 43-52.

[32] 马浩, 许珊珊. 干旱半干旱区城郊县城乡聚落体系构建研究——以兰州市榆中县为例[J]. 江西农业学报, 2011, 23 (11): 184-189.

[33] 张涛. 韩城传统县域人居环境营造研究[D]. 西安建筑科技大学, 2014.

[34] 朱彬. 江苏省县域乡村聚落的空间分异及其形成机制研究[D]. 南京师范大学, 2015.

[35] 刘凌云. 湖北省县域城镇化自组织过程、机制与空间范型[D]. 华中科技大学, 2015.

[36] 董金柱. 长江三角洲地区县域城乡空间组织及其重构研究 [D]. 同济大学, 2008.

[37] 张以红. 潭江流域城乡聚落发展及其形态研究 [D]. 华南理工大学, 2011.

[38] 杨思捷. 城乡统筹背景下宝鸡北山地区县域村镇空间结构优化研究 [D]. 长安大学, 2013.

[39] 朱彬. 江苏省县域城乡聚落的空间分异及其形成机制研究 [D]. 南京师范大学, 2015.

[40] 陈照. 陕北地区县域城乡空间转型模式及规划策略研究 [D]. 西安建筑科技大学, 2015.

[41] 赵蕾. 构建高速发展的城乡整体生长空间 [D]. 浙江大学, 2005.

[42] 李小建, 许家伟, 海贝贝. 县域聚落分布格局演变分析——基于1929—2013年河南巩义的实证研究 [J]. 地理学报, 2015, 70（12）: 1870-1883.

[43] 李德一, 张安定, 张树文. 山东半岛北部海岸带城乡聚落扩展变化特征与驱动力分析 [J]. 自然资源学报, 2008, 23（4）: 612-618.

[44] Clark G., Gilg A. W., Pacione M., et al. An Introduction to Rural Geography[J]. Transactions of the Institute of British Geographers, 1986, 11（3）: 374.

[45] Lewis C. A., Mrara A. Z.. Rural settlements, mission settlements and rehabilitation in Transkei[J]. GeoJournal, 1986, 12（4）: 375-386.

[46] 金其铭. 农村聚落地理 [M]. 北京：科学出版社, 1988.

[47] Hall D. R.. Albania: Rural development, migration and uncertainty[J]. GeoJournal, 1996, 38（2）: 185-189.

[48] 张春花. 江苏省县域城乡空间组织及其重构 [D]. 南京师范大学, 2004.

[49] 张以红. 潭江流域城乡聚落发展及其形态研究 [D]. 华南理工大学, 2011.

[50] 金其铭. 中国农村聚落地理 [M]. 南京：江苏科学技术出版社, 1989

[51] 李君, 李小建. 国内外农村居民点区位研究评述 [J]. 人文地理, 2008, 23（4）: 23-27.

[52] Xu Jiawei, Qiao Jiajun.Study on mode of rural residents' migration in foothill: A case study of Gongyi City[J].Rural Economy, 2009, 25（10）: 26-29.

[53] 张竟竟. 县域聚落体系与交通网络分形特征——以灵宝市和柘城县为例 [J]. 热带地理, 2013, 33（4）: 465-472.

[54] 高塔娜. 自然环境对农村聚落空间布局的影响 [D]. 西南交通大学, 2014.

[55] 张常新. 县域镇村空间重构研究 [D]. 浙江大学, 2015.

[56] 应金华, 杨明宁. 县域规划工作回顾 [J]. 城市规划, 1988（6）: 42-44.

[57] 林炳耀. 论市县域规划模式的变革 [J]. 地理科学, 1994, 14（1）: 90-97.

[58] 崔功豪. 当代区域规划导论 [M]. 东南大学出版社, 2006.

[59] 张京祥, 崔功豪. 新时期县域规划的基本理念 [J]. 城市规划, 2000, 24（9）: 47-50.

[60] 陈小卉. 城乡空间统筹规划探索——以江苏省镇村布局规划为例 [C]. 中国城市规划年会, 2005.

[61] 程淑红. 县域城乡一体化规划研究 [D]. 兰州大学, 2010.

[62] 陶小兰. 城乡统筹发展背景下县域镇村体系规划探讨——以广西扶绥县为例 [J]. 规划师, 2012, 28（5）: 25-29.

[63] 李建平.市（县）域总体规划编制的探索——以广东省鹤山市为例[C].中国城市规划年会，2007.

[64] 项志远，易千枫，陈武.城乡统筹视角下的县（市）域总体规划编制探索——以苍南县域总体规划为例[J].华中建筑，2010，28（1）：79-81.

[65] 朱喜钢，卫琳，李安，等.县（市）域总体规划的编制理念与方法——以浙江海盐为例[C].中国城市规划年会.2011.

[66] 左慧敏.县域总体规划编制的内容与方法的研究[D].华中科技大学，2005.

[67] 范晨璟，朱跃华，宋晓杰.县域"十三五"规划编制"多规合一"的探索——以响水县为例[J].改革与开放，2015（23）：49-51.

[68] 吴小平，刘筱.县域层面"多规合一"规划探索与实践——以海南省白沙黎族自治县为例[J].规划师，2017，33（5）.

[69] 孙凤伟，邵国峰.县域城市道路交通规划问题的若干思考[J].民营科技，2010（9）：221-221.

[70] 杜宗明.极端干旱区县域环境保护规划实证研究[D].新疆大学，2011.

[71] 崔功豪，徐英时.县域城镇体系规划的若干问题[J].城市规划，2001，25（7）：25-27.

[72] 李桃，刘科伟.我国空间规划体系改革研究——以县域总体规划编制为例[J].城市发展研究，2016，23（2）：16-22.

[73] 崔功豪，徐英时.县域城镇体系规划的若干问题[J].城市规划，2001，25（7）：25-27.

[74] Sasscn. s. Cities in the world economy[M]. Thousand Oaks. CA：Pine Forge Press，1994.

[75] 刘炜.县域城镇体系空间结构优化研究[D].湖南师范大学，2007.

[76] 朱凯，朱秋诗，张一凡.县域城乡一体化规划：空间与功能组织优化路径探讨[J].规划师，2014（5）：83-88.

[77] 黄洋.浅析县域规划模式的变革[J].黑龙江科技信息，2016（9）.

[78] 戴忱.城乡全域空间规划落实"五位一体"总体布局的思路研究[J].《规划师》论丛，2014（00）：108-113.

[79] 朱德宝.基于多规合一的县市域空间规划体系构建探索-以大理市"四规合一"为例[J].现代城市研究，2016（9）.

[80] 张姣慧.丘陵地区乡村聚落体系构建研究[D].北京建筑大学，2013.

[81] 龙花楼.论土地整治与乡村空间重构[J].地理学报，2013，68（8）：1019-1028.

[82] 罗宏翔，哈颖.乡镇撤并与农村空间结构优化[J].财贸经济，2005（4）.

[83] 折晓叶.村庄边界的多元化[J].中国社会科学，1996（3）.

[84] 任春洋，姚威.关于"迁村并点"的政策分析[J].城市问题，2000（6）：45-48.

[85] 王建国，胡克.农村居民点整理的必要性与可行性[J].国土资源，2003（4）：42-44.

[86] 李海燕.迁村并点理论与实践初探：以长安子午镇为例[J].人文地理，2005（10）.

[87] 张军英.空心村改造的规划设计探索——以安徽省巢湖地区空心村改造为例[J].建筑学报，1999（11）.

[88] 薛力. 城市化背景下的"空心村"现象及其对策探讨——以江苏省为例 [J]. 城市规划, 2001, 25（6）.

[89] 韩俊. 聚焦失地农民 [J]. 中国改革, 2005（9）, 62-64.

[90] 刘敬伟. 我国土地征收制度研究 [D]. 山东大学, 2013.

[91] 王小德. 我国农村宅基地使用权流转制度研究 [D]. 西南政法大学, 2008（4）.

[92] 王莉莉, 史怀昱, 崔羽. 陕北地区城乡统筹发展路径探究———以延安市和神木县为例 [J]. 西北大学学报（自然科学版）, 2014, 44（3）: 489-494.

[93] 徐佳, 张旺锋, 冯宗周, 等. 论西部地区新型城乡关系——构建城乡网络式空间结构 [J]. 干旱区资源与环境, 2008, 22（12）: 24-29.

[94] 袁涌波. 从县域经济到都市圈经济: 浙江县域经济转型研究 [J]. 中共浙江省党委党校学报, 2013（1）: 54-59.

[95] 罗震东, 夏璐, 耿磊. 家庭视角乡村人口城镇化迁居决策特征与机制——基于武汉的调研 [J]. 城市规划, 2016, 40（7）: 38-47.

[96] 赵民, 陈晨. 我国城镇化的现实情景、理论诠释及政策思考 [J]. 城市规划, 2013, 37（12）: 9-21.

[97] 国家统计局. 2017年农民工监测调查报告 [EB/OL]. 2018-07-07. http：//www.stats.gov.cn/tjsj/zxfb/201804/t20180427_1596389.html.

[98] 蚂蚁金融服务集团. 学生就业流向报告 [EB/OL]. 2018-07-08. http：//www.sc.chinanews.com/kjws/2015-07-03/36050.html.

[99] 国务院. 国务院关于激发重点群体活力带动城乡居民增收的实施意见 [Z/OL]. 2018-07-09. http：//www.mohrss.gov.cn/gzfls/GZFLSzhengcewenjian/201611/t20161115_259520.html.

[100] 瑞士信贷银行. 2015全球财富报告 [R]. 2015.

[101] 陈有钢, 金春芳, 鲍达民. 快速崛起的中产阶级正在重塑中国市场 [J]. 中国机电工业, 2013（8）: 80-82.

[102] 全国城镇体系规划（2035）（过程稿）[Z]. 2017.

[103] 基于腾讯大数据的全国城镇人口分布与流动研究专题 [Z]. 2017.

[104] 潘竟虎, 石培基, 董晓峰. 中国地级以上城市腹地的测度分析 [J]. 地理学报, 2008（6）: 635-645.

[105] 罗震东, 张京祥. 全球城市区域视角下的长江三角洲演化特征与趋势 [J]. 城市发展研究, 2009, 16（9）: 65-72.

[106] 王凯. 关于规划供给侧改革的几点思考 [EB/OL]. 2018-07-09. http：//www.planning.org.cn/report/view?id=150.

[107] 世界银行. 世界银行报告 [R]. 2012.

[108] 陈安华. 从目标到实施——特色小镇的支撑体系分析 [Z]. 2016.

[109] 遵义市城市总体规划（2017—2035年）（在编）[Z]. 2017.

[110] 中国互联网络信息中心. 第41次互联网发展状况统计报告 [EB/OL]. 2018-07-09. http：

//www.cac.gov.cn/2018zt/cnnic41/hxsj.htm.

[111] 阿里研究院，阿里新乡村研究中心. 中国淘宝村研究报告（2017年）[R]. 2018.

[112] 国务院. 关于促进农村电子商务加快发展的指导意见 [Z/OL]. 2018-07-09. http：//jiuban.moa.gov.cn/zwllm/zcfg/flfg/201511/t20151110_4896098.htm.

[113] 阿里研究中心. 淘宝村研究微报告 2.0[R]. 2013.

[114] 阿里研究院. 2015年中国县域电子商务研究报告 [R]. 2016.

[115] 中国社科院舆情实验室. 中国乡村旅游发展指数报告（2016）[R]. 2016.

[116] 促进乡村旅游发展提质升级行动方案（2017年）[Z/OL]. 2018-07-09. http：//www.ndrc.gov.cn/gzdt/201707/t20170718_854827.html.

[117] 国家旅游局. 2016中国旅游投资报告 [R]. 2016.

[118] 成都远景战略规划研究 [Z]. 2017.

[119] 中国人民政治协商会议成都市委员会. 关于适应新经济形势 推进成都农业发展的建议 [Z]. 2016.

[120] 国务院. 关于进一步促进农产品加工业发展的意见 [Z/OL]. 2018-07-09. http：//www.gov.cn/zhengce/content/2016-12/28/content_5153844.htm.

[121] William George Hoskins. The Making of the English Landscape[M]. Little Toller Books，2013.

课题 2 县（市）域土地利用演变研究

第一章 县域城镇化与县域土地利用概况

第一节 县域城镇化

县域是我国最基本的行政单元。截至 2010 年，我国设立的省级城市 34 个，地市级城市 333 个，县级城镇 2856 个，建制镇 40906 个。我国的城镇化体系中，"城"包括市制建制以上的直辖市、省级市、地级市和县级市，"乡"则指县域范围内建制镇及以下的广大农村。县域是城乡二元结构的"切割线"，是城乡一体化的基础和关键环节，也是实现新型城镇化和农业现代化的重要载体。县域城镇化肩负着实现城乡发展一体化的重要使命，是新型城镇化和农业现代化的关键和重点，具有重要战略意义。对于县域城镇化建设的内涵特征和发展方向，《全国主体功能区规划》《国家新型城镇化规划（2014—2020 年）》《全国国土规划纲要（2016—2030 年）》《"十三五"推进基本公共服务均等化规划》等中央及各部委发布的一系列文件中有了较详细的说明，习近平总书记在党的十九大报告中也明确提出了应当实施乡村振兴战略。

县是连接城乡的纽带，既要承接城市产业及部分职能转移，也要服务于"三农"。县域城镇化是以县、乡镇为单位的城镇化建设过程，其发展有其独特性。在县域城镇化的过程中，一方面，城镇接受大中城市的辐射，将城市的物质文明、精神文明的理念向农村地区扩散，改变人们的思想观念和生活方式，由此衍生出新的空间形态。另一方面，县域城镇化也在优化人口城市的发展结构，提高城市发展质量。县域城镇化的本质是要解决农村和农业的不充分发展和城乡间不均衡的发展问题，减少并最终弥合城乡差距，其使命是促进城乡发展一体化，实现城乡基本公共服务均等化，也是践行"五大发展理念"内在要求和实现"两个一百年"奋斗目标的关键节点。

第二节 县域土地利用价值取向

土地资源是县域城镇化最基本的空间载体和资源优势，是技术、资本、劳动力等要素集聚的重要支撑，县域城镇化与土地利用互为表里，从县域土地利用着手,在摸清县域土地资源现状的基础上,把握土地利用格局的演变规律和趋势,是带动城乡融合发展、推进新型城镇化建设的有力保障,也是县域城镇化建设的关键环节。土地要素作为县域城镇化的资源优势,是一种派生性需求,其利用的价值取向服务和服从于县域城镇化的使命。主要体现在:从协调人口城镇化与产业梯度转移的规划管控与土地利用布局优化,构建与城乡包容性增长相适应的土地市场与增益共享机制,保障粮食安全与现代农业发展的耕地多功能保护,保护"望得见山,看得见水"的土地利用生态格局,传承"记得住乡愁"的土地利用文化等几个方面实现城乡发展一体化。

1. 协调人口城镇化与产业梯度转移的规划管控与土地利用布局优化

我国城乡土地、人口、经济分布严重不均匀,县域拥有大量的土地,但其对人口的吸引力和GDP的创造力上与城市存在相当大的差距。协调人口城镇化与产业梯度转移的规划管控与土地利用布局优化使乡村为城市输送劳动力,反过来城市通过产业发展服务乡村,乡村也承接城市产业的转移。这将加速县域城镇化的发展,将服务于产业梯度转移、人口集聚、经济集聚等,最终服务于公共服务均等化。

2. 构建与城乡包容性增长相适应的土地市场与增益共享机制

城乡包容性增长要求城乡居民共享经济发展成果,实现城乡基本公共服务均等化,促进经济社会生态和谐发展,实现城乡共同富裕。我国土地市场具有明显的二元结构特征,在一定程度上固化了已经形成的城乡利益失衡格局,制约了城乡发展一体化,阻碍了城镇化的健康发展。因此需要立足我国基本国情和发展阶段,使市场在资源配置中起决定性作用并更好地发挥政府作用,兼顾效率与公平,围绕健全城乡发展一体化体制机制目标,以建立城乡统一的建设用地市场为方向,建立兼顾国家、集体、个人的土地增值收益分配机制,实现城乡用地统一市场配置与土地增值收益共享,最终实现城乡包容性增长。

3. 保障粮食安全与现代农业发展的耕地多功能保护

我国用全世界10%的耕地,供养了全世界22%的人口。保障粮食安全是现代农业的首要任务,要确保生产足够数量的粮食,最大限度地稳定粮食供应,确保所有需要粮食的人都能获得粮食。2015年,我国粮食产量62144万t,较上年增长1441万t。目前,我国13个粮食主产区的粮食产量占全国总产量的75%以上,而这13个粮食主产区中,县域是农作物播种的主要承载区域,县域占到粮食主产区70%以上的规模。全国耕地的83.25%分布在县域,县域肩负着保障粮食安全与现代农业发展的重要责任。

4. 保护"望得见山,看得见水"的土地利用生态格局

国家禁止开发区域是我国保护自然文化资源、珍稀动植物基因以及保障国

家生态安全的重要区域。我国禁止开发区域共 1443 处，总面积约 120 万 km²，占全国陆地国土面积的 12.5%。其中，96% 的国家级自然保护区、80% 的国家重点生态功能区、58% 的国家森林公园均分布在县域，县域是国家禁止开发区域和自然保护区域的主要载体。城镇化发展，要实事求是确定城市定位，科学规划和务实行动，避免走弯路；要依托现有山水脉络等独特风光，让城市融入大自然，让居民望得见山、看得见水。因此县域土地利用作为保护"望得见山，看得见水"的土地利用生态格局的主要载体，肩负着生态安全和自然环境保护的主要任务。

5. 传承"记得住乡愁"的土地利用文化

土地是人类一切文化产生与发展的载体，是人类文明的舞台。必须保护土地利用的多元性、复杂性、神秘性、野趣性、生机性和艺术性，传承土地利用文化。土地承载着民族传统文化，反映着文明的进步和历史的记忆，是传承优秀传统文化的重要物质载体。无论是农耕文化还是聚落文化，均需要得到有效保护。随着经济社会的发展，特别是步入后工业化社会，人们又走向对乡村的回归，农耕文化仍将扮演着重要的角色，需要同发展现代农业相结合，统筹农村发展与农耕文化保护。在促进城乡一体化发展中，要在城市发展与新农村建设中协调传统文化的继承与发展，形成保护与建设的良性互动。

第三节 县域土地利用

一、数据来源

本研究基础数据源于国土资源部提供的第二次全国土地调查数据以及 2009~2015 年度全国土地利用变更调查数据、2010~2015 年示范县年度土地利用变更调查数据（山东五莲县、湖北枝江市、湖南桑植县）。另外，2010~2014 年全国县域人口与 GDP 数据来源于中国统计年鉴，2009~2015 年全国行政区划变更数据来源于民政部网站（http://www.mca.gov.cn/）。

二、数据预处理

①提取全国县域（包括县、县级市、自治县、旗、自治旗、林区等）数据。截至 2015 年，全国县域单元总数为 1924 个。②处理研究期内县域行政区划变动带来的异常值。处理原则是对于拆分式的行政区划调整，调整后合并的行政边界能够与调整前的行政边界完全吻合，则视为一个县域单元；对于单一县域单元

行政面积调整幅度超过 5% 的，予以剔除。照此原则，本研究对两个县（尼玛县与双湖县）数据进行合并计算，并剔除了 48 个县。处理后的研究对象为 1875 个县域单元，行政面积为 822.57 万 km²。③以 1875 个县域单位为基础，调整县域土地、人口与 GDP 数据，并进行数据关联。④以全国县域行政区划空间数据为底图，叠加县域土地、人口、GDP 数据，剔除底图中的非研究区域。

全国各省级行政区县域数量分布，如四川、河北、云南、河南、山西、湖南等县域数量较多，天津、北京、宁夏等县域数量最少。

对比县域和城市的土地、人口、经济等占全国比重情况可知，2014 年，县域土地面积占全国比重为 86.78%，人口占全国的 60.54%，GDP 占全国的 42.05%，固定资产投资额占全国的 47.47%；而城市土地面积仅占全国 13.22%，但人口占 39.46%，GDP 占 57.95%，固定资产投资额占 52.53%，城市的 GDP、固定资产投资额比重占到全国的一半多。城市和县域的土地、人口、经济等均存在着明显的不均衡。

三、县域土地利用概况

截至 2015 年，全国县域面积为 822.57 万 km²，占全国总面积比重为 86.78%，县域城镇化具有非常大的发展空间和潜力。相较于 2015 年县域面积占全国的比重，县域不同地类面积占全国该地类面积的比重存在一定差异。建设用地占全国比重相对较小，其中城镇村及工矿用地和交通运输用地占全国比重分别为 67.06% 和 76.28%；农用地占全国比重相对较高，其中草地占全国比重最高，为 96.31%，耕地占 83.25%，园地占 82.63%，林地占 88.36%；此外水域及水利设施用地占 83.34%，其他土地占 93.77%。

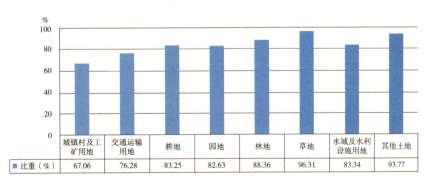

图 1-1　县域不同地类面积占全国比重

县域和城市内部不同地类面积占比各有不同。县域内部：城镇村及工矿用地、交通运输用地、园地、水域及水利设施用地比重较小，其中交通运输用地占比最小，仅占县域的 0.78%，园地占 1.39%，城镇村及工矿用地占 2.47%；而县域耕地、林地、草地等比重较高。城市内部：园地、草地、交通运输用地等比重相对较小，城镇村及工矿用地、耕地、林地等比重相对较高。县域与城市农地结构的差异暗合了杜能的农业圈层理论。

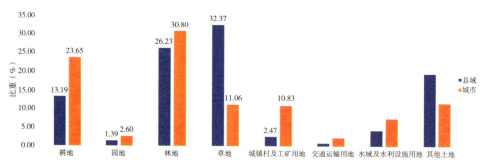

图 1-2　2015 年不同地类面积占县域／城市的比重

另外，县域内部不同用地种类规模和比重的空间分布具有比较明显的差异性。2015 年，县域交通运输用地规模较大的县域主要分布在东北、内蒙古、西北及长江三角洲等地区，西南地区部分县域交通运输用地规模相对较小。对于交通运输用地比重较高的县域，主要集中在华北平原、长江三角洲以及东南沿海等地区，西部地区比重相对较小。城镇村及工矿用地规模较大的县域主要分布在华北平原、东北、西北、长江中下游等地区，西南地区规模相对较小。城镇村及工矿用地比重较高的县域集中在华北平原及长江三角洲等地区，西部地区比重较小。耕地规模较大的县域主要集中在东北、新疆北部、华北平原、长江流域等地区，西南地区规模相对较小。耕地比重较高的县域主要分布在华北平原、东北、四川盆地、长江三角洲等地区，西部地区比重较小。林地规模较大的县域主要分布在东北、西北、西南等地区，山东半岛规模相对较小。林地比重较高的县域主要集中在东北、长江以南等地区，西部地区、山东半岛等比重相对较小。对于园地，从规模看，西北、长江以南、渤海湾等地区园地规模较大，西南地区、东北西北部地区规模相对较小。从比重看，东部沿海、华南等地区园地占县域面积比重较高，西部地区比重较小。从规模和比重来说，草地规模和比重较高的县域均集中在胡焕庸线以西地区，胡焕庸线以东地区县域草地规模和比重均相对较低。从规模看，新疆、西藏等地区县域水域及水利设施用地规模较大。从比重看，长江三角洲、东南沿海、西藏等地区县域水域及水利设施用地比重较高。

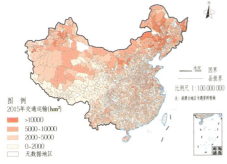

图 1-3　2015 年县域交通运输用地规模图

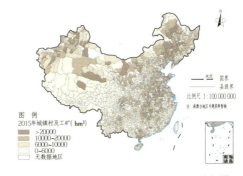

图 1-4　2015 年县域城镇村及工矿用地规模图

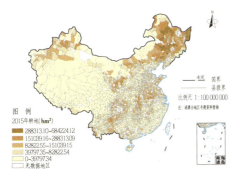

图 1-5　2015 年县域耕地规模

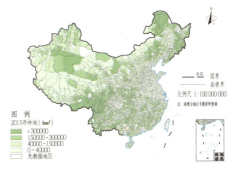

图 1-6　2015 年县域林地规模图

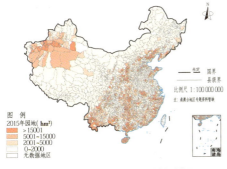

图 1-7　2015 年县域园地规模图

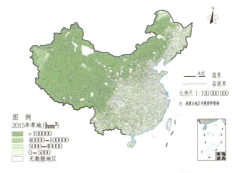

图 1-8　2015 年县域草地规模图

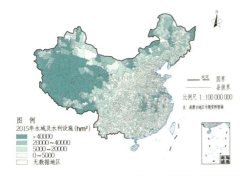

图 1-9　2015 年县域水域及水利设施用地规模

第四节　小结

县域土地利用与县域城镇化互为表里，县域土地利用分布格局是县域城镇化发展的重要表现形式，县域城镇化的发展支撑着土地利用格局的演变。

从当前县域土地利用空间分布格局来看，县域建设用地规模与比重相对较低，表明目前县域城镇化总体发展水平不高。从分布看，建设用地呈现东北、西北地区"规模大、比重低"，华北平原、长江中下游地区"规模大、比重高"；耕地呈现西北、内蒙古地区"规模大、比重低"，华北、东北、长江中下游地区"规模大、比重高"的分布态势。虽然如此，但县域保有的丰富土地资源为县域城镇化发展提供了广阔的空间。

县域土地利用具有内敛性特征，它根植于农工并存、城乡一体的土地利用格局，取决于当前中国转型发展阶段县域城镇化特殊的历史使命，即实现城乡发展一体化。

反之，市域土地利用则具有明显的外向型特征，根植于区域或全球一体化的全球产业分工与布局，作为经济增长发动机与城市化空间、资金保障，服务于城市经济发展与产业转型升级，提升参与国内外竞争能力。

第二章　县域土地利用时空演变与特征分析

本研究应用统计分析、空间分析相结合的研究方法及 GIS 技术手段，进行土地利用重心演变、土地利用转移矩阵、土地利用动态度、土地利用弹性系数等指标的计算和分析。从多个层面对县域土地利用时空演变情况进行研究，并对其演变特征进行着重分析。

第一节　县域土地利用演变指标选取

一、土地利用重心演变

土地利用重心迁移模型指土地利用在空间上分布重心的时空演变过程，可以发现研究区土地利用的空间变化趋势。其计算公式如下[①]：

$$X_t = \frac{\sum_{i=1}^{n}(C_{ti} \times X_{ti})}{\sum_{i=1}^{n} C_{ti}} \quad （式2-1）$$

$$Y_t = \frac{\sum_{i=1}^{n}(C_{ti} \times Y_{ti})}{\sum_{i=1}^{n} C_{ti}} \quad （式2-2）$$

X_t，Y_t 表示第 t 年的一种土地利用类型区域重心的地理坐标；C_{ti} 表示 t 年该种土地类型第 i 个区域的面积；X_{ti}，Y_{ti} 表示第 t 年该土地类型第 i 个区域的几何重心坐标。

二、土地利用动态度分析

1. 单一土地利用动态度

单一土地利用类型动态度表达研究区在一定时间范围内某种土地利用类型的数量平均变化情况，表征单一地类的土地利用变化快慢趋势。其计算公式为[②]：

---

① 朱会义，李秀彬. 关于区域土地利用变化指数模型方法的讨论 [J]. 地理学报，2003，58（5）：643-650.
② 王秀兰，包玉海. 土地利用动态变化研究方法探讨 [J]. 地理科学进展，1999，18（1）：81-87.

$$K=\frac{Ub-Ua}{Ua}\times\frac{1}{T}\times100\%\qquad(\text{式 2-3})$$

上式中 K 为研究时段内某一土地利用类型动态度；Ua、Ub 分别为研究期初及研究期末某一种土地利用类型的数量；T 为研究时段长，当 T 的时段设定为年时，K 的值就是该研究区某种土地利用类型年变化率。

2. 综合土地利用动态度

综合土地利用动态度表示研究区内土地资源总数量变化情况，定量地描述土地利用整体的变化幅度，反映人类活动（工业化、城镇化）对土地系统的扰动情况，对预测未来土地利用变化趋势有积极的作用。某一研究样区的综合土地利用动态度可表示为[①]：

$$LC=\left[\frac{\sum_{i=1}^{n}\Delta LU_{i\text{-}j}}{2\sum_{i=1}^{n}LU_{i}}\right]\times\frac{1}{T}\times100\%\qquad(\text{式 2-4})$$

上式中 LU_i 为监测起始时间第 i 类土地利用类型面积；$\Delta LU_{i\text{-}j}$ 为监测时段内第 i 类土地利用类型转为非 i 类土地利用类型面积的绝对值；T 为监测时段长度。当 T 的时段设定为年时；LC 的值就是该研究区土地利用年变化率。

三、土地利用演变弹性系数

土地利用弹性系数指一定时间范围内县域不同地类变化幅度与全国相同地类变化幅度的比值，反应某一地类在高层次区域土地利用变化的地位与贡献度。其计算公式为：

$$A=\frac{\Delta X/X_i}{\Delta Y/Y_i}\qquad(\text{式 2-5})$$

A 表示县域土地利用弹性增长系数；ΔX 表示县域某地类面积在研究期内的变化，ΔY 表示全国该地类面积在研究期内的变化量；X_i 表示县域该地类在研究期初的总面积，Y_i 全国该地类在研究期初的总面积。

四、土地利用转移矩阵

土地利用状态转移矩阵全面而又具体地描述了区域土地利用变化的结构特征，反映出人类活动所引导的土地利用变化方向。该方法来源于系统分析中对系统状态与状态转移的定量描述，其反映在一定时间间隔下，一个亚稳定系统从 T 时刻向 $T+1$ 时刻状态转化的过程，从而可以更好地揭示土地利用格局的时空演

[①] 王秀兰，包玉海. 土地利用动态变化研究方法探讨 [J]. 地理科学进展，1999，18（1）：81-87.

化过程，其数学表达形式为[①]：

$$S_{ij}=\begin{bmatrix} S_{11} & S_{12} & \cdots & S_{1n} \\ S_{21} & S_{22} & \cdots & S_{2n} \\ \vdots & \vdots & & \vdots \\ S_{n1} & S_{n2} & \cdots & S_{nn} \end{bmatrix} \quad （式2-6）$$

式2-6中，S 为土地面积，n 为土地利用的类型数，i、j 分别为研究期初与研究期末的土地利用类型序号。

第二节 县域土地利用整体演变情况

2009~2015年间，县域土地利用发生了明显的变化，本研究中所涉及的土地利用类型是指《土地利用现状分类》标准（GB T21010-2007）中农村土地调查的土地利用现状一级类，主要包括：耕地、园地、林地、草地、城镇村及工矿用地、交通运输用地、水域及水利设施用地、其他土地共8类。从整体来看，各地类规模及其比重均有变化。

一、2009~2015年各地类规模变化

研究期内，我国县域建设用地规模增长较快，农用地规模保持稳定或存在一定减少，不同地类规模变化差异明显。其中，城镇村及工矿用地、交通运输用地规模增长相对较快，分别增长 146.95hm²、51.57hm²，增长率均超过7.5%，明显高于其他用地；耕地规模呈现微小增长，共增长 7.16hm² 增长率为0.06%；

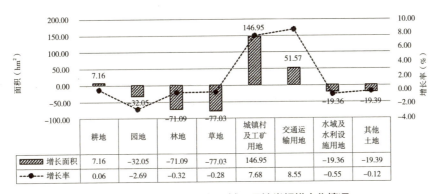

图2-1 2009~2015年县域不同地类规模变化情况

---

① 朱会义，李秀彬. 关于区域土地利用变化指数模型方法的讨论[J]. 地理学报，2003，58（5）：643-650.

而园地、林地、草地、水域及水利设施用地规模整体呈减少态势,草地和林地减少规模最大,分别减少 77.03hm^2、71.09hm^2,园地减少速度最快。这表明,县域建设用地增加主要来源于园地、林地和草地的转移,最严格的耕地保护政策成效显著。

二、2009~2015 年各地类比重变化

分别统计 2009~2015 年县域各地类占全国相应地类面积比重,以及 2009~2015 年县域不同地类占县域总面积比重。研究期内县域各地类占全国相应地类面积的比重变化不大,相对平稳,但县域不同地类比重分化较为明显,耕地、园地、林地、草地、水域及水利设施用地、其他土地等占全国同类用地比重较高,均超过 82%,城镇村及工矿用地、交通运输用地占全国比重相对较低;县域内部各地类比重变化平稳,但不同地类间比重存在较大差异。城镇村及工矿用地、交通运输用地、园地、水域及水利设施用地比重较小,其中交通运输用地比重最小,仅为 0.75%,城镇村及工矿用地比重占 2.39%,而耕地、林地、草地等比重较高。

2009~2015年县域各地类占全国相应地类面积比重(单位:%)　　表2-1

县域不同地类占全国该地类比重	耕地	园地	林地	草地	城镇村及工矿用地	交通运输用地	水域及水利设施用地	其他土地
2009	82.97	82.17	88.32	96.28	68.03	77.16	83.06	93.72
2010	83.02	82.30	88.33	96.29	67.79	76.93	83.13	93.74
2011	83.07	82.37	88.34	96.28	67.59	76.69	83.16	93.74
2012	83.13	82.44	88.35	96.29	67.41	76.56	83.21	93.75
2013	83.17	82.50	88.35	96.30	67.26	76.45	83.24	93.76
2014	83.22	82.58	88.36	96.31	67.15	76.35	83.31	93.77
2015	83.25	82.63	88.36	96.31	67.06	76.28	83.34	93.77
平均比重	83.12	82.43	88.34	96.29	67.47	76.63	83.21	93.75

三、2009~2015 年综合土地利用动态度

结合土地变更调查数据,根据式 2-4 计算研究期内每年县域综合土地利用动态度变化及整个研究期内综合土地利用动态度空间分布情况。

研究期内全国县域综合土地利用动态度总体稳中略有下降。2010~2011 年有所增长,2011 年达到最高值 0.0423,之后平稳下降,到 2015 年最低为

图 2-2 2009~2015 年县域不同地类占县域总面积比重

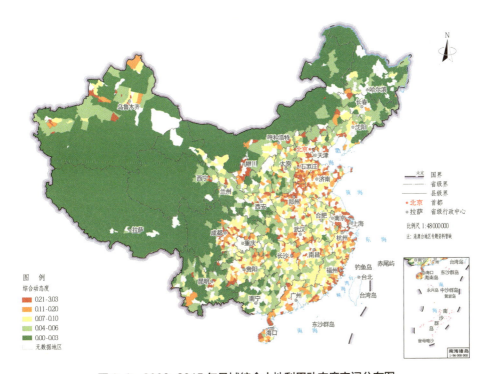

图 2-3 2009~2015 年县域综合土地利用动态度空间分布图

0.0284，表明研究期内土地利用变动趋于平缓，大致在 0.03% 上下波动。从全国空间分布来看，东部沿海地区、华北平原、山东半岛等地区县域综合土地利用动态度相对较高，土地利用变化相对剧烈；华中地区、四川盆地、黄河流域次之；西部地区、东北地区相对较低，土地利用变化温和平缓。总体来说，县域土地利用的区际分异度显著，胡焕庸线东南侧较为活跃，土地开发利用不平衡。事实上，综合土地动态度与宏观经济形势和国土空间开发格局紧密相关：一方面，受 2008 年金融危机和经济新常态影响，依靠要素数量简单扩张支撑的传统经济增长方式难以为继，着眼于要素资源优化配置的供给侧结构性改革，减少了对土地要素的需求及土地生态系统的压力；另一方面，基于点上开发和面上保护相促进的国土开发战略，我国对资源环境承载能力相对较强的地区实施集中布局、据点开发，最大限度地发挥要素集聚效益，从而腾出更多空间，实现更大范围和更高水平的国土保护。这从根本上决定了我国县域综合土地利用动态度在稳中有降同时又极富空间差异性。

第三节 县域土地利用分项（地类）演变情况

对于 2009~2015 年县域不同地类演变的空间分布情况，本研究从单一土地利用动态演变、县域土地利用比重演变、县域土地利用演变弹性系数、县域土地利用重心演变等几个方面出发，对县域不同土地利用演变的空间分布情况进行详细的分析和总结。

一、单一土地利用动态度

根据式 2-3 对 2009~2015 年各地类动态度进行计算分析，并分析各地类动态度空间分布情况。

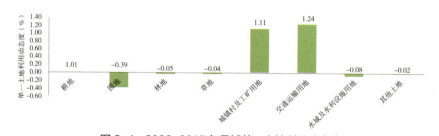

图 2-4 2009~2015 年县域单一土地利用动态度

研究期内变化最快的是城镇村及工矿用地和交通运输用地，园地、林地、草地、水域及水利设施用地的动态度为负值，说明面积处于较少状态。另外，2010~2014 年间中国县域总人口增加了 2286.27 万人。由此计算，县域人均城镇村及工矿用地和交通运输用地等建设用地面积增加了 7.35hm^2/万人，仅为同期全国人均增加量的 63% 和城市人均增加量的 35% 左右。这说明，县域建设用地规模的合理增加不仅没能弥补工业化城镇化发展的历史欠账，反而进一步拉大了与城市的发展差距，也从侧面反映出研究期内县域城镇化进程中的土地利用集约度在增加。

1. 耕地利用动态度

耕地变化情况较为复杂，西北、东南大部分县域耕地动态度较高，耕地增长幅度较快；而西南部、华北、东北部大部分县域动态度相对较低，耕地存在一定幅度的减少，其中华北平原、辽东半岛耕地减少幅度最高。耕地减少与近年来城镇化进程中的建设用地征用、农业结构调整、退耕还林等有关。

全国25°以上的坡耕地面积　　　　　表2-2

地 区	面积（万hm²）	占全国比重（%）
全 国	549.6	100
东部地区	33.6	6.1
中部地区	75.6	13.8
西部地区	439.4	79.9
东北地区	1.0	0.2

全国有灌溉设施和无灌溉设施耕地面积　　　　　表2-3

地 区	有灌溉设施耕地		无灌溉设施耕地	
	面积（万hm²）	占耕地比重（%）	面积（万hm²）	占耕地比重（%）
全 国	6107.6	45.1	7430.9	54.9
东部地区	1812.5	68.9	817.2	31.1
中部地区	1867.0	60.8	1204.4	39.2
西部地区	2004.3	39.7	3039.2	60.3
东北地区	423.8	15.2	2370.1	84.8

表2-2、表2-3表明全国耕地质量分布情况（《关于第二次全国土地调查主要数据成果的公报》），可以看出全国25°以上的坡耕地有80%分布在西部地区，且西部地区有60.3%的耕地无灌溉设施，西部地区耕地质量较差。可知耕地质量较差的西部地区耕地增长快，耕地质量较高的东、中部地区耕地规模呈减少态势，全国粮食安全堪忧。

2. 水域及水利设施用地利用动态度

水域及水利设施动态度大于0的县域大部分分布在西部地区，新疆、甘肃、宁夏、内蒙古以及云南、四川等地的部分县域水域及水利设施用地快速增加，说明国家对西部地区水利设施建设的重视，加快了西部地区水利建设步伐，为深入实施西部大开发战略提供了有力的水利支撑和保障。这一变化与2012年水利部印发的《西部大开发水利发展"十二五"规划》，加大西部地区水利设施投入力度，加快重点水利工程建设，并选取内蒙古、云南、甘肃、宁夏、新疆、重庆、四川等7个省级行政区开展农业水利综合改革相吻合。东、中部地区大部分县域水域及水利设施用地动态度小于0，大部分数值在-5%~0之间，社会经济的不断发展催生的沿河造田、围湖造地、填湖建城等多有发生，导致水域及水利设施用地面积急剧减少。水域及水利设施用地剧减，危害农业生产，威胁生物多样性，导致环境问题突出。

3. 城镇村及工矿用地利用动态度

全国仅极个别县域城镇村及工矿用地动态度为负值，其余县域均大于 0，表明全国绝大部分县域城镇村及工矿用地呈增长态势，这与矿区开采以及新型城镇化建设的开展等因素息息相关。西部地区城镇村及工矿用地快速增加，尤其是青海、宁夏、新疆等地区部分县域增长幅度较高，反映出 2013 年"一带一路"的提出，是加快新疆口岸地区城镇化建设的有力动因。而东部、东北部地区相对增加较慢。总的来说，胡焕庸线以西地区城镇村及工矿用地动态度高于胡焕庸线以东地区，西部地区城镇村及工矿用地开发建设步伐加快。

4. 交通运输用地利用动态度

全国绝大多数县域交通运输用地动态度大于 0，表明 2009~2015 年全国绝大多数县域交通运输用地呈增长态势，交通运输体系不断完善，为县域经济的持续健康发展起到良好的支撑作用。胡焕庸线以西地区交通运输用地动态度高于胡焕庸线以东地区，新疆、青海、宁夏、内蒙古等西部欠发达地区交通运输用地增长幅度明显快于东部地区县域，这是 2013 年《国家公路网规划（2013—2030年）》将交通运输扩展的重点放在西部和欠发达地区的反映。西部大开发建设取得一定成效，但存在建设用地增长幅度与人口分布格局不匹配问题。

5. 林地利用动态度

全国大部分县域林地呈减少态势，仅新疆、内蒙古、西藏等地有少量县域微增，且东、中部地区林地减少速度快于西部地区。林地流失数量巨大，毁林开垦、乱占林地等导致林地减少的情况十分突出。因此应加大林地资源保护管理和执法力度，严格执行《中共中央 国务院关于加快林业发展的决定》《全国林地保护利用规划纲要（2010—2020）》等政策文件指示，全面保护和合理利用林地。

6. 园地利用动态度

全国大部分县域园地呈减少态势，仅个别县域略有增长，且东、中部地区减少速度快于西、北地区。

7. 草地利用动态度

全国大部分县域草地呈减少态势，仅西藏牧区、海南、福建、江西等地有少量县域微增，且东、中部地区县域草地减少速度明显快于西部地区。大部分地区由于草原退化、耕地开垦、建设占用等因素影响，致使全国草地大范围减少，生态承载问题逐渐凸显。因此，有必要进一步强化生态优先理念，完善生态修复机制，像坚守耕地红线一样，呵护生态红线。

从全国范围来看，园地、草地、林地等土地利用动态度空间分布情况比较接近，说明农用地的减少与建设用地的增加关联性较大。

8. 其他土地利用动态度

对于其他土地，西部、西南部地区大部分县域呈减少趋势，这与西部和欠发达地区低丘缓坡的地形，及废弃工矿整治、荒漠化治理等一系列措施有关。东、中部区域呈小幅增长态势，尤其山东、江苏、河北、吉林等部分县域涨幅突出，这与设施农用地的发展密切相关。

二、县域土地利用比重演变

利用 ArcGIS 10.3 软件的统计分析、空间分析模块，在 2009~2015 年全国县域土地变更调查数据的基础上，通过计算县域各地类占比情况，可得到 2009~2015 年间县域不同地类占比的空间变化情况。

1. 县域耕地比重演变特征分析

2009~2015 年全国耕地占县域面积比重从 2009 年的 13.74% 下降到 2015 年的 13.37%，总体来说变化较平稳，略有降低。

2009 年耕地占县域面积比重分布显示，2009 年华北平原、东北地区耕地占县域比重明显高于西南、西北地区。然而 2009~2015 年间，西北、华南、东北、长江流域地区县域耕地比重增幅较大，华北平原、山东半岛、长江三角洲、辽东半岛等地区县域耕地比重存在一定程度的下降。

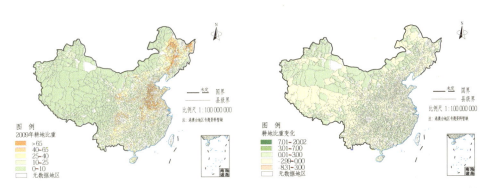

图 2-5　2009 年耕地占县域面积比重分布图　　图 2-6　2009~2015 年耕地占县域比重变化情况

2. 县域建设用地比重演变特征分析

2009~2015 年县域建设用地整体占比较低。最高为 2015 年，县域建设用地比重仅为 3.30%，但 2009~2015 年间，县域建设用地比重呈稳步增长态势。

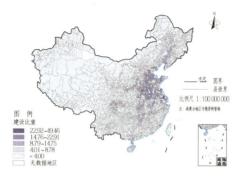
图 2-7 2009 年县域建设用地占县域比重图

图 2-8 2009~2015 年县域建设用地占县域比重变化情况

2009 年，华北平原、东北、长江流域地区建设用地占县域面积比重明显高于西部地区。建设用地分布格局存在较大差异，开发强度极不均衡。研究期内全国仅 7 个县域建设用地占县域面积比重有所减少，其余大部分区域建设用地占县域面积比重有所增长。

三、县域土地利用演变弹性系数

根据式 2-5 计算县域不同地类弹性系数，土地利用弹性系数大于 1，说明该地区该地类在研究期内的变化幅度相对于全国同向的平均变化幅度更大；土地利用弹性系数小于 -1，说明该地区该地类在研究期内的变化幅度相对于全国反向的平均变化幅度更大。对于城镇村工矿用地和交通运输用地，绝大部分县域建设用地规模与全国变化趋势一致，均处于增长态势。其中，西北、海峡西岸、内蒙古、贵州等地增长幅度高于全国平均水平，而东北绝大部分县域增幅低于全国平均水平。

对于耕地，研究期内全国耕地面积小幅减少了 38.64 万 hm^2。全国大致半数县域，尤其是新疆、内蒙古、长江以南地区的县域耕地面积相对于全国处于大

图 2-9 2009~2015 年县域城镇村及工矿用地弹性系数

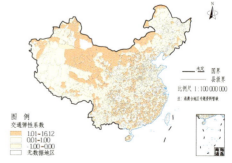
图 2-10 2009~2015 年县域交通运输用地弹性系数

图 2-11 2009~2015 年县域耕地弹性系数

幅减少态势,而东北、西南、西藏和华北等地区的县域耕地面积相对于全国有较大幅度增加。

对于园地、林地、草地、水域及水利设施等生态用地,绝大部分县域生态用地面积与全国变化趋势一致,均处于小幅减少态势。东、中部地区的县域水域及水利设施用地、林地面积减少幅度大于全国平均水平;西藏、青海及长江以南地区的县域园地面积减少幅度大于全国平均水平;胡焕庸线东南侧和天山北侧的草地面积减少幅度大于全国平均水平。

四、县域土地利用重心演变

根据式 2-1、式 2-2 对 2009~2015 年各地类重心进行计算,绘制出各地类重心迁移图,计算出迁移距离和迁移角度。

研究期内,县域耕地的重心在河南林州市,重心往西北方向偏移,并在 2010~2011 年有一个较大偏移,偏移了 610.75m。总的来说,耕地累计向西北方向迁移了 2498.2m,迁移幅度不大。县域耕地重心的迁移,与自 2012 年以来,我国加强农村土地经营权的流转、严格保护耕地、严格控制建设用地占用耕地面积、加强耕地质量的政策和制度有一定关系。

园地的重心主要集中在湖南的桑植县,2009~2015 年园地重心整体向西北方向偏移,2009~2010 年偏移距离最大为 2326.8m,县域园地重心累计迁移了 7176.5m。

林地的重心从陕西省丹凤县向西北方向迁移至山阳县内,总共迁移距离为 1157.6m。

县域草地的重心在青海省德令哈市,2009~2015 年重心不断向西南方向偏移,累计偏移 2162.5m。

城镇村及工矿用地的重心从河南省汝州市向西南方向迁移至郏县,在南北方向趋于均衡而在东西方向上趋于不均衡,且2012~2013年间迁移距离相对较大,县域城镇村及工矿用地重心累计向西南方向偏移了21471.5m,迁移距离较大,我国西部大开发建设取得一定的成效。

县域交通运输用地重心从河南济源市向西南方向的沁阳市迁移,重心迁移距离最大,向西南方向迁移22763.33m,在各个方位均趋于不均衡,2013~2014年向西南有较大的迁移。

县域水域及水利设施用地的重心分布在甘肃省卓尼县,2009~2015年间重心向西偏移,累计迁移9672.4m。

2009~2015年,不同土地类型的重心转移表明,所有地类重心整体均向西偏移。耕地、园地、林地重心向西北方向迁移,草地重心向西南迁移,农用地迁移距离整体不大,其中,园地重心迁移距离最大,研究期内的农地利用格局相对稳定。城镇村及工矿用地、交通运输用地、水域及水利设施用地的重心均向西迁移,交通运输用地迁移距离最大,城镇村及工矿用地迁移距离次之,建设用地变化剧烈,城镇化格局向中西部加快推进。2000~2016年,西部大开发累计新开工重点工程300项,投资总额达63515亿元,重点是西部铁路、公路、大型水利枢纽和能源等领域。青藏铁路、南水北调、西气东输等一系列工程带动了沿线县域城镇化的发展。

第四节 县域人口、经济与土地利用

县域土地利用演变离不开人口和经济的支撑,本研究根据2010、2014年全国县域人口、GDP、固定资产投资额等数据,分析县域土地利用与人口、经济间的内在关系。

一、县域人口与土地利用演变特征

2010~2014年,县域人口占全国比重从61.02%略微下降至60.54%,县域建设用地占全国比重也从69.78%下降至69.14%。人口和建设用地规模占全国比重差异较大,存在一定的不匹配情况。

根据2010、2014年全国县域人口规模、建设用地规模数据,计算得到2010~2014年县域人口规模变化率空间分布和县域建设用地规模变化率空间分布。可以看出,西北、东北地区人口增加较多,西藏、内蒙古、长江上游等地区人口存在一定减少。但相应地区的建设用地规模反而有较高的涨幅。总体来看,

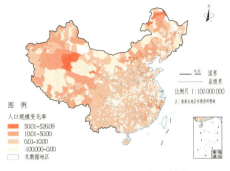

图 2-12　2010~2014 年县域人口规模变化率

图 2-13　2010~2014 年县域建设用地规模变化率

西部地区建设用地增长略高于东、中部地区，县域建设用地与人口存在较严重空间错配。

由 2014 年县域人均耕地面积空间分布图、2014 年人均建设用地面积空间分布图可知，2014 年人均耕地面积东北地区明显高于华东、华南地区，人均建设用地面积西部、东北部高于东部地区。建设用地与人口分布格局存在一定的不匹配。

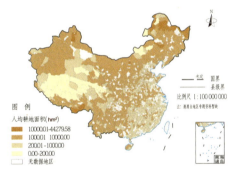

图 2-14　2014 年县域人均耕地面积

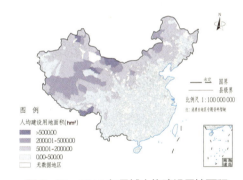

图 2-15　2014 年县域人均建设用地面积

二、县域经济与土地利用演变特征

2010~2014 年，县域 GDP 占全国比重从 41.77% 略降至 41.63%，县域建设用地占全国比重也从 69.78% 下降至 69.14%，2014 年县域固定资产投资额占全国比重为 46.75。GDP、固定资产投资额和建设用地规模占全国比重差异较大，存在较大的不匹配情况。

结合 2010、2014 年全国县域 GDP 数据、建设用地规模数据，通过计算得到 2010~2014 年县域 GDP 规模变化率空间分布图。可知，全国县域 GDP

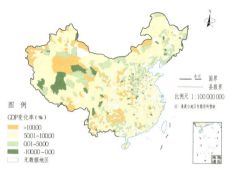

图 2-16　2010~2014 年县域 GDP 变化率

云南、贵州增加较多，内蒙古地区有所增长，但增长较少；而相应地区建设用地规模则是内蒙古地区增长较多，云南等地增加较少。县域建设用地与 GDP 增长存在一定关联，但配置效率较低，存在建设用地空间错配情况。

根据 2014 年全国县域地均建设用地 GDP 空间分布图、2014 年县域地均建设用地固定资产投资额空间分布图可知，2014 年县域地均建设用地 GDP 东部沿海地区明显高于西部、东北地区；地均固定资产投资额东南、华中地区高于西部、东北部地区。全国县域经济发展水平存在严重不均衡。

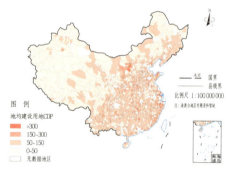

图 2-17　2014 年县域地均建设用地 GDP

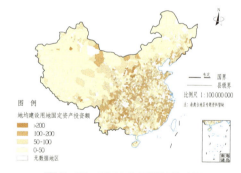

图 2-18　2014 年县域地均建设用地固定资产投资额

第五节　小结

综上所述，县域土地利用演变动态与宏观经济发展紧密关联。受 2008 年金融危机和经济"新常态"影响，土地利用综合动态度稳中有降，但区际分异度显著，胡焕庸线东南侧变化活跃。

县域建设用地、人口、经济存在一定的空间错配。内蒙古地区建设用地的大规模增加与人口减少、经济发展水平低下均存在严重错配；长江上游地区建设用地大规模增加与人口减少、西南地区建设用地增加较少与经济发展水平较高存在严重错配。建设用地配置效率较低，建设用地指标分配明显偏向东部地区，且与人口、经济空间错配严重。

研究期内，西北地区耕地、水域及水利设施用地增幅较大，东中部地区则呈现减少态势，粮食安全与生态安全格局变化需要加以重视。西部地区建设用地增长明显快于东部，西部大开发建设取得一定成效。

县域各类用地重心均存在一定幅度西移。其中，农地迁移较平稳，建设用地变化剧烈，建设用地重心西迁距离最大，表明近年来西部地区县域城镇化发展相对较快，城镇化格局向中西部加快推进。

第三章 县域空间演变特征分类与典型案例分析

本研究在全国县域土地利用演变的基础上，根据不同省份、不同地理环境要素、不同经济发展水平要素、不同城市群等差异，对县域空间演变特征进行分类分析。并在此基础上，选取不同类别的典型案例，从土地、经济、产业、人口等角度出发，分析典型县域的土地利用演变特征。

第一节 县域空间演变特征分类

分别从不同省份、不同地理环境要素、不同经济发展水平要素、不同城市群等差异，对县域空间演变特征进行分类，分析不同分类的情况下县域土地利用演变特征。

一、分省份

本研究中的1875个县域共分布在30个省级行政区内，各省份县域数量和面积存在一定差异，新疆、西藏、内蒙古等地区县域面积最大，而四川、河北、云南等省份县域数量最多。

2009~2015年县域建设用地从增长规模来说，新疆、河南、河北、内蒙古、江西等地区建设用地规模增长较大，西藏、宁夏、海南等地区建设用地增长规模较小；从增长率来看，新疆、贵州、福建、青海等省份建设用地增长率较高，黑龙江、吉林、西藏等省份建设用地增长率较低。不同省份建设用地指标分配存在较大差异。

2009~2015年各省县域耕地规模变化情况可以看出，内蒙古、新疆、广东、湖南等省级行政区耕地规模增长较大，且增长率较高；河南、辽宁、山东、湖北等省级行政区耕地规模减小较多。不同省份间耕地变化存在较大差异。

1. 综合土地利用动态度

2009~2015年，江苏、浙江、山东、河南、广东、河北、福建、海南等地区综合土地利用动态度较高，土地利用整体的变化幅度较大，人类活动对土地系

各省级行政区县域建设用地及耕地规模变化情况表　　　表3-1

名称	2015年县域个数	2015年县域面积（万km²）	2009~2015年建设用地变化量（hm²）	2009~2015年建设用地变化率（%）	2009~2015年耕地变化量（hm²）	2009~2015年耕地变化率（%）
天津	1	0.15	1828.50	6.13	−869.38	−1.62
北京	2	0.39	1122.90	3.84	866.99	1.93
宁夏	11	3.05	18360.83	11.27	−2467.87	−0.27
重庆	15	4.77	9283.99	4.28	7842.65	0.69
海南	16	3.41	23658.41	10.53	−1360.11	−0.21
吉林	39	15.87	33829.75	3.89	−6513.33	−0.11
青海	39	65.76	39053.30	15.80	602.14	0.11
辽宁	40	11.34	64497.58	6.36	−28680.31	−0.68
江苏	40	5.86	74465.54	6.45	−11227.69	−0.39
浙江	53	8.18	74101.62	11.34	11398.91	0.80
安徽	55	10.20	45392.13	3.63	−12863.80	−0.30
福建	56	10.71	80157.85	15.22	1290.31	0.11
广东	57	13.82	64409.51	8.39	84062.71	4.45
黑龙江	63	35.14	36273.69	2.88	6085.92	0.04
湖北	65	15.70	90054.95	8.54	−23510.56	−0.54
甘肃	68	36.24	67714.38	9.65	−27959.69	−0.64
西藏	69	116.24	9176.16	6.55	538.02	0.14
广西	70	19.22	46235.98	6.56	−5625.92	−0.18
贵州	70	16.33	87764.82	17.99	−3201.00	−0.08
江西	74	15.01	96325.76	11.79	3300.81	0.13
内蒙古	77	102.58	125852.51	8.87	64561.33	0.81
山东	81	10.31	95850.11	5.40	−35008.48	−0.61
陕西	81	16.57	52086.04	7.73	16596.67	0.52
新疆	82	141.63	201323.12	17.71	62221.89	1.28
湖南	84	19.35	72301.74	6.08	28135.28	0.79
山西	96	13.35	51223.49	5.95	2739.62	0.08
河南	99	13.40	134309.61	6.97	−44417.24	−0.65
云南	114	37.75	78074.29	8.30	−23825.33	−0.41
河北	125	15.65	121395.84	7.12	−12031.17	−0.21
四川	133	44.58	89154.18	7.19	20924.59	0.40
总计	1875	822.57	1985278.58	7.89	71605.96	0.06

统的扰动较大,城镇化建设剧烈;黑龙江、吉林、辽宁、内蒙古、青海、西藏、新疆、甘肃等地区综合土地利用动态度较低,土地利用整体变化幅度较小。

2. 比重现状分布情况

2015 年,各省级行政区县域耕地比重存在较大差异。东北、华北地区大部分省级行政区耕地比重较高,华南、华中地区部分省级行政区次之,西部地区的新疆、西藏、青海等省级行政区县域耕地比重较低,耕地比重大概在 0.34%~3.24% 之间;不同省级行政区建设用地比重存在较大差异,城镇化建设分异度较大。环渤海地区的山东、辽宁、河北,以及河南、安徽、浙江等省级行政区建设用地比重较高,建设用地比重为 8.24%~19.90%。西部地区的新疆、西藏、青海、甘肃、内蒙古等省级行政区建设用地比重较低,为 0.13%~2.00%。

3. 比重变化情况

研究期内,安徽、广东、贵州等省级行政区耕地比重上升较快,辽宁、吉林、山东、江苏、河南、甘肃、云南、宁夏、广西、海南、江西、湖北、河北、天津等 14 省级行政区耕地比重有所减少;江苏、浙江、山东、福建、河北等省级行政区建设用地比重增加较快,城镇化进程加快,西北、东北地区各省份建设用地比重增加较慢。各省份的县域建设用地比重变化存在较大的分异度,县域城镇化发展极度不均衡。

4. 土地利用弹性系数

在全国总体耕地增长的背景下,新疆、广东、天津等省级行政区弹性系数较高,具有较高贡献度。甘肃、河南、山东、辽宁等省份耕地有所减少;在全国建设用地总体增长的背景下,西藏、新疆、青海、贵州等省级行政区建设用地弹性系数较高,城镇化建设较快,黑龙江、吉林等省份弹性系数较小,城镇化建设较慢。

各省级行政区耕地及建设用地比重与弹性系数情况表　　表3-2

名称	2015年耕地比重(%)	2009~2015年耕地比重变化(%)	2015年建设用地比重(%)	2009~2015年建设用地比重变化(%)	2009~2015年耕地弹性系数	2009~2015年建设用地弹性系数
陕西	19.00	0.10	4.25	0.30	−1.81	0.81
西藏	0.34	0.00	0.13	0.01	−0.48	0.69
黑龙江	38.58	0.02	3.58	0.10	−0.15	0.30
广西	17.24	−0.03	4.23	0.26	0.65	0.69
青海	0.79	0.00	0.42	0.06	−0.39	1.66
新疆	3.24	0.04	0.88	0.13	−4.50	1.87
宁夏	28.45	−0.08	5.64	0.57	0.94	1.19

续表

名称	2015年耕地比重（%）	2009~2015年耕地比重变化（%）	2015年建设用地比重（%）	2009~2015年建设用地比重变化（%）	2009~2015年耕地弹性系数	2009~2015年建设用地弹性系数
山西	25.41	0.02	6.48	0.36	-0.27	0.63
湖北	27.48	-0.15	7.23	0.57	1.88	0.90
贵州	25.11	-0.02	3.67	0.56	0.28	1.90
湖南	18.97	0.15	6.76	0.38	-2.79	0.64
浙江	17.67	0.14	8.97	0.91	-2.80	1.20
天津	46.15	-0.55	18.86	1.15	5.68	0.65
安徽	41.77	-0.12	12.49	0.44	1.04	0.38
四川	12.18	0.05	3.12	0.20	-1.39	0.76
河北	34.53	-0.07	10.95	0.72	0.73	0.75
海南	21.01	-0.05	8.23	0.78	0.75	1.11
山东	51.93	-0.32	17.08	0.88	2.14	0.57
重庆	27.36	0.16	5.67	0.19	-2.42	0.45
广东	15.25	0.65	6.60	0.50	-15.61	0.88
福建	10.96	0.01	5.82	0.77	-0.40	1.60
江西	18.03	0.02	6.42	0.66	-0.45	1.24
江苏	46.63	-0.18	19.90	1.20	1.36	0.68
云南	16.14	-0.07	2.89	0.22	1.44	0.87
北京	10.84	0.21	7.19	0.27	-6.77	0.41
内蒙古	7.43	0.06	1.43	0.12	-2.83	0.93
辽宁	34.38	-0.23	8.84	0.53	2.38	0.67
吉林	35.49	-0.04	5.25	0.20	0.37	0.41
甘肃	11.38	-0.07	2.00	0.18	2.24	1.02
河南	49.04	-0.32	14.87	0.97	2.27	0.73

5. 土地利用与经济、人口

就GDP而言，2010~2014年贵州、云南、湖南、湖北、福建、新疆等省级行政区增长较快，山西、辽宁、吉林等省份增长率相对较小，仅西藏县域GDP有一定减少；就人口而言，2010~2014年内蒙古、江西等省级行政区变化率较高，增加较快，重庆、河南、辽宁三省县域人口有一定减少；对于2009~2015年建设用地的规模变化情况，新疆、西藏、青海、贵州等省级行政区增长率较高，建设用地增长较快。黑龙江、吉林、辽宁等省份增长率较低，建设用地增长较慢。可以看出，研究期内各省建设用地与GDP增长存在一定关联，但配置效率较低，存在建设用地空间错配。

根据 2014 年各省级行政区县域人口、GDP、建设用地占全国比重情况，分别计算得到县域建设用地和人口、GDP 比重的差值，来表征建设用地和人口、经济配置是否平衡。与 GDP 相比，东部沿海地区用地配置最少，西北地区及黑龙江等地区用地配置较多；与人口相比，河南、山东、湖南、四川、河北等省份用地配置最少，内蒙古用地配置较多。总之，全国各省县域规模和数量存在一定差异，不同省份建设用地、耕地比重差异较大，建设用地指标分配明显偏向东、中部省份，城镇化建设效果优于西部省份。无论从 GDP 还是人口衡量，山东、江苏、浙江、河南等用地配置过少，内蒙古用地配置过多。配置效率有待进一步优化。

各省级行政区土地利用与经济、人口基本情况　　表3-3

名称	2010~2014年GDP变化率（%）	2010~2014年建设用地规模变化率（%）	2010~2014年人口变化率（%）
陕西	80.06	5.51	0.93
西藏	-29.99	3.96	8.50
黑龙江	64.72	1.74	7.84
广西	55.42	4.40	2.78
青海	58.59	12.14	2.38
新疆	75.11	12.57	8.88
宁夏	77.72	6.15	4.50
山西	20.67	4.54	2.06
湖北	89.85	6.07	0.83
贵州	120.82	13.37	3.41
湖南	73.23	3.72	2.01
浙江	51.85	7.61	0.61
天津	67.66	3.54	15.59
安徽	63.10	2.41	0.17
四川	68.53	4.34	1.63
河北	43.13	4.14	8.16
海南	65.28	7.14	2.21
山东	59.20	3.41	4.91
重庆	84.73	2.47	-3.50
广东	67.54	5.26	2.56
福建	70.45	9.84	0.93
江西	73.08	7.39	10.26
江苏	58.46	3.97	1.80

续表

名称	2010~2014年GDP变化率（%）	2010~2014年建设用地规模变化率（%）	2010~2014年人口变化率（%）
云南	81.25	5.70	4.14
北京	31.06	2.22	1.13
内蒙古	60.44	5.50	11.44
辽宁	29.97	3.49	-0.96
吉林	35.76	3.05	0.12
甘肃	62.54	7.30	1.24
河南	52.59	4.87	-1.43

2014年各省级行政区县域人口、GDP、建设用地占全国比重情况　　表3-4

名称	常住人口占比（%）	建设用地占比（%）	GDP占比（%）	建设用地—人口占比（%）	建设用地—GDP占比（%）
天津	0.07	0.08	0.05	0.01	0.03
北京	0.06	0.08	0.05	0.02	0.03
宁夏	0.22	0.45	0.12	0.23	0.33
重庆	0.66	0.57	0.32	-0.09	0.25
海南	0.45	0.62	0.29	0.17	0.33
吉林	1.29	2.26	1.01	0.98	1.25
青海	0.31	0.71	0.18	0.41	0.53
辽宁	1.48	2.7	1.4	1.22	1.30
江苏	2.76	3.08	4.18	0.31	-1.1
浙江	2.25	1.81	2.64	-0.44	-0.83
安徽	2.67	3.25	1.24	0.58	2.01
福建	1.78	1.50	1.90	-0.28	-0.40
广东	2.77	2.06	1.50	-0.71	0.56
黑龙江	1.72	3.25	0.94	1.53	2.31
湖北	2.72	2.85	1.75	0.13	1.11
甘肃	1.27	1.92	0.43	0.65	1.49
西藏	0.19	0.37	0.07	0.18	0.30
广西	2.23	1.87	0.93	-0.36	0.94
贵州	1.92	1.42	0.90	-0.50	0.52
江西	2.63	2.26	1.22	-0.37	1.04
内蒙古	1.25	3.85	1.59	2.60	2.26
山东	4.50	4.68	4.38	0.17	0.30
陕西	1.72	1.81	1.30	0.09	0.51

续表

名称	常住人口占比（%）	建设用地占比（%）	GDP占比（%）	建设用地—人口占比（%）	建设用地—GDP占比（%）
新疆	1.33	3.30	0.84	1.96	2.46
湖南	3.75	3.15	2.21	-0.59	0.94
山西	1.88	2.29	1.04	0.41	1.25
河南	4.94	5.14	3.32	0.20	1.82
云南	2.87	2.54	1.14	-0.33	1.40
河北	4.22	4.54	2.62	0.32	1.92
四川	3.90	3.31	2.06	-0.58	1.25

二、地理环境分区

2015年，不同地理环境分区的县域数量和面积存在一定差异，西北、西南地区县域总规模最大，而西南、华东地区县域数量最多。

根据研究期内各地理环境分区县域建设用地规模变化情况可知，华东、华北地区县域建设用地规模增加量最多，华南地区增加量最少；西北地区、西南地区县域建设用地增长率最大，华中、华东地区增长率最小。

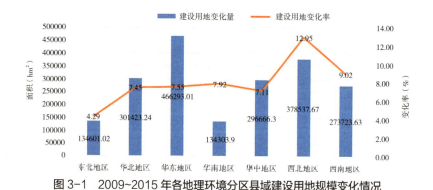

图3-1　2009~2015年各地理环境分区县域建设用地规模变化情况

研究期内，东北、华东、华中、西南地区县域耕地面积减少，其中华中地区耕地规模减小最大，共减少35582hm²；西北、华北地区耕地规模增加最多，但华南地区耕地增长率最高，增长了0.85%。

1. 综合土地利用动态度

由2009~2015年地理分区综合土地利用动态度空间分布情况可知，华东、华中地区县域综合土地利用动态度最高，分别为0.147和0.117，人类活动对土地干扰程度大，城镇化活动剧烈。西南、西北地区最低，仅为0.0317和0.0323。

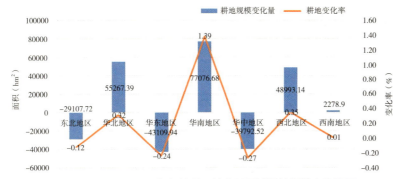

图 3-2 2009~2015 年各地理环境分区县域耕地规模变化情况

2. 各地类比重现状分布情况

2015 年，各地理分区中县域耕地比重存在较大差异，东北、华中地区耕地比重较高，分别为 36.99% 和 30.38%。西北、西南地区耕地比重较低，分别为 5.035% 和 8.24%；各地理分区建设用地比重差异明显，总体东部比重高，西部比重低。其中，华东、华中、华南地区建设用地比重明显高于其他地区，比重最高为华东地区，建设用地比重为 10.96%。西北、西南地区建设用地比重较低，最低为西北地区，比重仅为 1.19%。各地理分区建设用地比重存在较大差异，城镇化建设分异度较大。

3. 各地类比重变化情况

2009~2015 年，各地理分区耕地比重变化差异较大。其中，西南、华南地区耕地比重上升较快，分别增长了 0.372% 和 0.226%。华中、东北地区耕地比重有所减少，华中地区减少了 0.09%；另外，建设用地比重变化存在一定差异，华东、华中、华南地区建设用地比重增加较快，城镇化进程加快，其中华东地区比重增加最快，为 0.78%。西部地区建设用地比重增加较慢，西南地区比重增加最慢，仅为 0.135%。

4. 土地利用弹性系数

2009~2015 年，在全国耕地总体增长的背景下，华南、西北、华北等弹性系数较高，且耕地增长幅度远高于全国水平。华中、华东、东北等地区弹性系数小于零，说明耕地有一定程度的减少；在全国建设用地总体增长的背景下，西南、西北华南、华东地区弹性系数较高，且建设用地增长幅度高于全国水平。东北、华北、华中地区弹性系数较低，且建设用地增长幅度低于全国水平。

5. 土地利用与经济、人口

2010~2014 年，对县域 GDP 来说，西南、西北、华中等地区增加较多，其中增加最多的为西南地区，增加了 77.42%。东北、华北、华东地区增加较

各地理分区耕地及建设用地比重及弹性系数情况　　　　表3-5

地理分区	2015年耕地比重（%）	2009~2015年耕地比重变化（%）	2015年建设用地比重（%）	2009~2015年建设用地比重变化（%）	2009~2015年耕地弹性系数	2009~2015年建设用地弹性系数
东北地区	36.99	5.00	-0.04	0.21	0.42	0.45
华北地区	12.53	3.11	0.04	0.22	-1.11	0.79
华东地区	29.82	10.95	-0.05	0.77	0.83	0.80
华南地区	16.61	5.39	0.23	0.40	-4.85	0.83
华中地区	30.34	9.20	-0.08	0.61	0.94	0.75
西北地区	4.99	1.18	0.02	0.14	-1.24	1.37
西南地区	6.96	1.39	0.00	0.12	-0.05	0.95

少，东北地区增加最少，仅增加了40%；对人口来说，华北、华东、西北地区人口规模增加较快，其中华北地区增加最快，增加了7.08%。华中地区增长最慢，仅增长了0.21%；对建设用地来说，西南、西北、华南地区县域建设用地规模增长较快。东北、华北、华中地区增长较慢。县域建设用地与GDP、人口增长存在一定关联，但配置效率较低，存在建设用地空间错配。

各地理分区土地利用与经济、人口基本情况　　　　表3-6

地理分区	2010~2014年GDP变化率（%）	2010~2014年建设用地规模变化率（%）	2010~2014年人口变化率（%）
东北地区	40.03	2.57	2.67
华北地区	42.66	7.08	4.69
华东地区	60.29	3.36	4.85
华南地区	62.96	2.62	5.16
华中地区	66.45	0.22	4.85
西北地区	74.22	3.35	9.30
西南地区	77.42	2.48	6.07

根据2014年各地理分区中县域人口、GDP、建设用地占全国比重，分别计算得到县域建设用地和人口、GDP比重的差值，用来表征各地理分区建设用地和人口、经济配置是否平衡。与GDP相比，华东地区用地配置最少，西北、东北、华北地区用地配置较多；与人口相比，华南、华东、华中、西南地区用地配置较少，西北、东北、华北地区用地配置较多。

综上所述，全国各地理分区县域规模和数量存在一定差异，不同地区建设用地、耕地比重差异较大，建设用地指标分配明显偏向华东、华中地区，城镇化建

2014年各地理分区县域人口、GDP、建设用地占全国比重情况　　表3-7

地理分区	GDP占全国比重（%）	常住人口占全国比重（%）	建设用地占全国比重（%）	建设用地比重-人口比重（%）	建设用地比重-GDP比重（%）
东北地区	3.35	4.48	8.21	3.73	4.86
华北地区	5.34	7.48	10.84	3.36	5.49
华东地区	15.57	16.60	16.58	−0.02	1.01
华南地区	2.72	5.46	4.55	−0.90	1.83
华中地区	7.28	11.41	11.15	−0.26	3.87
西北地区	2.88	4.84	8.19	3.34	5.31
西南地区	4.48	9.53	8.21	−1.32	3.72

设效果优于西北、西南地区。研究期内，各地区县域建设用地与耕地规模变化率的区际分异度较高。西北、西南地区建设用地增长明显快于华东、华中地区，西部人开发建设取得　定成效。全国各地理分区县域建设用地规模与人口、经济分布存在一定空间错配。无论从GDP还是人口衡量，华东地区用地配置最少，西北、东北用地配置较多。

三、经济发展分区

2015年，不同经济发展分区县域数量和面积存在一定差异，西部地区县域总面积和数量最大，东北地区县域数量最少，东部地区县域总规模最小。

2009~2015年，西部地区建设用地规模增加最多，增加了1002576.36hm²，变化率也最大，增加了12.28%；东北地区建设用地增加规模最小，变化率最低。

2009~2015年，西部地区县域耕地增加规模最多，增加了971597.74hm²，增长率最高，增加了2.33%；东北地区耕地规模增加最少，增长率也最小。

1. 综合土地利用动态度

2009~2015年，东、中部地区综合土地利用动态度最高，分别为0.171、0.106，人类活动对土地干扰程度大，城镇化活动剧烈。西部、东北部地区最低，仅为0.032、0.046，城镇化活动较为缓慢。

2. 各地类比重现状分布

2015年，东北地区耕地比重最高，为37%，其次为中部地区，比重为28.8%。西部地区耕地比重最低，仅为6.9%；各经济分区县域建设用地比重空间分布情况可以看出，东、中部地区建设用地比重最高，建设用地比重分别为10.8%和8.7%，西部地区建设用地比重最低，仅为1.5%。

3. 各地类比重变化情况

2009~2015年各经济分区耕地、建设用地比重变化显示，西部耕地比重增加较快，增加了0.166%，东北地区耕地比重有小幅减少，减少了0.01%；东、中部地区建设用地比重增加较快，分别增加了0.79%和0.57%，城镇化进程相对较快。西部、东北地区建设用地比重增加较慢。城镇化进程存在较大的差异性。

4. 土地利用弹性系数

2009~2015年，在全国耕地总体增长的背景下，西部、东部地区弹性系数最高，具有较高贡献度，且增长快于全国水平。中部、东北地区耕地弹性系数小于零，耕地有所减少；在全国建设用地总体增长的背景下，西部地区弹性系数最高，增长幅度高于全国水平。东北地区弹性系数最低。

各经济分区耕地及建设用地比重及弹性系数情况　　表3-8

经济分区	2015年耕地比重（%）	2009~2015年耕地比重变化（%）	2015年建设用地比重（%）	2009~2015年建设用地比重变化（%）	2009~2015年耕地弹性系数	2009~2015年建设用地弹性系数
东北	36.99	-0.04	5.00	0.21	0.42	0.45
东部	28.51	0.07	10.74	0.78	-0.66	0.82
西部	6.66	0.02	1.43	0.13	-0.93	1.08
中部	28.79	-0.04	8.66	0.56	0.65	0.73

5. 土地利用与经济、人口

2010~2014年，西部地区县域GDP增加最多，东北地区增长最少；东部地区人口增加最快，增加了3.97%，中部地区人口增加最慢，仅增加了1.7%；而西部地区建设用地增长最快，增加了12.28%，东北地区建设用地增加最慢，仅为4.28%。从总体看，县域人口、GDP增长与建设用地配置存在一定关联，但配置效率较低。

各经济分区土地利用与经济、人口基本情况　　表3-9

经济分区	2010~2014年GDP变化率（%）	2010~2014年建设用地规模变化率（%）	2010~2014年人口变化率（%）
东北	40.03	2.57	2.67
东部	57.08	3.83	4.91
西部	71.30	3.34	6.99
中部	60.90	1.71	4.68

根据 2014 年各经济分区中县域人口、GDP、建设用地占全国比重，分别计算得到县域建设用地和人口、GDP 比重的差值，用来表征各经济分区建设用地和人口、经济配置是否平衡。与 GDP 相比，东部地区用地配置最少，中部、东北地区用地配置较多；与人口相比，东部、中部地区用地配置最少，西部地区用地配置较多。

2014年各经济分区县域人口、GDP、建设用地占全国比重情况　　表3-10

经济分区	GDP占全国比重（%）	常住人口占全国比重（%）	建设用地占全国比重（%）	建设用地比重-人口比重（%）	建设用地比重-GDP比重（%）
东北	3.35	4.48	8.21	3.73	4.86
东部	5.34	7.48	10.84	3.36	5.49
西部	15.57	16.60	16.58	−0.02	1.01
中部	2.72	5.46	4.55	−0.90	1.83

综上所述，全国经济分区县域规模和数量存在一定差异，不同地区建设用地、耕地比重差异较大，建设用地指标分配明显偏向东、中部地区，城镇化建设效果优于西部、东北地区。研究期内，各地区县域建设用地与耕地规模变化率区际分异度较高。西部地区建设用地增长明显快于东北、中部地区，西部大开发建设取得一定成效。全国各经济分区县域建设用地规模与人口、经济分布存在一定空间错配。无论从 GDP 还是人口衡量，东部地区用地配置最少，西部地区用地配置较多。

四、城市群

截至 2017 年 3 月底，我国已形成成渝城市群、滇中城市群、关中城市群、北部湾城市群、哈长城市群、海峡西岸城市群、呼包鄂榆城市群、京津冀城市群、兰西城市群、辽中南城市群、宁夏沿黄城市群、黔中城市群、山东半岛城市群、太原城市群、乌昌石城市群、长江三角洲城市群、长江中游城市群、中原城市群、珠江三角洲城市群等 19 个城市群。其中，长江中游城市群、成渝城市群、哈长城市群、长江三角洲城市群、中原城市群、北部湾城市群等 6 个城市群已先后获国务院批复。

2015 年，城市群内县域面积 22948.43 万 hm^2，远小于城市群外县域的 61672.91 万 hm^2，但城市群内县域数量 1047 个，数量上远高于城市群外的 829 个县域；城市群内耕地比重为 29.52%，建设用地比重为 7.8%，而城市群外耕地比重为 6.79%，建设用地比重仅为 1.5%，城市群内耕地、建设用地规模和比重均大于城市群外。

此外，不同城市群县域数量和面积存在一定差异。2015年，哈长城市群、呼包鄂榆城市群、长江中游城市群、中原城市群等规模最大，中原城市群、长江中游城市群、成渝城市群等县域数量最多。

2009~2015年，城市群内县域建设用地增加规模高于城市群外县域，但增长率却稍低于城市群外县域。耕地规模呈城市群内减少而城市群外增加态势。

研究期内，不同城市群建设用地变化存在一定差异。中原城市群、长江中游城市群、长江三角洲城市群等城市群建设用地规模增加最多，宁夏沿黄城市群、兰西城市群、珠江三角洲城市群等建设用地增加规模较小。乌昌石城市群、黔中城市群、海峡西岸城市群等建设用地增长率最高，哈长城市群、珠江三角洲城市群等增长率最低。

图3-3　2009~2015年城市群建设用地规模变化情况

不同城市群耕地规模变化存在较大差异。成渝、关中、海峡西岸、广西北部湾、呼包鄂榆、京津冀、太原、珠江三角洲等城市群耕地规模有所增加，其中广西北部湾城市群耕地规模增加最多，增加了36880.22hm²，珠江三角洲城市群增长率最高，增长了3.19%。其余城市群耕地规模均有不同程度的减少。其中，中原城市群、辽中南城市群、兰西城市群等耕地规模减小较多，中原城市群耕地规模减小最多，共减少68624.96hm²，兰西城市群耕地减少率最大，减少了1.67%。

1. 综合土地利用动态度

2009~2015年，城市群内外县域综合土地利用动态度差异较大，城市群内部是外部的约4倍之多。不同城市群间县域综合土地利用动态度也具有明显差异，山东半岛城市群、长江三角洲城市群、海峡西岸城市群等综合土地利用动态度较高，城镇化活动剧烈；哈长城市群、呼包鄂榆城市群、滇中城市群等综合土地利用动态度较低。

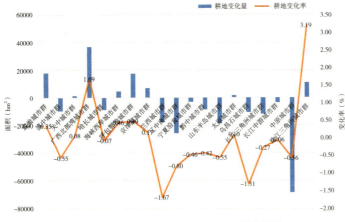

图 3-4 2009~2015 年城市群耕地规模变化情况

2. 不同地类比重现状分布

2015 年，哈长城市群、中原城市群、山东半岛城市群等耕地比重最高，呼包鄂榆城市群、乌昌石城市群、海峡西岸城市群等耕地比重相对较低。不同城市群耕地比重差异较大；中原城市群、山东半岛城市群、长江三角洲城市群等建设用地比重较高，呼包鄂榆城市群、乌昌石城市群、黔中城市群等建设用地比重较低。

3. 不同地类重变化情况

2009~2015 年，城市群内耕地比重增加了 0.139%，城市群外增加了 0.11%，城市群内外耕地比重变化差异较小。长江三角洲城市群、兰西城市群等耕地比重增加较快，哈长城市群、辽中南城市群、中原城市群、乌昌石城市群、宁夏沿黄城市群、关中城市群、长江中游城市群、黔中城市群、滇中城市群、山东半岛城市群耕地比重有所减少；城市群内部建设用地增长了 0.57%，城市群外部增长了 0.12%，城市群内建设用地比重增加约是城市群外的 4.8 倍，城市群内外建设用地增长差异巨大。对于城市群内部来说，山东半岛城市群、海峡西岸城市群、长江三角洲城市群等建设用地比重增加较快，城镇化进程加快，哈长城市群、呼包鄂榆城市群等建设用地比重增加较慢。

4. 土地利用弹性系数

2009~2015 年，城市群外耕地弹性系数高于城市群内，且增长快于全国水平。对于城市群内，海峡西岸城市群、广西北部湾城市群、珠江三角洲城市群等耕地弹性系数最高，具有较高贡献度；在全国建设用地总体增长的背景下，城市群外建设用地弹性系数略高于城市群内，城市群外建设用地增长快于全国水平。城市群内建设用地增长稍慢于全国水平，黔中城市群、乌昌石城市群弹性系数最高。

各城市群耕地及建设用地比重与弹性系数情况表　　　　　表3-11

城市群	2015年耕地比重（%）	2009~2015年耕地比重变化（%）	2015年建设用地比重（%）	2009~2015年建设用地比重变化（%）	2009~2015年耕地弹性系数	2009~2015年建设用地弹性系数
成渝城市群	29.19	0.10	7.12	0.46	-1.22	0.73
滇中城市群	20.18	-0.11	4.13	0.37	1.93	1.02
关中城市群	26.74	0.02	6.54	0.39	-0.27	0.67
广西北部湾城市群	25.59	0.42	7.52	0.45	-5.91	0.66
哈长城市群	42.43	-0.03	5.29	0.16	0.25	0.32
海峡西岸城市群	15.05	0.06	8.51	1.08	-1.60	1.53
呼包鄂榆城市群	13.13	0.07	2.46	0.28	-1.72	1.37
京津冀城市群	28.74	0.08	9.76	0.64	-0.59	0.73
兰西城市群	22.91	-0.32	4.13	0.47	5.87	1.33
辽中南城市群	33.87	-0.28	9.17	0.60	2.79	0.74
宁夏沿黄城市群	25.65	0.18	5.67	0.70	1.61	1.34
黔中城市群	30.90	-0.13	3.94	0.62	1.49	1.96
山东半岛城市群	48.61	-0.27	17.00	1.05	1.92	0.70
太原城市群	23.18	0.02	5.96	0.38	-0.36	0.71
乌昌石城市群	10.17	-0.12	2.66	0.51	4.60	2.45
长江三角洲城市群	31.89	-0.08	14.06	1.01	0.94	0.81
长江中游城市群	25.70	-0.01	8.34	0.68	0.20	0.94
中原城市群	49.87	-0.25	14.70	0.82	1.98	0.62
珠江三角洲城市群	12.50	0.39	6.38	0.76	-11.18	1.42

5.土地利用与经济、人口

2010~2014年，从GDP来说，黔中城市群、成渝城市群、长江中游城市群、兰西城市群等增加较多，太原城市群、哈长城市群、辽中南城市群等增加较少；从人口来说，呼包鄂榆城市群、京津冀城市群、宁夏沿黄城市群、滇中城市群等人口增长较快，辽中南城市群人口有一定程度的减少；另外，不同城市群建设用地变化率差异较大，黔中城市群、海峡西岸城市群、乌昌石城市群等增长较多，哈长城市群、辽中南城市群等增加相对较少。

根据2014年城市群内外及各城市群县域人口、GDP、建设用地占全国比重，分别计算得到建设用地和人口、GDP比重的差值，用来表征城市群内外、城市群内部建设用地和人口、经济配置是否平衡。与GDP相比，长江三角洲城市群、山东半岛城市群、海峡西岸城市群等用地配置最少，哈长城市群、中原城市群等用地配置较多；与人口相比，中原城市群、长江中游城市群、成渝城市群等用地配置最少，乌昌石城市群、辽中南城市群等用地配置较多。

各城市群土地利用与经济、人口基本情况　　　表3-12

城市群	2010~2014年GDP变化率（%）	2010~2014年建设用地规模变化率（%）	2010~2014年人口变化率（%）
成渝城市群	70.37	−0.82	4.13
滇中城市群	68.19	7.93	6.38
关中城市群	88.97	1.11	4.52
广西北部湾城市群	67.81	2.99	4.10
哈长城市群	52.28	3.59	2.27
海峡西岸城市群	66.38	3.53	9.66
呼包鄂榆城市群	62.80	12.36	8.29
京津冀城市群	45.97	7.18	4.10
兰西城市群	74.28	1.77	11.16
辽中南城市群	29.21	−2.99	3.93
宁夏沿黄城市群	76.43	6.09	6.76
黔中城市群	123.07	0.24	13.68
山东半岛城市群	54.10	2.71	4.35
太原城市群	3.58	2.11	4.98
乌昌石城市群	68.98	5.85	16.07
长江三角洲城市群	54.07	−0.80	5.08
长江中游城市群	76.09	4.16	5.91
中原城市群	52.33	1.21	3.95
珠江三角洲城市群	74.90	1.99	8.29

2014年城市群内外县域人口、GDP、建设用地占全国比重情况　　　表3-13

城市群	常住人口占比（%）	建设用地占比（%）	GDP占比（%）
城市群外	18.28	23.04	9.70
城市群内	41.53	44.68	31.93

综上所述，全国城市群内县域规模远小于城市群外，但县域耕地、建设用地比重均高于城市群外。研究期内，不同城市群建设用地与耕地规模变化率区际分异度较大，中原城市群、长江中游城市群、长江三角洲城市群等建设用地规模增加最多，宁夏沿黄城市群、兰西城市群、太原城市群等建设用地增加规模较小。不同城市群建设用地规模与人口、经济分布存在一定空间错配。无论从GDP还是人口衡量，长江三角洲城市群、海峡西岸城市群等用地配置最少，辽中南城市群、乌昌石城市群等用地配置较多。

2014年各城市群县域人口、GDP、建设用地占全国比重情况　　　表3-14

城市群	GDP占全国比重（%）	常住人口占全国比重（%）	建设用地占全国比重（%）	建设用地比重-人口比重（%）	建设用地比重-GDP比重（%）
成渝城市群	3.35	4.48	8.21	3.73	4.86
滇中城市群	5.34	7.48	10.84	3.36	5.49
关中城市群	15.57	16.60	16.58	−0.02	1.01
广西北部湾城市群	2.72	5.46	4.55	−0.90	1.83
哈长城市群	7.28	11.41	11.15	−0.26	3.87
海峡西岸城市群	2.88	4.84	8.19	3.34	5.31
呼包鄂榆城市群	4.48	9.53	8.21	−1.32	3.72
京津冀城市群	2.96	3.46	2.09	0.50	1.37
兰西城市群	0.32	0.47	0.14	0.15	0.33
辽中南城市群	1.20	2.15	1.25	0.95	0.90
宁夏沿黄城市群	0.17	0.36	0.11	0.19	0.25
黔中城市群	0.96	0.64	0.47	−0.32	0.17
山东半岛城市群	2.55	2.97	3.12	0.42	−0.15
太原城市群	0.82	1.03	0.46	0.21	0.56
乌昌石城市群	0.16	0.52	0.20	0.36	0.32
长江三角洲城市群	4.37	4.82	6.16	0.45	−1.33
长江中游城市群	5.67	5.25	3.60	−0.42	1.65
中原城市群	8.76	8.90	5.09	0.14	3.81
珠江三角洲城市群	0.56	0.45	0.45	−0.11	0.00

第二节　典型案例分析

本研究按不同类别县域空间演变特征选取三个具有代表性的县域进行调研分析，分别是地理分区属于华东地区，经济分区属于东部地区，城市群属于山东半岛城市群的山东省五莲县；地理分区属于华中地区，经济分区属于中部地区，城市群属于长江中游城市群的湖北省枝江市；以及地理分区属于华中地区，经济分区比照西部地区，位于城市群外的湖南省桑植县。由于隶属于不同分区，三个典型县在土地利用、产业、经济等方面存在较大的差异。

一、五莲县

1. 县域概况

五莲县，是中国山东省日照市下辖县，地处山东半岛南部、日照市东北端，全县面积 1497.14km^2。截至 2015 年 12 月底，辖日照市北经济开发区、五莲山旅游风景区和12处乡镇（街道），总人口51万人，是国务院确定的沿海经济开放县。五莲县拥有省级开发区——日照市北经济开发区和山东省第八家省级台湾工业园，开发区以现代化工业园区和城市新区定位，借助日照市区北拓和临海近港优势，着力打造汽车制造、临港物流加工、高新技术、低碳产业四大产业集聚区，是五莲县建设东部新城、接轨青岛、开放发展的前沿。

2. 土地利用变化（一级类）

（1）土地利用变化

对调研中获得的五莲县2010~2015年土地利用变更调查空间数据进行处理和分析，得到五莲县土地利用变化情况。根据2010、2015年五莲县土地利用空间分布图（一级类）可以看出，五莲县耕地面积减少较多，城镇村及工矿用地大幅增加，交通运输用地有所增长。

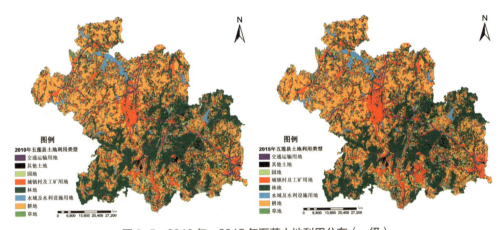

图3-5 2010年、2015年五莲土地利用分布（一级）

2010~2015年五莲县城镇村及工矿用地规模增加最多，增加了1365.69hm²，其次是交通运输用地，增加了125.34hm²，水域及水利设施用地、其他土地均增加较少。耕地、园地、林地、草地等农用地规模减小，且耕地减少面积最多，共减少553.45hm²。

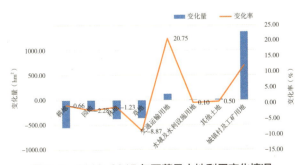

图3-6 2010~2015年五莲县土地利用变化情况

(2)转移矩阵

根据式 2-6 计算出 2010~2015 年五莲县土地利用转移矩阵。可以看出，耕地面积减少明显，大部分转移为城镇村及工矿用地、其他土地、交通运输用地。园地、林地、草地大部分转移为耕地、城镇村及工矿用地。城镇村及工矿用地有少量转移为耕地。交通运输用地、水域及水利设施用地转移面积较少。

2010~2015 年五莲县土地利用转移矩阵（一级类）（单位：hm²）   表3–15

土地利用类型	耕地	园地	林地	草地	交通运输用地	水域及水利设施用地	其他土地	城镇村及工矿用地
耕地	82541.22	0.66	0.14		88.19	6.12	110.11	1214.47
园地	107.19	9376.18	36.31		8.58	0.51	11.21	90.96
林地	162.25	34.11	30346.33		18.50	20.47	34.30	146.57
草地	330.08			3697.86	3.06	0.21	2.58	23.95
交通运输用地					601.42			2.72
水域及水利设施用地	1.00				1.25	6294.04	2.91	15.88
其他土地	113.14				2.74		3013.89	30.16
城镇村及工矿用地	152.59				5.74		0.59	11063.87

3. 土地利用变化（二级类）

（1）土地利用变化

根据五莲县 2010、2015 年土地利用（二级类）空间变化情况可知，五莲县村庄、建制镇规模增长明显，旱地面积有一定程度的减少。

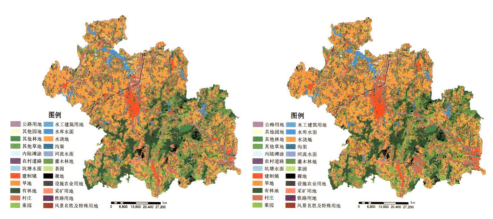

图 3-7 2010 年、2015 年五莲土地利用空间分布（二级）

研究期内五莲县建制镇、村庄用地规模增加最多，分别增加了 706.08hm²、717.53hm²。旱地、其他草地等规模减小最多，分别减少了 694.93hm²、359.87hm²。

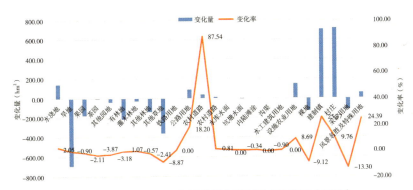

图 3-8　2010~2015 年五莲县土地利用变化情况（二级）

（2）转移矩阵

根据 2010~2015 年五莲县土地利用转移矩阵（二级类）可知，2010~2015 年五莲县旱地规模变动最大，大部分旱地转移为建制镇、村庄和水浇地，此外，有较大规模的其他草地、裸地、采矿用地等转移为旱地。建设用地和耕地变动较其他地类明显频繁。

4. 重心转移

2005~2015 年，五莲县耕地、交通运输用地重心向西北迁移，城镇村及建设用地、水域及水利设施用地重心向东南迁移。交通运输用地迁移距离最大，累计迁移了 3874.68m，耕地重心迁移距离最小，累计迁移了 227.67m。

5. 人口、经济、建设用地变化情况

2010~2015 年，五莲县人口总量减少 0.58%，但 GDP 和建设用地增长较大，且 GDP 增长率是建设用地增长率的 6 倍之多。

6. 土地供应及产业园区建设

（1）土地供应

2010~2012 年五莲县通过招拍挂出让的工业用地规模逐年增加；2013~2015 年，随着经济形势下滑，工业用地供应有所减少；2015 年工业用地出让规模最小，只有 45.74hm²。2010~2015 年工业用地出让单价则保持稳定上涨。

（2）产业园区建设

日照市北经济开发区位于山东半岛南部海滨的日照市五莲县潮河镇，地处青岛、日照、潍坊三市交界，始建于 2003 年，规划面积 63km²，起步区 13km²。

表3-16

2010~2015年五莲县土地利用转移矩阵（二级类）（单位：hm²）

土地利用类型	水浇地	旱地	果园	茶园	其他园地	有林地	灌木林地	其他林地	其他草地	铁路用地	公路用地	农村道路	河流水面	水库水面	坑塘水面	内陆滩涂	沟渠	水工建筑用地	设施农业用地	裸地	建制镇	村庄	采矿用地	风景名胜及特殊用地
水浇地	6766.01																							
旱地	231.98	75543.23			0.66			0.14			4.63	6.16			4.56		1.36		17.41		37.26	73.75		23.22
果园		75	8030					36.17			54.33	23.06	0.2		0.51				92.71		511.09	569.14		4.58
茶园				149.1							5.59	1.43							4.64		28.3	17.01		
其他园地		32.18			1197			0.14			0.16	0.15							0.03		5.31	0.36		0.52
有林地		69.77			20.32	19581.5					0.36	0.88							6.54		23.24	11.4		11.39
灌木林地		14.48			6.73		5238.47				6.9	4.65	7.95		1.19				18.78		36.29	35.23		1.62
其他林地		78.01						5526.31			0.28	0.07			0.54				1.46		4.37	0.28		
其他草地	47.48	282.6			7.06				3697.86		4.17	2.43	10.79						14.06		24.06	28.03		5.31
铁路用地										80.05	2.43	0.63	0.05		0.16				2.58		10.07	7.71		6.17
公路用地											480.78													
农村道路		1									0.47	40.13									0.01	0.13		
河流水面											0.24	0.53	1518.7						0.48		1.09	1.49		
水库水面														3027.95								0.09		
坑塘水面											0.28	0.17			1412.85				2.43		5.12	2.83		5.33
内陆滩涂																146.78								
沟渠											0.03						129.32				0.32	2.19		
水工建筑用地																		58.44						
设施农业用地		0.03									1.78	0.25							1691.3		6.49	7.26		
裸地	1.03	112.1									0.53	0.18							2.4	1320.19	7.17	9.15		
建制镇		1.2									0.17	0									2781.48	0.02		
村庄		38.1									5.31	0.26							0		5.04	7304.84		
采矿用地	0.21	113.1																	0.59		0.07	0.17	742.74	
风景名胜及特殊用地																					1.94			227.57

220

园区功能定位为现代化工业园区和现代化城市新区。2010~2015年开发区固定资产投资额、工业总产值不断攀升。

开发区目前有13个典型企业，分别属于农副食品加工，纺织服装鞋帽制造，汽车零部件及配件制造，电气机械及器材制造，建筑、家具用金属配件制造，其他家具制造，蔬菜、水果和坚果加工，农产品加工，葡萄酒制造，其他纸制品制造，汽车整车制造等行业类型。

典型企业用地结构比较合理，厂房及配套用地和露天堆场、露天操作场地面积较大，占企业总用地的54.43%。大部分企业内部道路停车场面积超过8%，道路基础设施条件较好，有利于下一步的招商引资工作。绿地面积比较适中，12个企业的绿地面积比重未超过国土资源部20%的要求，10个未超过山东省15%的要求。

典型企业用地效益较高，但企业间差异较大。日照市北经济开发区13个典型企业中，全部企业的投资强度超过了国土资源部440万元/hm^{2}的要求，9个企业超过了山东省750万元/hm^{2}的投资强度，企业投入强度较大。从不同企业看，山东五征集团有限公司投资强度最大，达4816万元/hm^2，远高于国土资源部和山东省的标准，而泛海（日照）工业有限公司投资强度492万元/hm^2，低于山东省标准，是五征集团的十分之一。从产出强度来看，13个典型企业差异较大。山东五征集团有限公司产出强度最大，达11577万元/hm^2。

日照市北经济开发区典型企业用地强度一般，集约程度有待进一步提高。从指标达标情况看，日照市北经济开发区仅5个企业容积率达到国土资源部的要求，6个企业容积率达到了山东省标准。一半以上的企业用地强度不高，容积率未达到国家和省的控制标准，用地强度有很大的提升空间。

日照市北开发区典型企业建设情况表　　　　表3-17

企业名称	总建筑面积（万m^2）	容积率	建筑物构筑物基底、露天堆场和露天操作场地的总面积（万m^2）	建筑系数（%）
日照伍好五金化工有限公司	0.58	0.46	0.65	52.00
山东索玛特制帽有限公司	0.64	0.51	0.57	45.24
山东华瀚食品有限公司	2.10	0.41	0.96	18.68
山东百仕达轻工科技有限公司	1.68	0.37	0.86	18.78
日照市遨游车件有限公司	4.48	0.87	2.67	51.64
山东帅发工贸有限公司潮河分公司	4.59	1.15	2.35	58.90
泛海（日照）工业有限公司	2.27	0.69	1.36	41.09

续表

企业名称	总建筑面积（万m²）	容积率	建筑物构筑物基底、露天堆场和露天操作场地的总面积（万m²）	建筑系数（%）
山东普瑞玛模板有限公司	1.65	0.58	1.04	36.88
亿丰（五莲）制帘有限公司	14.22	0.84	13.97	82.70
日照市永吉食品有限公司	0.62	0.37	0.68	40.48
山东绿色庄园葡萄酿酒股份有限公司	1.91	0.42	1.13	25.11
山东盛彩包装制品有限公司	3.66	0.83	1.85	41.86
山东五征集团有限公司	52.13	0.48	69.04	63.94

7. 土地利用演变机制分析

根据2010~2015年五莲县土地利用演变情况结合人口、产业发展分析五莲县土地利用演变机制。研究期内，五莲县土地利用呈现耕地、草地、林地等农用地大幅度减少，城镇村及工矿用地、交通运输用地等建设用地大量增加的态势。这一演变主要受以下因素影响。首先，农用地的大幅度减少，一是由于五莲县近年来人口的流出，导致农地荒废；二是由于果园品种老化，水果贬值，果农自发砍伐，致使大量园地减少，部分转为耕地，部分被征用于建设开发。其次，建设用地大幅增加，一是近年来县、镇政府驻地进行扩建；二是政府积极进行招商引资，产业园区建设取得了一定的进展；三是对道路交通建设的重视；四是住宅楼和宅基地的大面积占用，使建设用地增长迅速，而建设用地的增长主要是占用草地、耕地、林地等农用地。最后，该县产业发展呈现龙头企业（五征集团）带动性特征，企业间产业用地效率分异较大。

综上所述，五莲县与山东省、华东地区、东部地区、山东半岛城市群土地利用演变特征存在高度一致性。具体来说，五莲县城镇村及工矿用地、交通运输用地规模增加最大，其中建制镇和村庄增加最多，主要由耕地、林地、园地等农用地转移而来。耕地非农化速度较快，主要表现为城镇村及工矿用地、交通运输用地占用。与经济相比，建设用地配置明显不足。该县产业发展呈现龙头企业（五征集团）带动性特征，企业间产业用地效率分异较大，整体有待提升。

二、枝江市

1. 县域概况

枝江市地处长江中游北岸、江汉平原西缘，西连重庆，东接武汉，是三峡宜昌的东大门，是国家实施长江经济带发展战略的重要地带。全市国土面积

1380.44km², 总人口50万人。枝江产业兴盛, 是经济强市, 已形成食品饮料、化工、纺织、机械制造四大支柱产业。

2013年4月, 原枝江市白洋镇整体移交宜昌市高新区托管。白洋镇镇域面积为156.3km², 2013年末总人口40199人, 农业总产值9.8亿元, 工业总产值达到14.9亿元。

2. 土地利用变化（一级类）

（1）土地利用变化

枝江市2009~2014年土地利用（一级类）空间变化显示, 耕地、林地等农地减少较多, 城镇村及工矿用地、交通运输用地大幅增加。

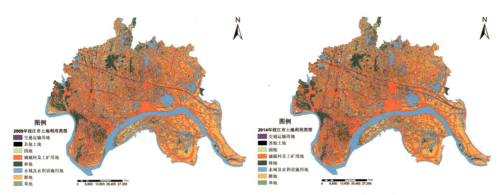

图3-9　2009年、2014年枝江土地利用空间分布（一级）

2009~2014年, 枝江市城镇村及工矿用地、交通运输用地规模增加最多, 分别增加了1687.81hm²、836.02hm²。耕地、园地、林地、草地等农用地规模减小, 其中园地规模减小最多, 共减少了916.23hm², 草地减少率最大, 减少了36.76%。

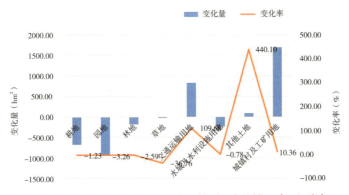

图3-10　2009~2014年枝江市土地利用变化情况（一级类）

（2）转移矩阵

根据2009~2014年枝江市土地利用一级类转移矩阵可知，2009~2014年枝江市耕地面积减少明显，大部分转移为城镇村及工矿用地、交通运输用地、水域及水利设施用地地等。园地、林地、草地大部分转移为耕地、城镇村及工矿用地。城镇村及工矿用地有少量转移为耕地和交通运输用地。

2009~2014年枝江市土地利用转移矩阵（一级类）（单位：hm²）　表3-18

土地利用类型	草地	城镇村及工矿用地	耕地	交通运输用地	林地	其他土地	水域及水利设施用地	园地
草地	37.67	24.42		0.48				
城镇村及工矿用地		16181.81	57.84	98.33		0.15	1.25	0.004
耕地		777.60	54093.27	262.18	14.74	39.99	22.01	2.20
交通运输用地		0.04		762.22				
林地		127.86	54.91	52.08	6713.34	17.03	4.04	8.33
其他土地		0.07	0.02			20.76		
水域及水利设施用地		221.31	16.83	86.58	1.10	2.45	30030.38	0.03
园地		652.14	91.89	336.40	1.59	32.22	8.39	27188.35

3. 土地利用变化（二级类）

（1）土地利用变化

根据枝江市2009~2014年土地利用（二级类）空间变化情况可知，建制镇、铁路用地、公路用地规模增长明显，果园面积有一定减少。

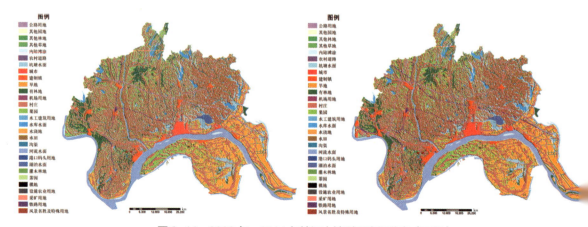

图3-11　2009年、2014年枝江土地利用空间分布（二级）

由 2009~2014 年枝江市土地利用二级类的具体变动情况可知，2009~2014 年枝江市建制镇、公路用地、铁路用地等用地规模增加最多，分别增加了 1383.44hm²、476.58hm²、341.67hm²。果园、水田、旱地、坑塘水面等规模减小最多，分别减小了 912.06hm²、493.09hm²、182.98hm²、180.46hm²。

图 3-12　2009~2014 年枝江市土地利用变化情况（二级类）

（2）转移矩阵

根据 2009~2014 年枝江市土地利用二级类转移矩阵可知，2009~2014 年枝江市大量果园、旱地、水田转换为建制镇和公路用地。

4. 重心转移

根据枝江市 2009~2015 年重心转移情况，2009~2014 年枝江市耕地、水域及水利设施用地重心向东北迁移，城镇村及工矿用地重心向西北迁移，交通运输用地重心向西南迁移。交通运输用地迁移距离最大，累计迁移 7457.36m，耕地迁移距离最小，累计迁移 571.83m。

5. 增减挂钩

枝江市 2009~2016 年共申报实施 6 个批次增减挂钩项目，拆旧区总规模 535hm²，还建区 54hm²，建新区 481hm²。截至目前，已验收 7 个批次 414hm²，已报批建新区 381.5573hm²。

6. 低丘缓坡试点项目实施

2009~2015 年枝江市低丘缓坡试点取得一定成果，主要将坡度为 6°~15° 的耕地、园地、林地等通过平整为建设用地（累计 255hm²），并补充落实一定耕地。

7. 人口、经济、建设用地变化情况

2009~2014 年，枝江市人口总量减少 1.61%，但 GDP 和建设用地增长较大，尤其是 GDP 增长率为 192.71%，是建设用地增长率的 13 倍之多。

表3-19 2009~2014年枝江市土地利用转移矩阵（二级类）

土地利用类型	水浇地	旱地	果园	茶园	水田	有林地	灌木林地	其他林地	其他草地	铁路用地	公路用地	农村道路	河流水面	水库水面	坑塘水面	内陆滩涂	沟渠	水工建筑用地	设施农业用地	裸地	建制镇	村庄	采矿用地	风景名胜及特殊用地
水浇地	5																							
旱地		26060	1			14				43	21	5							18		195	93		6
果园		82	27147			3				120	211	3					1		31	2	544	82		2
茶园				4							2													
水田		1	1		28014	1				70	119	6					2		22	1	347	58		1
有林地		54	8			6358				23	25				4				9	6	92	15		
灌木林地							81			2											2	5		
其他林地								274			1									1	9	1		
其他草地									38												4			
铁路用地										223														
公路用地											520	6												
农村道路																								
河流水面										1	1		10862					1			1			
水库水面														2588										
坑塘水面		2	7							34	36	1			11456				2		116	27		1
内陆滩涂																1507					1			
沟渠		8								3	5	1					1708		1		12			
水工建筑用地		3									3							1421			1			
设施农业用地																			18					
裸地																				2				
建制镇																					1619			
村庄		58								33	52				1						64	13002		
采矿用地										6											1		168	
风景名胜及特殊用地																								192

枝江市城乡建设用地挂钩项目（单位：hm²）　　　　表3-20

指标年份	指标面积	新增建设用地面积		报批面积			
		已报征收面积	剩余可用面积	总面积	农用地面积	耕地面积	未利用地面积
2009	213.8	159.24	0.21	172.96	159.24	39.68	1.95
2012	20	20		20.91	20	16.66	
2013	89	81.78	7.22	98.61	81.78	44.13	
2014	74.9	58.49	16.41	65.91	58.15	30.05	0.34
2015	50.1	14.64	35.45	15.59	14.64	5.61	
2016	87.5	47.4	40.1	50.27	47.4	23.62	
总计	535.3	381.56	99.39	424.24	381.22	159.75	2.29

8. 土地供应及产业园区建设

（1）土地供应

2010~2013年枝江市通过招拍挂成交的工业用地逐年增长，且增长规模较大，2014大幅减少，到2015年有所回升。2010~2015年工业用地单价保持平稳态势。

（2）产业园区建设

湖北枝江经济开发区位于枝江市城区，分布于中心城区的北部和西部，开发区始建于1992年9月，积极探索"一区多园"管理模式，包括仙女工业园、姚家港化工园、枝江装备工业园、七星台工业园等四个园区。开发区规划总面积780hm²，截至2014年已建成区面积为679.49hm²，占开发区土地总面积的87.9%。其中工矿仓储用地占比最高，商服用地占比较低。

9. 土地利用演变机制分析

根据2009~2014年枝江市土地利用演变情况，结合人口、产业发展分析枝江市土地利用演变机制。研究期内，枝江市土地利用呈现耕地、草地、园地、林地等农用地大幅度减少，城镇村及工矿用地、交通运输用地等建设用地大量增加的态势，其中园地、耕地减少规模最大，城镇村及工矿用地增加最多。这一演变受多个因素影响明显。

首先，建设用地的大幅增加，一是近年来枝江市产业园区的大规模扩展；二是基础设施建设加快；三是枝江市修建机场，加大公路、铁路建设；四是农村居民点建设；五是大量的填河造地。建设用地的迅速增加，主要是占用耕地、园地以及水域及水利设施用地。

其次，近年来，白洋镇下辖村镇陆续由宜昌市接管，至2013年整体移交，从而对建设用地规模造成一定影响。县域城镇化发展受到周边大城市的逐渐蚕食和吞并（改县/县级市为区）。

最后，该县产业发展水平较高，园区呈现规模化发展，产业发展均衡，产业用地效率较高，且表现出明显的集聚性。

综上所述，枝江市与湖北省、华中地区、中部地区、长江中游城市群土地利用演变特征存在一定类似性。具体来说，研究期间，枝江市城镇村及工矿用地规模增加最大，其中建制镇和村庄增加较多。一是近几年开发区建设规模大幅扩张，基础设施不断完善；二是城市和村庄建设占用，主要是由耕地等农用地转移而来。但由于白洋镇2013年整体移交宜昌市托管，从而对建设用地规模造成一定影响。交通运输用地增加规模较大，近年来交通建设发展迅速，公路、铁路修建加快，主要也是占用农用地。农用地均呈现减少态势。其中，耕地、园地大幅度减少。该县产业发展水平较高，呈现明显的集聚性，产业用地效率较高。

三、桑植县

1. 县域概况

桑植县位于湖南省西北边陲，隶属于旅游城市张家界市，武陵山片区中心城市之一，旅游产业发达，生态文明建设卓有成效。桑植县土地总面积3475km^2，全县总人口47.16万人，拥有28个民族，其中以土家族、白族、苗族为主的少数民族占总人口的92.6%。

2. 土地利用变化（一级类）

桑植县2010~2015年土地利用一级类演变情况显示，耕地规模大幅增加，共增加了1216.14hm^2，城镇村及工矿用地、交通运输用地、水域及水利设施用地小幅增加，分别增加了222.49hm^2、23.31hm^2、39.1hm^2。林地、草地、园地等大幅减少，分别减少832.06hm^2、543.89hm^2、135.52hm^2。

3. 土地利用变化（二级类）

2010~2015年桑植县旱地规模大幅增加，增加了1290.04hm^2，建制镇、村庄增长规模次之，分别增加了191.19hm^2、30.34hm^2，此外，河流水面、水库水面也有小幅增长，农村道路、公路用地增长较少。林地、人工牧草地减少最多，分别减少了441.12hm^2、435.88hm^2。其他农用地，诸如其他林地、灌木林地、其他草地、其他园地等也有不同程度的减少。

4. 人口、经济、建设用地变化情况

2010~2015年，桑植县人口有一定程度的增长，人口增长2%，GDP涨幅相对较大，增长87.36%，建设用地涨幅较小，仅增长2.35%。

5. 土地供应及产业园区建设

（1）土地供应

2011~2012年桑植县通过招拍挂成交的工业用地规模有大幅度提升，2012~2014年稳中略有下降，到2015年桑植县工业用地成交规模急速下降，仅有1.1hm^2，2015年工业用地成交规模有小幅增长。2011~2016年成交单价保持平稳增长态势。

（2）产业园区建设

桑植县工业园区成立于2009年，分A、B两区。A区位于瑞塔铺镇，张桑高速穿境而过；B区位于澧源镇和利福塔镇，黔张常铁路贯穿全区。园区近期（2011~2015年）规划面积为200hm^2，远期（2016~2020年）规划面积300hm^2，确定以开发区大道为产业发展轴线，以商贸物流配套为服务中心，以农副产品加工产业、矿产资源深加工产业、新型建材产业、能源产业为特色综合型工业集中区的总体发展定位。

截至2015年底，园区现有企业33家，规模企业11家，引资12亿元。2015年工业（物流）企业总收入为39429万元，工业（物流）企业税收总额2422.4万元；截至2015年12月31日，开发区累计企业固定资产投资额为58009万元，工业（物流）企业总收入为39429万元；开发区累计企业固定资产投资额为58009万元，2015年度高新技术产业总收入为5115万元，高新技术产业实现税收总额214万元。

由桑植工业区1998~2015年逐年土地供应情况可以看出，供应土地面积在1998~2015年呈上升型趋势，最大的土地供应年为2013年，达到了10.25hm^2。工矿仓储用地供应面积最大年为2010年，究其原因是2013年桑植工业集中区进行了一系列的基础设施建设以提升园区的投资环境。同时，1998年供应土地面积4.92hm^{2}和供应工矿仓储用地面积3.51hm^2，主要用于湖南张家界天子实业有限公司和湖南张家界九天生物科技有限公司初期用地，除此之外1999~2003年5年间工业集中区范围内未引进新的企业，因此供应土地面积和工矿仓储用地面积为0，反映了桑植工业集中区经济要逐年发展，必须扩大招商引资，有计划地与企业达成入园共识。从2013年起，桑植工业集中区的土地供应面积和工矿仓储用地供应面积呈稳步下降趋势。

从用地规模来看，桑植工业集中区各类用地现状面积与规划面积相比，均存在一定差距。住宅用地比例略低于规划比例；工矿仓储用地现状比例为45.51%，与规划比例尚有一定差距；交通运输用地现状比例则达到了29.57%，远大于规划比例12.0%；无商服用地；公共管理与公共服务用地的

桑植工业区土地供应情况统计表（1998~2015年） 表3-21

年份	供应土地面积（hm²）	供应工矿仓储用地面积（hm²）	备注
1998	4.92	3.51	天子实业、九天科技
1999	0	0	
2000	0	0	
2001	0	0	
2002	0	0	
2003	0	0	
2004	7.06	6.18	三木能源、裕丰米业
2005	4.11	2.19	
2006	5.16	3.31	
2007	6.78	4.12	
2008	3.63	1.27	
2009	6.84	6.84	
2010	9.97	7.86	锦隆环保
2011	6.37	2.33	广宇建材
2012	8.98	4.37	
2013	9.35	5.31	
2014	6.96	2.34	华新水泥
2015	5.17	2.99	
合计	85.30	52.62	

现状比例18.89%，远大于规划比例7.75%。从用地比例来看，各项指标现状值与现状比例都与规划值与规划比例有较大的差距，其主要原因可能是桑植工业集中区受到地理因素等方面的影响，今后开发区只有在招商引资上投入更多的人力、物力、财力，才能克服地理等客观因素的影响，招商引资局面才有可能打开，同时制定并出台多种优惠政策，才可能使得入园企业的数量、质量都得到较大的提升。

桑植县工业区规划与现状用地结构表 表3-22

	类别	住宅用地	工矿仓储用地	交通运输用地	商服用地	公共管理与公共服务用地
桑植工业集中区	规划面积（hm²）	17.90	190.97	36.0	22.09	23.25
	规划比例（%）	5.97	63.66	12.00	7.36	7.75
	现状面积（hm²）	3.25	38.837	25.23	0	16.1209
	现状比例（%）	3.81	45.51	29.57	0	18.89

6. 土地利用演变机制分析

根据 2009~2014 年桑植县土地利用演变情况，结合人口、产业发展分析桑植县土地利用演变机制。研究期内，桑植县土地利用呈现耕地、城镇村及工矿用地、交通运输用地、水域及水利设施用地增长，园地、林地、草地减少的态势。其中，耕地增加规模最大，而林地、草地减少规模最大。随着旅游城镇化发展不断深入，度假旅游逐渐兴起，巨大的客源市场使桑植县由以观光旅游为主的风景名胜区向集观光、度假旅游为一体的旅游度假区体系结构演化，推动了桑植县土地利用空间格局演变。

首先，城镇村及工矿用地、交通运输用地和水域及水利设施用地增加，一是由于居民点的开发建设，使住宅用地有所增长；二是产业园区的陆续建设；三是水利设施的大力开发建设；四是当地旅游业的开发，致使旅游服务设施不断完善，旅游公路的建设则属于红色旅游带动型发展。

其次，耕地的大规模增加和草地、林地的减少，主要是由于桑植县地处武陵山区，耕地紧缺，引发农民大规模砍伐林地、开垦草地进行耕种。另外，城市耕地的异地占补平衡，导致县域耕地面积及比重大幅度增加，实际上是不断蚕食县域发展空间（指标分配的城市偏向）。

最后，该县产业发展基本空白，但规划面积较大，产业用地效率低下。

综上所述，桑植县与湖南省、西部地区、城市群外土地利用演变特征存在较高一致性。具体来说，即桑植县耕地规模大幅增加，其他农用地有所减少。主要由于武陵山区地带经济产业发展落后，退林还耕严重，农民大量毁林造田，另外旱地的大规模增加促使设施农用地规模有较高幅度的增长。城镇村及工矿用地、交通运输用地规模有所增加，主要是近几年当地大力发展旅游业，旅游服务设施、旅游交通建设加快。该县产业发展严重滞后，产业用地效率低下。

第三节　小结

经济全球化的制造业生产地与消费地空间大分离，使得港口成为维系对外贸易的关键要素，进而港口以及围绕港口形成的大城市成为一国主要的工业集聚区。改革开放以来，沿海地区形成了长江三角洲、珠江三角洲和环渤海湾三大都市圈，是我国深度参与全球产业分工和竞争的门户地区。生产要素以三大都市圈为中心集聚，逐次向外围地区扩散，形成基于区域产业分工体系的梯度发展格局。因此，我国区域经济融入全球经济化的程度自东向西渐次减弱，并驱动形成了差异化的土地利用格局。东部地区的土地利用更多受到了全球产业分工影响，其土地利用结构及变化情况是我国经济国际竞争力的重要反映，具有显著的外生性特征，而西部地区的土地利用结构和变化则由自身工业化和城镇化发展所驱动。

根据土地利用变化驱动力及其活跃度可以看出，中国县域土地利用演变自东向西大致可以划分为四大圈层：第Ⅰ圈层是东部沿海地区，第Ⅱ圈层由第Ⅰ圈层以西，太行山、巫山和雪峰山大致以东地区组成，第Ⅲ圈层由第Ⅱ圈层以西，大兴安岭、阴山、祁连山和横断山脉大致以东地区组成，上述范围之外的地区为第Ⅳ圈层。四大圈层占全国县域行政面积的比重分别为 5.1%、7.3%、21.1% 和 66.5%。其土地利用演变呈现以下梯度分布特征：

①综合土地利用动态度自东向西逐渐降低。其中，第Ⅰ圈层综合土地利用动态度是第Ⅳ圈层的 10 倍。这表明越靠近东部沿海地区的县域，随着生产要素的集聚而带来的土地利用变化越为剧烈，外生性特征越为明显。

②圈层内建设用地比重自东向西逐渐降低，但研究期内建设用地增长率却与之截然相反。这表明县域开发强度或者工业化城镇化发展水平整体偏低，并与距离港口的距离呈反比，但随着小康社会与脱贫攻坚目标的推进，建设用地空间配置反其道而行之，意在补齐中西部县域发展的历史欠账。

③建设用地的配置效率自东向西递减。无论是以 GDP 还是人口衡量，第Ⅰ圈层建设用地配置均严重不足。而要素配置效率则遵循从中心向外围递减的规律。事实上，距离大港口 500km 左右的城市土地利用效率要比大港口附近就已经降低了 50%。换言之，第Ⅲ圈层和第Ⅳ圈层的建设用地扩张降低了平均土地利用效率。

④圈层内耕地比重自东向西逐渐降低，研究期内第Ⅰ圈层和第Ⅲ圈层耕地保有量基本不变，第Ⅱ圈层减少了 0.24%，而第Ⅳ圈层则增加了 0.42%。这表明第Ⅱ圈层的耕地存在向第Ⅳ圈层转移的趋势。从光、热、水、土条件的匹配情况看，第Ⅱ圈层更为优越，历来是我国粮食主产区，县域城镇化过程的耕地跨区际配置引发的粮食生产能力变动应当引起重视。

⑤土地利用结构变化反映了各圈层资源禀赋与级差地租的差异。土地用途的转换，尤其是农用地转为建设用地，意味着土地价值的激增。在最严格的耕地保护政策的压力下，作为"理性人"的地方政府会选择将耕地之外级差地租较大的土地用途转换为建设用地。而不同土地用途之间的级差地租水平取决于资源禀赋与市场条件决定的土地产出的经济价值。第Ⅰ圈层建设用地增加主要源于园地、林地、水域和水利设施用地转移，第Ⅱ圈层建设用地增加主要源于林地、水域和

水利设施用地的转移，第Ⅲ圈层建设用地增加主要源于林地和草地的转移，第Ⅳ圈层建设用地增加主要源于草地的转移。

2009~2015年各圈层土地利用演变情况　　　　表3-23

圈层	范围	综合土地利用动态度（%）	圈层内建设用地比重（%）	建设用地增长率（%）	圈层内耕地比重（%）	耕地增长率（%）
Ⅰ圈层	东部沿海地区	0.201	12.3	8.52	31.31	0.05
Ⅱ圈层	第Ⅰ圈层以西，太行山、巫山和雪峰山大致以东地区	0.130	10.64	6.65	34.15	-0.24
Ⅲ圈层	第Ⅱ圈层以西，大兴安岭、阴山、祁连山和横断山脉大致以东地区	0.086	5.46	7.55	24.38	-0.05
Ⅳ圈层	其他地区	0.021	0.99	9.35	5.79	0.42

第四章 基于多情景分析的县域土地利用趋势研判

第一节 县域土地利用趋势模拟

2017年国务院印发的《全国国土规划纲要（2016—2030年）》是我国首个全国性国土开发与保护的战略性、综合性、基础性规划，其对国土空间开发、资源环境保护、国土综合整治和保障体系建设等作出总体部署与统筹安排，对未来县域土地开发利用的方向具有指导和管控作用。《全国国土规划纲要（2016—2030年）》中对到2020年、2030年的一系列国土开发情况设定规划目标，其中，到2030年全国国土开发强度为4.62%，在2015年全国土地变更调查数据的基础上，据此计算出2030年全国新增建设用地规模为56869.586km^2。

2020年、2030年国土规划目标　　　表4-1

序号	指标名称	2015年	2020年	2030年	属性
1	耕地保有量（亿亩）	18.65	18.65	18.25	约束性
2	用水总量（亿m^3）	6180	6700	7000	约束性
3	森林覆盖率（%）	21.66	>23	>24	预期性
4	草原综合植被盖度（%）	54	56	60	预期性
5	湿地面积（亿亩）	8	8	8.3	预期性
6	国土开发强度（%）	4.02	4.24	4.62	约束性
7	城镇空间（万km^2）	8.90	10.21	11.67	预期性
8	公路与铁路网密度（km/km^2）	0.49	≥0.5	≥0.6	预期性
9	全国七大重点流域水质优良比例（%）	67.5	>70	>75	约束性
10	重要江河湖泊水功能区水质达标率（%）	70.8	>80	>95	约束性
11	新增治理水土流失面积（万km^2）	—	32	94	预期性

本研究设定了四个不同情景，分别按经济效率、人口分布、公平原则和现状增长率对2030年全国县域建设用地进行模拟。

1. 按经济效率模拟

按经济效率模拟，是指按照地均边际净收益相等的原则对建设用地增加规模进行分割，模拟出2030年全国各个县域新增建设用地配置以及规模情况。其基本原理是建立一个边际净收益测算函数,函数模型中的各变量——收入产出总量,资本投入量,劳动力投入量,土地投入量。本研究所用到的函数模型[①]为:

$$F(R, L, K) = AR^{\alpha}LK^{\beta} \quad (4-1)$$

其中,$F(R, L, K)$ 表示建设用地收益总量,R 表示劳动力投入量,L 表示建设用地投入量,K 表示资本投入量。A、α、β 为三个参数,且 $0<\alpha, \beta<1$。α、β 分别表示劳动和资本在生产中所占的相对重要性。α 为劳动所得在总产量中所占的份额,β 为资本在总产量中所占的份额。由于各指标的具体表现具有一定不确定性,本研究对式 4-1 进行简化处理,在运用趋势外推法[②]获得的 2030 年县域 GDP 数据的基础上,按照县域地均经济产出保持一致,来分配建设用地,绘制出 2030 年县域新增建设用地配置以及规模空间分布图。

从模拟结果来看,东部、中地区的长江中下游地区、华北平原,以及东北大部分地区和内蒙古地区较大,西南地区县域建设用地总规模较小;县域建设用地比重方面,东部地区尤其是山东半岛、华北平原等地区明显较高,西北、西南、华南地区,以及东北地区的大部分县域建设用地比重较低。

2. 按人口分布模拟

按人口分布模拟,其基本原理是按照人均建设用地相等的方法,对新增建设用地进行分配,得以模拟出到 2030 年县域新增建设用地配置以及规模情况。根据国务院 2017 年印发的《国家人口发展规划(2016—2030 年)》中,"到 2020 年全国总人口达到 14.2 亿人左右,2030 年达到 14.5 亿人左右"的规划目标,在 2014 年县域人口数据的基础上,通过趋势外推法估算出到 2030 年县域人口分布情况,进而按照人口规模分布情况对新增建设用地指标进行分配,模拟出 2030 年全国县域建设用地增加及规模情况,并绘制相应的空间分布图。

模拟得出,2030 年县域新增建设用地空间分布情况,东、中部地区尤其是长江三角洲、长江中游、珠江三角洲、成渝、中原等城市群范围内的县域建设用地增加规模较大,西部地区增加相对较小。到 2030 年县域建设用地总规模东部、中地区以及东北地区较大,西南地区总规模较小;县域建设用地比重方面,东部地区尤其是山东半岛、华北平原等地区县域建设用地比重明显高于西部地区。

---

① 陈江龙,曲福田,陈雯. 农地非农化效率的空间差异及其对土地利用政策调整的启示 [J]. 管理世界,2004(8):37–42.
② 李之领. 中国 GDP 何时超过美国——基于趋势外推法和 ARMA 组合模型的预测 [J]. 吉林工商学院学报,2012,28(6):10–16.

3. 按公平原则模拟

按公平原则模拟，其基本原理是对于建设用地指标配置来说，必须按照单位面积分配相等建设用地指标。具体操作为：按照全国所有县域的单位面积给予分配相等建设用地指标的原则，对新增建设用地指标进行分割，并可模拟2030年全国县域建设用地增加及规模空间分布图。

假设保持当前各县域建设用地增长率不变。可知，长江中下游地区、山东半岛、华北平原、内蒙古以及西北、东北地区，尤其是各城市群范围内的县域新增建设用地配置规模较大，西南地区配置相对较小。到2030年，县域建设用地总规模长江中下游地区、内蒙古西部以及东北地区较大，西南地区县域建设用地总规模较小；县域建设用地比重东部地区尤其是山东半岛、华北平原等地区较高，西北、西南以及东北地区县域建设用地比重明显较低。

4. 按现状增长率模拟

按现状增长率模拟，其基本原理是按照建设用地规模保持一定增长率不变原则，进行建设用地指标配置。具体操作为：假设保持全国各县域当前的建设用地增长率不变，计算出到2030年县域建设用地的规模及增长情况，并绘制2030年全国县域建设用地增加及规模的空间分布图。

按照单位（县域）面积分配相等建设用地指标原则，对新增建设用地进行分割。2030年县域新增建设用地，西部地区县域建设用地增加规模最大，东、中部以及东北地区增加相对较小。到2030年县域建设用地总规模西部地区、东北地区较大，中部地区总规模相对较小；县域建设用地比重方面，东部地区尤其是山东半岛、华北平原等地区较高，西北、西南、东北部地区相对较低。

综上所述，预计到2030年，全国县域城镇化建设将取得显著成果，建设用地规模大幅扩展，城镇化质量显著提升。

图4-1 按经济效率模拟2030年县域建设用地规模

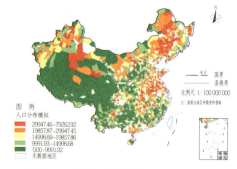

图4-2 按人口分布模拟2030年县域建设用地规模

图 4-3　按现状趋势模拟 2030 年县域建设用地规模

图 4-4　按公平原则模拟 2030 年县域建设用地规模

第二节　县域土地利用趋势研判

本研究在总结分析 2009~2015 年全国县域土地利用演变情况和多情景下县域土地利用趋势研判的基础上，结合《全国国土规划纲要（2016—2030 年）》的详细解读，总结出县域土地利用整体演变趋势。

一、县域大规模征地、农地转用地时代基本结束

2015 年，县域建设用地占全国建设用地比重为 72%，过去 7 年间，县域建设用地规模逐年增长，总增长率为 8%，增速较快。但由于县域属人口输出区域，人口和产业将向着资源环境承载能力较强的区域集聚。而在坚持点上开发与面上保护相促进的原则下，重点对资源环境承载能力相对较强的地区实施集中布局、据点开发。此外，在基于经济效率模拟和基于人口分布模拟的土地利用趋势下，县域征地规模也将逐渐减少。

随着农村土地制度改革的加快推进，城乡建设用地增减挂钩、工矿废弃地复垦利用、低丘缓坡地和未利用地开发利用等政策的不断完善，以及农村土地征收、集体经营性建设用地入市、宅基地制度改革试点的显著成效，使土地政策向着严控农村集体建设用地规模，盘活农村闲置建设用地，实施城镇低效用地再开发等方向改革。

当前，国家实行严格的"生存线""生态线""保障线"三线管控。明确耕地保护面积和水资源开发规模，保障国家粮食和水资源安全；划定森林、草原、河湖、湿地、海洋等生态要素保有面积和范围，明确各类保护区范围，提高生态安全水平。"三线管控"政策的实施也将大大影响县域征地规模。

二、县域建设用地总体比重将有所降低，农用地的比重将持续增高

县域是粮食安全、生态保护的主要屏障。2009~2015 年间，农用地规模从 11061.88 万 hm^2 增至 11069.04 万 hm^2，增长率为 0.06%。在坚持点上开发与面上保护相促进的原则下，县域发展将围绕着在保护中开发、在开发中保护。国家实行最严格的耕地保护制度，在大力整治修复农业和生态空间，全面改善相关区域农田基础设施条件，提高耕地质量，推进高标准农田建设，以及农业科技不断进步的条件下，农用地比重将持续增高。

县域是人口迁移的主要输出地，据统计，2015 年农民工仅有 30% 左右的人口在县域及以下流动。在坚持县域人口资源与环境相均衡的前提下，人口和产业将向资源环境承载能力较强的区域集聚，而城市耕地的异地占补平衡，也将导致县域农用地规模及比重持续增加。

三、县域农村建设用地将呈减量增长态势，到一定阶段后总量才会逐渐下降

建设用地减量增长是一种土地利用新模式，通过逐年减少新增建设用地，逐年增加建设用地流量，盘活存量建设用地，实现建设用地总规模增长速度下降，优化土地利用布局和结构，提高建设用地利用效率，逐步实现新增建设用地增长速度下降、建设用地总规模的"微增长"的目标。

2016 年，我国城镇常住人口 7.9298 亿人，城镇化率为 57.35%，有 42.65% 的人口仍然生活在农村，仍需要一定规模的建设用地保障农村人口的生活与活动。城镇化进程的加快以及农村人口的流出可能引发农村建设用地规模增速变缓。

随着党的十九大报告中"乡村振兴战略"的实施，以及城乡建设用地增减挂钩的规范开展，"空心村"整治和危旧房改造加快，农村基础设施与公共服务设施不断完善，农村建设用地布局越来越趋向合理配置，未来县域农村建设用地将呈减量增长态势。

四、县域公共服务设施用地、交通运输用地占比将呈增长态势

县域城镇化的使命是促进城乡发展一体化，实现城乡基本公共服务均等化。逐步完善县域基础设施与公共服务设施，是县域城镇化进程的必然要求。

随着县域城镇化发展的加快，市政基础设施和公共服务设施建设水平将逐渐增长，提高集聚人口和服务周边的能力。县和乡镇公共服务设施配套，提升小城镇公共服务和居住功能，促进农业转移人口全面融入城镇。

2009~2015 年，我国县域交通运输用地从 613 万 hm^2 逐年增长至 666 万 hm^2，增长率达 8.7%，但仍存在大量县域交通运输用地比重较低的现象。交通网络的完善直接关系着县域的人口和产业集聚水平。在未来几年内，交通运输网络仍将逐步完善，尤其边疆地区、贫困地区等地区的交通网络将迎来跨越式发展。

五、县域建设用地布局的集中度将持续提高

当前县域建设用地主要集中在华中、华南、华东等地区县域，以及成渝城市群、辽中南城市群等城市群内县域。其中，华中、华南、华东地区县域建设用地面积占县域建设用地的 48%，城市群内县域建设用地面积占县域建设用地总面积的 66%，县域建设用地布局具有较为明显的集中性。

随着县域城镇化的加快，产业发展和人口流动将向着资源环境承载能力较强的区域集聚，而点上开发与面上保护相促进的战略思想，将对资源环境承载能力相对较强的地区实施集中布局、据点开发，充分提升有限开发空间的利用效率。

六、县域土地利用的区际分异度将大幅提升

2015 年，耕地主要集中在华中、华北、东北等地区，耕地面积占区域总面积的比重达到 30% 以上。另外，这些地区耕地共占县域耕地总面积的 53%。而建设用地主要集中在华东、华中、华南等地区，建设用地占各区域总面积的比重达到 6%~11%，而西部地区建设用地仅占区域的 1%。可见，当前县域土地利用存在较高的区际分异度。随着县域城镇化进程的加快，点状开发、面上保护相互促进，未来将仍以现有城镇布局为基础，实施集约开发、集中建设，引导人口和产业向重点区域集中。

随着部分区域县域实施生态修复与保护力度加大，以及粮食安全作为国家战略的重要地位，对重点生态功能区和农产品主产区的县域实施的生态环境保护、限制开发力度也将逐渐加大，积极加强生态环境保护，巩固生态环境功能，实现生态优先、稳定、和谐的可持续发展。县域土地利用的区际分异度也将大幅提升。

第三节 小结

通过模拟，到 2030 年县域建设用地规模增长较大，但不同情景模拟的 2030 年新增建设用地配置格局存在显著差异。按经济效率分配，建设用地多集

中于环渤海湾、长江下游地区；按人口分布分配，建设用地集中于华北平原、长江流域、华南地区；按公平原则分配，建设用地明显集中于西北地区；按现状趋势分配，建设用地集中于西北、东北和华北平原。另外，通过模拟，到2030年不同情境下建设用地规模总量也存在一定区别。按经济效率、人口分布和等增长率模拟的结果显示，华东、华中、东北地区县域建设用地规模较大；按公平主义模拟结果显示西部地区建设用地规模较大。由不同情景的模拟可知，到2030年县域建设用地比重整体有所提升，但其空间分布格局较2015年变化不大，东部地区县域建设用地比重明显高于西部地区。

当前，我国新增建设用地管理通过规划和年度计划，实行"统一分配、层层分解、指令性管理"。用地指标分配依据模糊，实为政治过程，"刚性有余，弹性不足"。上述情景模拟，一方面客观反映了现行用地指标管理模式的不足，另一方面也为未来用地指标管理改革提供了参考。

第五章 土地制度演变对县域城镇化的效应分析

土地管理制度是特定历史时期生产力发展水平和社会结构下的选择,与政治、经济、法律、社会有着密切的联系[①]。改革开放30余年,土地管理制度不断演变完善,土地政策也表现出明显的阶段性、时代性特征,并对县域城镇化发展产生了一定的制约性影响。本研究依据土地政策变迁与经济社会发展互动的逻辑,从土地政策的经济社会效应及其内在土地政策要素的经济关系出发,将不同类型的土地利用政策按照城镇建设用地政策演变、集体土地参与城镇建设的政策演变、农用地政策演变三个部分进行梳理和分析。

第一节 城镇建设用地政策演变及效应分析

一、政策演变

1. 萌芽阶段（1978~1988年）

1979年,《中外合资经营企业法》拉开城镇土地使用制度改革的序幕。进入1980年代初,随着改革开放进程的加快,一些地方也开始了土地有偿使用的实践。1981~1984年,深圳、广州、抚顺开始征收场地使用费。1986年,《土地管理法》规定国有土地可以依法确定给全民所有制单位、集体所有制单位及个人使用,并登记确权。城市规划和土地利用总体规划应当协调。在城市规划区内,土地利用应当符合城市规划。1987年,深圳以协议、招标、拍卖方式,出让三宗国有土地使用权,是涉及土地使用权制度改革的最早探索,深圳这一举动突破了国有土地使用权不允许转让的法律禁区,开全国市场配置土地资源之先河。

2. 初步形成阶段（1988~2000年）

1988年,全国人大对《宪法》进行了修改,规定"土地的使用权可以依照法律的规定转让"。同年,全国人大常委修改土地管理法,规定国有土地和集体

---

① 杨璐璐.改革开放以来我国土地政策变迁的历史与逻辑[J].北京工业大学学报（社会科学报）,2016,16（2）：18-29.

所有的土地的使用权可以依法转让，国家依法实行土地有偿使用制度，且在城市规划区内，土地利用应当符合城市规划。这标志着我国的根本大法和专门法律都承认了土地使用权的商品属性，奠定了我国土地管理制度市场化改革和国有土地资源有偿使用的基础，也成为新型土地使用制度逐步确立的开端。1990年，国务院出台《城镇国有土地使用权出让和转让暂行条例》和《外商投资开发经营成片土地暂行管理办法》，细化了土地管理法规定的国有土地有偿使用制度，增强了法律的可操作性。1994年，出台《城市房地产管理法》，规定"国家依法实行国有土地有偿、有限期使用制度"。1997年，《中共中央　国务院关于进一步加强土地管理切实保护耕地的通知》，决定冻结非农业建设项目占用耕地一年。1998年修订土地管理法，第22条规定建立规划计划管理、基本农田、用途管制等制度，强化耕地保护，提出城市总体规划、村庄和集镇规划应当与土地利用总体规划相衔接；第24条规定"各级人民政府应当加强土地利用计划管理，实行建设用地总量控制"，首次确定了土地利用年度计划管理工作的法律地位，明确了土地利用计划编制的作用，第一次由法律明确规定土地利用计划的性质和地位。1999年3月，国土资源部发布《土地利用年度计划管理办法》，详细规定了土地利用计划年度管理的方法，并于2004年和2006年分别修订并发布部26号令和37号令。总体上，这一时期土地使用制度变革的主要内容是变无偿、无限期、无流动的行政划拨供地，为有偿、有限期、有流动的出让供地。但基于我国的现实，大量的建设用地仍然实行划拨供地。

3. 规范完善阶段（2000年至今）

2000年，国土资源部发布《关于加强土地管理促进小城镇健康发展的通知》，第一次明确提出建设用地周转指标。2001年，国务院下发《关于加强国有土地资产管理的通知》，明确提出国有土地招标、拍卖范围和界限，是经营性土地由非市场配置向市场配置转变的分水岭，2004年，国土资源部、监察部联合下发《关于继续开展经营性土地使用权招标拍卖挂牌出让情况执法监察工作的通知》，要求自2004年8月31日起，所有经营性的土地一律公开竞价出让，建立了土地督察制度和省级以下国土资源垂直管理。2004年，《关于完善农用地转用和土地征收审查报批工作的意见》提出"分批次范围内已有具体建设项目的，应附具项目名单，列明项目名称、性质、规模和用地面积"。同年，《国务院关于深化改革严格土地管理的决定》正式提出"鼓励农村建设用地整理，城镇建设用地增加要与农村建设用地减少相挂钩"。2005年，国土资源部颁布了《关于规范城镇建设用地增加与农村建设用地减少相挂钩试点工作的意见》，明确了城乡建设用地增减挂钩试点工作的基本要求、项目管理、相关配套政策等。2006年，国土资源部下发了《关于天津等五省（市）城镇建设用地增加与农村建设用地减少相挂钩第一批试点的批复》，明确在五省（市）开展城乡建设用地增减挂钩试点工作。2007年，国土资源部下发《关于进一步规范城乡建设用地增减挂钩试点工作的通知》，强调稳步推进城乡建设用地增减相挂钩试点工作。2008年，《国务院关于促进节约集约用地的通知》提出对国家机关办公和交通、能源、水利等基础设施（产业）、城市基础设施以及各类社会事业用地要积极探索实行有偿使用。2009年起，国土资源部改变批准和管理方式，将挂钩周转指标纳入年度土地利用计划管理。

2000年以来，我国城镇建设用地政策制度不断完善，政府在土地市场中的调控作用得到进一步发挥，对保障国民经济的稳定运行发挥了巨大作用。

二、效应分析

对于县域城镇化建设来说，城镇建设用地市场从无到有，从无序到有序，对县域城镇化发展的空间保障、资金筹措具有积极意义。

1. 分税制下的"土地财政"

分税制下的"土地财政"，放大了城市与县域财力差异及公共服务差距，导致县域城镇化呈萎缩之势。地方政府过度依赖"土地财政"推进城镇建设，2003~2014年，伴随地方财政收入的不断增长，土地出让金的规模及其所占财政收入的比重也不断攀升。对比大城市天量的土地成交金额，县域土地出让金相去甚远，这就导致城市与县域政府财力差异不断扩大，公共服务配套设施的建设也难以为继，县域城镇化建设逐渐萎缩。"土地财政"造成耕地萎缩和土地的粗放式利用，不利于县域城镇化耕地多功能保护和生态格局保护，不利于土地利用

2015年土地成交金额TOP城市　　　　表5-1

排名	城市	2015年（亿元）	2014年（亿元）	同比
1	北京	1972.14	1899.18	3.84%
2	上海	1624.13	1675.58	-3.04%
3	广州	945.32	823.19	14.82%
4	南京	855.72	757.25	12.95%
5	重庆	675.03	787.22	-14.2%
6	杭州	653.93	867.65	-24.68%
7	武汉	597.04	555.43	7.56%
8	天津	561.9	696.07	-19.39%
9	成都	545.15	495.72	9.88%
10	合肥	505.64	423.34	19.39%

文化的传承，阻碍"城市化"向"城镇化"的转变，加剧区域间发展的不平衡。

2. 建设用地指令性计划管理

2009年全国城镇村及工矿用地和交通运输用地等建设用地总规模为3668.1万hm^2，县域与城市建设用地规模占比分别为68.63%和31.37%。2009~2015年全国新增建设用地面积为348.07万hm^2，其中57.04%（198.53万hm^2）分配给县域，42.96%（149.54万hm^2）分配给城市。考虑到县域行政面积占国土面积的86.78%，这一配置结构实际上是逐步向城市倾斜的，县域发展空间受到一定程度的挤压。建设用地指标分配极度偏向城市，且呈现加速态势，极大压缩了县域发展空间，导致县域土地利用分化明显，农村土地资源不能释放，影响县域城镇化发展，不利于县域城镇化人口迁移与产业梯度转移，不利于实现城乡基础公共服务均等化为目标的城乡发展一体化，阻碍了县域城镇化发展。

图 5-1　2009~2015年县域—城市建设用地分配情况

3. 城乡建设用地增减挂钩

城乡建设用地增减挂钩试点的开展，对统筹城乡发展发挥了积极作用，在县域城镇化过程中，增加了县域建设用地规模，保障了粮食安全和生态安全，对优化城乡土地利用布局、耕地占补平衡和缓解县域城镇化的土地指标约束具有重要意义。但其实质也是将城市建设用地指标从县域搬向城市，出现了少数地方片面追求增加城镇建设用地指标、擅自开展增减挂钩试点和扩大试点范围、突破周转指标、违背农民意愿强拆强建、强迫农民住高楼等一些有违规范的问题，侵害了农民权益，影响了土地管理秩序，对土地利用文化的传承造成毁灭性打击，是"要地不要人"的城镇化的主要推手，不利于城乡一体化的发展。

4. 小城镇建设的土地政策

小城镇建设的土地政策，是增减挂钩的政策缘起，对县域城镇化发展具有积极意义。尽管中央对小城镇建设有一定的支持，且增减挂钩的实行对小城镇的发展提供了一定契机，但是目前小城镇建设的速度和质量都尚处于起步阶段。

第二节 集体土地参与城镇建设的政策演变及效应分析

一、政策演变

1. 禁止建设（1962~1988年）

1962年9月,中共八届十中全会通过的《农村人民公社工作条例修正草案》肯定了农村土地的集体所有制,并明确规定:"生产队范围内的土地,都归生产队所有。生产队所有的土地,包括社员的自留地、自留山、宅基地等等,一律不准出租和买卖。"此后,集体土地所有制形式在全国范围内逐步建立,农民既不享有土地所有权,也不享有土地流转权。1982年出台的《中华人民共和国宪法》明确规定"任何组织或者个人不得侵占买卖、出租或者以其他形式非法转让土地",农村土地使用权的转让受到严格限制。

2. 允许建设（1988~1998年）

1988年《宪法》修改为"任何组织或个人不得侵占、买卖或者以其他形式非法转让土地。土地的使用权可以依照法律的规定转让"。同年,《土地管理法》也进行了相应修改:第2条增加了"任何单位和个人不得侵占、买卖或者以其他形式非法转让土地""国有土地和集体所有的土地的使用权可以依法转让"的条款;第37条规定"城市规划区内的乡(镇)村建设规划,经市人民政府批准执行";第39条规定"乡(镇)村企业建设需要使用土地的,必须持县级以上地方人民政府批准的设计任务书或者其他批准文件,向县级人民政府土地管理部门提出申请"。这一阶段,集体土地参与城镇建设在《宪法》和《土地管理法》中被正式认可,在保证土地所有权的基础上,土地使用权与土地所有权分离,土地使用权能够从所有权人流转到非所有权人。

3. 严格限制（1998~2013年）

1998年《土地管理法》第二次修订时,删除了原第2条第四款"国有土地和集体所有的土地的使用权可以依法转让",改为"国家为公共利益的需要,可以依法对集体所有的土地实行征用";第43条规定"任何单位和个人进行建设,需要使用土地的,必须依法申请使用国有土地;但是,兴办乡镇企业和村民建设住宅经依法批准使用本集体经济组织农民集体所有的土地的,或者乡(镇)村公共设施和公益事业建设经依法批准使用农民集体所有的土地的除外";第63条规定"农民集体所有的土地的使用权不得出让、转让或者出租用于非农业建设",确立了农民集体所有的土地的使用权不得出让、转让或者出租用于非农业建设的原则。这一阶段,国家严格限制使用农村集体土地用于城镇建设,严格控制农村土地使用权流转。

4. 有所松动（2013年至今）

2013年十八届三中全会《中共中央关于全面深化改革若干重大问题的决定》提出，建立城乡统一的建设用地市场，在符合规划和用途管制前提下，允许农村集体经营性建设用地出让、租赁、入股，实行与国有土地同等入市、同权同价。2015年，中央印发《关于农村土地征收、集体经营性建设用地入市、宅基地制度改革试点工作的意见》，提出"建立农村集体经营性建设用地入市制度。针对农村集体经营性建设用地权能不完整，不能同等入市、同权同价和交易规则亟待健全等问题，要完善农村集体经营性建设用地产权制度，赋予农村集体经营性建设用地出让、租赁、入股权能"；2015年全国人大第十三次会议通过《关于授权国务院在北京市大兴区等三十三个试点县（市、区）行政区域暂时调整实施有关法律规定的决定》，授权对全国15个集体经营性建设用地入市改革试点进行探索。这一阶段土地市场供不应求的现实要求农村集体建设用地必须参与城镇建设，为工业化、城市化提供足够的土地资源，国家层面允许地方政府制定相关法规，指导农村集体建设用地入市的试点工作。

二、效应分析

首先，1988年，《宪法》《土地管理法》的修改，允许集体土地使用权转让，直接推动了我国1990年代中期之前乡镇企业的蓬勃发展，自下而上加快了小城镇发展浪潮，"村村点火，家家冒烟"，初现自发性城镇化发展格局。1980年代后，农民其实是最主要的城镇建造者，建造城镇的主要方式则为兴办农民私营企业，乃至乡镇企业。随着农村工业发展造成的就业结构变化，从而兴起了一批工商业市镇，乡镇企业吸纳就业与建制镇增加同期同步，县域城镇化有了发展的动力。

其次，对比1988年《土地管理法》，1998年《土地管理法》的修改删除了"国有土地和集体所有土地使用权可以依法转让"的条款，变"乡（镇）村企业建设需要经批准后可使用土地"，为"乡镇企业和村民建设住宅经批准使用本集体经济组织农民集体所有的土地"，增加了"农民集体所有的土地的使用权不得出让、转让或者出租用于非农业建设"的内容。固化了城乡二元体制，阻碍了土地要素合理流动，乡镇企业与自发性城镇化发展戛然而止，城乡发展差距渐增。

最后，2013年以来农村土地制度改革，虽在一定程度上激活了村庄发展和新农村建设，尤其对东部地区小城镇建设具有一定推动作用，但没有从根本上打破土地要素城乡合理配置的制度障碍。尤其是农村集体经营性建设用地入市，主要来自东部地区原乡镇企业，且仅限于城市规划圈外的存量土地，并没有从根本上打破城乡二元结构。

第三节 农用地政策演变及效应分析

一、政策演变

1. 逐步确立（1984~1995年）

1984年，中共中央颁发了《关于1984年农村工作的通知》，强调要稳定和完善联产承包责任制，把土地承包期延长至15年，并鼓励土地逐步向种田能手集中。1986年，中央1号文件首次提出"发展适度规模的种植专业户"。1986年，全国人大常委会第十六次会议通过《中华人民共和国土地管理法》，以法律的形式确立了家庭联产承包责任制。1993年，八届全国人大对《宪法》进行修正，将"家庭承包经营"明确写入《宪法》，使其成为一项基本国家经济制度。

2. 规范发展（1995~2007年）

1997年，中央《关于进一步稳定和完善农村土地承包关系的通知》宣布土地承包期再延长30年不变，并对土地使用权的流转制度作出了具体的规定。1998年，全国人大第四次会议通过《土地管理法》修订案，"土地承包经营期限为30年"的土地政策上升为法律。2001年，《关于做好农户承包地使用权流转工作的通知》对土地流转的主体、原则进行了严格规定，明确提出不准搞两田制，不提倡企业到农村大规模包地。2002年，《农村土地承包法》审议通过，对土地承包经营权流转的方式、原则、主体、合同及收益等进行了原则性规定，标志着我国农村土地流转制度正式确立，农村土地承包经营制度真正走上法制化轨道。2005年，中央1号文件提出要认真落实农村土地承包政策，防止片面追求土地集中；同时，农业部颁布《农村土地承包经营权流转管理办法》，对流转原则、当事人权利、方式、合同、管理等进行了可操作性规定。2007年第十届全国人大第五次会议通过的《中华人民共和国物权法》第一次将土地承包经营权物权化。

3. 深化加速（2007年至今）

2008年，十七届三中全会《中共中央关于推进农村改革发展若干重大问题的决定》提出允许农民以转包、出租、互换、转让、股份合作等形式流转土地承包经营权，有条件的地方可以发展专业大户、家庭农场、农民专业合作社等规模经营主体。2010年，中央1号文件首次提出要"推动家庭经营向采用先进科技和生产手段的方向转变，推动统一经营向发展农户联合与合作，形成多元化、多层次、多形式经营服务体系的方向转变"。2013年，十八届三中全会《中共中央关于全面深化改革若干重大问题的决定》提出坚持家庭经营在农业中的基础性地位，赋予农民对承包地的占有、使用、收益、流转及承包经营权抵押、担保权能。

2014年，中央《关于引导农村土地经营权有序流转发展农业适度规模经营的意见》提出了农村土地所有权、承包权、经营权三权分置。2017年，党的十九大报告对保持土地承包关系稳定并长久不变提出了相关要求，土地承包关系长久不变，不以土地为代价的城镇化，为农民市民化提供了必要缓冲期，增加了城镇化发展弹性，是社会政治安全的重要保障，是县域城镇化发展的必然要求。

二、效应分析

首先，坚持"集体所有，家庭经营"的家庭联产承包责任制保障了农村家庭经营的历史生命力，维护了县域城镇化的农业基础性地位，是保障粮食安全与现代农业发展的基础，解决了一部分农民的就业问题，使土地利用的农耕文化得以传承，促进了农业的进步和发展，释放了农村富余劳动力，为工业化、城镇化发展提供了粮食安全和劳动力保障，在离土不离乡的情况下，保障农民灵活就业。

其次，土地流转和适度规模经营，为现代农业发展提供了前提条件，是城镇化发展的推力，挤占农民利益（就业和发展空间）、加剧土地的"非农化"和"非粮化"倾向，可能导致农村社会治理结构发生不确定性变化。

最后，农民土地财产保护力度变化。承包关系长久不变，不以土地为代价的城镇化，为农民市民化提供了必要缓冲期，增加了城镇化发展弹性，是社会政治安全的重要保障，有力推动了县域城镇化发展。

第四节 小结

土地制度演变对县域城镇化的发展产生了较大的影响，综合各时期土地政策的演变，可以看出县域城镇化发展存在不同阶段和特征。

首先，土地政策对县域城镇化发展的支撑具有明显阶段性：1998年之前的土地政策，开启了县域城镇化之门，迎来了第一波发展契机；1998~2013年的土地政策，偏向于大城市建设，对县域城镇化发展总体不利；2013年以来，城乡统筹发展逐渐取得共识，土地政策有所松动。

土地政策的目标之间可能存在一定冲突，关键是把握好政策目标之间的平衡度。例如经济增长与耕地生态保护、布局优化与文化传承、效率与公平等。

第六章 县域土地利用问题与政策建议

第一节 县域土地利用问题总结

在以上县域土地利用演变特征分析与趋势研判的基础上,我们总结出县域城镇化进程中土地利用面临的几个主要问题。

1. 建设用地配置的城市中心主义倾向明显

研究期间,中国县域以占86.78%的国土面积和61%的人口(2010年),仅分配到57.04%的新增建设用地指标。县域城镇化发展缺乏合理的建设用地保障,成"无源之水"。当前,作为区域型的地级市政府,通常以优先发展中心城区为施政目标,将新增建设用地指标等资源优先配置给中心城区,而将耕地与基本农田保护任务大量腾挪至外围县域。换言之,县域在区域型政府的资源配置格局中的位阶过低,用地指标截留在所难免。

2. 县域人口、经济与建设用地分布的空间错配较为严重

研究期内,西北、东北地区建设用地分配相对比重过高,与胡焕庸线揭示的人口—经济分布格局相冲突。事实上,劳动力、资本和土地等生产要素在国土空间的合理布局,有利于提升国土空间开发效率,推动经济高质量发展。当前,劳动力和资本的市场配置格局基本形成,建设用地指令性配置无法在复杂动荡的市场环境下精准决策,是导致空间错配的根源,提升国土空间治理能力尤为迫切。

3. 部分县域城镇化发展与资源承载力不匹配,国土开发过度和不足共存

主要表现为三个方面:①由于区域环境整体性和系统性,大城市对区域环境容量的挤占,导致县域资源环境承载能力不足;②在产业梯度转移中,受不良政绩观影响,盲目引入高资源投入、高环境排放型产业,对自然生态和人居环境带来了巨大负面影响;③少数县域存在城镇化建设的开发强度过大的问题。2015年,虽然全国建设用地开发强度为4.23%,但全国综合实力20强县的平均开发强度已高达20.43%,部分县的开发强度甚至接近60%。

4. 县域城镇化发展可能对粮食与生态安全带来不利影响

县域城镇化发展可能对粮食与生态安全带来不利影响。一方面,我国优质耕地分布与未来县域城镇化的空间高度重叠。研究期内,第Ⅰ、Ⅱ圈层耕地共减少

了 4.28 万 hm²，而第Ⅳ圈层耕地增加了 13.67 万 hm²，耕地重心不断向西迁移，耕地保护压力巨大。另一方面，我国水域和水利设施用地与耕地空间变化态势一致，围湖造田、造城挤占生态空间，严重威胁农业生产能力和生物多样性。研究期内，第Ⅰ、Ⅱ圈层水域和水利设施用地共减少了 20.5 万 hm²，而第Ⅳ圈层水域和水利设施用地增加了 3.26 万 hm²。

5. 县域城镇化发展存在土地政策障碍

首先，分税制下的"土地财政"放大了城市与县域财力差异及公共服务差距，自发性城镇化阻碍重重，导致县域城镇化呈萎缩之势；其次，土地的城乡二元结构阻碍了土地要素合理流动，城乡发展差距渐增；再次，建设用地指令性计划管理是用地指标分配极度偏向城市的主要原因；此外，土地财政导致县域融资困难，存在社会风险和金融风险，加大了财政差异，不利于城乡一体化的发展；最后，农村土地存在权益不完整不清晰问题，尤其是存在流转障碍，只能在内部流转，而且要求无偿退出，对农民权益造成极大影响。

第二节 支撑县域城镇化发展的土地政策建议

基于《全国国土规划纲要（2016—2030年）》的指引，在系统性研究我国县域土地利用演变特征和土地政策的基础上，本研究针对县域城镇化进程中面临的一系列土地问题，经过反复研究，探索性地提出若干建议，以期为县域城镇化发展与土地政策改革提供参考。

1. "山水林田湖草"生命共同体建设

我国实行最严格的耕地保护制度，但是过度强调耕地保护会割裂农用地保护、生态保护的整体性与系统性。过度强调耕地保护，挤占了保护其他用地的空间，甚至导致耕地"上山下海"，耕地质量越来越低，粮食生产必将受到影响。因此我们提出加快"山水林田湖草"系统治理的生态文明建设。首先，逐步从耕地保护向农地保护转变，强化耕地多功能性与生态保护红线，且农地之间的低成本转换，适应市场经济需要，也顺应耕地休耕要求；其次，强化土地开发、整理、修复等技术创新，并开展相关生态综合整治，全方位统筹"山水林田湖草"的保护、治理与修复工作，不断提升土地资源的可持续利用能力；最后，要树立"数量、质量、生态、人文"四位一体的整治理念，以永续发展为导向，统筹"山水林田湖草"系统治理，实行最严格的生态环境保护制度。

2. 建设用地指令性配置方式变革

当前的土地要素区际计划配置存在指标制定不科学、计划管理激励不相容和可能导致设租行为等问题。为此，本研究设计了建设用地指令性配置方式变革。①优化计划配置：建议新增建设用地指标与农用地数量和质量相挂钩。具体而言，就是上级政府依据下级政府保有农用地的数量和质量分配新增建设用地指标。农用地数量与质量及不同农用地之间的权重依政策目标与重要性而定。②引入市场调节：各地可将分配的新增建设用地指标有偿转让给其他地区。建议交易主体为县（区）人民政府，交易范围可先在市级范围内试点后，逐步扩大至全国。各地可购买的指标量受到规划限制。具体机制需进一步设计。

该方案可促进区域财力转移和平等，对于统筹城乡发展具有重要支撑作用，且指标计划分配与农地挂钩，有利于建立农地保护的激励与建设用地总量管控的约束机制，有利于促进劳动力、资本与土地要素在全国范围内更有效率的配置，带动发达地区经济集聚。

3. "人、宅、地"系统联动改革

当前城镇化存在着"常住人口城镇化"与"户籍人口城镇化"、"土地城镇化"与"人口城镇化"的两个明显的"剪刀差"问题，造成了"半截子"城镇化以及形成的"农民工"现象，导致产生诸多社会问题。因此，我们基于地随人走（把农村闲置建设用地"搬到"城里）、房随人走（把农民工留在城里）的两大目标，提出了"人、宅、地"系统联动改革的建议：宅基地复垦、验收后，按一定比例发放权利凭证，记载房权和地权，分别代表权利人享有可交易的房屋权利和土地权利的大小。房权按照承兑比率转换为可兑换的城市保障房面积，地权按照"增减挂钩"原理转换为等面积的城市新增建设用地。开发商依权利凭证进入土地一级市场，取得与地权等面积的住宅建设用地使用权，其他土地用途落地折算率依地价、容积率等测算。另外，开发商应按照市场形成的承兑比例为卖方提供新增或者存量保障性住房。该建议一方面实现进城农民在城市安家落户并充分享受市民的福利待遇的愿望，另一方面退出农村闲置宅基地，转换为城市建设用地指标，解决了城市建设用地紧缺的问题。

4. 完善集体建设用地流转改革

《中华人民共和国土地管理法》明确了集体土地流转的一系列规定，但这些规定也存在固化城乡二元体制，阻碍土地要素合理流动和乡镇企业发展，致使城乡发展差距渐增的问题。因此，我们建议：①建立规划在土地利用管理中的龙头地位，促进土地管理从基于土地所有制向基于规划转变，实现国家土地治理现代化。②构建集体建设用地流转机制：第一，集体土地依规划可以用于非农建设，

可以先行放开集体经营性建设用地入市,从圈外扩展到圈内,从存量扩展到增量;第二,逐渐放开流转范围;第三,建立县域内增减挂钩指标交易市场,突破项目区限制,提高存量建设用地配置效率。

5. 进一步完善农地流转

对于农地流转,目前存在着可能挤占农民利益,加剧土地流转的"非农化"和"非粮化"倾向,可能导致农村社会治理结构发生不确定性变化,以及土地承包经营权承包期的不确定性和三权分置的法律表达等一系列弊端。我们建议:①考虑到耕地只是进城农民留在农村的诸多资产之一,建议政策涵盖面从耕地扩展到其他农地资产(自留地/山等)的流转,切实提高资产配置效率;②探索建立租赁农户承包地准入制度,按照土地承包法关于土地流转"受让方须有农业经营能力"的要求,研究建立租赁农户承包地准入制度,严格农业经营能力审查,从源头上抑制农地流转风险;③建立土地流转风险防范机制,通过推广使用土地流转示范合同,鼓励建立和完善土地租金预付制度,鼓励建立土地流转风险保障金制度;④强化土地流转用途监管,切实纠正土地流转的"非农化"与"非粮化"问题;⑤明确土地承包期限,建议耕地承包剩余时间自动转变为无期限制;⑥研究在物权、债权二元财产权体系中确定农村土地权利结构,完善"三权分置"的法律表达,加快相关法律修订。

6. 推进县内自主统筹使用城乡建设用地

作为一种地方性活动,地方政府不能根据需要自主决定土地开发,无法适应复杂动荡的市场环境。此外,年度计划指标的分解可能偏离规划指标的约束,在用地指标配置城市偏向的情况下,县域发展权利可能再度受到蚕食。因此我们建议推进县内自主统筹使用城乡建设用地。在条件成熟时,中央通过土地利用规划控制县域未来 10~15 年的新增建设用地总量,县级政府在规划期内自主统筹县内新增建设用地指标的使用途径、开发时序、用地结构、空间布局。其中,使用途径应根据实际情况,选择自用或者有偿转让用地指标;用地时序将按照市场需求,自主决定;在完成国家基本建设要求基础上,自主决定用地配置结构;在不占用基本农田等前提下,自主决定用地空间布局。

参考文献

[1] 杨璐璐. 改革开放以来我国土地政策变迁的历史与逻辑 [J]. 北京工业大学学报(社会科学版), 2016, 16(2): 18-29.

[2] 廖永林, 唐健, 雷爱先. 土地市场改革: 回顾与展望 [J]. 中国土地, 2008 (12): 14-17.

[3] 郭林, 耿慧志, 王琦. 土地流转政策的演变及其对小城镇建设的影响 [C]. 中国城市规划年会, 2014.

[4] 朱会义, 李秀彬. 关于区域土地利用变化指数模型方法的讨论 [J]. 地理学报, 2003, 58 (5): 643-650.

[5] 王秀兰, 包玉海. 土地利用动态变化研究方法探讨 [J]. 地理科学进展, 1999, 18 (1): 81-87.

[6] 陈江龙, 曲福田, 陈雯. 农地非农化效率的空间差异及其对土地利用政策调整的启示 [J]. 管理世界, 2004 (8): 37-42.

[7] 刘冬娟. 基于生产函数理论的工业用地集约利用评价研究 [D]. 华中农业大学, 2008.

[8] 谭荣, 曲福田. 农地非农化的空间配置效率与农地损失 [J]. 中国软科学, 2006 (5): 49-57.

[9] 李之领. 中国GDP何时超过美国——基于趋势外推法和ARMA组合模型的预测 [J]. 吉林工商学院学报, 2012, 28 (6): 10-16.

[10] 潘维. 中国模式——中华体制的经济、政治、社会解析 [EB/OL] 2011-09-18. http://ccga.pku.edu.cn/html/chengguo/20090904/1833.html.

[11] 汪晖, 陶然. 论土地发展权转移与交易的"浙江模式"——制度起源、操作模式及其重要含义 [J]. 管理世界, 2009 (8): 39-52.

[12] 张蔚文, 李学文, 吴宇哲. 基于可转让发展权模式的折抵指标有偿调剂政策分析——一个浙江省的例子 [J]. 中国农村经济, 2008 (12): 50-61.

[13] 谭荣, 曲福田. 中国农地非农化与农地资源保护: 从两难到双赢 [J]. 管理世界, 2006 (12): 50-59.

[14] 张恒义. 中国省际建设用地配置效率研究 [D]. 浙江大学, 2011.

[15] 李效顺, 曲福田, 张绍良. 基于管理者认知调查下的土地指标配置分析 [J]. 中国人口资源与环境, 2011, 21 (11): 92-98.

[16] 郑振源. 土地管理制度改革的核心是改行政配置为市场配置 [J]. 中国土地科学, 1996, 10 (5): 14-18.

[17] 石晓平, 曲福田. 土地资源配置方式改革与公共政策转变 [J]. 中国土地科学, 2003, 17 (6): 18-22.

[18] 陆铭. 建设用地使用权跨区域再配置: 中国经济增长的新动力 [J]. 世界经济, 2011 (1): 107-125.

[19] 靳相木. 新增建设用地指令性配额管理的市场取向改进 [J]. 中国土地科学, 2009, 23 (3): 19-23.

[20] 龙开胜, 陈利根. 农村集体建设用地流转制度改革的路径和挑战与完善 [J]. 国土资源科技管理, 2009, 26 (2): 99-103.

[21] 吴次芳, 叶艳妹. 土地科学导论 [M]. 北京: 中国建材出版社, 1995.

[22] 但承龙, 王群. 西方国家与中国土地利用规划比较 [J]. 中国土地科学, 2002, 16 (1): 43-48.

[23] 申惠文. 法学视角中的农村土地三权分离改革 [J]. 中国土地科学, 2015, 29 (3): 39-44.

[24] 崔宝敏. 天津市"以宅基地换房"的农村集体建设用地流转新模式 [J]. 中国土地科学, 2010, 24 (5): 37-40.

[25] 周立群. 农村土地制度变迁的经验研究: 从宅基地换房到地票交易所 [J]. 南京社会科学, 2011 (8): 72-78.

[26] 杜茎深. 指标市场的引入及其地价形成的影响 [D]. 浙江大学, 2013.

[27] 徐保根, 杨雪锋, 陈佳骊. 浙江嘉兴市"两分两换"农村土地整治模式探讨 [J]. 中国土地科学, 2011, 25 (1): 37-42.

[28] Robert A. Johnston, Mary E. Madison. From Land marks to Landscapes: A Review of Current Practices in the Transfer of Development Rights[J]. Journal of the American Planning Association, 1997, 63 (3): 365-378.

[29] MD Kaplowitz, P Machemer, R Pruetz. Planners' experiences in managing growth using transferable development rights (TDR) in the United States[J]. Land Use Policy, 2008, 25 (3): 378-387.

[30] 靳相木, 沈子龙. 新增建设用地管理的"配额—交易"模型——与排污权交易制度的对比研究 [J]. 中国人口资源与环境, 2010, 20 (7): 86-91.

[31] 邹秀清. 农地非农化: 兼顾效率与公平的补偿标准——理论及其在中国的应用 [J]. 经济评论, 2006 (5): 43-52.

课题 3

县（市）域城乡聚落体系与建筑风貌研究

第一章 总则

第一节 研究背景

2016 年中国城镇化率达到 57%，我国城镇化进入转型发展的关键时期。县级单元作为城市群网络体系的基层载体是城镇建设中紧关民生的根本层级；县域城乡聚落体系与建筑风貌作为县级单元的空间载体与文化载体，与城镇化的主体对象"人"的变动紧密相关。

一方面，在工业化和城市化的双重驱动下，农村劳动力大规模转移，县级单元人口流失严重，县（市）域层面空间格局变动剧烈，空间结构、空间形态发生分异，乡村聚落空间受到冲击，乡村建筑风貌受到影响，县（市）域聚落进入形态演变和结构重组的关键时期。

另一方面，政府不断加强城乡统筹发展、社会主义新农村建设、新型城镇化建设的政策指引。中央城市工作会议提出充分发挥城市规划的引领作用，县（市）域城乡聚落体系是县（市）域城乡一体化、县（市）域全域空间、县（市）域多规合一等规划改革的直接操作平台，县（市）域城乡聚落体系的研究对县（市）域规划改革起到主要的反馈与指导作用。

此外，乡村文化作为中国文化的"原点"地位不断上升。对其聚落风貌的研究既是城市文化底蕴的挖掘与新地域文化的构建，也是创造性保留与开放性发展的结合，更是一次对中国特色社会主义理论体系的探索，对县（市）域聚落形态以及建筑风貌的发展机制、特征、问题等的深入研究，归纳总结发展策略，是完成乡村文化传承、建筑遗产保护的关键一步。

第二节 研究范围与对象

在此背景下，本书以全国范围内的县（市）域为研究对象，针对当前城镇化发展的新形势，立足国情，在县（市）域范围内研究城镇化过程中城镇体系、聚落形态、聚落风貌的发展状态、影响因素以及优化策略，为我国新型城镇化的顶层设计、体制机制改革进行探索性研究，并力争在中国城镇化发展理论、制度政策以及风貌传承方面有所创新。

县（市）域城乡聚落体系专题在分析我国现状县（市）域聚落体系分类及特征的基础上，厘清各类聚落的规模、功能、空间形态变化，分析内在发展机制与外在影响因素，梳理县（市）域城乡聚落规划设计的地方创新做法，在此基础上提出不同类型县（市）域城镇化和城乡一体化发展与规划方向，以及我国县（市）域空间规划体系的改革策略，为我国新型城镇化发展提供理论与实践支撑。

县（市）域聚落风貌专题分区、分阶段、分类型总结我国县（市）域聚落风貌的特征与主要问题，分析县（市）域聚落风貌在城镇化进程中面临的风险与挑战，提出保护县（市）域聚落风貌的地方创新做法，以及保护县（市）域自然与传统聚落风貌、传承县（市）域传统文化的策略研究与政策建议。

第三节　相关研究综述

一、对县（市）域城乡聚落分类的研究

现有研究从自然地理环境、空间分布形态、产业集聚方式等方面对县（市）域城乡聚落的类型划分进行了多角度的探讨。

马浩等以甘肃省兰州市榆中县为例，分别从产业集聚规模、职能结构、资源类型3个角度提出两类城乡聚落，分别为内向资源引导型（包含先进制造业、知识产业型、综合服务型等）和外向资源输出型（包含人力资本输出型和土地资本输出型）[1]。张涛从自然地理环境出发对城乡聚落进行分类，包括川谷聚落、原地聚落、山地聚落、近河聚落和丘陵聚落；从空间分布形态出发将聚落分成集中和分散两种形式；从性质层级出发将聚落分成城、镇、村三类[2]。朱彬对江苏省县（市）域城乡聚落空间分布集聚特征、空间分布密度和空间分布形态三方面空间格局进行综合分析，通过空间聚类将县（市）域城乡聚落划分为四种类型，分别为高密度均衡发展型城乡聚落、中密度多核心分布型城乡聚落、中密度首位城镇发展类型、向心集中型首位城镇发展类型[3]。刘凌云按地域空间结构、等级空间结构、职能空间结构将县（市）域城乡聚落分为核心—边缘型、

---

[1] 马浩，许珊珊. 干旱半干旱区城郊县城乡聚落体系构建研究——以兰州市榆中县为例[J]. 江西农业学报，2011，23（11）：184–189.
[2] 张涛. 韩城传统县域人居环境营造研究[D]. 西安建筑科技大学，2014.
[3] 朱彬. 江苏省县域城乡聚落的空间分异及其形成机制研究[D]. 南京师范大学，2015.

双核型、点—轴型、多心—组团型、多元—辐射型五种类型①。

二、对县（市）域城乡聚落形态的研究

在研究尺度上，现有文献对城乡聚落形态的研究多从宏观上的国家、省域、市域等尺度上进行，以县（市）域为单位的研究相对较少。目前已有研究大多涉及县（市）域城乡聚落形态的构成要素（主要包括等级规模结构、职能结构、空间结构等）及其运行机制与组织模式、不同区域县（市）域城乡聚落形态特征等。

国内现有对县（市）域城乡聚落形态的研究多以宏观视角下的县（市）域空间组织模式转型重构为目的。董金柱通过对长三角地区县（市）域城乡空间组织发展的梳理和组织度的评价，系统探讨县（市）域城乡空间组织发展的影响因素、动力机制、组织模式和重构方法②。张以红③、杨思捷④、朱彬⑤、陈照⑥等进一步通过解读不同研究对象的发展现状，明晰城乡空间转型影响因素，探讨城乡空间转型的动力机制，确定城乡空间转型模式，并提出相关规划策略。

除此之外，还有研究从微观的物质空间形态入手对县（市）域城乡聚落进行研究。如赵蕾（2005）基于城市高速发展宏观环境背景，以"微观的中心城市或县（市）域行政单位"的城乡空间为研究对象，构建了一个"簇群互动式＋网络式"的理想城乡空间模型⑦。李小建、许家伟等则基于微观尺度上巩义市村庄的数据，测度近百年来县（市）域城乡聚落等级规模与空间表现的具体演变特征，为未来县（市）域聚落的空间演变提供参考⑧。

三、对县（市）域城乡聚落形态影响因素的研究

李德一、张安定等（2008）认为县（市）域城乡聚落的演化过程是社会因素与经济因素双重作用的结果⑨。目前，国内外学者对县（市）域城乡聚落形态影响因素的研究范围已涵盖自然、社会、经济、文化等多个方面，研究视角趋向全面综合。

---

① 刘凌云. 湖北省县域城镇化自组织过程、机制与空间范型 [D]. 华中科技大学，2015.
② 董金柱. 长江三角洲地区县域城乡空间组织及其重构研究 [D]. 同济大学，2008.
③ 张以红. 潭江流域城乡聚落发展及其形态研究 [D]. 华南理工大学，2011.
④ 杨思捷. 城乡统筹背景下宝鸡北山地区县域村镇空间结构优化研究 [D]. 长安大学，2013.
⑤ 朱彬. 江苏省县域城乡聚落的空间分异及其形成机制研究 [D]. 南京师范大学，2015.
⑥ 陈照. 陕北地区县域城乡空间转型模式及规划策略研究 [D]. 西安建筑科技大学，2015.
⑦ 赵蕾. 构建高速发展的城乡整体生长空间 [D]. 浙江大学，2005.
⑧ 李小建，许家伟，海贝贝. 县域聚落分布格局演变分析——基于1929—2013年河南巩义的实证研究 [J]. 地理学报，2015，70（12）：1870-1883.
⑨ 李德一，张安定，张树文. 山东半岛北部海岸带城乡聚落扩展变化特征与驱动力分析 [J]. 自然资源学报，2008，23（4）：612-618.

Hoskins 认为聚落的空间分布状态受土地的富饶程度和先前居民点类型的影响[1]。Andrew Gilg 分析了聚落布局的交通影响因素[2]。Lewis 等在分析 Transkei 地区聚落近 300 年演变的过程中，发现政府规划行为对聚落的变化产生重要影响[3]。原苏联学者波克希舍夫斯基、萨乌什金等人将生产方式列为决定聚落布局形态的首要因素[4]。D. R. Hall 分析了 1990 年代中期阿尔巴尼亚国际和国内移民对聚落演化的作用[5]。

张春花认为目前影响县（市）域城乡聚落形态的主要因素有基础设施、经济因素、制度因素、资源配置等。其中，基础设施包括交通运输、邮电通信等，经济因素包括经济发展、经济布局和企业布局，制度因素包括户籍制度、区划调整、城镇化政策等[6]。张以红（2011）认为影响县（市）域城乡聚落形态的主要因素包含自然地理、交通区位、政治体制、建设规制、经济发展方式、民俗文化活动等[7]。

此外，也有不少国内学者从影响城乡聚落形态的单一因素着手研究。孙静从地理学、社会学等角度出发，以徽州地区农村为例，分析、总结出人地关系及土地制度作用于聚落形态变迁的规律[8]。李君等研究发现，聚落分布状态还受到经济实力以及当地政府对所在地区村庄规划的影响[9]。许家伟等认为人口迁移（包括扶贫开发、生态移民、工程移民）加剧了在平原、丘陵集聚的趋势，改变了几千年来农业社会形成的"沿河线状"的空间格局[10]。张竟竟对河南省豫西山地灵宝市和豫东平原柘城县进行了聚落与交通网络空间分布特征分析，发现其交通网络与城乡聚落体系空间分布均表现出明显分形特征[11]。高塔娜认为自然环境作为农村聚落存在的物质基础，对其空间布局具有决定性的影响意义[12]。张

---

[1] Hoskins W G. The making of the English landscape[J]. Making of the English Landscape, 1988.
[2] Clark G., Gilg A. W., Pacione M., et al. An Introduction to Rural Geography[J]. Transactions of the Institute of British Geographers, 1986, 11（3）: 374.
[3] Lewis C. A., Mrara A. Z.. Rural settlements, mission settlements and rehabilitation in Transkei[J]. GeoJournal, 1986, 12（4）: 375-386.
[4] 金其铭. 农村聚落地理[M]. 北京：科学出版社，1988.
[5] Hall D. R.. Albania: Rural development, migration and uncertainty[J]. GeoJournal, 1996, 38（2）: 185-189.
[6] 张春花. 江苏省县域城乡空间组织及其重构[D]. 南京师范大学，2004.
[7] 张以红. 潭江流域城乡聚落发展及其形态研究[D]. 华南理工大学，2011.
[8] 金其铭. 中国农村聚落地理[M]. 南京：江苏科学技术出版社，1989.
[9] 李君，李小建. 国内外农村居民点区位研究评述[J]. 人文地理，2008，23（4）: 23-27.
[10] Xu Jiawei, Qiao Jiajun. Study on mode of rural residents' migration in foothill: A case study of Gongyi City[J]. Rural Economy, 2009, 25（10）: 26-29.
[11] 张竟竟. 县域聚落体系与交通网络分形特征——以灵宝市和柘城县为例[J]. 热带地理，2013，33（4）: 465-472.
[12] 高塔娜. 自然环境对农村聚落空间布局的影响[D]. 西南交通大学，2014.

常新认为包括居住条件、生态条件等在内的人居环境是城乡聚落形态重构的主要内驱动力之一[①]。

四、对县（市）域城乡聚落空间规划的研究

中国县（市）域规划工作始于1950年代，其后随着改革开放政策的实施，规划工作背景发生较为明显的变化。应金华等通过回顾四川省市县规划工作，提出改革开放初期规划面临着适应商品经济环境、提高科学性等挑战[②]。林炳耀认为改革开放初期的县（市）域规划多数具有较为明确的总目标，并服务于区域发展，具体表现为城镇体系及基础设施规划布局内容较突出、重大建设项目的分析论证较为集中、农业规划退居次要地位、社会发展及环境规划受到忽视等[③]。崔功豪则以浙江温岭、南京江宁、苏州常熟等县（市）域规划为例，论证了1990年代末以来县（市）域规划着重于空间部署、从城乡社会经济与环境整体协调发展出发以及强调地方性和时期性的特点[④]。

在县（市）域空间规划的具体内容上，众多学者对县（市）域城乡统筹规划与镇村布局规划、县（市）域总体规划、县（市）域多规合一等均进行了研究与探讨。

张京祥等认为城乡一体化的统筹发展理念应充分应用于新时期的县（市）域规划[⑤]。陈小卉指出镇村布局规划是县（市）域城乡统筹规划的重要组成环节[⑥]。程淑红[⑦]、陶小兰[⑧]等则结合皋兰县、扶绥县等具体案例对城乡统筹规划与镇村布局规划的工作重点、实施路径及优化策略等进行了进一步探索。

李建平认为县（市）域总体规划是新形势下加强和改进城乡规划，构建城乡全覆盖的空间规划管治体系的一项重要创新[⑨]。现有研究侧重于对县（市）域总体规划编制方面进行探讨，项志远等[⑩]、朱喜钢等[⑪]对苍南县、海盐县等总体规划进行经验总结，从而提出规划编制理念、方法的提升与创新思路。而针对

---

① 张常新. 县域镇村空间重构研究 [D]. 浙江大学，2015.
② 应金华，杨明宁. 县域规划工作回顾 [J]. 城市规划，1988（6）：42-44.
③ 林炳耀. 论市县域规划模式的变革 [J]. 地理科学，1994，14（1）：90-97.
④ 崔功豪. 当代区域规划导论 [M]. 东南大学出版社，2006.
⑤ 张京祥，崔功豪. 新时期县域规划的基本理念 [J]. 城市规划，2000，24（9）：47-50.
⑥ 陈小卉. 城乡空间统筹规划探索——以江苏省镇村布局规划为例 [C].2005中国城市规划年会. 2005.
⑦ 程淑红. 县域城乡一体化规划研究 [D]. 兰州大学，2010.
⑧ 陶小兰. 城乡统筹发展背景下县域镇村体系规划探讨——以广西扶绥县为例 [J]. 规划师，2012，28（5）：25-29.
⑨ 李建平. 市（县）域总体规划编制的探索——以广东省鹤山市为例 [C].2007中国城市规划年会，2007.
⑩ 项志远，易千枫，陈武. 城乡统筹视角下的县（市）域总体规划编制探索——以苍南县域总体规划为例 [J]. 华中建筑，2010，28（1）：79-81.
⑪ 朱喜钢，卫琳，李安，等. 县（市）域总体规划的编制理念与方法——以浙江海盐为例 [C].2011中国城市规划年会. 2011.

县（市）域总体规划的特点，左慧敏提出整合性（即整合县（市）域内所有规划）、协调性（即实现全覆盖空间资源配置）等概念[①]。

目前对县（市）域多规合一的探讨内容集中于编制实践过程中的体系变革、规划协同、制度创新和技术探索等方向。范晨璟等在剖析多规合一编制困境的基础上，以响水县为例提出"同一标准，同一基底，同一蓝图"的规划思路[②]。吴小平等以白沙黎族自治县多规合一规划为例探讨县（市）域层面多规合一规划的创新方法，包括自上而下与自下而上并进的编制体系与空间规划管理信息协同平台和行政审批机制的创新应用等[③]。此外，孙凤伟等[④]、杜宗明等[⑤]学者还针对县（市）域基础设施规划、县（市）域环境治理与保护规划等专项规划进行了相应学术探讨。

第四节 研究方法

本研究立足国情现状，综合国内先进经验与实际调研结果，从全国及个体案例两方面，定性与定量分析相结合，利用大数据分析、比较分析、数理模型、统计分析等方法，对全国层面县（市）域城乡聚落体系进行分类、分型、分异研究。

研究应用统计年鉴和年报数据，通过位序－规模、标准差、首位度、形态指数等算法进行分析，并在 GIS 平台上表达。分析我国聚落体系的现状特点，解析其内在发生机制，总结其变化规律，进而提出相应策略，为我国新型城镇化推进提出相应的发展建议。

第五节 技术路线及框架

全国层面上采用比较分析、数理模型、统计分析等方法，通过实地调查和资料取证，借鉴国内先进经验，同时通过个体案例对全国县（市）域城乡聚落体系、

---

① 左慧敏. 县域总体规划编制的内容与方法的研究 [D]. 华中科技大学，2005.
② 范晨璟，朱跃华，宋晓杰. 县域"十三五"规划编制"多规合一"的探索——以响水县为例 [J]. 改革与开放，2015（23）：49-51.
③ 吴小平，刘筱. 县域层面"多规合一"规划探索与实践——以海南省白沙黎族自治县为例 [J]. 规划师，2017，33（5）.
④ 孙凤伟，邵国峰. 县域城市道路交通规划问题的若干思考 [J]. 民营科技，2010（9）：221-221.
⑤ 杜宗明. 极端干旱区县域环境保护规划实证研究 [D]. 新疆大学，2011.

聚落形态、建筑风貌进行深入剖析。在宏观和微观两个层面对我国县（市）域城镇化的空间发展进行研判，分析其内外影响机制，总结其变化规律。通过对县级单元城镇化内在机制、行政管理体制和治理机制、"三农"问题与城乡关系对城镇体系和聚落形态的影响分析，以及对乡村传统文化传承、聚落营造与建筑设计等多要素分析，对我国县（市）域空间规划改革及县（市）域文化风貌保护提出引导与建议。

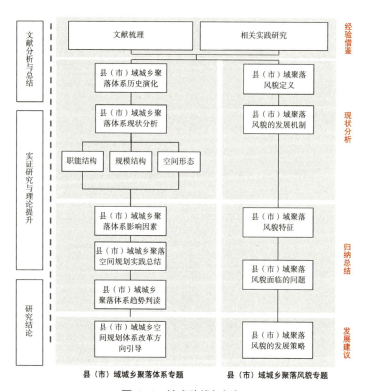

图 1-1　技术路线与框架

第二章 县（市）域城乡聚落体系研究

第一节 县（市）域城乡聚落体系演化发展

近年来，我国县（市）域发展十分迅速，根据第六次人口普查的数据可知，2010年我国县（市）域1998个县级行政单位，城镇化率已达到34.13%。随着县（市）域城镇化率的提高，县（市）域城镇体系也逐步完善。自1949年至今，我国县（市）域城镇体系发展主要分为初步形成时期（1949~1957年）、曲折发展时期（1958~1977年）、缓慢发展时期（1978~1993年）、快速发展时期（1994~2002年）与转型发展时期（2003至今）五个阶段。

一、县（市）域城乡体系初步发展期

这一阶段为县（市）域城乡体系初步开始发展阶段（1949~1957年），是中国城镇化发展起步时期。城市经济迅速恢复，中国工业化开始起步，工业对劳动力的需求增加，城镇人口从1949年的5765万增加到1957年的9949万，城镇化水平从1949年的10.6%提高到1957年的15.4%。1954年颁布的《中华人民共和国宪法》明确规定了镇的设置，1955年国务院颁布的《中华人民共和国关于设置市镇建制的决定和标准》则又进一步规范了市镇设置的人口下限和具体条件。随着行政级别的确立，县（县级市）、镇和村将依据行政级别获得不同的资源。

1949~1952年的国民经济时期，城市、县的划分设立逐渐形成，这时期的县（市）域体系处于初始形成阶段。我国面临着战后恢复生产、建设社会新秩序等重要问题，处于百业待兴的状态。1953~1957年"第一个五年计划"时期，我国城镇化进程处于起步期，人口开始城乡迁移，国家经济恢复稳定，全国大规模搞经济建设，因而加速了旧城镇的改造与新城镇建设的进程。国务院于1955年6月出台首部关于设置市镇的正式法律文件《关于设置市、镇建制的决定》，主要强调"市"的行政地位与隶属关系。城市设置要遵循以下两个原则：一是东部区域撤销一部分小城市，同时要建设一批枢纽城市；二是西部地区建设一批工业城市。城市获得发展，而县（市）域体系的发展并未受到重视。在这一时期，

城市数量缓慢增长，由 1952 年的 157 个增加为 1957 年的 176 个，建制镇的数量则快速减少，由 1952 年的 5402 个减少为 1957 年的 3596 个。

二、县（市）域城乡体系曲折发展期

1958~1960 年这一经济发展的异常时期，城镇化过快增长，大量人口涌入城市。由于国家对经济发展形势的高估，在 1958 年提出"赶超英美""大跃进"和"人民公社"三面红旗，盲目追求速度，城市和县（市）域体系的发展都遭到极大冲击。县（市）域层面，乡村人口爆炸式迁入城市，城市数量从 1957 年的 176 个上升到 199 个，新增城市 23 个，县镇数量持续减少。

1961~1965 年的国民经济调整时期，城镇化进入第一次逆向发展时期，城市化进程脱离实际经济基础而超前发展，城市建设规模过度膨胀。国家提出"调整、巩固、充实提高"方针，劳动力与人口城乡流动的渠道被切断，农村向城市的迁移活动被控制；城市就业骤减，城镇人口流回农村。在 1961~1965 年，共 3000 万城镇人口下乡，支援农业生产，城市化率下降。因此，国家对城、县、镇、乡的体系建制都做了调整，城镇数量减少，城市数量由 1961 年的 208 个减少为 1964 年的 169 个、1965 年的 171 个，城市数量下降 18%；1963 年全国的建制镇下降为 2877 个，相比于 1957 年下降了约 20%。

在 1966~1977 年，国民经济濒临崩溃，工农业生产停滞不前，城镇化走向第二次逆向发展。一方面，由于过分关注国防，大量建设与原有城镇脱离，布局分散的"山、散、洞"式三线企业，阻滞基建投资，未能提供较多的非农就业机会。而全国从城市向农村迁移的总人数达到 4000 万，第二次逆城市化运动出现。另一方面，城乡二元结构进一步巩固。在这一阶段，城乡分割的户籍制度对进城的劳动力进行严格控制。城镇及县（市）域体系持续衰退，从城镇建制数量来看，建制市增速相比于前期有所放缓，1965 年为 169 个，1978 年末为 193 个，年均增加不足 2 个；建制镇也仅有 2173 个，相当于 1949 年的水平。

三、县（市）域城乡体系缓慢发展期

1978~1984 年经济由转轨走向重新启动，城镇化进程也逐渐恢复正常。这一阶段的城镇化中行政主导再次发挥作用。一方面，城市人口迅速增加，城市的建设和规划步伐加快，城市经济的中心作用凸显。城镇体系的规划及设置也重新步入正轨，在本阶段共规划和新设置城市 139 个。另一方面，通过实行扶持专业户、乡镇企业发展，农村经济重获新生，小城镇发展步伐加快，而一系列政策的出台也为乡镇企业的繁荣与小城镇的发展创造了有利条件，如城乡集贸市场的开放加强了城乡间的交流等。

1985~1992年国民经济进入高速增长时期，县（市）域和城市发展均迈入稳定增长阶段。在此期间，城市体制改革与乡镇企业发展成为推动城镇化进程的双重动力，城镇化主要形式为发展新建城市和小城镇，城镇体系呈外延式扩展。大中城市发展具有强大动力，小城镇建设上升到战略高度。1984年在党的十二届三中全会上通过的《关于经济体制改革的决定》，掀起了城市体制改革的浪潮。城市化由大城市逐渐迈向中小城市发展，1986年人大六届四次会议调整了传统设市标准，设市的人口标准开始降低，由之前的10万非农业人口更改为6万，并提出县改市标准。全国建制市、地级市、县级市的数量在1992年分别达到517个、191个和323个。

四、县（市）域城乡体系快速发展期

1993~2000年市场经济体制推动时期，县（市）域体系进入快速发展阶段。国家也相继推出县（市）域层面推动城市化的指导性文件，如1993年，国务院公布了县级市设立的新标准，设市标准底线由6万非农就业人口提高到8万，与1992年相比，2002年我国的建制市达到660个，增加143个，建制镇在2001年达到20374个，增加5835个；又如1998年十五届三中全会的《中共中央关于农业和农村工作若干重大问题的决定》，明确赋予小城镇建设重要的战略地位；2000年的《中共中央国务院关于促进小城镇健康发展的通知》，制定和完善了小城镇健康发展的具体政策措施；而在"十五"规划中，城市化战略被列为国家重点发展战略。

乡镇工业的发展、市场化改革使得市场经济逐渐在资源配置中起主导作用，城镇化也全面进入快速发展阶段。在此过程中，实力强劲的镇获得与县城同样的城镇化发展速度，甚至更快。这一阶段，中国的城市化率达到39.09%，较1992年提高11.63%，同期城镇人口由32372万提高到50212万，为1949年以来城市化发展最快时期。

五、县（市）域城乡体系转型发展期

2002年至今，中国经济社会进入转型发展时期，中国县（市）域的平均城镇化率提高4%，我国农村人口向小城镇集中的趋势开始显现。城市化的主要特征相应地转变为城市与农村的经济、社会、人口、资源与环境的全面协调可持续发展。城镇体系形成了若干以大中小城市和小城镇协调发展为主要特征的城市群。

按照我国在 2004 年提出的发展理念，大中小城市呈现出"结构有序、功能互补、整体优化、共建共享"的镶嵌体系，体现出以"城乡互动、区域一体化"为主旨的高级演进形态。

2014 年中国经济社会进入创新、协调、绿色、开放、共享五大理念共同驱动的发展时期，从《国家新型城镇化规划》到《关于县（市）域创新驱动发展的若干意见》，县（市）域城镇体系逐渐完善，进入快速发展时期。

至 2015 年年末，全国共有县及县级市 1568 个，减少 28 个，建制镇 20515 个，乡 11315 个。县城户籍人口 1.40 亿，暂住人口 0.16 亿，建成区面积 2.00 万 km^2，建制镇建成区人口 1.6 亿，占村镇总人口的 16.73%；乡建成区人口 0.29 亿，占村镇总人口的 3.02%；镇乡级特殊区域建成区人口 0.03 亿，占村镇总人口的 0.33%；村庄人口 7.65 亿，占村镇总人口的 79.92%。全国建制镇建成区面积 390.8 万 hm^2，平均每个建制镇建成区占地 219hm^2，人口密度 4899 人 /km^2；乡建成区 70.0 万 hm^2，平均每个乡建成区占地 61hm^2，人口密度 4419 人 /km^2；镇乡级特殊区域建成区 9.4 万 hm^2，平均每个镇乡级特殊区域建成区占地 146hm^2，人口密度 3906 人 /km^2。

图 2-1　2010~2015 年县城建成区面积与人口
（资料来源：2015 年城乡建设统计公报）

2010~2015年村镇建成区面积（单位：hm^2）　　表2-1

年份	建制镇建成区	乡建成区	镇乡级特殊区域建成区	村庄现状用地
2010	317.9	75.1	10.4	1399.2
2011	338.6	74.2	9.3	1373.8
2012	371.4	79.5	10.1	1409.0
2013	369.0	73.7	10.7	1394.3
2014	379.5	72.2	10.5	1394.1
2015	390.8	70.0	9.4	1401.3

第二节 县（市）域城乡聚落体系现状特征

一、县（市）域城乡聚落规模结构特征

县（市）域城乡聚落规模呈现分异特征。城乡体系等级规模结构呈现区域内城乡聚落的规模大小、数量多少以及相互联系、相互转化的状况，是城乡等级体系中城镇人口规模数量及其相互关系的表征。城乡体系规模结构的划分原则为保证等级规模之间的连续性、职能特点的相似性以及各规模等级之间差异的平衡性。城乡体系等级规模结构是城镇体系内层次不同、大小不等的城镇在质与量方面的组合形式。城乡规模等级结构能直观地反映城乡聚落在不同规模等级中的分布状况和人口的集聚分散程度。

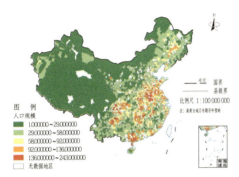 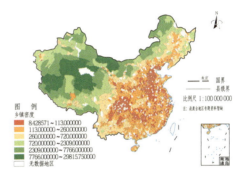

图 2-2 我国县（市）域聚落人口规模分布　　图 2-3 我国县（市）域聚落乡镇密度分布

根据全国统计年鉴资料（2015年），以人口为依据，我国县（市）域规模分布呈现沿胡焕庸线东南—西北空间分异的格局特征。北部和西部、西北部地区的县（市）域聚落规模较小，中部和南部、东南部城乡聚落规模较大。在西部新疆、西藏、内蒙古及东北三省北部地区形成连片的城乡聚落集中分布的"冷点区"，而在川渝、长三角、黄淮海平原、东部沿海地区形成多聚落集中分布的"热点区"。城乡聚落规模的次低值区分布在西北甘肃、宁夏及藏南、川西等地区，次高值区域均匀分布在"胡焕庸线"以南地区。

我国县（市）域城乡聚落的人口规模分布与县（市）域聚落的乡镇密度相比，存在局域的正相关特征，城镇聚落的规模分布呈现高密度大规模集聚分布与低密度小规模集聚分布并存的格局特征。城镇聚落规模存在分异与地区所处城市化水平的阶段密切相关，长三角、珠三角等经济发展水平较高的地区，城镇建设用地扩张速度较快，人口净流入较多，导致该地区城镇聚落密集，用地有限，因此聚

落密集且规模较小。广大的西北、北部地区的城镇化水平较低、人口稀疏，人均用地面积较大，城镇聚落发展速度较东南地区明显偏低，导致该地区的城镇聚落密度偏低、规模较大。

县（市）域城乡规模结构特征：城乡等级规模结构体现区域内部各城镇的规模大小之分与等级序列特征，不同规模的城镇处于不同的等级行列之中。在县（市）域层面，首位聚落规模不足，众多建制镇和集镇规模过小，聚集程度不够，吸纳人口也不够，对周围的辐射能力弱；中等规模聚落数量缺乏，人口从农村转移到城市缺乏中间过渡环节；小规模聚落出现衰退态势，由于集聚度低，人口流失多，村落等小规模聚落出现衰落现象。

其一，规模集聚明显型，首位度较大，发展要素高度集中。我国县（市）域城乡规模存在的一个明显问题是部分县（市）域城镇之间规模差异较大，首位度较大，城市发展要素高度集中。在首位度高度集中的县（市）域中，部分县（市）域城乡聚落规模结构差异明显，需要采取针对性的规模结构优化措施，促进县（市）域城乡聚落规模结构均衡协调发展。例如，珲春市缺乏二级城镇，等级规模结构缺失，除了英安镇，其余城镇人口都在1万以下，且大部分城镇规模偏小，缺乏人口1万~5万的中等规模城镇，城镇等级规模体系出现断层、不健全现象。

部分首位型县（市）域位于自然环境相对较好、交通方便的地带，其首位集聚区不但集中县（市）域中心城镇，其周围还会吸引聚集一些重点镇，形成县（市）域发展的中心极核。县（市）域内的其他乡镇由于同中心极核的距离较远，交通又较为不便，造成中心极核外围出现很大"真空区"，与中心城距离较远的中心乡镇受自身交通条件等影响，接受远距离的县城辐射较弱，同时对周边乡村的带动作用较小，普遍发展规模不大，不少城镇多为传统农业型乡镇，内生发展动力不足，造成城镇化的进程乏力，这些均不利于城镇化健康发展。

专栏2-1 浙江省金华市浦江县县域规模特征

浙江省金华市浦江县：截至2013年，中心城区常住人口为24.50万，其次为黄宅镇，常住人口为10.77万，首位度为2.27，县域人口分布呈现非均衡的中心集聚特征，城市基础设施高度集中在中心城区。乡镇范围内，黄宅镇人口集聚度较高，基础设施较完善，经济水平发展较好，首位乡镇黄宅镇常住人口为10.77万，其次为白马镇，常住人口为3.66万，首位度为2.94，乡镇发展水平呈现不均衡的集聚效应（图2-5）。在各乡镇中，形成东部经济发展增长极，带动东部乡镇发展。乡镇范围整体发展水平形成东高西低现状。

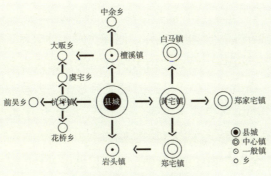

浦江县城乡规模结构模式

还有部分县（市）域受到自然条件、经济发展和交通条件等因素的影响，规模结构空间发展呈现低值集聚的不均衡现象。此类县（市）域交通干道沿线地区发展水平较高，山区等交通不便的乡镇建设落后，县（市）域整体发展处于较低水平。

> **专栏2-2　吉林省延边朝鲜族自治州珲春市县域规模特征**
>
> 吉林省延边朝鲜族自治州珲春市：受区域交通网络影响，珲春市规模结构在空间层面呈现"西密东疏"特征，县域西部与主要交通干道沿线地区发展水平较高，而县域东部与北部却相对落后。其主要原因一是公路等级的整体水平偏低，据县交通局统计，在珲春市公路总里程中，等级公路和高级（包括次高级）公路分别只占19%和10%，也就是说，等级以上公路的比例小于30%。县域等级较高的公路有省道201线和202线，但真正贯穿整个县域的高等级公路只有省道201线一条；二是支线交通线不发达，连接各城镇的大多是一些县道、乡道，很多路面质量都较差，极大地制约了各城镇之间的交流与联系。据县交通局统计，到2015年底，珲春市仍有4个乡镇的道路没有硬化，现有的砂石路面不但路幅窄，而且容易受到天气的影响，对当地交通运输、经济发展及空间发展产生显著的制约作用[①]。

其二，规模分散均衡型，离散性较大，辐射带动能力受限。不同等级的县（市）域对周边地区的辐射带动能力差异较大。县（市）域规模越大，其聚集效益越高，发展实力越强，影响范围也就越广。县（市）域内部规模等级不明显，规模分散均衡型县（市）域经济发展较弱，带动力不足，除个别县城和重点镇外，多数小

---

① 杜宗明. 极端干旱区县域环境保护规划实证研究[D]. 新疆大学，2011.

城镇未形成特色主导产业，设施配套不完善，城镇规模整体偏小，缺乏竞争力，对周边城镇的辐射带动能力也相应较弱。西部欠发达地区县（市）的县城普遍偏小，如绥阳县 15 个乡镇中，镇域人口大于 5 万的乡镇只有 2 个，占县（市）域乡镇总数的 13%；镇域人口小于 3 万的城镇有 8 个，占县（市）域乡镇总数的 53%；在镇区人口方面，只有 4 个乡镇超过 1 万，其余乡镇镇区人口均不到 1 万，均弱性十分明显，且城镇的建成区面积普遍偏小。

导致城镇规模偏小的原因主要有两个：一是地形条件的限制。山地丘陵地区适合城镇建设的平原面积十分有限，聚落人口变动表现出较强的地形、交通和中心城区指向。山地丘陵比例过大，地形地貌崎岖破碎，给经济开发和城镇建设造成很大困难，导致城镇、交通建设成本居高不下极大地影响城镇规模的扩张。例如，山西省吕梁市孝义市，其聚落规模结构表现出丘陵山区聚落的分散型分布特征，乡村聚落呈现出明显的空间差异化特征，即乡村聚落平均规模偏小，规模结构以中小等级聚落偏多，聚落之间斑块面积、人口大小悬殊。二是城镇产业层次偏低，对城镇化的拉动能力有限。例如，吉林省延边朝鲜族自治州珲春市各城镇大多以农业为主导产业，城镇的产业层次低、单一且外向性较差，无法形成高效益的产业链和产业集群，对第三产业发展、农村剩余劳动力转移的拉动作用十分有限，导致城镇化严重滞后于工业化，城镇规模的扩张缺乏来自城镇内部的有效推动和支持。

其三，规模均衡分布型，体系较健全，部分结构有待优化。在不少城镇化发展较成熟的县（市）域地区，城乡聚落已经形成较完善的、等级分明的规模结构，如经济发达的苏南、浙江等地，许多县城城乡空间发展迅速，整体的城乡体系比较健全，城镇体系结构没有发生断层，但存在一定的空间分异性。首位聚落的凝聚力和集聚功能较强，具有带动和辐射作用，中小村镇发育不够，城乡聚落体系的均衡度有待加强。

专栏 2-3　浙江省金华市浦江县县域规模体系特征

浙江省金华市浦江县：浦江县在村镇层面规模体系产生分异，平原地带乡村聚落规模体系较为完善，丘陵地区乡村聚落体系相对不完善。乡村聚落体系分为建制镇—中心村—基层村三级，以建制镇为经济增长核心，带动周边中心村发展，中心村带动下一级的基层村发展，同时，中心村为基层村提供村一级公共服务设施，建制镇为乡村提供镇一级公共服务设施。浦江县内位于平原地区的黄宅镇，乡村聚落体系相对较为完善，基本形成三级规模体系，公共服务设施供给和经济带动效益较好（图 2-6）。丘陵地带的杭坪镇，乡村聚落体系较

不完善，多形成建制镇—中心村、建制镇—基层村、中心村—基层村两级规模体系，建制镇对乡村的经济带动作用较弱，乡村发展动力不足，公共服务设施供给不完善。

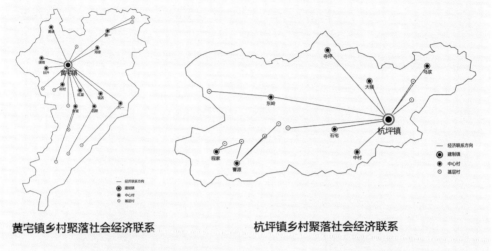

黄宅镇乡村聚落社会经济联系　　　　杭坪镇乡村聚落社会经济联系

二、县（市）域城乡聚落职能结构特征

城镇职能指在一定地域范围内，城镇在社会、经济发展中所承担的分工以及发挥的作用，包括经济职能、社会职能、政治职能和文化职能等，反映城镇间的分工协作水平关系和地域组织专业化程度。对城镇职能的研究有利于合理制定区域内不同城市的职能分工，也有利于城市间的互补协作与良性竞争。职能结构体现各城镇在区域发展中区别于其他城镇所承担的分工和作用，取决于城镇发展条件和发展基础。对于区域内的重点县（市）域，在确定其职能的基础上还应确定其性质。

县（市）域城乡聚落职能呈现分异特征。本书采用纳尔逊法进行城镇职能的解析，通过计算出各城市中各行业从业人员比重（X_i）、所有城市各行业的平均比重（M）及其标准差（S.D），再以各城市各行业的比重（X_i）与所有城市均值及一定倍数标准差的和的差距来判定职能类型。并结合相关文献对《国民经济行业分类》GB/T 4754—2002 标准中的职能部门进行归并：保留农林牧渔业；采矿业、电力、燃气及水生产和供应业归并为资源型产业；制造业、建筑业归并为建造业；批发零售、住宿餐饮、租赁等商务服务业，居民服务和其他服务业归并为商贸服务业；金融业和房地产业归并为金融不动产业；科学研究、技术服务和地质勘察业，卫生、社会保障和社会福利业，文化、体育和娱乐业归并为科教文卫业；国家机关、政党机关和社会团体等社会服务业归并为公共服务业，交通运输、仓储及邮电通信业归并为交通运输业。并以统计年鉴为数据来源，计算各地区县（市）域层面不同行业的就业百分比，通过职能强度的测算，得出各地区县（市）域职能类型及强度划分。

在职能结构方面，我国大部分县（市）域主要职能以第一产业为主，西南山地地区尤以农业为主要职能；制造业、工业职能型县（市）域多分布在沿海地区及长三角、珠三角、京津冀地区；资源型主导县（市）域多分布在西北及东北等资源优势较强的地区；金融、科教文卫职能在县（市）域层面发展较弱，商贸职能较强县（市）域多分布在东南沿海及东北边境地区，西北地区县（市）域职能发展不均，个别强县占据多项优势职能，中部地区县（市）域职能发展较弱，交通、金融、科教文卫、商贸等产业发展相对较好的片区多集中在临近省会等大城市周边。

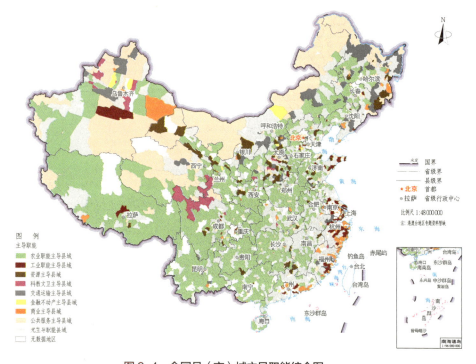

图 2-4　全国县（市）域主导职能综合图

由县（市）域职能专业性强度图可见，东部沿海地区县（市）域城乡职能等级高、功能复合性强，多以城市群或城市连绵区的空间组织方式对外进行功能辐射，区域竞争力和一体化程度高于其他地区，区域带动能力较强；而中部地区县（市）域城乡职能专业性不明显，区域内职能发展较均衡，缺少核心地区带动；西北地区部分县（市）域职能突出，优势职能过于集中，服务覆盖范围偏大，公共服务水平有限，区域内职能发展集聚性较差，劣势职能地区发展相对滞后，发展质量不高。

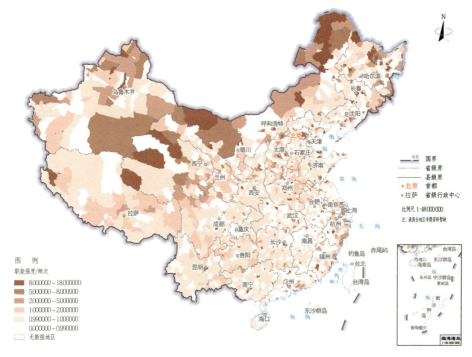

图 2-5 我国县（市）域职能专业性强度

县（市）域城乡职能结构特征如下。

首先，职能类型趋于多元化。我国县（市）域城乡职能正在趋于多元化，县（市）域职能整体仍以农业型为主，交通、科教文卫、公共服务等职能分布整体均衡、局部集中，如西北地区呈现多个职能高度集中在个别县（市）域内。工商服务型、工业制造型县（市）域显著增多，部分县（市）域金融、科教职能兴起但整体偏弱。在职能类型空间变化上，城镇职能类型布局分散，规模聚集效应尚未形成，需通过极化与扩散作用改变孤岛式发展格局。在不同区域城镇类型上，城镇主要职能不同，如关中地区小城镇职能类型趋于多元化，陕北地区矿产开发型、农业型城镇显著增多，陕南地区行政中心型和一般型城镇增多。

其次，职能空间分布不均衡。我国县（市）域职能空间分布上不均衡，总体来说，我国沿海县（市）域比内陆县（市）域的产业部门专业化程度更高，县（市）域职能的职能强度也更强，城市职能综合程度更高，结构更加合理。我国县（市）分布东多西少，而且经济比较发达、发展较好的县（市）大部分分布在我国东部沿海地区。沿海地区拥有交通、气候、劳动力、经济基础等良好的发展优势，以及国家和区域政策的倾斜，县（市）域单元发展起步较早，县（市）域规模不断扩大；产业部门发育较为成熟，产业专业化生产能力和水平不断提高，在全国地域分工中的作用和影响越来越大，县（市）域职能强度不断增强，县（市）域职能结构不断趋于合理；而内陆县（市）的区位条件较差，发展基础较为薄弱，自身发展动力不足，满足自身及发展需求要依靠外力作用；西部地区多数县（市）域职能不突出，个别县（市）域集合多项职能，县（市）域面积大，辐射能力不足。因此，虽部分县（市）域职能强度高，但整体发展落后。

最后，区域内城乡职能雷同。分类结果显示，专门化指数接近 1 的地区，其专门化程度很低。城镇职能分工不明显，职能雷同缺乏特色，城镇、城乡间联系松散，处于较初级的发展水平。而我国大部分县（市）域职能专门化指数偏低，乡镇职能相对单一。大多数县（市）域涵盖产业种类较多，但并不能形成多个专业化部门的产业，无法形成完善的职能体系。并且，多个专业化产业部门的城市也存在城市职能体系不完善、职能结构不合理的问题，职能的特色化程度低且缺乏合理分工。乡镇经济多保持纵向联系，横向联系较少，县（市）域内的多数乡镇仅在农副产品加工和交换关系方面交往紧密，第二、三产业对外联系少，缺乏区域合作。

不同职能县（市）域间缺少合作，如资源型县（市）域多分布在内陆及北部地区，主要集中在黑龙江、吉林、辽宁、河北、山西、河南、安徽与山东等省级行政区，由于资源型县（市）域仅与矿产资源的地理分布情况有关，符合采矿业相对依赖自然资源的产业特性。而建造业主导职能县（市）域多分布在东部及东南沿海地区，高度集聚在长三角、珠三角以及环渤海地区，内地省级行政区如湖北、四川、河南也是制造类型的县（市）域聚集地。在西部边远地区，制造类型的县（市）域比较稀少且处于分散状态。制造类型的县（市）域在东部地区高度集聚所产生的极化效应使这些地区的经济发展形成良性循环，但在促进经济发展的同时，也加剧了地区的两极分化。

三、县（市）域城乡聚落空间形态特征

县（市）域城乡聚落空间的类型划分：我国县（市）域范围内经济发展、人口增长、交通设施、土地开发强度各不相同，县（市）域城乡聚落体系在规模、分布和形态等方面存在分异。本书从县（市）域聚落整体分布及县（市）域"县城—镇—村"个体两个维度分类，聚落整体的分布特点考虑空间分布集聚度，分高、中、低密度三种不同类型；聚落内部各单体特征考虑乡镇规模的差异，分首位型及均衡型，综合考虑两个维度，共划分为 6 种类型。

第一种类型为高密度均衡发展型，城乡聚落密度高，聚落密度高于 28.96 个 $/km^2$，人口密度大于 300 人 $/km^2$，规模等级结构存在均衡分布特征，城乡聚落内各要素之间协调发展，城乡间物质、能量、信息等要素交流频繁，城乡

我国县（市）域城乡聚落类型划分　　　　　表2-2

类型划分	空间分布密度	空间分布形态	规模特征
高密度均衡发展型	城乡聚落密度高	空间分布均衡，联系紧密	规模等级结构明显且合理
高密度首位发展型	城乡聚落密度高	空间分布呈集聚特征	城乡聚落规模较小，首位度较高
中密度均衡发展型	城乡聚落密度中等	空间分布均衡，联系紧密	等级规模结构不明显
中密度首位发展型	城乡聚落密度中等	空间分布呈集聚特征	等级规模结构明显
低密度均衡发展型	城乡聚落密度低	空间分布均衡，联系紧密	城乡聚落规模小，等级规模结构不明显
低密度首位发展型	城乡聚落密度低	空间分布呈集聚特征	等级规模结构明显

网络化发展特征明显，城乡聚落空间分布均衡，代表城乡聚落发展的成熟阶段。

第二种类型为高密度首位发展型，城乡聚落密度高，聚落密度高于28.96个/km^2，人口密度大于300人/km^2，规模等级结构存在高值集聚特征，城乡聚落内各要素发展产生集聚性，城乡间物质、能量、信息等要素发展与交流均向少数发展较好的聚落集中，城乡聚落空间分布不均衡，首位聚落带动县（市）域城乡空间发展，城乡聚落正处在加速发展阶段。

第三种类型为中密度均衡发展型，城乡聚落密度中等，密度高于11.89个/km^2，人口密度大于150人/km^2，规模等级结构存在中等水平均衡特征，城乡间物质、能量、信息等要素有一定交流，城乡聚落空间分布较为均衡，初步形成网络化特征，聚落体系的等级规模结构不明显，代表城乡聚落发展的过渡阶段。

第四种类型为中密度首位发展型，城乡聚落密度中等，密度高于11.89个/km^2，人口密度大于150人/km^2，规模等级结构存在次高值集聚特征，城乡聚落内各要素发展不均衡，城乡间物质、能量、信息等要素发展、交流均向少数发展较好的聚落集中，城乡聚落空间分布不均衡，代表城乡聚落发展的过渡阶段。

第五种类型为低密度首位发展型，城乡聚落密度稀疏，密度低于5.75个/km^2，人口密度大于150人/km^2，规模等级结构存在低值集聚特征，城乡聚落内各要素发展不均衡，城乡间物质、能量、信息等要素发展与交流均向少数发展较好的聚落集中，城乡聚落空间分布不均衡，代表城乡聚落处于初步发展阶段。

第六种类型为低密度均衡发展型，城乡聚落分布稀疏，密度低于5.75个/km^2，人口密度低于150人/km^2，规模等级结构存在低值均衡特征，城乡聚落空间分布呈现低水平均衡状态，首位度较低，聚落体系的等级规模结构不明显，城乡聚落通过主要的交通道路进行联系和交流，代表城乡聚落发展的早期萌芽阶段。

分类视角下县（市）域城乡聚落形态：城乡聚落体系空间地域结构是指区域内城乡聚落在地域空间上的组合形式、分布位置及相互联系网络状况。它是区域自然经济因素在城镇体系空间布局上的综合反映。城乡聚落的空间分布格局体现了城乡聚落在空间上的分布状况，是城乡聚落受自然条件、社会经济及人类活动等综合作用的空间表现。本研究在类型分类的基础上，以案例归纳为主，借助ArcGIS平台，运用空间分析等方法分析县（市）域城乡聚落的空间分布格局，并在此基础上分析县（市）域城乡聚落的空间分异特征，梳理县（市）域城乡聚落空间分异的影响因子和动力机制，提出城乡聚落空间优化调控的策略。

高密度均衡发展型聚落：城乡聚落密度高，县（市）域面积/镇级聚落小于100km²/个，县（市）域面积/村镇聚落小于10km²/个。中心城镇发展较好，具有一定向心力，县城—镇—村形成连片发展态势，城乡聚落内各要素之间协调发展，城乡间物质、能量、信息等要素交流频繁，城乡网络化发展特征明显，城乡聚落空间分布均衡。现以江苏省苏州市昆山市、河北省唐山市迁安市为典型案例。

> **专栏2-4　高密度均衡型县（市）域城乡聚落空间特征**
>
> 江苏省苏州市昆山市：地处苏南水乡核心地区，市域面积927.68km²，下辖10镇、277村，市域面积/镇级聚落小于92km²/个，市域面积/村镇聚落小于3.2km²/个，城乡聚落分布均衡，是典型的高密度均衡发展型市域。空间形态上受到自然本底的影响，南北依阳澄湖及澄湖为生态区，聚落及建设量较少。同时，因受到苏州和上海的双向影响，在空间上向东、西两个方向均有伸展趋势。中心城区基本位于市域几何中心，工业化水平高，主城与大部分镇区已经连片发展，少数几个远郊镇也通过交通线实现与中心城区的高度网络化联系。全域城市化状态明显，村—城联系几乎已经超过村—镇联系。
>
> 河北省唐山市迁安市：市域面积1208km²，下辖19镇、517村，市域面积/镇级聚落小于63.5km²/个，市域面积/村镇聚落小于2.3km²/个。中心城区距离区域中心城市较远，完整独立发展特点突出。中心城区基本位于市域几何中心位置，各乡镇与县城通过公路连接，乡镇之间的网络联系也较好。乡镇基本都位于乡镇域的几何中心，村庄均匀散布周边。村庄规模较大，较均质布局，部分大型村庄甚至"生长"连片。

高密度首位发展型聚落：城乡聚落密度高，县（市）域面积/镇级聚落小于100km²/个，县（市）域面积/村镇聚落小于10km²/个。规模存在高值集聚特征，城乡聚落内各要素发展不均衡，城乡间物质、能量、信息等要素发展、交流均向首位城市集中，城乡聚落空间分布不均衡。现以福建省漳州市龙海市、山西省晋中市平遥县为典型案例。

> **专栏 2-5　高密度首位型县（市）域城乡聚落空间特征**
>
> 福建省漳州市龙海市：市域面积1128km²，下辖14镇、273村，市域面积/镇级聚落小于80km²/个，市域面积/村镇聚落小于2.3km²/个。最邻近距离指数 R 值为0.43，市域城镇聚落体系呈现集聚型分布模式。龙海市市域空间聚落体系分布呈现出南部较松散、北部较密集的特点，其主要聚落集中在九龙江平原一带，聚落的聚集程度较高，如紫泥镇、石码镇等，其他乡镇受到南部博平岭以及东侧台湾海峡的限制，大多分布在山脉间的平原地带以及沿海平原地带。
>
> 山西省晋中市平遥县：县域面积1260km²，下辖14镇、289村，县域面积/镇级聚落小于90km²/个，县域面积/村镇聚落小于4.2km²/个。县城位于县域的几何中心，各乡镇也主要向西部平原地区和山麓地区发展，乡镇间联系弱，镇村组织东、西分异，西部平原地区，村庄均匀散布，且规模较大；东部丘陵地区，村庄沿山谷松散、线状分布。

中密度均衡发展型聚落：城乡聚落密度中等，县（市）域面积/镇级聚落大于100km²/个而小于200km²/个。城乡聚落空间分布较为均衡，城乡间物质、能量、信息等要素交流比较频繁，城乡网络化发展特征明显，聚落体系的等级规模结构不明显。现以安徽省宣城市郎溪县、安徽省淮北市濉溪县为典型案例。

> **专栏 2-6　中密度均衡型县（市）域城乡聚落空间特征**
>
> 安徽省宣城市郎溪县：县域面积1104.8km²，下辖9镇，县域面积/镇级聚落小于121.8km²/个。郎溪县距离宣城城区较远，位于宣城市北部交通条件较好地带，与苏南地区联系便利。县城位于地理中心，南部中心镇有形成次中心的趋势，北部面向苏南地区建设开发区，其他镇通过交通线与县城放射状联系，平原地区镇有网络化发展趋势。
>
> 安徽省淮北市濉溪县：县域面积1987km²，下辖11镇，县域面积/镇级聚落小于180km²/个。县城能级较低，与上位中心城市抱团发展，对外联系较弱。县城严重偏于县域一角，因黄淮平原地区地形条件好，乡镇之间的网络化水平较高。乡镇在镇域的中心位置，地形平坦，村庄规模相当，分布分散且均匀。

中密度首位发展型聚落：城乡聚落密度中等，县（市）域面积/镇级聚落大于100km²/个而小于200km²/个。城乡聚落内各要素发展不均衡，城乡间物质、能量、信息等要素发展与交流均向首位城市集中，城乡聚落空间分布不均衡。空间分布形态基本以集聚为主，呈现地区中心与外围、门户与腹地分异的格局，城乡聚落空间分布不均衡，多呈现部分集聚度高、部分集聚度低的情况，城镇聚落集聚程度与其经济发展水平具有较高的相关性。镇和乡村聚落以县城为中心进行分布，城镇和乡村聚落的要素空间分布从中心向四周密度呈衰减特征，其中城镇乡村距离县（市）域重心距离越远衰减越明显。现以江苏省南通市如东县、湖南省湘潭市湘潭县为典型案例。

> **专栏2-7 中密度首位型县（市）域城乡聚落空间特征**
>
> 湖南省湘潭市湘潭县：县域面积2132km²，下辖3乡14镇，县域面积/镇级聚落小于97km²/个。县域所辖乡镇在空间上形成"一带两轴"的空间结构，"一带"即天易—杨河发展带，东向连接株洲市区，西向连接韶山市区，串联云湖桥镇、杨河工业园、杨嘉桥镇、河口镇、县城区；"两轴"即二大桥南—谭家山镇—中路铺镇—白石镇—茶恩寺镇构成的107国道轴，青山桥镇—排头乡—花石镇—锦石乡—射埠镇构成的潭衡西线轴。
>
> 江苏省南通市如东县：县域面积2009km²，下辖14镇，县域面积/镇级聚落144km²/个。因为距离南通主城较远，且主城能级有限，所以县城受外部城市影响不大，相对比较独立。县城偏向海港地区发展，与各乡镇之间联系不均衡，西部联系明显较弱。全县沿海镇镇区靠近海港分布，陆地镇则基本上在几何中心分布。村庄沿方格网状的河堤均匀线状发展。

低密度均衡发展型聚落：城乡聚落分布稀疏，县（市）域面积/镇级聚落大于200km²/个。城乡聚落空间分布呈现低水平均衡状态，城乡间物质、能量、信息等要素交流不频繁，聚落体系的等级规模结构不明显，处在城乡聚落发展的早期阶段。现以陕西省榆林市神木县为典型案例。

> **专栏2-8 低密度均衡型县（市）域城乡聚落空间特征**
>
> 陕西省榆林市神木县：县域面积7635km²，下辖15镇，县域面积/镇级聚落小于509km²/个。神木县城乡聚落整体形成以神木县城、柳塔、锦界和高家堡三个重点镇为多核心，北、中、南三片发展的格局。乡镇的空间分布大多跟随着黄土高原水系流域的形态分布并发展演进，形成枝状发散结构。村庄分散发展，除尔林兔和大保当的部分村庄建于沙地环境外，其他村庄多分布在临近沟水源的小流域环境中，村落与城镇间联系普遍较弱，近年交通网络逐渐完善，村镇间联系加强。

低密度首位发展型聚落：城乡聚落分布稀疏，县（市）域面积/镇级聚落大于 200km²/个，城乡聚落内各要素发展不均衡，城乡间物质、能量、信息等要素发展与交流均向首位城市集中，城乡聚落空间分布不均衡，处在城乡聚落发展的初期阶段。现以吉林延边朝鲜族自治州珲春市为例。

专栏 2-9　低密度首位型县（市）域城乡聚落空间特征

吉林省延边朝鲜族自治州珲春市：珲春市市域城镇布局呈点、轴结构发展，市域城乡布局初步形成围绕珲春市区，沿图们江、G12 线性发展的点、轴发展模式，此轴由北至南分布有密江乡、英安镇、珲春市区、板石镇、敬信镇、春化镇。空间分布交通指向性明显，"廊道效应"突出，随着高速铁路运营，图们江航道和航运发展，逐步带动沿线乡镇发展，更加强化交通轴线，城镇布局不平衡发展。城镇数量少、密度低、分布重心西倾态势明显，目前市域北部和广大东部地区缺乏有力的核心城镇，加剧市域城镇体系发展的不平衡。

第三节　县（市）域城乡聚落体系的影响因素

县（市）域城乡聚落体系的演变，受到经济、社会、人口、地理等诸多因素的影响，本书选择聚焦自然地理条件、经济发展、区划调整与人口迁移、交通条件、土地资源、人居环境、规划引导等多方面进行分析，以探究县（市）域城乡聚落体系演变的影响因素及其机制。

一、自然地理条件对聚落体系演化的影响

自然地理条件是形成城乡聚落空间分异的基础物质条件。城乡聚落体系在空间层面趋向自然地理条件较好的地方发展，背离自然地理条件较差的地方发展。自然地理条件对聚落形态演化的影响主要体现在地形地势、河流水系、生态条件等方面。

1. 地形地势对聚落体系演化的影响

常见的地形地势有平原、丘陵、山地、高原等，在不同的地形地势条件下，城乡聚落体系在空间分布上具有不同的特点。优越的地形地势条件是吸引人口集聚的重要因素，地形平坦、地势缓和的平原地区相对于丘陵、山地和高原地带，其自然条件更利于农业耕种和房屋建设，有利于聚落的增加和人口的扩大，因而更利于聚落的起源和发展，其聚落数量与规模远高于山地、丘陵地区。

例如，新疆维吾尔自治区昌吉回族自治州玛纳斯县地处新疆腹地，天山北麓中段、准噶尔盆地南缘，地势自东南向西北倾斜，南部为天山山区和丘陵地，是优良的夏牧场；中部为冲积平原区，是该县主要粮产区，也是县城所在地；北部为沙漠区与农田，是古尔班通古特沙漠的一部分。受地形地势条件影响，县域北部、中部和南部的乡镇聚落分布呈现出较大差异。县域中部为冲积平原区，地形地势相对平坦，城乡聚落分布较多，乡镇规模较大且分布较为密集；北部沙漠区和南侧的山地片区，由于自然条件相对较差，地形地势变化较大，城乡聚落较少，乡镇规模较小且乡镇分布稀疏，乡镇之间距离较远，联系薄弱。

2. 河流水系对聚落体系演化的影响

水源是乡村聚落选址的重要影响因素，大江大河的两岸及中下游地区往往形成大面积的冲积平原，这些冲积平原地区往往形成较大规模的城乡聚落体系。地势相对平坦、水源充足，是聚落起源与发展的重要基础。乡村聚落体系往往呈现明显的傍水而居的居住形式，"靠山吃山，靠水吃水"，丰富便利的水资源为聚落居民提供了生活、生产用水，促进了农业、渔业和运输业等相关产业的发展，而产业的发展促进了社会经济的繁荣，加快了人口、物资等要素的流动，为聚落居民提供了大量就业岗位，并吸引外来人口前来工作、居住等，进而促进了聚落人口的增加、空间规模的扩大。

例如，湖南省湘潭市湘潭县地处湘江与涓水汇合的冲积平原，湘江流经县域北部，县域中部、北部为肥沃的河谷平原，西南部和东南部群山绵延。各乡镇空间多集中分布在县域中部并沿中部的河谷平原呈带状布局，两翼山区乡镇分布较少；山区乡镇的镇区也多集中分布在群山之间的河谷地带。相对于南部山区，湘潭市所处地形限制较少，地势开阔。分析湘潭县城建成区的空间演变历程，发现县城区依托湘江发展，建成区不断扩大，滨江界面不断拉长，呈现沿江开发的态势，湘江水系对湘潭县城乡聚落的发展影响显而易见。

3. 环境要素对聚落体系演化的影响

良好的生态条件是城乡聚落形成和发展的重要条件。相对于生态恶劣的地区，生态良好的地区更易于形成优越的农业发展条件和交通条件等，同时居民的生活环境也相对较好，有利于城乡经济的发展和聚落规模的壮大，同时聚落空间扩张所受的发展限制也比较小。

例如，河南省开封市兰考县，土壤类型主要是潮土，还有少量的风沙土和盐土，其土质分布深受古黄河多次决口改道及黄河水流分选作用的影响，服从于"紧砂、慢淤、清水碱、不紧不慢两合土"的沉积规律。长时间形成的微地貌可以分为黄河故道、背河洼地、临黄滩地等单元。黄河故道的生态条件相对较好，土壤盐碱化程度较低，所以村庄大多分布在此，生态分类上属于平原农业生态功能区；而背河洼地的土壤沙化现象严重，存在一定的安全隐患，一定程度上抑制了县城区向北发展的可能性；临黄滩地几乎没有村庄分布。

二、经济发展对聚落体系演化的影响

改革开放以来的快速工业化与城镇化带来社会经济的快速发展，加速城乡人口流动和经济社会发展要素的空间重组[①]。经济发展加快城乡建设用地规模的扩张与功能变化，作为县（市）域经济社会活动主要空间载体的城乡聚落也随之发生变化。

1. 非农就业增加对聚落体系演化的影响

随着经济的发展，不少县（市）域产业结构中第二、三产业所占比例逐渐增加，非农就业人口不断增多。第二、三产业就业人口的增加，导致县（市）域内及县（市）域间人口流动。县（市）域内农村人口逐渐减少，县、镇人口增多，农业土地面积减少，县、镇建成区不断扩大，城乡聚落体系结构产生变化。一方面，县、镇层面由于人口涌入、经济发展、建成区面积扩大得到发展，另一方面乡村由于农业就业人口的流失，乡村人口大量向城镇转移，造成乡村地区"人走屋空"的空心化现象，导致村镇结构的消解和功能衰落。

以湘潭县为例，湘潭县经济的发展主要依托与各乡镇工业园区的蓬勃发展。2009年6月，天易示范区成立，不仅为城区居民提供了就业岗位，更吸引大量来自其他地区的居民前来工作，并有部分外来务工人员选择在县城定居，这一定程度上促进了县城规模的扩大。对比县城建设区2009年和2016年的工业园区面积，发现园区规模呈不断扩大之势，县城建设区的规模也因此而大幅度扩张。此外，为支撑工业园区的发展，相关配套设施如居住区、商业区的不断建设，也促进县城建成区的不断扩大。

图 2-6 湘潭县天易示范区空间演变

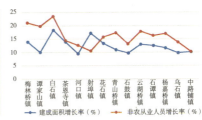

图 2-7 湘潭县非农就业人口 & 建成面积增长率（2014 年）

---

① 刘炜. 县域城镇体系空间结构优化研究 [D]. 湖南师范大学，2007.

其中,白石镇、花石镇、谭家山镇是仅次于湘潭县县城区的发展较快的乡镇。白石镇虽然工业基础薄弱,但依托旅游资源,镇域经济获得快速发展;花石镇是湘潭县南部增长极,是县域南部的物资吞吐枢纽,依托湘莲产业,已成为全国最大的湘莲生产基地和莲子贸易集散中心;谭家山镇煤炭、石灰石资源丰富,工业以煤炭产业为主,带动第二、三产业联动,是湘潭市最大的煤炭基地,通过大力发展采煤、洗煤等相关产业,带动当地就业。3个镇在湘潭县县域内既是工业增长最快的镇,也是建成区面积增长最快的镇。

2. 政府收入增加对聚落体系演化的影响

随着经济的快速发展,对城市空间的需求量大大上升,也为城市建设提供了强大的资金保证。政府收入增加,多数县(市)域扩张城乡用地,加速开展城乡建设。县(市)域内出现重大基础设施或开发区建设时,空间聚落体系也会随之发生变化。多数建设以县城中心城区、重点镇等镇级单元建设为主。一方面加速城乡聚落体系的发展,另一方面也造成城乡聚落体系结构不均衡。

以福建省漳州市龙海市为例,在1990年代,龙海市市域经济发展迅速,建设了漳州招商局经济开发区以及漳州台商投资区两个重大经济开发区,从当时的龙海市卫星图可以看出,借助主要交通干道的带动,两个主要开发区联动了龙海市内多个工业片区,市域空间联系大大加强,市域空间聚落体系沿主要轴带的发展逐步显现;同时,开发区的建设带来人口增长,也带来开发区周边房地产以及商业服务等功能的建设,共同影响市域内空间分布,使市域聚落空间进一步集聚。

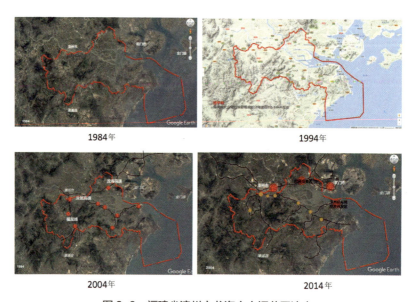

图2-8 福建省漳州市龙海市空间范围演变

3. 居民收入增加对聚落体系演化的影响

随着经济发展、城乡居民收入增加和常住人口增多，一方面居民生活水平提高，相应居住环境及服务设施要求提高，聚落空间面临更新，另一方面居民增加资产投资，房地产投资加速城镇建设用地的扩张。

以安徽省马鞍山市当涂县为例，自2002年以后当涂县经济快速发展，随着居民收入增加，固定资产投资量、房地产投资额逐年扩大，城市建设用地的供给量也随之扩大，城市在2002年开始进入快速发展时期。21世纪以后当涂城市建成区进入快速的持续扩张阶段，空间拓展突破老城范围，建设用地急剧增长。2002年当涂县城现状人口约7.06万，建设用地面积约6.33km^2，人均86m^2。2010年县城建设用地面积达到约16.32km^2，年增长率约为20%，达到县城空间扩张的历史最快速度；突破护城河范围后城市建设速度明显加快，空间外延扩展特征较明显。

三、区划调整与人口迁移对聚落体系演化的影响

人口迁移是人口分布在空间位置上的变动，受自然环境因素、社会经济因素、政治因素等多种因素影响，在空间上表现为人口居住地由迁出地到迁入地的永久性或长期性改变。人口是城乡聚落形成的基础和发展的动力，人口迁移对城乡聚落形态的影响主要表现为迁出聚落的发展停滞或衰退和迁入聚落的发展壮大。

1. 乡镇撤并对聚落体系演化的影响

自1980年代以来，随着国民经济的快速发展、农村交通通信条件的不断改善和经济、政治体制改革的不断深入，全国各地陆续开展乡镇撤并工作。与乡镇撤并相伴随的是村庄合并，两者对县（市）域城镇体系的变化产生重大影响。乡镇撤并30多年来，取得明显成效，调优调强了中心镇和重点镇，推动了农村城镇化建设；资源配置得到优化，一些乡镇特色经济逐步形成。

由于县（市）域城镇规模较小，政府及相应的机构、人员、投资、消费等在构成小城镇的各要素中所占的比例比城市要大，对县（市）域城镇的发展影响也较大。在乡镇合并的情况下，新成立的乡镇辖区扩大，其政府驻地成为更大区域的政治、经济、文化中心，形成更具活力的增长极，其城乡聚落规模往往以更快的速度扩大。而撤销了乡、镇建制的地方，原乡、镇政府驻地的城镇聚落往往衰落甚至消失。例如，2000年4月，江苏省新沂市的阿湖镇与黑埠镇合并，镇政府驻地由阿湖迁至黑埠。阿湖镇3.2万总人口中有1.1万为城镇人口，乡镇建成区面积约5km^2，是有600多年历史的古镇，同时也是徐（州）连（云港）线上

的边界重镇，但在并镇后出现衰落迹象。2015年，湖南省湘潭县的梅林桥镇和易俗河镇合并，镇政府驻地由梅林桥并至易俗河。易俗河镇为湘潭县政府驻地，在乡镇撤并之后，易俗河镇的用地规模快速扩张，梅林桥镇由原来的普通建制镇转变为县城直管区，获得更多的发展机遇。

城乡聚落的空间结构主要取决于村庄和乡镇的数量、规模、发展水平及其分布状况。乡镇、村庄合并带来的村庄数量的变化必然会导致城乡聚落体系的变化。村庄的数量若以村民委员会计，从1993年开始逐年减少，数量从1992年的80.60万个减少到2008年的57.16万个，这种减少与村庄合并关系甚大。例如，江苏省吴江市在1996年着手调整村落布局，开始小村向大村合并工作，导致一批发展滞后、规模较小的村庄衰退，但也促进重点村（即大村）人口和村庄建设规模的扩大。长江三角洲的其他地方也出现各式各样的村庄联合与兼并[①]。从长远来看，村庄合并可以节约耕地，促进乡村地区人口集中，有利于提高基础设施建设和使用效益，改善乡村生活环境，也有利于乡村非农产业的连片集聚发展，提升产业效益，促进经济发展，有利于城乡聚落空间结构的优化。

2. "空心村"对聚落体系演化的影响

"空心村"是中国农村经济体制改革与农民生产生活方式变迁过程中出现的特殊现象。有学者从村庄空间形态的角度出发，将"空心村"定义为在农村现代化过程中，由于农业经济和就业结构的转变造成村庄内部建设用地闲置的一种聚落空间形态的异化现象[②]。"空心村"对城乡聚落形态演化的影响主要在村庄层面，在空间上表现为村庄规模的扩大和村庄建筑的更新。

在村庄规模的扩大方面，由于村内的居民点多数是自然形成的，在总体上表现为规模小、数量多、布局分散，农宅占地规模大，村庄结构松散，环境质量较差，在村庄建设中难以集中公共服务和基础设施建设，不能形成集聚效应。

在村庄建筑更新方面，宅基地管理制度的不完善导致"建新不拆旧"现象普遍存在，村民改善性住房建设造成村庄用地的"外扩内空"，不利于农村聚落的持续发展；且不少村民在旧村范围以外占用土地建造房屋，居民点由原本的斑块状分布转变为沿外向型道路带状分布。例如，河南省邓庄市桑庄镇因地域婚嫁文化，在路边建造房屋几乎成为乡村家庭的刚性需求。自发式沿路建房导致村庄居民点沿公路条带状布局，一方面导致村落的"外扩内空"、影响村庄的发展形态，另一方面也不利于村内公共服务设施建设。

---

① 龙花楼.论土地整治与乡村空间重构[J].地理学报，2013，68（8）：1019-1028.
② 折晓叶.村庄边界的多元化[J].中国社会科学，1996（3）.

四、交通条件对聚落体系演化的影响

交通条件的改变，往往会改变一个聚落的向心力和离散力的消长关系，可能导致新聚落的产生，也可能导致原有部分聚落的衰退。交通网络的发展对乡村聚落空间的演变具有外部引导作用。城乡聚落空间总是趋向于交通通达性相对较高的方向发展。便捷的交通设施不仅给城乡聚落对外交流提供便利，也是城乡聚落内部各要素之间联系的基础。

以浙江省浦江县为例，长期以来，由于交通网络不完善，浦江县乡村一直处于各自独立发展状态。在改革开放初期，交通基础设施较差，浦江县乡村聚落数量少、规模小、分布散。随着交通条件的完善，至 1990 年代初期，乡村聚落数量逐渐增多，多位于交通干线沿线，聚落规模增大，且沿交通干线扩展建设用地。至 21 世纪初，乡村聚落数量明显增多，随着交通网络完善，丘陵地带沿着道路蜿蜒分布，平原地带已从单纯的带状分布逐渐向网状、环状分布过渡。至 2010 年代，乡村聚落数量剧增，丘陵地带乡村聚落沿道路分布趋势更为明显，且依托道路，乡村聚落规模日益增大，平原地带已呈现网状、环状分布，乡村聚落基本沿交通干线走向分布，且各乡镇的规模壮大，乡镇内部形成棋盘式道路网格局，进一步影响了乡镇空间格局。

交通条件的改善加快了城乡之间人员、物质、资金和信息等要素的流动，加快了城镇化进程。以湘潭县为例，湘潭县过境交通便捷，区位优势明显。过境交通有沪昆高速公路、岳临高速公路、京珠高速公路和 G107，东西、南北向交通发达；各乡镇皆沿国道和县道分布，村落大部分分布在国道和县道沿线，便捷的交通是乡镇聚落形成和逐步扩大的推动条件。韶山南站、湘潭北站、株洲西站的建成通车，使得湘潭市和株洲市步入"高铁时代"，湘潭县居民出行增加了高速铁路这一选择。高速铁路站点附近必将成为城市开发的热点地区，这一定程度上促进了居民向高速铁路站区的迁移，对于县（市）域聚落的发展有一定影响。1993 年，湘潭二桥建成通车，方便了湘潭县与湘潭市区的联系，沿江和邻近二桥的片区成为城市建设的重点地段。随着湘潭市区和湘潭县城向东扩展，为进一步方便东部城区之间的联系，2015 年，湘潭芙蓉大桥建成通车，湘潭县城与湘潭市区的联系进一步加强，这在一定程度上也促进了湘潭县城的进一步沿江扩展和东向扩张。2012 年，天易大道—株洲大道的成功对接，实现了湘潭县城与株洲市区的快速连通，进一步推动了县城区向东扩张。加之株洲西站是距离湘潭县城居民最近的高速铁路站点，高速铁路站点地区的开发将吸引县城区的东向扩张。此外，便捷的出行条件也会成为县城区吸引周边乡镇人口集聚的因素之一，县城规模也因此而不断扩大。

五、土地资源管理对聚落体系演化的影响

土地是城乡聚落体系的空间载体，也是社会与经济发展的基础。对土地资源进行有效配置是实现城乡统筹发展的必要前提。农村土地制度的改革，有利于推进城乡一体化发展和新型城镇化，对城乡聚落体系的发展也将产生一定影响。

1. 农村土地征收制度改革对聚落体系演化的影响

土地征收是指国家为了公共利益需要，依照法律规定的程序和权限将农民集体所有的土地转化为国有土地，并依法给予被征地的农村集体经济组织和被征地农民合理补偿与妥善安置的法律行为。土地征收不仅会导致土地权属的转移，也会改变土地的利用方式。在 1987~2001 年，全国由于非农建设而被征用的耕地共计 3395 万亩[1]，土地征收扩张了城镇建设用地，社会经济获得迅猛发展，城镇空间聚落的规模也因此呈不断扩张之势。但在城镇用地扩张的同时，大量的失地村落应运而生，村庄聚落的形态也因此而发生改变。从聚落空间特征来看，被征收土地的村庄大多邻近城镇建成区，村庄被城镇包围或半包围，聚落内部的形态趋向于高密度发展，同时由于与城镇空间上的邻近性，村庄与城镇的联系更加紧密便捷，推动村庄融入城镇建成区。

以张家口市清河村为例，清河村 2003 年被第一次征地，至 2010 年共计被征收 700 亩耕地。自征地以来，原有的田园景观被宽阔的公路和竖起的高楼取代，乡村聚落形态发生巨大变化。2013 年，在清河村南侧，政府征地修建城市干道，建成之后，清河村形成一面环山、三面环路的格局，城市公共交通覆盖至村庄，清河村与市区的联系日益紧密，成为"城中之村"。此外，征地导致的外来人口涌入造成常住人口总量和人口密度的增加，村庄住房不断加盖，土地开发强度增加。从 2003 年第一次征地开始，有 68.4% 的家庭对住宅进行加建或翻新，其原因一是征地赔款提供了资金来源，二是外来人口的涌入扩大住房需求。清河村的发展历程表明，土地征用在一定程度上促进了村庄聚落规模的扩大和聚落开发强度的增加，增强了乡村与城市的联系，村庄聚落总体上趋向于融入城市。

此外，现行的土地征用制度也存在很多问题，诸如公共利益界定方式不规范、土地规划不科学、征收程序不规范、缺乏农民参与权利保障等[2]，其中土地规划不

---

[1] 张军英. 空心村改造的规划设计探索——以安徽省巢湖地区空心村改造为例 [J]. 建筑学报, 1999（11）.
[2] 韩俊. 聚焦失地农民 [J]. 中国改革, 2005（9）, 62-64.

科学更导致大量征地混乱情况，土地利用规划一改再改，土地征收无序、重复，造成土地资源浪费，城镇空间快速扩张，农村耕地不断紧缩。针对以上问题，目前我国已开始进行土地征收制度改革和试点工作，在保留现有征地制度的前提下，通过缩小征地范围，按市场价值补偿，并提高存量用地在建设用地供应总量的比例，扭转城镇建设对新增土地出让收益的过度依赖，建立起有利于存量建设用地盘活利用的制度政策体系。

2. 农村土地流转对聚落体系演化的影响

农村土地流转是我国农村经济发展到一定阶段的产物。农村土地流转是指农村家庭将承包的土地通过合法的形式，保留土地承包权，将土地经营权转让给其他农户或经济组织的行为。通过土地流转，可以实现土地的规模化、集约化、现代化经营，有利于促进农村产业现代化，加快农村社会经济发展。

土地流转可以加快农村人口流动，转移农村剩余劳动力。土地流转带动农业规模化经营和传统耕种模式升级，农业生产效率得到提升，更多的农村劳动力从农业生产中分离出来。这些剩余劳动力往往会选择从事其他产业，在空间上趋于向就业机会较多、服务设施更好、收入更高的其他村庄或城镇地区转移。人口分布模式由传统农业社会的分散式向集中式转变，这一定程度上会促进零星的居民点空间集聚，推进村镇空间体系优化重组。

农村人口的流动必然带来村庄规模的变化，村庄分化为增长型和收缩型。增长型村庄由于产业结构的升级，村庄职能由原来单一的农业型村庄向多功能综合型村庄转变，村庄基础设施也逐步得到改善，大量外来人口促进村庄聚落趋于集中发展，村庄聚落的规模也逐步扩大。收缩型村庄人口不断流失，村庄职能将完全以农业耕种为主，村庄聚落规模逐步缩小。

农村产业结构的升级带来村庄职能的变化，而村庄职能的变化在空间上则体现为用地功能的变化。在现代农业型村庄中，土地流转促进农业规模化、集聚化生产，农业用地由原来的零散混合型用地转变为大片的农业生产区。在工业型村庄中，加工制造业的发展则会拉动作坊、厂房等工业建筑和物流运输场地的建设需求。用地功能的变化导致村庄聚落建筑风貌的变化，同时随着经济的发展，村庄聚落将由零散分布的民房逐渐向集中型居住小区演变，村庄聚落的空间集聚度变高，开发强度变大。

六、新农村建设对聚落体系演化的影响

一直以来，广大农村地区由于基础设施比较缺乏，公共活动空间不足，同时由于生产方式的落后和环境污染的加剧，人居环境品质一直不高。改善人居环境

尤其是农村地区的人居环境，是加快农村建设、缩小城乡差距、促进城乡统筹协调发展的必要路径。为提升广大农村地区人居环境品质，优化农村空间格局，促进农村地区的发展，我国开展了一系列新农村建设行动。这些乡村建设活动，在解决农村发展问题、提升农村人居环境的同时，对乡村聚落形态的演化也产生不同程度的影响。

现有新农村建设主要采用改造提升、拆迁新建、旧村整治、特色保护四种模式，对农村聚落形态产生不同影响。

①改造提升型村庄。这类村庄往往经济基础和交通条件较好，村庄聚落已有一定规模，基础设施也有一定的配套建设，且村庄周边用地满足改扩建需求。改扩建一般在村庄原有规模基础上进行，通过完善基础设施，村庄人居环境得到大幅度提升，对周边村庄人口的吸引力增强。村庄聚落的规模呈现扩大趋势，聚落空间的建筑密度和开发强度也会随之逐步增大。

②拆迁新建型村庄。这类村庄大多是因为城镇建设、重大工程或项目建设而需要整体搬迁。新建村庄多按照新型社区的规划模式进行建设，其基础设施和环境品质相对于原有村庄都有大幅度提升，住宅分布更为规整、集中，聚落空间形态有别于传统的自然分散式空间布局。

③旧村整治型村庄。这类村庄虽然配套设施不完善但近期仍须保留，在新农村建设过程中，主要通过开展旧房改造、完善基础设施等来改善村庄的整体环境。村庄建筑逐步得到更新或重建，建筑质量得到提升，但村庄聚落的形态不会有太大变化。

④特色保护型村庄。这类村庄往往具有优美的自然景观或重要的人文景观（如古村落、古建筑、传统民居）而需要加以保护。在规划建设过程中，村庄的整体空间布局、建筑形态、建筑肌理风貌等都会保留，部分建筑质量较差的房屋可进行修缮、维修或改造，村庄的人居环境将得到提升，村庄聚落形态不会有太大变化。

第四节 县（市）域城乡聚落规划的地方创新实践

一、1980年代~1990年代改革开放初期的县（市）域规划实践

改革开放初期，城市规划工作在经历了"文化大革命"的10年废弛之后，重新步入正轨。1978年召开国务院第三次全国城市工作会议，规定全国各城市包括新建城镇，均应认真编制和修订城市总体规划和详细规划。1980年10月，

国家建委召开全国城市规划工作会议，提出在控制大城市规模的同时，合理发展中等城市，积极发展小城市。至此，小城镇发展被提到新的高度，以小城镇为主体的县（市）域规划也进入新的阶段。1950年代，县（市）域规划的基本目标为制定区域经济发展目标，在规划过程中，通过分析现状及客观条件，明确县（市）域经济发展目标，编制成果成为国民经济计划中不可分割的部分。1970年代后期，县（市）域规划具有较为明确的总目标，城镇体系及基础设施规划布局内容比较突出，规划集中于分析论证重大建设项目，其次是农业区规划，而社会发展及环境规划相对而言并不是规划的重要内容[①]。改革开放以来，社会经济迎来快速发展，县（市）域规划的编制内容也发生明显变化，规划的指导思想逐步确定为以经济建设为中心，规划的层次性得到逐步优化。规划由单纯的发展规划开始向宏观、微观规划体系拓展延伸，并注重同多种规划的衔接。控制性详细规划逐步建立，规划的导向及管理控制作用逐步得到发挥。

1. 县域规划

通过对县（区）域内部不同地域发展条件与发展潜力的综合分析，建构县（区）域总体空间发展格局，制定不同空间的发展战略，将经济社会发展战略目标落实到地域空间上，实现社会经济发展与土地和空间资源利用的战略性组合。以南京市江宁区为例，1999年初，原建设部和南京市人民政府决定在江宁县（现江宁区）进行县（市）域规划编制试点工作。江宁县位于南京市南部，南连安徽，西临长江，是一个人口中等、工农业发达的全国百强县。江宁县与南京主城毗邻，近年来经济发展迅速、城镇建设迅猛，其县（区）域空间一大部分在南京市规划的都市圈范围内，与南京市有着密切的联系。江宁县（区）域规划的制定实施是江宁自身发展的需要，也是南京都市圈发展的需要。此次县（区）域规划是对江宁长远发展的整体规划，从县（区）域整体空间布局出发，明确了江宁县的功能地位和发展规模，还对重点空间的范围、主要职能、规模、布局结构都进行了界定，规划既明确了县域空间发展战略目标，也对县域空间基本布局提出控制引导。规划确定了空间发展战略目标为"构筑与南京都市圈相整合的城镇建设、农业发展及生态空间格局，创造持续发展的空间协调组合"，并将县域空间划分为都市空间延伸区、城镇发展区、农田开敞区、生态敏感区四大类型区，为后续江宁相关规划的编制和各项建设提供了引导和依据。

2. 县（市）域城乡统筹规划

1990年以来，外来劳动力及国际资本的不断增加以及与本地资源、环境的

---

① 刘敬伟. 我国土地征收制度研究[D]. 山东大学，2013.

互动，推动沿海地区快速工业化、城镇化，但也造成城乡空间的无序蔓延，因此以协调城乡发展为主要目的的城乡整体性规划运动开始启动。2003年，党的十六届三中全会正式提出"城乡统筹"战略后，江浙地区率先陆续开始编制"城乡统筹规划"。为更好地指导和推进各地城乡统筹规划编制工作，各省也先后出台相关条例、办法，对城乡统筹规划的要点和要求提出指引。以江苏省为例，在2010年，江苏省出台《江苏省城乡统筹规划编制要点》，就城乡统筹规划的总体要求、编制的技术要求、成果要求做出明确规定。

以如东县城乡统筹规划为例，如东县位于长三角北翼、南通市北部，本次城乡统筹规划是在市场经济体制下，针对长三角地区城乡之间经济、交通、空间融合发展的现状而进行的一次规划探索。本次城乡统筹规划以社会经济发展规划为引导，对全域土地空间进行总体统筹，并深入研究城镇的发展用地范围，在确定基本农田保护区的基础上，综合协调各功能与要素的规划布局，并使本规划与上下各层次的规划有良好衔接。本次规划按照"中心城市—重点镇——般建制镇"三级构建了如东城镇的职能结构，提出组织协调城乡发展的空间布局方案。在该规划指导下，如东县全面调整了中心城区及各镇区总体规划，编制了中心城区的详细规划。规划中的道路交通规划同时作为交通部门的专业规划实施。实践证明，如东县城乡统筹规划符合市场经济体制下当地建设发展的实际需要，并将持续地发挥有效的指导作用。

3. 县（市）域城乡一体化规划

"城乡一体化"的概念最初由实际工作者在改革实践中提出。1983年苏南地区最先使用"城乡一体化"这一概念。1998年前后，江浙一小部分地区首先尝试编制"城乡一体化规划"。为推进城乡一体化建设，促进城乡一体化发展，提高城乡一体化建设规划编制的科学性和严肃性，各省级行政区也陆续出台相关文件，以指导城乡一体化建设规划的科学、有序开展。以陕西省为例，在2009年5月，陕西省住房和城乡建设厅出台《陕西省城乡一体化建设规划编制办法》，以指导陕西省行政辖区内设区的市、县（市）城乡一体化建设规划的编制。该编制办法将设区的市、县（市）行政辖区划定为城乡一体化建设规划的规划范围，并对城乡一体化建设规划的主要内容进行界定。城乡一体化建设规划以本地区城镇体系规划为依据，要求与经济社会发展规划、土地利用总体规划统筹协调，同时与交通、环保、教育、卫生、电力、水利、农业、林业等专项规划相衔接。

安徽省郎溪县是安徽省城乡一体化试点县。郎溪县位于安徽省东南部，是安徽省对接苏浙两省的重要门户地区。郎溪县在2011年获批为安徽省城乡一体化综合配套改革试点后，开展了全县城乡一体化规划编制。规划以上位规划、县级层面相关的 5 年计划及部门发展规划为依据，以全域行政管辖范围为规划范围，对人口、产业、资源等各类要素统筹布局。规划对郎溪县城乡一体化发展现状的分析涉及经济、社会、空间、产业、交通和基本公共服务等多个领域，并总结了郎溪县发展的整体特征。对郎溪县城乡一体化发展进行了区域综合比较，分别从两个方面进行：其一为与周边地区在城乡一体化推进实力方面的综合比较，其二为与周边地区在与长三角门户地区的融入性方面的比较。郎溪县城乡一体化规划确定了郎溪县城乡一体化的总体目标与战略，并依托县（市）域国土空间综合评价和地域功能适宜性评价，对县（市）域城乡空间进行了主体功能区划分。空间利用规划是基于对空间利用现状和既有规划的评价，确定包括空间引导原则、空间方案、空间规模以及建设时序等内容的郎溪县城乡一体化空间体系，组织郎溪县城乡一体化的城镇村体系与新农村建设。

4. 县（市）域总体规划

同单个城市层面的规划体系相比，县（市）域层面的规划体系尚不完善。以前，县（市）域全域层面的规划只有城镇体系规划和城市发展战略规划，其中城镇体系规划主要确定县（市）域空间发展策略、安排城镇（村镇）体系结构及支撑体系、控制重点城镇（村）的用地规模等。城市发展战略规划主要是协调县（市）域与区域的关系，就产业结构调整与产业发展方向、空间结构与发展策略、基础设施布局与生态保障等提出战略性引导。在此基础上，沿海部分城乡高度一体化地区率先开展了县（市）域总体规划编制的探索。浙江省是县（市）域总体规划编制探索和实践的先行省级行政区，早在 2004 年，便发布《浙江省县（市）域总体规划编制导则（试行）》，以推进县（市）域总体规划编制工作开展，推动城乡一体化发展。在导则中，明确了全域总体规划的规划范围，即将整个县（市）域行政区域划为城市规划区，建制镇一般不再另划城市规划区。通过编制县（市）域总体规划，确定县（市）域总体发展定位，综合布局城乡发展空间和基础设施，并制定空间管制措施。县（市）域总体规划的编制以上位层次的省域城镇体系规划、城镇群规划等为依据，同时要与县（市）域经济社会发展、土地利用、交通、环保等专项规划相协调，在县（市）域范围内综合协调落实各方面的布局要求。县（市）域总体规划包括县（市）域空间总体布局规划和中心城区规划。

2008 年 9 月，《温岭市域总体规划》获得批准，这是我国第一个被批准实施的县（市）级市域总体规划。此规划的批准，对于统筹温岭城乡发展，合理利用、开发、保护各种资源，优化县（市）域空间布局具有重要意义。在此次全域总体规划的编制中，除了对已编制的各类涉及城乡建设、土地、交通、教育、医疗等20多项规划进行协调，还就市域总体规划与土地利用总体规划的衔接进行了专题研究，实现了市域总体规划与土地利用总体规划的"两规合一"。

5. 全域空间规划

随着城乡规划体系的不断优化，城乡规划也由最初的主要关注城镇地区，转变为越来越关注城乡统筹发展，从最初主要关注孤立的城市、乡镇、村庄的点空间，发展到重视各点之间的空间联系以及深层次的相互影响和作用[1]。对于广大非建设空间来说，城乡规划只能通过原则性的管控措施加以引导。国土部门的土地利用规划做到对全域国土空间的覆盖，但其规划的出发点是对耕地资源的保护，对建设空间并没有太多要求。除了城乡规划和土地利用规划，农业、交通、环保等部门也从各自事权出发对国土空间的某一小类进行规划，缺乏全局考虑。近年来，为解决这一问题，各地方政府联合各部门，提出编制全域空间规划，以期对全域空间实现有效规划引导。全域空间规划根据全域范围内不同区域的资源环境承载力、合理开发强度和未来发展潜力，统筹谋划全市人口集聚、城乡建设、产业发展、基础设施、生态保护的空间布局，对于加强国土空间高效集约利用，构建科学合理的空间开发格局，促进人口、经济、社会、环境可持续发展具有重要的推动作用。

以四川省绵竹市全域空间规划为例，《绵竹市全域空间规划》2012年编制完成，规划主要目标确定到2020年。全域空间规划根据《全国主体功能区规划》《四川省主体功能区规划》《绵竹市国民经济和社会发展第十二个五年规划纲要》等编制，是绵竹市国土空间开发的战略性、基础性和约束性规划，是绵竹市国土空间布局的基本依据、总体框架和未来愿景。规划以现行乡镇行政区划为基本单元，规划覆盖范围包括全市陆地和水域国土空间。绵竹全域空间规划在客观评价绵竹市自然地理条件和资源环境承载能力、科学分析人口和经济社会发展趋势的基础上，确定了全域空间规划的指导思想、基本原则、规划目标和未来愿景，并从全域总体空间布局、城乡建设空间、工业集聚空间、农业发展空间、服务业发展空间、生态空间以及基础设施的布局等多个层面提出空间布局规划引导。

6. 县/市域"多规合一"规划

"多规合一"基于城乡规划建设管理工作中"规划多而不统、行政管理多头、技术标准不一、部门衔接困难、城乡发展差异大、生态保护形势严峻"等问题，将一个地区的国民经济和社会发展规划、城乡规划、土地利用规划、生态环境保

---

[1] 黄洋.浅析县域规划模式的变革[J].黑龙江科技信息，2016（9）.

护规划等多个规划融合在一起，实现一个市县一本规划、一张蓝图。国家部委曾多次发文，要求在广大县（市）域单元内积极推行"多规合一"，探索空间规划体系构建和实施管理的新模式，以适应新型城镇化的要求。

以大理市"四规合一"为例，2014年8月，大理市被列为全国28个"多规合一"试点城市之一，成为云南省第一个"多规合一"国家试点城市。大理市就社会经济发展规划、土地利用规划、城乡规划、环境保护规划四项规划展开了"四规合一"编制工作。此次"多规合一"编制的重点为整合各规划空间措施，建立全域空间管控体系、建立信息化平台、梳理空间行政事权及建立空间行政管理的机制体制三方面。重要过程为对既有规划的整理、空间管理主体及事权的梳理、冲突的协调和协作规则制定以及创新机制体系[①]。本次规划建立了以"四区九线"为基础的全市空间管理体系，划定禁建区、适建区、已建区和重要规划控制线，以实现对全市域城乡空间资源的科学、全面管控。为全面、准确地掌握大理市域规划信息，辅助规划编制和实施管理，本次规划还构建了由基础地理信息、原始规划、"多规合一"组成的大理空间规划基础信息数据库。为保证规划的顺利实施，大理市制定了《大理市城乡统筹规划管理暂行办法》，形成了由市规委统一协调、部门乡镇各司其职的管理模式，为实现规划的同步编制、动态衔接、协同落地奠定了坚实基础，有效提升了政府管控空间资源的能力水平。自2013年启动编制以来，大理市"四规合一"工作取得明显成效，并为我国其他县（市）提供了可复制推广的"多规合一"先进经验。云南省在大理市国家试点的基础上，后续又开展了23个县（市）省级"多规合一"试点，并取得一定成效。

7. 县（市）域村镇体系规划

县（市）域村镇体系规划的编制，旨在落实省（自治区、直辖市）域城镇体系规划提出的要求，引导和调控县（市）域村镇的合理发展与空间布局，指导村镇总体规划和村镇建设规划的编制。其规划内容包括：①综合评价县（市）域的发展条件；②制定县（市）域城乡统筹发展战略，确定县（市）域产业发展空间布局；③预测县（市）域人口规模，确定城镇化战略；④划定县（市）域空间管制分区，确定空间管制策略；⑤确定县（市）域村镇体系布局，明确重点发展的中心镇；⑥制定重点城镇与重点区域的发展策略；⑦确定村庄布局基本原则和分类管理策略；⑧统筹配置区域基础设施和社会公共服务设施，制定专项规划；⑨制定近期发展规划，确定分阶段实施规划的目标及重点。县（市）

---

① 黄洋. 浅析县域规划模式的变革 [J]. 黑龙江科技信息，2016（9）.

域村镇体系规划对优化县（市）域村镇空间布局具有重要的指导作用，但村镇体系规划也存在一定局限性，规划内容并未深入到村庄空间布局层面，对指导乡村地区的具体建设作用有限。

以河南省南阳市唐河县县域镇村体系规划为例，规划范围为县域行政管辖范围，包括12镇、7乡，共计518个行政村和居委会。其规划重点为重新审视唐河在区域新格局中的定位，明确发展战略及目标，确定城镇发展规模，加快城乡基础设施一体化和公共服务均等化，同时对村庄进行分类引导，因地制宜提出整治措施，提升农村人居环境和农村社会文明。本次规划确定了由"中心城市—中心镇—一般镇—中心村—基层村"构成的五级居民点等级结构体系。规划对指导村镇等乡村聚落的布局具有一定意义，旨在促进乡村聚落向更加有序、均衡的状态发展，但对于村庄内部的空间布局缺乏合理、明确的引导。

8. 县（市）域镇村布局规划

村庄是农村居民生活和生产的聚居点，村庄规划是做好农村地区建设工作的基础。在2006年的中央一号文件《中共中央国务院关于推进社会主义新农村建设的若干意见》中，村庄规划被正式纳入各级政府的工作范畴，其中提出要大力支持编制村庄规划和开展村庄治理试点，其中，县（市）域镇村布局规划是重要类型。

近年来各地也出台了相关文件与政策。以江苏省为例，2005年，江苏省出台了《江苏省镇村布局规划技术要点》，并于2013年进行了修订完善；通过推动镇村体系规划的编制，改善村基本公共服务、增强乡村特色、提高乡村发展水平，促进城乡发展一体化，其编制重点是优化村庄布点，促进土地集约节约利用，统筹安排各类基础设施和公共设施。2006年，江苏省出台了《江苏省村庄建设规划导则》，此后经补充、修改和完善，在2008年形成了《江苏省村庄规划导则》。导则中明确了村庄规划的主要内容，包括村域规划和村庄（居民点）建设规划。以《南京市高淳区村庄布点规划（2013-2030）》为例，该规划秉持"保护自然生态、突出乡村特色；城乡统筹协调，实现均等服务；坚持因地制宜，做好分类指导；发展农村产业，促进农民就业；政府有效组织，村民积极参与"五大原则，针对村庄发展定位、村庄规划布点、乡村产业发展、城乡交通体系、公共服务设施及政策体系支持等重点内容，确立了涉及人口发展、农业发展、公共服务、生态环境及智慧乡村5个方面、22个分项的村庄发展目标体系。规划对全区总体城乡空间布局提出了引导，并确定了全区城乡空间布局结构；在村庄发展建设方面，依据村庄建设适宜性将全区村庄划分为三类建设区。一类适建区是未来建设用地拓展的主要地区，二类适建区着重提升建设集聚程度，扩大综合社区规模，三类适建区为相对不适宜增加建设的地区，未来注重现有用地优化并适当迁出部分人口。自 2015 年 11 月批准实施至今，《南京市高淳区村庄布点规划》对高淳区乡村地区建设发挥了重要作用，不仅引导了一批村庄建设规划的科学编制，还促进了高淳区乡村产业的快速发展，同时有效引导了全区公共设施的具体布局和资金投入。

二、县域城乡聚落规划的地方实践总结

地方在县（市）域城乡聚落规划领域的实践旨在解决传统规划体系存在的问题与不足，既是对原有规划体系的不断完善和优化，也是对规划体系未来发展方向的有益探索。总结地方规划实践经验，对比传统县（市）域规划体系、方法等，其创新探索包括以下几个方面。

规划技术方法的升级与创新。在城乡规划发展早期，规划大多依托现状资料、上位意见、国内外其他城市发展经验而编制，定性分析为主，定量分析较少，规划是否科学合理更大程度上取决于编制者自身的水平。新技术与新方法的应用，一定程度上促进了城乡规划向更加科学理性的方向发展。分析以上地方实践案例，在城乡一体化规划和"多规合一"建设规划中，新型技术方法起到关键作用。例如，在郎溪县城乡一体化规划中，通过对县（市）域进行全方位多领域分析、构建城乡一体化评估体系、采用县（市）域国土空间综合评价和地域功能适宜性评价等评价方法，对郎溪县城乡一体化的发展阶段进行了准确把控，并构建了较为全面的城乡一体化空间体系。在大理市"四规合一"规划中，新技术方法得到了充分利用。通过构建空间规划基础信息数据库，实现了对大理市全域空间以及各类规划的有效掌控，为实现一个市县一本规划、一张蓝图打下技术基础。

规划理念的优化与创新。分析前文所解析的县（市）域规划实践案例，对比改革开放初期的县（市）域规划实践和传统县（市）总体规划，地方规划实践在规划理念上主要实现了"四大转变"，即在规划领域上由单一层面的空间规划布局转向多种规划统筹协调，在规划聚焦领域上由建设用地转向全域空间，在规划内容上县（市）域层面的规划由宏观发展战略为主转向宏观、微观相结合，在规划体系上也由传统的城乡二元规划体系转向城乡一体发展。

在规划领域上，实现了由单一层面的空间规划转向多种规划统筹协调。以"多规合一"为例，在"多规合一"试点工作开展之前，县（市）域城乡总体规划与社会经济发展规划、土地利用总体规划分属于不同的部门体系，由于在编制时沟通衔接不足，常常导致规划内容冲突、实施管理困难。通过多种规划统筹协调，

形成指导县（市）域城乡发展建设的"一张蓝图"，既可以促进县（市）域城乡总体规划在编制过程中与其他规划的有效沟通衔接，提升规划编制的科学性，又可以避免规划在后期实施时出现的冲突打架现象，推进规划成果的有序实施，此外也有效推动了国民经济与社会发展规划、土地利用总体规划以及各类专项规划的空间落实。

在规划聚焦上，实现了由建设用地转向全域空间。纵观传统县（市）域总体规划、乡镇总体规划，其更偏重于对城市建成区、乡镇驻地以及村庄聚落等建成空间的规划引导，而对规划建设范围之外的非建设空间关注不足。全域空间规划和县（市）域总体规划的编制有效地解决了各类空间协调不足的问题，其规划重点不再局限于生产、生活空间等建设用地，而是力争在全域范围内实现生产空间、生活空间、生态空间的协调发展，对于实现全域协调、可持续发展具有重要的意义。

在规划内容上，实现了由宏观发展战略为主转向宏观微观相结合。改革开放初期的县（市）域规划实践，多以发展规划为主，侧重于对整体发展方向、发展策略的引导，对于城乡空间具体实施建设和乡镇、村庄的引导控制相对不足。全域空间规划的编制则大大提升了规划的综合性，在规划内容上不但构想了城乡空间总体发展目标和未来愿景，还就各类空间（如工业集聚空间、农业发展空间、服务业发展空间、生态空间等）的发展建设提出空间布局引导。除此之外，全域空间规划对县（市）域总体开发强度、分类指标等也进行了明确，作为对城乡总体规划的补充，全域空间规划的编制大大提升了城乡总体规划对下位各类详细规划的指导性。县（市）域村镇体系规划和村庄规划是对县（市）域城乡总体规划的进一步延伸，弥补了总体规划的控制短板，有效落实了总体规划对于乡镇、村庄等微观单元的管控与引导。

在规划体系上，实现了由城乡二元割裂转向城乡一体发展。改革开放以来，我国经济社会快速发展，人民生活水平显著改善，城乡面貌也发生了重大变化，但受城乡二元管理体制的制约，我国城乡发展不协调，农业、农村的发展大大滞后于工业化和城镇化发展。从规划层面来看，传统县（市）域城乡总体规划更多关注于城区，而对于乡镇和村庄的发展则只是原则性提出引导策略。对乡村地区的关注不足，一定程度上加重了城乡发展不平衡。城乡一体化规划的编制既有重要的战略意义，也有很强的现实针对性，以城乡一体化规划的编制推进城乡空间、产业布局、基础设施建设、公共服务等一体化，对推进城乡二元结构的消除、加快实现城乡经济社会发展实现一体化具有重要作用。

第五节 县（市）域城乡聚落空间规划改革策略

一、明确县（市）域空间规划的地位

县（市）域国土空间规划以县（市）域行政管辖区为规划范围，是对县（市）域社会、经济、文化和生态等要素在国土空间上的统一安排与部署。县（市）域作为城乡结合最为直接的地域空间，囊括县城、乡镇及广大农村，城乡空间互动关联，在规划管理方面由于乡村地区管理部门相对缺乏，规划管理人才不足，往往存在无序发展的问题。城乡发展各自为政，极易造成规划与投资的重复与浪费。县（市）域国土空间规划的编制和实施，对于统筹县（市）域城乡空间协调发展，有序、集约开发县（市）域空间具有重要的控制与引导作用。为保证县（市）域国土空间规划的实施效力，有必要明确县（市）域国土空间规划在当前县（市）域规划体系中的地位。

县（市）域国土空间规划的指导地位。除县（市）域国土空间规划外，当前我国县（市）域宏观层面的规划还包括由发改部门编制的国民经济与社会发展规划和国土部门编制的土地利用总体规划。三类规划各自的内容、任务和目标不同，相互之间关系密切、相互制约而又互为依据。国民经济与社会发展规划依据全县（市）发展现状提出发展战略，重在研究全县（市）国民经济和社会发展的总体目标并提出全县（市）国民经济与社会发展的策略建议。县（市）域国土空间规划的主要任务是将国民经济与社会发展规划确定的发展目标与重要建设项目落实到空间用地布局，合理利用县（市）域空间资源。土地利用总体规划的主要任务是在保证基本农田保有量不减少的前提下，根据县（市）域国土空间规划的布局合理利用各类土地资源，满足各类建设用地的需求，应全面融入县（市）域国土空间规划体系中去。

县（市）域国土空间规划的法定地位：当前县（市）域规划体系包括县（市）域层面的城市总体规划、城市发展战略规划，县（市）域主城区层面的县城总体规划、近期建设规划、详细规划、专项规划，镇（乡）域层面的镇村体系规划、总体规划等以及村庄层面的村庄规划，旨在对县（市）域内各项空间建设活动进行控制和引导。其中具有法定效应的是城市总体规划、县城总体规划、镇总体规划、村庄规划及各类控制性详细规划。在城乡建设的过程中，建设与规划不符的情况时有出现，极易造成空间的无序发展，因此必须加强空间立法，确定县（市）域国土空间规划的法定地位，明确县（市）域国土空间规划与其他规划（国民经济与社会发展规划、专项规划等）以及各类发展政策之间的关系。同时对县（市）

域国土空间规划的编制范围、编制组织机构、实施与管理机构以及相应的法律责任等进行明确，以保障县（市）域国土空间规划编制、实施与管理的科学性和有效性。

二、理顺部门事权与规划的关系

随着社会经济的快速发展，城乡规划的门类逐渐丰富，规划深度也逐步加深，对城乡经济发展及各项建设活动的控制和引导越来越全面，但也存在一定的问题。县（市）域城乡规划种类变多，但目前还没有一个部门来协调各部门编制的各类规划，如发展和改革部门组织编制区域发展规划、国民与社会经济发展规划，建设部门组织编制城市总体规划，国土部门组织编制土地利用规划等。规划建设部门既负责组织编制规划，也负责规划的审批和监管，权力太大而缺乏监督，因此有必要跳出建设部门的层面，从更高层次、角度思考当前规划体系问题。

规划内容与编制部门相对应。为破解当前规划体系存在的问题，应改进现有规划体系，使部门事权与城乡规划内容相对应。当前城乡规划内容日益丰富，涉及部门很多，以城乡总体规划为例，各部门除了应积极参与县（市）域城乡总体规划的编制，还应独立编制本部门的专项规划，并做好与城乡总体规划的衔接。根据当前县（市）域规划内容，可按规划范围和重点分为县（市）域国土空间规划、中心城区规划及详细规划 3 个层次，每个层次的规划都可根据部门需要独立编制相应的专项规划。使各政府部门的事权与规划层次、规划内容相对应，明确各部门在城乡规划体系中的地位和责任，既可以减轻规划主管部门的压力，又能够提高各类规划编制的效率并保证其科学性和可操作性。

加强部门间审批管理合作。城市规划管理工作对规划实施具有重要作用，是一项复杂的综合系统工作，而其中管理主体对于管理活动具有决定性的影响因素，城乡规划管理的科学性正是通过管理主体来体现的。为确保规划管理的科学性，应理顺各部门在规划管理中的事权，积极构建沟通合作平台如规划管理委员会等，统筹各职能部门职责，加强规划部门与交通、水利、环保等部门的沟通和联系，实现相关部门协作配合、各司其职，解决事权交叉重叠、各类规划冲突等问题。

调整规划内容以适应各级事权。当前县（市）域国土空间规划体系按照规划范围可划分为县（市）域层面、镇域层面与村庄层面。规划管理审批采取严格的分级审批制度，而当前各层面的规划尤其是县（市）域城乡总体规划，在内容设置上较为庞杂，在内容分类、深度标准、范围划分、实施监督等方面不利于各级政府的分级管理，因此需要面向三级政府（省市级政府、县政府、镇政府）调整各层级规划的内容，以利于规划管理审批。

为与上级规划和其他相关规划相衔接，在各层次规划中设置对应上级政府管理事权的有关区域性或跨地区之间交叉事宜的规划，如历史文化保护区、风景名胜区、自然保护区等，以强制性规划内容为主。对应本级政府管理事权的如空间布局、公共设施、道路交通、绿地景观等规划内容，以强制性与非强制性规划内容相结合。同时，为更好地对下一层级的空间规划建设进行控制和引导，各层次的规划应在本级规划中明确提出对应下级各政府事权的规划要求，以强制性内容为主，如特殊保护地区、重大基础设施、水源地等。

三、提高县（市）域国土空间规划编制的科学性

因地制宜，分类别编制规划。受地理区位、地形条件、交通条件、产业发展方式及经济发展水平等因素的影响，我国数量众多的县（市）域综合发展情况差距明显，所面对的主要问题也各不相同，因此在规划中需要针对不同类型县（市）域的主要矛盾，因地制宜地制定有所侧重的规划。对于发达地区、高密度建设的县（市）域，城乡空间及居民经济社会活动联系紧密，现状主要问题是发展方式粗放、建设用地过度蔓延、生态破坏严重、农业生产空间压缩及生活环境污染等，对该类县（市）域建议编制城乡一体的空间规划，从整个区域着手解决以上核心问题。对于不发达地区、建设用地密度较低的县（市）域，现状主要问题是县城带动能力不强、乡镇服务能力弱、村庄"空心化"现象严重，该类县（市）域在空间规划中可以延续"城乡分类"的规划模式，一方面，通过规划引导增强县城及重点镇的经济带动能力，另一方面，在条件允许的情况下适当鼓励"空心"村庄居民集中居住，同时，对于旅游资源禀赋较好的村庄要积极发展旅游业，增加县（市）域经济发展点。对于自然灾害频发的县（市）域，居住安全问题是第一要务，空间规划应当控制城镇聚落规模，尽快迁移容易受到灾害威胁的村庄等。

完善空间规划体系，实现多层次规划有序衔接。在过去增长导向的城市建设过程中，城市建设被视为是增长机器构建，造成县（市）域空间规划事实上是城市规划——特别聚焦于县城与重点镇，存在重视个别城镇而忽视城镇总体以及重视城镇而忽视乡村的问题，区域城镇网络体系与城乡关系考虑不充分、规划覆盖不完全。因此，县（市）域空间规划亟需建立覆盖城乡、多层次展开、有序衔接的规划体系。其中，县（市）域层面规划应以构建城乡互惠关系、城乡协作网络为重点；乡镇层面规划应以提高乡镇对管辖村庄的公共服务能力为

重点；村庄层面规划以提高村庄宜居水平、突出乡村特色及优化村落空间形态为重点。上一层次规划是下一层次规划的基础和依据，下一层次规划是对上一层次规划的落实和细化，通过完善空间规划体系最终实现县（市）域空间规划全面覆盖和有序衔接。

深化区域合作，加强县（市）域空间内外联系。对外应强化区域协同发展，通过强化与周边县（市）的技术、文化、人才、资金等要素的流动，推动县（市）域经济的发展。同时，可通过承接长三角、京津冀、珠三角等发达地区的产业转移，带动县（市）域经济产业转型升级。有地缘优势的县（市）域还可依托"一带一路"倡议，加强与周边国家的交流合作，推进国际贸易发展，以工业化带动城镇化的发展，推动城镇化进程，扩大城镇规模。对内应强化中心城区与下辖各乡镇之间的联系以及各乡镇之间的联系，通过县（市）域内部协同运作，推进县（市）域城乡统筹发展，实现各乡镇的共同发展与繁荣。

优化职能体系，促进城乡协调发展。从具体情况出发，结合自然资源、资源禀赋及城镇区位、所在区域等发展条件，形成分工合理、各具特色的中心城和中小乡镇协调发展的城镇体系及职能结构。中心镇在县（市）域城镇化中肩负着县（市）域范围内均衡发展的重要使命，通过强化中心镇的职能形成城镇聚集效应和区域增长极，并且带动周边乡镇和农村的经济社会发展。每个乡镇根据自身的资源和条件优势，发展适合自身的经济功能，实现错位竞争和特色竞争。根据县（市）的竞争力、产业特色、影响力、创造和吸纳就业能力，择优培育和选择人口聚集度、产业发展程度都较高、有一定发展基础的实力强县，争取更好的发展。

加强基础设施建设，促进城乡要素流动。长期以来，由于重视城镇建设而忽视乡村发展，乡村地区的基础设施与公共服务设施建设普遍不足，并形成了"公共服务不到位—人口流失—乡村地区没落—公共服务设施进一步缺失"的恶性循环。基础设施的合理配套能够为城乡经济发展提供一个良好的物质环境，促进城乡社会经济要素的流动，是沟通城乡关联的重要渠道。公共服务设施建设的重点应由城镇转向广大农村。可通过适当的人口迁移与集中，形成便于设施规划布点的乡村聚落格局。在进行具体规划时，可根据各地的实际情况，结合其人口数量、人口结构完善当地公共设施规划布局，形成完善的公共设施服务体系。

交通网络作为城乡规划中重要的一环，是连接城市、县城、乡镇以及村庄的纽带，也是促进各类要素快速流动的重要渠道。交通网络规划应依据"县城—重点镇—一般镇—重点村—一般村"的多级城乡聚落体系来进行。通过县（市）域层面的整体布局规划，首先确保县城与各重点城镇之间的交通联系，提升这一类道路的交通能力；同时为了避免中心放射格局对县城造成较大的交通压力，可沿各重点镇建设交通环线；其次，应逐步改造或升级重点镇与一般乡镇之间的交通联系；最后，一般乡镇与村庄之间的联系应结合当地实际情况与未来规划方向来组织，并形成第三层级的道路网络。在完善交通网络体系的同时，把握主要交通干道节点，设立新的交通运输枢纽，以形成新的增长点，带动周边地区联动发展。

重视产业发展，增强空间发展动力。逐步缩小乡镇之间的经济发展差距，实现镇域之间经济协调发展，是县（市）域乡镇经济发展的客观要求。率先发展具有经济优势的重点镇，扶持落后乡镇，依靠重点镇的经济发展带动本区域其他地区乡镇经济的发展，最终实现乡镇之间经济的协调发展。

推动中心城镇产业结构升级优化，加强与大城市及经济圈的联系，增强自身辐射力。以经济转型为根本，以机制转型为动力，全面带动生态转型、社会转型和文化转型，以增强中心城镇的集聚能力。副中心乡镇发挥各自的优势，依托县（市）域城乡一体化推进的机遇，打造支柱产业，主动承担区域内产业分工，以产业带动经济提升。统筹区域资源，推动县（市）域产业集群发展，提升乡镇经济实力，加强人口集聚和公共服务设施建设，以乡镇群的发展带动县（市）域城镇体系发展。同时，加快乡村地区产业结构的调整，加快农村地区工业化建设，促进农村剩余劳动力的非农化转移，增加农民收入，缩小城乡差距，推进城乡统筹发展。

注重历史文化保护，留住聚落空间特色。当前县（市）域空间规划体系中更多注重的是城乡一体化、城乡统筹、城乡融合中产业集聚、人口迁移、空间布局等问题，对于乡村原有聚落空间的关注度不够。在经济快速发展、城镇化有序推进的同时，也要保证传统乡土文化与传统聚落、建筑的传承，避免聚落空间特色的消亡。在传统聚落保护的过程中，对于保持传统聚落风貌和环境"原真性"已达成共识，在开展聚落保护工作时，不仅要对传统聚落的物质环境与建筑实体进行保护修复，更要重视对非物质文化层面的传统文化与精神的保护。非物质层面的文化与精神是体现聚落民族性、地域性特色的核心内容，其重要性和影响力远大于物质空间本身。因此，保护传统聚落必须从物质与精神两个层面双管齐下，这样才能实现真正有效的保护。对传统聚落进行保护时，应走"保护＋开发"的路线。通过商业开发促进传统聚落的保护，带动旅游业、服务业以及其他产业的发展，这样既可以为聚落居民带来经济收入，促进村民就业，提升其生活水平，又能够让参与传统聚落保护的主体获得较好的经济回报，实现较好的经济效益和社会效益。但在商业开发的过程中，必须正确处理好保护与开发的关系，严禁过度开发，以保证传统聚落的历史和文化特色不受到破坏。传统聚落人口的外流与空间活力的消失是其衰败的主要原因，在对传统聚落加以保护的同时应加快完善聚落的基础设施建设。完备的基础设施能够为聚落保护提供良好的物质保障和环境保障，同时也能改善聚落居民的生产生活状态，提升其生活便利程度。

突出底线思维，促进"三生"协调发展。长期以来，在国家经济增长目标导向下，县（市）域空间规划主要服务于区域经济产业发展，存在重生产而轻生态保护和生活改善的问题，严重影响了县（市）域社会经济的可持续发展。在规划编制中应提高对生态空间的重视程度，明确划定区域生态保护红线、基本农田红线及灾害控制红线等多条底线，在此基础之上再展开各类建设空间的规划，从而确保实现区域生态与生产、生活空间的协调发展。在进行城镇的开发建设时，可利用生态网络对其形成管控，通过生态边界控制建设用地规模，严禁一切建设活动对生态网络造成破坏。在进行县（市）域产业发展的同时也要加快县（市）域空间的绿化建设，积极促进生态环境的修复，通过生态网络建立为人们生产、生活提供绿色屏障。

四、优化县（市）域空间规划管理模式

长期以来，由于城乡二元的分治管理，广大县（市）域城乡地区在规划编制及实施管理上都弱于城市地区。县（市）域空间规划应如何编制、编制后又如何实施管理成为县（市）域空间规划管理首要解决的问题。规划管理制度的优越对于县（市）域空间规划建设具有重要的作用，是城乡建设达到预期效果的保证。从县（市）域范围看，城乡空间在有规划、资金的条件下，建设难度并不高，但规划建设的管理难度较大，主要受法规技术体系、管理机制、管理技术等方面的制约。

目前大多数县（市）及中小城市的规划管理工作重心在于项目审批，而对于《城乡规划法》赋予的制定政策及城乡规划发展研究职能则有所忽视，技术法规体系的缺失对实现科学、民主、高效的城乡规划管理是严重制约。规划管理政务公开不够全面，公众参与程度低，城乡规划透明度不高以及规划管理监督不够完善、管理技术手段的落后都对城乡规划的管理带来了一定的阻碍。针对目前县（市）域城乡规划管理存在的问题，为构建合理的县（市）域城乡规划管理制度、优化城乡规划管理模式，提出以下几条策略。

①制定因地制宜的城乡空间规划管理办法。我国地域辽阔，各县（市）域自然条件、发展水平和管理制度各不相同，机械照搬法律条款难以使现实问题有效

解决。县（市）域应在学习各类先进空间规划管理经验的基础上，结合县（市）域单元的实际情况，制定适宜于自身的城乡空间规划管理办法，合理协调各方利益，提高法律法规的科学性、有效性和可操作性。

②制定切实有效的地方城乡规划技术规范。编制地方城乡规划技术规范，是实现县（市）域城乡规划管理制度化、科学化、规范化的保障，有利于指导县（市）域各类空间规划的编制、维护和更新，使规划更具合理性和操作性，同时有利于地方管理部门对于规划的评判和监督，提高管理水平。

③建立健全公众参与的渠道和方式。应将公众利益作为县（市）域空间规划编制、实施及管理的出发点，建立以人为本的县（市）域空间规划管理机制，通过有效的公众参与，把握县（市）域建设现状，明确群众基本的建设需求，进一步提高规划管理的科学性。加大规划信息公开力度，扩大群众对于县（市）域各类规划的知情权，完善公众参与的法规建设和公示制度，拓宽群众参与的渠道，为公众参与营造良好的社会环境。

④建立覆盖全域的规划实施管理机构。探索建立"县（市）域—建制镇—乡村"三级联动的规划管理机制，逐步形成城乡一体化的规划编制、实施与监管体制，保障规划的引导和控制功能得以实现。加快城乡规划信息综合平台的建设，综合管理城乡统筹发展的规划成果，保证数据的公开性、一致性、实用性和时效性。

五、加快县（市）域空间规划人才培养与引进

规划建设专业人才的缺乏是县（市）域空间规划落后于城市地区的一个重要原因，和城市地区相比，县（市）域尤其是乡村地区的规划建设专业人才在数量和层次上均落后于城市地区。目前，我国县（市）域规划建设人才的数量虽然有一定的增加，但总体规模仍然较小。在总量不足的同时，现有规划专业人才的分布也不尽合理，即使在县（市）域内部，人才也主要集中在县城等较为发达的区域或乡镇，而基层和偏远落后乡镇的人才却极为匮乏。县（市）域规划建设专业人才资源普遍层次不高，这已成为制约县（市）域空间规划建设有序合理开展的瓶颈之一。

截至2015年，我国县级行政区共计2074个，国土总面积899.3万km^2，占我国陆地疆域面积的93.3%，广阔的县（市）域地区为我国快速的城镇化和工业化进程提供了稳固的基础。在现代化转型中，县（市）域城乡空间经历了城乡社会变迁带来的阵痛，面临着生态环境修复、历史文化传承、城乡经济发展、消除人口贫困等任务，促进县（市）域城乡统筹发展、实现城乡共同繁荣已成为

我国走向现代化的时代使命，也是县（市）域国土空间规划的重要目标。国家新型城镇化战略的实施，给广大县（市）域地区带来重要发展机遇的同时，也引发了对县（市）域规划专业人才培养的迫切需求。

为促进县（市）域空间规划的科学编制、合理管理和有效实施，亟需提升县（市）域规划建设相关部门的人才水平，首先应面向县（市）域规划建设的需求，大力推进县（市）域规划建设人才培养，鼓励广大规划专业师生走向县（市）域基层，在实践中认识县（市）域城乡空间、学习知识和提高技能，同时也为更多专业人员提供现场交流和培训条件。其次，注重完善专业人才的引进机制，努力开辟引进各类人才的渠道，多形式、多层次、多渠道引进人才，特别是高层次人才，为县（市）域城乡空间规划建设提供良好的人才保障。

第三章 县（市）域聚落风貌研究

第一节 县（市）域聚落风貌的定义及其发展机制

一、聚落风貌的定义

风貌泛指一个地方的人文特征和地质风貌。聚落风貌指属地域的景观，分传统与现代两类。传统风貌指由传统建筑以及田园景观构成的外部形态，现代风貌指由现代建筑以及城镇景观构成的外部形态。聚落风貌的组成包括外在表现和内在动因。外在表现是指聚落的选址、布局、规模、形态，单体建筑的形态、材料、施工方式；内在动因是指地形、气候、职业、人口与家庭、政策与乡规民约等。

聚落风貌的外在表现由内在动因控制。内在动因的变化会导致外在表现的变化。外在表现的变化会反过来影响内在动因。当外在表现适应内在动因时，聚落风貌呈现出稳定、协调的状态；当外在表现不适应决定因素时，聚落风貌呈现出不稳定、不协调的状态。

聚落风貌从规模上分为县城、乡镇、村庄3个级别；从与山水田园的关系看，村庄最近、乡镇稍远、县城最远。

图 3-1 福建屏南屏城乡下地村风貌

二、城镇化的定义

城镇化指产业结构、人口职业、土地及地域空间以及乡村景观向城镇的转变。

三、聚落风貌的发展规律

城镇化通过对内在动因的影响而作用于聚落风貌。城镇化首先影响诸如产业、人口、建筑材料等内在因素的变化,进而引起外在形态的变化。而后者的变化总是从量变开始,它与原来的形态必然会产生不同,形成风貌差异。外在形态的量变达到一定程度,形态会重新得到统一,进而对内在动因产生反作用。

图 3-2 城镇化与聚落风貌关系

四、聚落风貌从传统向现代转变的体现

县(市)域传统风貌、现代风貌区别如下表。

传统聚落与现代聚落风貌比较　　　　表3-1

项目		传统聚落风貌	现代聚落风貌
整体聚落形态	选址	水边、山脚、平原、高台	交通便捷、土地平整
	规模	较小,村落等由耕作半径等决定;乡镇、县城等由贸易、军事需要等决定	大,由非农产业决定
	形态	由规模与地形决定;与自然融合,沿河谷、道路或等高线伸展;具有象形形态	与自然对立,几何化
	肌理	低层高密度,或均质散点	多层、高层、低密度
	布局关系	通过确定庙宇、戏台、祠堂、书院、廊桥等的位置,进而确定整个聚落	在原有聚落的内、外部翻新、扩建
单体建筑形态	相互关系	建筑差异性小	建筑差异性大
	屋顶	小瓦坡顶	坡顶或者平顶
	外墙	材料本质清水	贴面
	高度	1~2层	多层、高层
	尺度	10m 面阔,10m 进深组合	大尺度
聚落与周围山水田园关系	景观主导性	好(对聚落风貌起主导作用的山、水等要素依然存在)	差
	可感知度	好(与山水田园的可达性、可视性、亲密度)	差
	基底性	好(山水田园是否具有大面积、均质性)	差

第二节　当前我国县（市）域聚落风貌的特征与主要问题

一、城镇化进程中各层级聚落的风貌特征

县城光鲜亮丽，但千城一面。大部分县城的城镇化进入晚期。现代风貌已经占据主体 70% 以上，开始出现千城一面的状态，如江西东乡、浙江安吉、福建永安。一些县城有局部的传统风貌，老街区为斑块状分布，如江西金溪县、安徽歙县。极个别县城保持着较为整体的传统风貌，如山西平遥、四川阆中。

乡镇快速发展，但杂乱无章。城镇化正处在中期。从面上来看，现代风貌已经占据 30%~70%，传统风貌只占据一部分。大多数乡镇只留有零星或几乎没有传统风貌区，如江苏仪征月塘镇。一些乡镇保留部分传统风貌，如江西鹰潭锦江、福建永安贡川。极个别历史文化名镇具有成片传统风貌，如浙江兰溪诸葛镇。

村落规模扩大，但新旧俱衰。从面上看受城镇化作用最小，但由于它规模小，风貌改变相对迅速。农业生产承包给大户经营，农户年底分红，基本脱离农业生产。目前人口外流严重。一部分外出打工，节假日回村；另一部分永久迁居乡镇和县城等。旧村无人居住，新房也日渐空置。

图 3-3　安徽歙县县城传统聚落风貌

图 3-4　江西鹰潭锦江镇传统风貌

二、分类型村落的风貌特征及问题

传统风貌型——受保护的村子。现代与传统风貌各自分区，相对独立，如安徽黄山宏村。传统风貌型是指外在传统风貌大抵保持着 70% 以上的聚落。它的外在形态依旧是内在动因的产物，两者保持协调统一的关系。

这部分村落只有两类。

第一类：列入保护对象的历史文化名镇、名村以及开发旅游比较好的村子，如宜兴丁蜀镇、江西乐安流坑村。

第二类：交通不便，受城镇化影响较小的聚落，如河南新县的老叶湾村。

这两类聚落最需要解决的问题为保持聚落的原真性与村落发展的问题，主要包括：①按照原有的规划理念做好村落的发展规划；②采用当地材料，运用当地做法、兼顾现代需要建设新建筑；③适度发展第三产业，提高留守居民的收入；④老建筑的更新发展问题。

图3-5　安徽黄山宏村

变化风貌型——正在城镇化的村子。这是现代风貌与传统风貌相对嵌套、分居、杂陈的村子。变化风貌型指外在风貌正处在城镇化进程中的聚落。其现代风貌占据聚落的30%~70%。目前，我国大多数县（市）域聚落正处在这个阶段。

这类聚落的内在因素正受到城镇化的作用。聚落人员绝大多数以外出务工为主，人口流失严重。乡规民约失效，聚落及其建房缺少规划。

外在表现为：聚落选址特点和布局特色遭到破坏。聚落的规模和形态与山水格局变得不协调。新建建筑尺度大、体量大、平屋顶、面砖墙，与原有环境不统一。建筑材料现代化，施工程式化。各聚落风貌样式趋同。

变化风貌型的聚落有以下几类：第一类为空心村，即中间是传统的老村子，外围是新村，如江西的北下村；第二类为两头村，即一头是老村子，另一头是新村子，如江西吉水永和镇；第三类为杂乱村，即新房和旧居夹杂，如安徽泾县云岭、江苏仪征四庄村。

这类村子最需要解决的问题为：既有很多现代化民居，也有大量闲置的老旧住宅，如何对它们进行利用。其主要策略是划定保护区和保护对象及维修老宅、盘活老宅、开展农家乐等第三产业。

现代风貌型——已经城镇化的村子。现代风貌中没有传统风貌的村子。这是指外聚落风貌的城镇化已经更新完毕，现代建筑占据70%以上。内在动因和外在表现在城镇化的基础上达到新的平衡。目前大部分经济发达县（市）域的聚落都是如此。

聚落的农业生产方式大部分已经现代化。从业人员就地务工、半工半农人员占大部分。交通条件好，经济发展水平较高，人均收入高。大家庭解体，但人口稳定，增长慢，流失慢。乡规民约依然存在，但更多的是遵守市民守则。村落的选址布局基本沿用原有格局，保持稳定。规模扩张停止，新建房屋速度缓慢，处在微更新阶段。建筑形态依然保持传统风貌，如小瓦坡屋顶等。内部厨卫设施已经现代化。建筑材料基本统一。其包括两种类型。

第一类：政府主导型。政府主导进行建设的现代化农村居民点，如各地方近郊的安置小区、移民小区等。这些农民安置区具有统一的规划、便利的交通、完善的基础设施以及成套的建筑平面。其缺点在于选址和布局与山水环境关系不协调，村落形态缺少有机布局，建筑风貌统一呆板，缺少文化传承，如安徽篁岭新村、河南新县村、江苏九里新村及无锡华西村。

第二类：农民自发型。在受城镇化影响较强的聚落中，村民根据自己意愿改造聚落和住房，最终在居住现代化的基础上，保持了风貌的基本统一与传承，如近郊容易受到城镇化的聚落。内在动因大部分城镇化。原有的村落风貌的表现形态基本更新完毕。其优点为基本完成了农民到市民的转变。生活、生产方式已经大部分城镇化。聚落风貌在更高的层次达到统一，如苏州陆巷村。

三、县（市）域聚落风貌特色问题和危机产生的根本原因

当代特色危机的原因主要与城市化和工业化相关。工业化和标准化是造成地域性建筑文化和特色逐渐消逝的决定性因素。疾风暴雨式的中国快速城镇化进程遵循经济和效率导向，通过超大和大尺度的"X通一平"的土地扩张方式，建起了大量无地域差别、无城镇特征、缺乏社区活力的城市新区。城乡身份认同不明、交通可达性和生活方式变迁、传统营造工艺衰亡。

面广量大的县（市）域主要与乡村管理和乡村城镇化密切相关。由于产业特点、土地权属、生活方式、文化习俗等方面与城市有着显著不同，所以县（市）域城乡聚落规划编制的目标、内容、方法、技术和成果形式都有其自身的特殊性，不能简单套用城市规划的做法。虽然全国人大已经将原先的《城市规划法》变更为今天的《城乡规划法》，但实际上服务乡村地区的专业人员远远少于服务城市的专业人员。在现有的大专院校专业教育体系内，相关内容在教科书和教学计划

等中也基本没有得到反映和重视。疾风暴雨式的中国快速城镇化进程遵循的经济和效率导向引发"乡愁"问题滥觞。

第三节　城镇化过程中聚落风貌的发展策略

一、未来城镇化发展中聚落风貌的变化趋势

由于人口、资源的集聚效应，城镇化将持续发展，其趋势表现在：

①全国范围内，县城会进一步扩大、乡镇将有所发展、村落将大幅度收缩。

②传统风貌将主要集中在村落及乡镇层级。

③东部发达地区对传统风貌的重视程度要高于中西部地区，但潜力次之。

④发达县（市）域地区的传统聚落由于数量少、交通好、游客客源多、政府支持，日渐红火；欠发达地区由于数量多、游客客源少、缺少资金、交通不好而日渐凋敝，但开发潜力巨大。

二、城镇化进程中聚落风貌的发展策略

摸清家底，制定规划。选取传统风貌保存比较好的县城、乡镇、村落，制定保护与发展规划，按情况确定保护与建设的比例。对于正在变化中的县城、乡镇、村落，应注重其历时性的体现，不必拆新建老、"涂脂抹粉"，但要处理好建筑与环境、新老建筑之间的关系；对于已经现代化的城镇、乡镇、村落来说，要尊重现实，减弱它与环境的对立关系。

加强研究，做好聚落营建技术的引导和总结。加强测绘、总结做法、推广经验、培训人员，加强对村民的教育和政策帮扶，提高村民的保护与传承意识。提供适合于现代生活的建筑图纸，建设样板建筑，推广并改良当地的乡土材料和传统做法。推荐使用地方性材料、培养当地的施工队，传承当地的做法、按照当地的实际需要进行建造。政府主导，通过高等院校或者地级以上的规划设计院专题设置并加大对乡村规划师和建筑师的专业培训。在行政人员编制上保障县级市和乡镇一级规划编制与管理人员数量的需求。建议制定相关政策，以有竞争力的收入薪酬吸引高校规划和设计专业的毕业生从事乡村规划设计工作。

利用传统风貌以及老民居。盘活闲置的老宅，倚靠老村子发展农家乐、休闲游等各项经济活动，让农民获得传统风貌带来的红利。吸引部分劳动力在传统风貌的聚落中就业。对于实在毁损严重、无法修复的传统风貌地区，通过移动保护、拆除等方式置换出新的建设用地。

对于发展前途不大的村子,要予以合并。对于人口外流严重,传统风貌几乎消失的村子,应该移建其中有价值的建筑,村庄予以合并,节约用地,便于经营。

图 3-6　湖南岳阳张谷英镇　　　　图 3-7　江苏仪征月塘镇四庄村农家乐改造

三、县(市)域城乡风貌特色传承营造的自然、人文和技术策略

自然策略。首先建筑要尊重地域的气候和场地自然特征,挖掘城市独特自然资源所能形成的特色。乡村的河、湖、塘等自然要素不仅具有景观作用,而且更重要的是水系的生态功能。乡村规划设计要有意识保存乡村生活环境与水的相互依存关系。在地形地貌处理上,应注意控制乡村建筑高度,控制区域天际线,不宜照搬大中城市的模式。特定的地形地貌本身就是一种自然风景资源。中国传统民居所处地形复杂多样,在建造时顺应地形、地势,因山借水,化不利为有利,既节省了人力、物力、财力,又保护了生态环境。

人文策略。要保护利用建筑遗产,遗存建筑是人文继承的重要物质载体,也是创新之源。要维护代表性的建筑以及保护地段,维持较为统一的地域建筑特色,对地域特色进行当代诠释。在设计的更高层次,设计师还需进行提升,即抽取传统空间组合的原型,以现代建筑语言表达乡村建筑文化内涵,不进行形式临摹,从意境的核心层次传达文化内涵。

技术策略。要发展多种适应性建筑技术,包括:传统技术,即保护继承传统

图 3-8　承载道教文化的浙江兰溪诸葛村

工艺，局部再现传统工艺的精美；现代技术，即大力开发绿色现代建造技术，提高材料和构造性能，提升建筑质量和物理环境质量。

第四节　案例

一、南京市桠溪城镇空间风貌提升规划设计

高淳区位于南京市南端，北接溧水区，东邻苏、锡、常，西接安徽的宣城、马鞍山，全区总面积802km²，是南京都市圈副中心城市。高淳也被誉为南京的后花园和南大门，是世界慢城联盟授予的"国际慢城"。

高淳区作为南京市南部重要空间门户，随着长三角区域经济一体化进程的加快，高淳地理位置逐步由边缘化向中心化转变，高淳的区位优势更加显著，也将迎来新一轮的发展。

桠溪镇地处高淳区东部，是南京都市圈外围的重要城镇之一，距南京市主城区约190km。桠溪镇位于高淳县东部，是"二省"（苏、皖）"四市县"（高淳县、溧阳市、郎溪县、溧水县）交界地区，是高淳东部地区的中心。

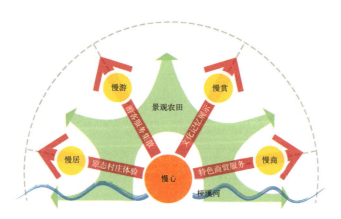

图3-9　桠溪规划的空间模式

桠溪镇总面积115km²，人口5万。2014年，桠溪镇被列入"全国重点镇名单"。桠溪历史悠久，早在3000年前就有人类活动。桠溪集镇的形成始于明崇祯末年，优越的地理条件使之成为两省四县交界地区商贸汇聚的中心。规划位于桠溪镇镇区核心地区。其中，研究范围约414.48hm²，与桠溪镇2014年版控制性详细规划范围基本一致；设计范围为277.48hm²，主要包括永宁路与桠定路周边的城市建成区及周边村庄（图3-10）。

目前的桠溪城镇空间发展陷入传统城镇化发展的基本模式，没有依托自身城

图 3-10 柽溪规划图

镇空间肌理进行针对性研究，本着彰显特色的原则，本次设计首先在布局发展的理念层面做出一定探讨。

设计概念上，建议采用"柽溪模式"，强调精明增长、田园城市的保护格局。将具体规划采用田园新镇、慢环筑心、双环绕城、骑行互动。

二、丁蜀镇古南街保护改造实践

古南街历史文化街区位于宜兴丁蜀镇东北部的蜀山地区，东依蜀山，西临蠡河，1949 年以前曾是丁蜀镇水上通道的进出端口；距离紫砂矿的主要产地黄龙山较近，且交通便利，运输方便，自古便成为集紫砂毛坯加工、成品烧制、交易洽谈地于一体的紫砂文化发源地。

古南街具有丰厚的人文历史，是紫砂大师诞生的摇篮。不仅有相传久远的历史故事，现状空间上也云集了大量文物保护单位和名人故居。丁蜀镇除了具有潘家祠堂、东坡书院、常安桥等文物保护单位以外，古南街本身有经挂牌认证的名人故居和陶器店旧址共 32 座。因此，古南街在物质空间上本身即是一部展现紫砂发展历程的浓缩历史。

在古南街目前的人口构成中，仍有一定比例的原住居民，其中不乏紫砂大师的后代和徒弟。而这项传统活动也吸引了越来越多的外来人员到此拜师学艺，其中一些在此常驻扎根，更新壮大了当地紫砂群体。其他人员从事的行业也多是与紫砂相关的推广、交易等活动。除此以外，相关的赏花、赏石、书法、品茶等文化活动也异常丰富。

古南街是活态的历史街道,是当地紫砂文化历史延续的载体。

丁蜀古南街风貌设计策略包括:

①政府主导、设计引领、财政补贴、导则和样板先行。

②"自上而下"和"自下而上"结合,设计师与乡民共同完善图纸、共商选材和施工方式,共同营造在地性场所。

③科技进步支撑,即性能化规划、民居连体共生结构、机电一体化、水环境原地修复以及物理环境改善等。

图3-11 传统民居改造后的场景
（资料来源：许昊皓摄）

第五节 县(市)域城乡风貌的几点思考

县城是县(市)域的行政管理中心,但城市属性相对突出。县(市)域城乡聚落风貌研究和政策建议研究的重点应该是镇与乡村二级,规划要坚持"自上而下"与"自下而上"相结合,注重特殊的风貌特色管理和引导模式。

最近的特色田园、美丽乡村方兴未艾,总体来看取得了一定效果,特别是让农民看到乡村可以和城市一样赚钱,乡村可以和城市花园一样美丽,这在观念上是一种唤醒。但是,我们也要注意到,目前的各种建设主要还是物质形态的出新,有关产业发展、土地归并的案例还比较少。就是在这物质性的更新方面,有的也存在贪大求洋、一刀切、做表面文章的不足,这是以后要注意的。

农村有自己的生态特点。住房、基础设施的建设不宜套用城镇模式。农村的排放具有点散、量小、季节性强等特点,各种污物要采取就地进入生态链和统一回收相结合的办法。每家可自建化粪池、沼气池等小型污水处理中心,并从源头上减少难降解物质的使用。

另外，我们也要认清形势，乡村的未来毕竟是收缩的，要走集约化、机械化、现代化的路子。农村要好起来，最主要是减少农业人口，提高农民收入。因此，要研究撤并的可能，将撤并与村落风貌更新、农业现代化、人口城镇化结合起来。

农村聚落形态的更新方面，宏观上要注意综合的治理、生态的修复，中观上要注意肌理的一致、形态的协调，微观上要注意厨卫的出新、空间的好用。切忌为了"样子现代化"强行推广新材料、新技术，刻意打造新旧对比，也要避免粗制滥造的复古、防止用新中式、马头墙等"通吃一切"。一定要经过充分调研，找到每个聚落合适自身的更新方式和形态特点。

农村聚落沉淀着大量的传统文化，这些在城镇已经难觅踪迹。它是传统文化的最后堡垒，也是我国目前现代化的重要战场，如何传承和更新是一个永不过时的问题。

参考文献

[1] 马浩，许珊珊.干旱半干旱区城郊县城乡聚落体系构建研究——以兰州市榆中县为例 [J]. 江西农业学报，2011，23（11）：184-189.

[2] 张涛.韩城传统县域人居环境营造研究 [D]. 西安建筑科技大学，2014.

[3] 朱彬.江苏省县域城乡聚落的空间分异及其形成机制研究 [D]. 南京师范大学，2015.

[4] 刘凌云.湖北省县域城镇化自组织过程、机制与空间范型 [D]. 华中科技大学，2015.

[5] 董金柱.长江三角洲地区县域城乡空间组织及其重构研究 [D]. 同济大学，2008.

[6] 张以红.潭江流域城乡聚落发展及其形态研究 [D]. 华南理工大学，2011.

[7] 杨思捷.城乡统筹背景下宝鸡北山地区县域村镇空间结构优化研究 [D]. 长安大学，2013.

[8] 陈照.陕北地区县域城乡空间转型模式及规划策略研究 [D]. 西安建筑科技大学，2015.

[9] 赵蕾.构建高速发展的城乡整体生长空间 [D]. 浙江大学，2005.

[10] 李小建，许家伟，海贝贝.县域聚落分布格局演变分析——基于1929-2013年河南巩义的实证研究 [J]. 地理学报，2015，70（12）：1870-1883.

[11] 李德一，张安定，张树文.山东半岛北部海岸带城乡聚落扩展变化特征与驱动力分析 [J]. 自然资源学报，2008，23（4）：612-618.

[12] Hoskins W G. The making of the English landscape[J]. Making of the English Landscape，1988.

[13] Clark G，Gilg A W，Pacione M，et al. An Introduction to Rural Geography[J]. Transactions of the Institute of British Geographers，1986，11（3）：374.

[14] Lewis C. A.，Mrara A. Z.. Rural settlements, mission settlements and rehabilitation in

Transkei[J]. GeoJournal, 1986, 12（4）: 375-386.

[15] 金其铭. 农村聚落地理 [M]. 北京: 科学出版社, 1988.

[16] Hall D. R.. Albania: Rural development, migration and uncertainty[J]. GeoJournal, 1996, 38（2）: 185-189.

[17] 张春花. 江苏省县域城乡空间组织及其重构 [D]. 南京师范大学, 2004.

[18] 金其铭. 中国农村聚落地理 [M]. 南京: 江苏科学技术出版社, 1989.

[19] 李君, 李小建. 国内外农村居民点区位研究评述 [J]. 人文地理, 2008, 23（4）: 23-27.

[20] Xu Jiawei, Qiao Jiajun.Study on mode of rural residents' migration in foothill: A case study of Gongyi City[J].Rural Economy, 2009, 25（10）: 26-29.

[21] 张竟竟. 县域聚落体系与交通网络分形特征——以灵宝市和柘城县为例 [J]. 热带地理, 2013, 33（4）: 465-472.

[22] 高塔娜. 自然环境对农村聚落空间布局的影响 [D]. 西南交通大学, 2014.

[23] 张常新. 县域镇村空间重构研究 [D]. 浙江大学, 2015.

[24] 应金华, 杨明宁. 县域规划工作回顾 [J]. 城市规划, 1988（6）: 42-44.

[25] 林炳耀. 论市县域规划模式的变革 [J]. 地理科学, 1994, 14（1）: 90-97.

[26] 崔功豪. 当代区域规划导论 [M]. 东南大学出版社, 2006.

[27] 张京祥, 崔功豪. 新时期县域规划的基本理念 [J]. 城市规划, 2000, 24（9）: 47-50.

[28] 陈小卉. 城乡空间统筹规划探索——以江苏省镇村布局规划为例 [C]. 2005 城市规划年会, 2005.

[29] 程淑红. 县域城乡一体化规划研究 [D]. 兰州大学, 2010.

[30] 陶小兰. 城乡统筹发展背景下县域镇村体系规划探讨——以广西扶绥县为例 [J]. 规划师, 2012, 28（5）: 25-29.

[31] 李建平. 市（县）域总体规划编制的探索——以广东省鹤山市为例 [C]. 2007 中国城市规划年会, 2007.

[32] 项志远, 易千枫, 陈武. 城乡统筹视角下的县（市）域总体规划编制探索——以苍南县域总体规划为例 [J]. 华中建筑, 2010, 28（1）: 79-81.

[33] 朱喜钢, 卫琳, 李安, 等. 县（市）域总体规划的编制理念与方法——以浙江海盐为例 [C]. 2011 中国城市规划年会, 2011.

[34] 左慧敏. 县域总体规划编制的内容与方法的研究 [D]. 华中科技大学, 2005.

[35] 范晨璟, 朱跃华, 宋晓杰. 县域"十三五"规划编制"多规合一"的探索——以响水县为例 [J]. 改革与开放, 2015（23）: 49-51.

[36] 吴小平, 刘筱. 县域层面"多规合一"规划探索与实践——以海南省白沙黎族自治县为例 [J]. 规划师, 2017, 33（5）.

[37] 孙凤伟, 邵国峰. 县域城市道路交通规划问题的若干思考 [J]. 民营科技, 2010（9）: 221-221.

[38] 杜宗明. 极端干旱区县域环境保护规划实证研究 [D]. 新疆大学, 2011.

[39] 刘炜. 县域城镇体系空间结构优化研究 [D]. 湖南师范大学, 2007.

[40] 龙花楼. 论土地整治与乡村空间重构 [J]. 地理学报, 2013, 68（8）: 1019-1028.

[41] 折晓叶, 村庄边界的多元化 [J]. 中国社会科学, 1996（3）.

[42] 张军英. 空心村改造的规划设计探索——以安徽省巢湖地区空心村改造为例 [J]. 建筑学报, 1999（11）.

[43] 韩俊. 聚焦失地农民 [J]. 中国改革, 2005（9）: 62-64.

[44] 刘敬伟. 我国土地征收制度研究 [D]. 山东大学, 2013.

[45] 黄洋. 浅析县域规划模式的变革 [J]. 黑龙江科技信息, 2016（9）.

[46] 戴忱. 城乡全域空间规划落实"五位一体"总体布局的思路研究 [J].《规划师论丛》, 2014.

[47] 朱德宝. 基于多规合一的县市域空间规划体系构建探索——以大理市"四规合一"为例 [J]. 现代城市研究, 2016（9）.

课题 4

支持县（市）域城镇化的财政政策与制度创新

导言

随着中国新型城镇化建设的大力推进，地方政府承担的地方基础设施建设、地方经济发展、地方公共服务等一系列任务也逐步加重，地方各级政府各类支出的责任也相应增加。与此同时，由于各种客观存在的历史和现实原因，使得地方政府在地方经济发展过程中面临的困难也在加大，特别是地方财政的财力保障能力与支出责任之间的不匹配问题，已经成为制约地方经济社会发展的重要因素。在中国，县是国家的基本单元，是一个中心城市和周边乡村的有机结合体[①]。孙中山先生曾说过，中国好比一座大厦，而两三千个县就是这座大厦块块基石。事实上，在中国城镇化进程中，作为国家最基本单元的县，具有极其重要的地位。县（市）域的发展将在吸纳农村转移人口、缓解大城市拥挤、产业发展、社会治理、生态保护等方面发挥至关重要的功能和作用。根据《2014年城乡建设统计公报》，2014年底全国共有1596个县，其中县城户籍人口1.40亿，建成区面积约2.01万km^2。同时，全国还有县级市361个。作为县（市）级领导机构所在地的县城镇（简称"县城"），在国家现行城市标准的划分中，基本都属于小城市范畴。而这样的小城市，直接面向县（市）域内的3.3万余个乡镇，人口近10亿，对区域内经济社会事业的发展具有统领和辐射功能[②]。因此，在推进和实现中国特色的新型城镇化建设进程中，充分认识和发挥县城的重要功能与作用便显得非常关键。但是，当前中国县城的综合承载能力和吸引力远未达到理想状态，其中最大的原因就在于县（市）域经济发展缓慢。从全国整体情况看，县（市）域经济的发展普遍受到各种因素影响，特别是大多数县级政府的财力严重不足，县（市）域之内的自身造血功能严重不足，成为新型城镇化建设中的最大短板。为此必须从政策、规划、体制、机制等方面探寻原因与制定对策。我们认为，要解决县（市）域经济发展过程中的最大短板，必须在财税体制改革与财税政策发挥方面下功夫、做文章，必须不断深化和完善财税体制改革，制定有利于县（市）域经济发展的财税政策，使其成为促进

---

① 武君婷. 中国县制的历史演进及社会功能 [J]. 理论学习，2007（3）.
② 苏文奇. 发挥县城在新型城镇化中的重要作用 [N]. 中国建设报，2015-09-21.

和保障县（市）域经济发展的重要支撑力量，从而从体制机制上破除制约县（市）域经济发展的瓶颈和障碍，充分挖掘县（市）域经济发展的潜能，有效促进县（市）域经济的健康发展。中国改革开放三十多年的经验告诉我们，虽然财税体制改革往往是各项改革的突破口，在实践中往往会先行一步进行，但是，财税体制的改革从来都不是孤立的，它与行政管理体制改革紧密相连。如果与县（市）域发展相关的行政管理体制改革不能深入进行，单靠财税体制改革单兵突进，往往不能很好地发挥政策合力，改革发展的成效也可能大打折扣。因此，必须将财税体制改革与行政管理体制改革结合起来，相互配套进行研究。为此，本课题将从财税体制改革和行政管理体制改革两个层面，研究支持中国县（市）域经济发展的财税政策问题。

第一章　县（市）域城镇化进程中财政政策的地位与作用

城镇化是一个古老而又新颖的概念，古老是说自从人类形成聚落以来就在不断进行城镇化，新颖是时代赋予了它新的内涵，即新型城镇化。具体而言，城镇化过程是工业化发展、非农产业在城镇集聚、农村人口向城镇转移集中的自然历史过程，这一过程是人类社会发展的客观趋势，也是国家现代化的重要标志。1950年代~1960年代后，中国的城镇化发展缓慢推进。1978年改革开放以来，随着思想解放和人口流动加速，中国的城镇化进程不断加速。在以往的城镇化发展中，财政手段发挥了不可替代的作用，未来为了实现中国特色新型城镇化，财政手段相对于其他政策工具，依然需要发挥其核心作用。面对新的历史形势和要求，只有不断推进财政领域的改革，才能继续推进新型城镇化的发展。

第一节　中国县[①]级财政状况分析

一、中国县级财政基本情况

现行的中国财政体制以全国统一实施的1994年制定的分税制为基础，当时实施分税制的主要目的是为了提高两个比重，即全国财政收入占GDP的比重和中央财政收入占GDP的比重。中国在1994年形成了以增值税、消费税、营业税等间接税为主要财政收入来源的税收制度，并将增值税的75%、消费税的100%划归中央所有。对企业所得税则按中央和地方的隶属关系划分，个人所得税划归地方。2002年和2008年，中央又对企业所得税和个人所得税实施分享改革。

省以下各级政府间的收入划分，受经济发展状况和产业结构差异的影响，形式多种多样。总体看，有以下几种情况：一是将主要行业或主要支柱产业收入划归省级，市县级不参与分享。采用这种划分形式的较多。二是划归地市或县（市）的固定收入的税种较多，但收入规模很小。目前划归地市县的固定收入税

---

① 在该统计中包含了县级市，但是没有包含市属各区，另外剔除了部分统计数据异常的县。

种主要有房产税、城建税、车船税、耕地占用税、印花税、契税、土地增值税等。2006年国家取消农业税后,地方政府缺乏主体税种收入来源。三是大多数将收入规模较大、收入较为稳定的税种设置为省与地市县的共享收入。四是按隶属关系划分省级固定收入和县级固定收入。

二、县级财政自给率状况分析

中国的地方财政包括省、市、县、乡四级,其中县级财政又是地方财政中事权的主要承担者。从近年来中国县级财政的一般预算收入构成来看,流转税仍然是主要的收入来源,非税收入占一般预算收入比重较小。县级可用财力由本级一般预算收入、两税返还、所得税基数返还、原体制补助、专项补助、一般性转移支付等内容构成。一般预算收入在可用财力中占的比重越大,地方政府的相对独立性就会越强。

按照财政收入/财政支出的计算方法,分别测算各县的财政自给率。在此基础上求得每个省级行政区各县财政自给率均值(由于行政区划问题,暂未涉及直辖市和港澳台地区)并绘制在图中。从图1-1可以看出,就2010年而言,江苏和浙江县级财政自给率最好(均值达到0.7),而广大中西部地区县级财政自给率普遍较差,特别是西藏、青海等地,县级财政自给率都在0.1以下,在各区域内部差异也较大。

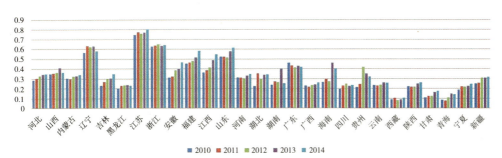

图1-1 2010~2014年县级财政状况分析
(资料来源:中国县域统计年鉴)

2011年江苏和浙江县级财政自给率依然最高(均值达到了0.7且在不断上升),广大中西部地区县级财政自给率普遍较差,但是西南各省级行政区财政自给率上升较快。县级财政自给率最低的省级行政区依然集中在西部地区,特别是青海。东部地区其他省级行政区县级财政自给率大部分在0.5以上,中西部地区在0.3左右。东北地区辽宁县级财政自给率最高达到0.6以上,吉林和黑龙江县级财政自给率低于0.3。

2012年县级财政自给率最高的省份依然是江苏，提升到0.75，然后是浙江，也超过了0.6。其余东部地区县级财政自给率相对较低。中部地区的江西以及西部地区的贵州县级财政自给率较高，在0.4以上，不仅超过了大部分中西部省级行政区，基本和东部的广东省持平。东北地区辽宁县级财政自给率突破0.62，增速较快，吉林和黑龙江相对较差。全国县级财政自给率最低的省级行政区依然是青海和西藏。

2013年县级财政自给率最高的省份依然集中在东部地区，特别是江苏和浙江，山东县级财政自给率上升也比较快，广东表现较差。中部地区的江西和西部地区的贵州，县级财政自给率依然在所在区域中处于领先地位，山西县级财政自给率上升较快，突破0.4。东北地区依然是辽宁最强，基本和浙江持平，吉林次之，黑龙江最差。

2014年县级财政自给率最高的省份是江苏，浙江和山东县级财政自给率也较高，都超过0.6，山东和福建县级财政自给率上升较为迅速，广东县级财政自给率依然较差。中部地区的江西县级财政自给率依然较高，西部地区的贵州县级财政自给率下降较为明显，从0.4降到0.3附近。西部地区的西藏、青海和甘肃县级财政自给率较低。辽宁依然是东北地区县级财政自给率最高的省份，但是下降较多。

通过以上分析可以清晰地发现，目前中国县级财政状况表现出显著的特征，即东部地区县（市）域经济发达，财政状况普遍较好。中部地区县（市）域经济发展不平衡、不稳定，特别是部分依赖资源开采的省份，县（市）域财政状况随着经济状况不断波动。西部地区经济发展滞后，县（市）域经济发展状况不佳，导致县（市）域财政自给率较低。不过总体来看，目前县级政府的财政状况普遍不佳，多数县（市）域财政支大于收，严重依赖转移支付。究其原因，主要有以下几点。

第一，收入来源没有可持续性。税收收入占财政收入比例越高即非税收入越低意味着财政收入的来源越合理、越稳定，财政功能越完备，从而财政收入结构越好。由于两税收入的大部分划给了上级政府，其他税收便构成地方政府可支配收入的主要力量。然而，当地第三产业不发达，消费水平不高，个体、私营企业经营效益不佳，从而导致这部分税收不能成为税收收入的稳定增长点。

当前县级非税收入占财政收入的比例过大，有的县级非税收入占财政收入的60%以上。自分税制以来，非税收入占县级财政收入的比例呈明显上升态势，由于县级政府没有税收的立法权，因此，弥补财政资金缺口的重要途径便是努力通过非税收入的渠道筹集财政资金。近年来，县级地方政府为了维持财政收入的增长水平，只能是"税不够，费来凑"，导致地方收入中的非税收入比例越来越高。

第二，民生支出压力过大。随着国家近年来密集出台一系列惠民政策及地方自身发展的需要，县级财政支出需求不断上涨。这主要表现在三个方面：一是养老保险支出存在巨大缺口，养老保险全面覆盖基本做不到，国家出台新农村养老保险政策，但由于县级财政资金限制，中央转移支付力度不够，目前大部分农民还没有参与到养老保险体系中来，只有少部分村干部或条件相对较好的农民本着自愿原则参与进来。二是教育支出短缺，当前中小学教师的绩效工资问题备受关注，中央要求对中小学老师实行绩效工资政策后，地方财政又需要安排一笔不小的支出。此外，国家提出的改造扩建农村校舍、建立农村文化书屋等要求，地方政府更是无力负担。

第三，中央和省级行政区的配套政策太多。在中央和省级行政区对下的转移支付中，专项转移支付不仅比例大，而且种类庞杂，几乎涉及所有的支出项目，涵盖社保、支农、科技、教育和医疗卫生五大项。巨额的配套要求，只能迫使县一级政府千方百计去凑够标准，不仅造成巨大的财政压力，也难免会出现"拆东墙补西墙"的状况，使得财政资金不能得到有效利用。

综上所述，中国的县级财政在构建和谐社会的目标中承担了较多支出责任，财政收支状况不容乐观。尽管一个国家的财政体制的集中与分散取决于政治体制，但在考虑收入集中的同时，必须考虑中央对地方支出的安排程度。1994年分税制财政体制改革后，中央政府财力相对比较充裕，调控能力不断得到提高。与此同时，基层财政困难成为财政体制创新迫切需要解决的问题。不断扩大的财政转移支付规模及对地方财政提出的配套要求也留下诸多隐忧，如地方政府的转移支付依赖问题、土地财政问题、借债配套或为了获得上级转移支付的假配套问题。地方政府可支配财力的决定过程是一个纵向财政分权过程，地方政府从来没有减少过在体制内从中央政府那里获取财力的努力。地方政府从中央获取财政转移支付的力量悬殊，加上转移支付透明度不够，导致地方政府之间获取财政转移支付不平等。

第二节 现行财政体制下中国县级城镇化

以县（市）域城镇化建设为基础的中国特色新型城镇化道路极大地推动了中国经济社会的发展，是全面建成小康社会的重点之一。当前城镇化建设已经上升到一种战略层面,特别是县(市)域城镇化建设的发展,大大吸纳了农村地区的剩余劳动力,使城镇化发展的结构由农业形态向城市形态转变,快速扩张了空间形态,大大推动了城镇化建设的发展进程,积累了较强的经济实力,进入县(市)域城镇化建设挖潜优化发展的高速增长阶段,城镇和产业的结构构建将发生重大转变。

一、中国县(市)域城镇化基本情况

城镇化的过程伴随着非农产业发展而发生的要素用途转换、流动与聚集,而农村人口向城镇迁移,以及原有城镇不断扩张和新城镇不断诞生成长是城镇化最突出的表现。中国的经济社会发展伴随着大规模的人口流动,人口流动不但大幅度推高城镇化水平,也在很大程度上塑造了城镇体系结构。在推进农民工市民化的新型城镇化战略下,非农人口的增长将主要由流动人口转变而来。

按照县城人口/全县人口的计算方法,分别测算各县的城镇化率。在此基础上求得每个省级行政区各县城镇化率均值(由于行政区划问题,暂未涉及直辖市和港澳台地区)并绘制在图中。如图1-2所示,就2010年而言,内蒙古和新疆的县(市)域城镇化率较高,其他地区差距不大,东部地区并未表现出优势。东北地区县(市)域城镇化率较高,东部的江苏城镇化率也较高。

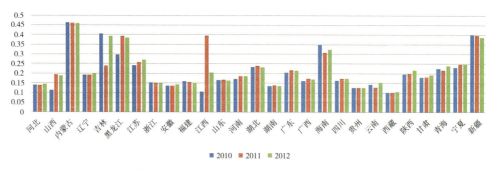

图1-2 2010~2012年以人口衡量的城市化率
(资料来源:中国县域统计年鉴)

与2010年相比,2011年全国各省级行政区县(市)域城镇化率变化不大,但是中部地区的江西县(市)域城镇化率上升较快。此外,东北地区县(市)域城镇化率也出现上升,其中黑龙江上升较快。2012年相对于之前年份,各省级行政区县(市)域城镇化率变化最大的是东北地区,黑龙江和吉林县(市)域城镇化率上升很快,几乎和内蒙古持平。

二、县（市）域城镇化的基本特点与成因

1. 总体特点

就人口衡量的城镇化率而言，目前中国城镇化率的特点如下：就全国而言，用人口测算的县（市）域城镇化率最高的是内蒙古和新疆。东部和中部地区县（市）域城镇化率并不高，县（市）域城镇化率随时间变化不大，县（市）域城镇化率并未随着时间推移，随着县（市）域财政自给率的改善而上升。

2. 成因分析

大部分研究显示[①]，县（市）域城镇化区域差异及各样带城镇化水平空间分异的主要影响因素包括经济发展水平、工业化水平、区域投资强度、离中心城市距离、粮食生产、人口聚集度等。非农业人口统计口径、西部及边境地区城镇设置标准等对县（市）域城镇化的统计产生影响。传统农区城镇化发展受粮食主产区战略定位的约束作用明显。西南、青藏地区县（市）域城镇化水平主要受投资不足、产业结构单一等经济因素与自然环境双重制约。

以上因素都不足以解释内蒙古和新疆地区县（市）域城镇化水平的畸高与中东部地区的普遍较低，但是中国人口流动的一个显著特点可以为以上现象提供一定范围内的解释，即中国流动人口高度集中在城镇体系的首末两端，人口主要流向300万以上人口的大城市和少于50万的基层县镇。受此影响，主要人口流入地（东部地区）和主要流出地（中西部地区）的城镇化并没有进入相同的发展阶段，而是展现出显著的对偶性差异。主要人口流入地城镇人口增长以市人口为主，而主要人口流出地城镇人口增长以镇人口为主。人口流动在主要人口流入地主要表现为人口涌向特大城市，而在主要人口流出地省级行政区则主要表现为进入县城，提升县城的人口占比，这就很好地解释了图1-1中所展示的现象。

产生这种现象的原因在于人口流动主要有两个方向，即年轻化的流动人口群体从主要人口流出地的农村地区进入主要人口流入地的城镇地区，以获得较高的工资水平和更多的发展机会，享受较高的经济福利，但也付出较大的生活成本和家庭分离等的社会成本。还有就是主要人口流出地的大量中年流动人口和少量年轻流动人口就近在乡镇、县城务工，既保有农地和宅基地的资产利益，还能获得非农工作的收入，并能照顾家庭。流动人口无论跨省到大城市工作，或是就近在县镇工作，都是经济家庭理性选择的结果，其结果是以家庭为单元的社会福利水

---

① 参见刘彦随，杨忍. 中国县（市）域城镇化的空间特征与形成机理[J]. 地理学报，2012，67（8）：1011-1020.

平趋于均衡。在家庭收入最大化与家庭成员长期分离之间，每个经济家庭都有自己的权衡。

大规模人口流动及其主要向城镇体系两端集聚的特性，很大程度上决定了中国的城镇体系结构。大城市和县镇地区对城镇化发展的意义很不同，前者是经济发展的引擎，后者则是关系到国家的基层治理。大城市尤其是特大和超大城市的持续发展对中国新型城镇化的意义主要在于提高国家整体经济、社会、文化发展水平，并形成具有竞争力的区域性、全国性和世界级中心，从而在国家治理方面发挥引领作用。而县镇地区的健康城镇化发展，除了一般的经济社会意义外，主要在于国家治理的落实。尽管县镇层面的城镇就业人口的工资水平、行业分工水平等均不及大城市，但这一层面的城镇发展可兼顾安居、乐业等方面的目标，同时还能服务中国地域广袤的农村地区，这对中国整体社会稳定和抵御周期性经济波动具有重要意义。

第三节　财政对县（市）域社会事业发展影响分析

社会事业发展是实践科学发展观的客观要求，是转变经济发展方式、调整经济结构的重要途径，是促进公平正义、改善人民生活的着力点，是全面建设小康社会、建设和谐社会的坚实基础。党的十八大报告指出："加强社会建设，必须以保障和改善民生为重点。提高人民物质文化生活水平，是改革开放和社会主义现代化建设的根本目的。要多谋民生之利，多解民生之忧，解决好人民最关心、最直接、最现实的利益问题，在学有所教、劳有所得、病有所医、老有所养、住有所居上持续取得新进展，努力让人民过上更好的生活。"

一、县（市）域财政民生投入情况分析

目前中国县（市）域民生社会事业建设取得一定成绩，义务教育、医疗卫生、劳动就业、社会保障和文化体育事业快速发展，县（市）域社会事业的发展离不开财政政策的支持和财政资金的大力投入。财政对各项事业投入的绝对规模、相对规模均呈增加趋势，但各事业投入相对规模表现不同，民生社会事业发展财政投入城乡差距较大。

为了明确财政政策对县（市）域社会事业发展的影响，本研究分别选取江苏、河南、宁夏、云南、辽宁作为东部、中部、西部、西南地区以及东北地区的代表，分别研究县（市）域财政自给率与县（市）域医疗和福利事业的关系。

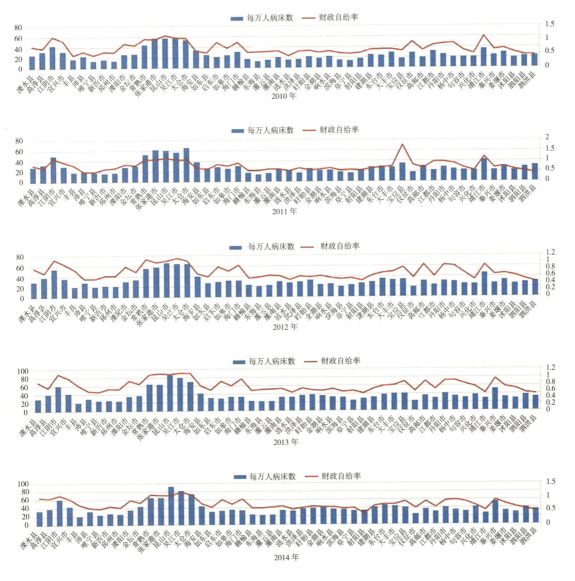

图 1-3 2010~2014 年江苏省县级财政自给率与每万人病床数
（资料来源：中国县域统计年鉴）

从图 1-3 可以发现，就江苏而言，财政自给率与每万人病床数的趋势基本一致，财政自给率较高的县，每万人拥有病床数也较多，反之相反。可见在东部地区，县（市）域经济发展，财政状况的好转确实改善了县（市）域卫生条件。

图 1-4 所示为河南省县级财政自给率与每万人病床数 2010~2014 年的线形图。从图中可以发现，与东部江苏相同，财政自给率与每万人病床数的趋势基本一致，财政自给率较高的县，每万人拥有病床数也较多，反之相反。可见在中部地区，县（市）域经济发展，财政状况的好转确实改善了县（市）域卫生条件。

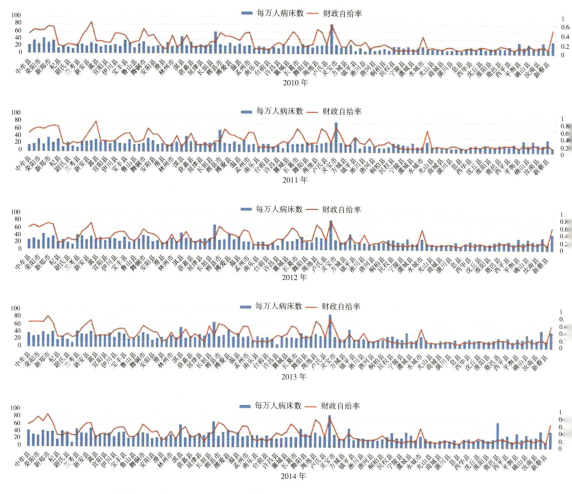

图 1-4　2010~2014 年河南省县级（部分）财政自给率与每万人病床数
（资料来源：中国县域统计年鉴）

图 1-5 所示为宁夏回族自治区县级财政自给率与每万人病床数 2010~2014 年的线形图。从图中可以发现，与东部和中部地区类似，宁夏财政自给率与每万人病床数的趋势基本一致，财政自给率较高的县，每万人拥有病床数也较多，反之相反。西部地区县（市）域经济发展，财政状况的好转确实改善了县（市）域卫生条件。

图 1-6 所示为云南省县级财政自给率与每万人病床数 2010~2014 年的线形图。从图中可以发现，与全国其他地区类似，云南财政自给率与每万人病床数的趋势基本一致，财政自给率较高的县，每万人拥有病床数也较多，反之相反。西南地区县（市）域经济发展，财政状况的好转确实改善了以病床数为代表的县（市）域卫生条件。

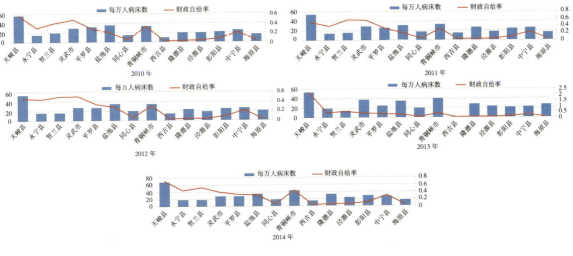

图 1-5　2010~2014 年宁夏回族自治区县级财政自给率与每万人病床数
（资料来源：中国县域统计年鉴）

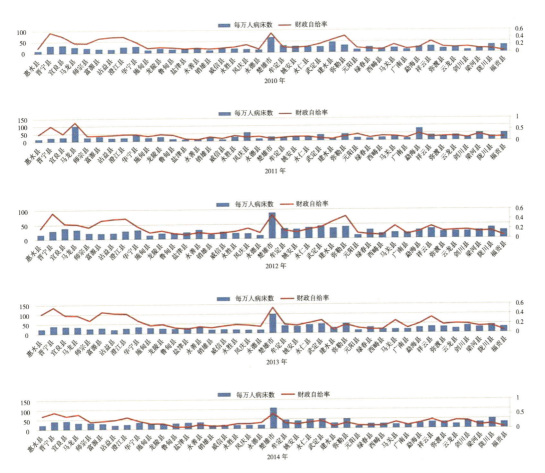

图 1-6　2010~2014 年云南省县级（部分）财政自给率与每万人病床数
（资料来源：中国县域统计年鉴）

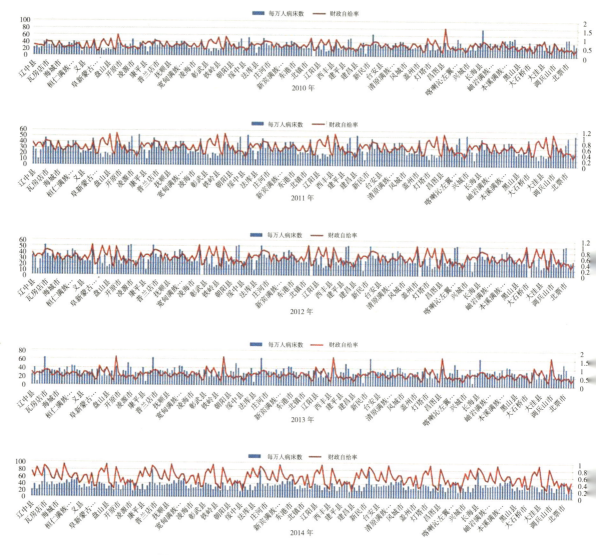

图 1-7　2010~2014 年辽宁省县级财政自给率与每万人病床数
（资料来源：中国县域统计年鉴）

图 1-7 所示为辽宁省县级财政自给率与每万人病床数 2010~2014 年的线形图。从图中可以发现，与全国其他地区类似，辽宁财政自给率与每万人病床数的趋势基本一致，财政自给率较高的县，每万人拥有病床数也较多，反之相反。东北地区县（市）域经济发展，财政状况的好转确实改善了以病床数为代表的县（市）域卫生条件。

图 1-8 所示为江苏省县级财政自给率与每万人收养机构床位数 2010~2014 年的线形图。从图中可以发现，就江苏而言，财政自给率与每万人收养机构床位数的趋势基本相反，财政自给率较高的县，每万人收养机构床位数较少，反之相反。

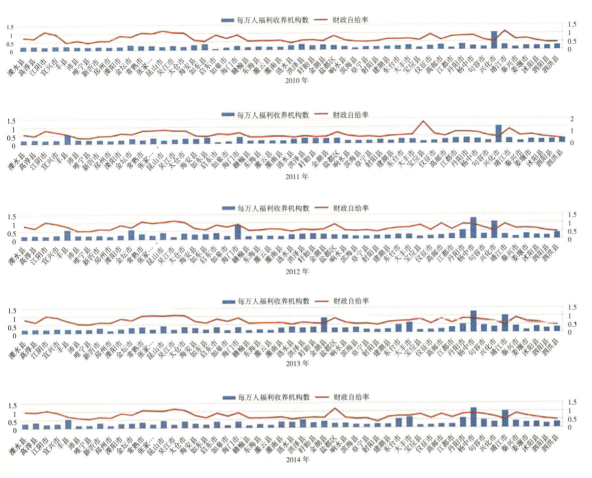

图 1-8 2010~2014 年江苏省县级财政自给率与每万人收养机构床位数
（资料来源：中国县域统计年鉴）

图 1-9 所示为河南省县级财政自给率与每万人收养机构床位数 2010~2014 年的线形图。从图中可以发现，与东部地区江苏省相同，财政自给率与每万人收养机构床位数的趋势相反，财政自给率较高的县，每万人收养机构床位数较少，反之相反。这进一步印证了中部地区也表现出县级财政自给率与每万人收养机构床位数相反的趋势。

图 1-10 所示为宁夏回族自治区县级财政自给率与每万人收养机构床位数 2010~2014 年的线形图。从图中可以发现，与东部和中部地区类似，宁夏财政自给率与每万人收养机构床位数展现出相反的趋势，财政自给率较高的县，每万人收养机构床位数相对较少，反之相反。

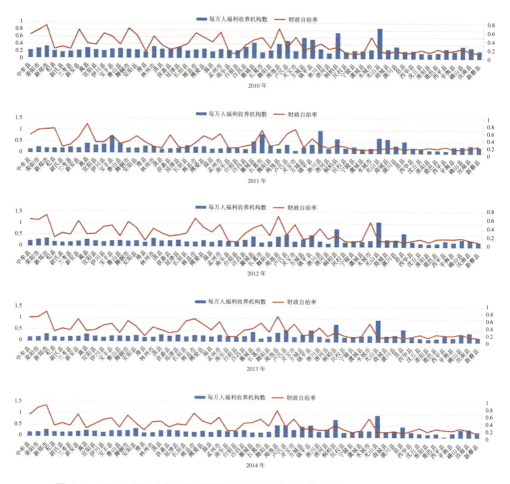

图1-9 2010~2014年河南省县级（部分）财政自给率与每万人收养机构床位数
（资料来源：中国县域统计年鉴）

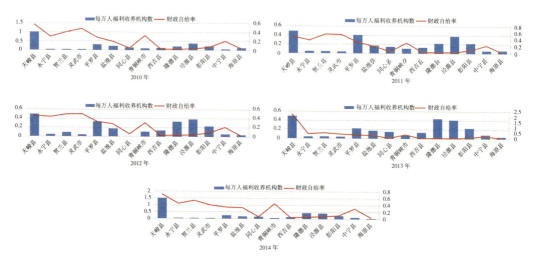

图1-10 2010~2014年宁夏回族自治区县级财政自给率与每万人收养机构床位数
（资料来源：中国县域统计年鉴）

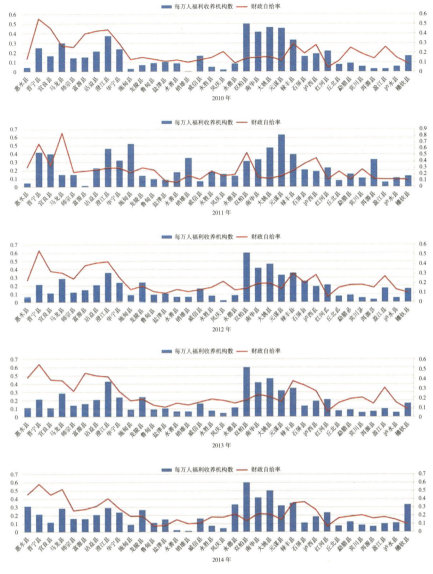

图 1-11 2010~2014 年云南省县级（部分）财政自给率与每万人收养机构床位数
（资料来源：中国县域统计年鉴）

图 1-11 所示为云南省县级财政自给率与每万人收养机构床位数 2010~2014 年的线形图。从图中可以发现，与全国其他地区相似，云南财政自给率与每万人收养机构床位数变化趋势相反，财政自给率较高的县，每万人收养机构床位数较少，反之相反。这说明随着西南地区县（市）域经济发展，财政状况的好转未带来社会福利事业的改善。

图 1-12 所示为辽宁省县级财政自给率与每万人收养机构床位数 2010~2014 年的线形图。从图中可以发现，与全国其他地区类似，辽宁财政自给率与

图 1-12 2010~2014 年辽宁省县级财政自给率与每万人收养机构床位数
(资料来源：中国县域统计年鉴)

每万人收养机构床位数的趋势相反，财政自给率较高的县，每万人收养机构床位数反倒较少，反之相反。东北地区县（市）域经济发展，财政状况的好转并未改善以每万人收养机构床位数为代表的县（市）域福利条件。

二、基本结论

通过以上分析可以清晰地发现，虽然医疗和福利是县（市）域社会事业的重要内容，但是二者与县（市）域财政状况的关系却不一致。通过对东部、中部、西部、西南地区以及东北地区的分析可以发现，随着县（市）域财政状况的改善，医疗卫生事业确实获得发展，但是却带来社会福利事业的退步。

第四节　财政政策在县（市）域城镇化中的地位与作用

　　城镇化进程本身具有公共产品的特性，这构成财政政策介入的理论基础。按照萨缪尔森的理论：公共产品一般具有非竞争性、非排他性、不可分割性等特点。公共产品的需求无法单纯依靠市场调节得到满足，因而需要政府通过财政政策等手段进行提供。新型城镇化进程通过实现劳动力、资本、技术、创新等经济资源的集聚与扩散，能够带动城乡经济的持续健康增长、有效解决"三农"问题、推动区域综合协调发展、加快产业结构与经济发展方式的转型升级、丰富国民物质和精神生活质量、增强国民素质、促进社会全面进步。而这些显然都具有极强的外溢效应，无法像私人物品那样，单纯通过市场手段计算投入、产出。另外，民众从城镇化进程中获益的边际成本近乎为零，而且从技术手段上考虑，也很难实现将某一独立个体排除在新型城镇化受益范围之外，这体现出城镇化具有的非竞争与非排他特性。所以，新型城镇化所具备的公共产品属性决定了这一进程不能仅仅依靠市场力量来完成，还需要政府通过财政政策对新型城镇化发展建设提供有力支撑，实现对这一进程的制度化供给。

　　新型城镇化进程需要财政政策的激励引导，实现产业结构升级优化和区域协调发展。随着新型城镇化的深入发展，传统产业将面临转型压力，由高污染、高耗能的传统工业生产模式转向低消耗、高效能的新型工业生产模式；服务业在产业结构中的比例会日趋增加；以新材料、新技术、新能源为代表的新型产业发展迅猛。为应对这种产业格局的变化，政府需要通过补贴、税收等财政手段进行积极调控，引导社会资金进入相关产业，利用财税杠杆给予能实现经济发展的集约型方式和生态环境的可持续发展的产业更多支持，激励企业主动调整生产方式，进行技术升级改造，实现产业优化。另外，城镇化发展过程中，由于不同区域在经济基础、资源禀赋、政策支持等方面差异明显，在一定时期内可能会存在发展不均衡的问题，这也需要政府发挥财政职能，通过专项资金等转移支付手段，加大对欠发达地区的扶持力度，有效引导资源流向，尽可能消除极化效应带来的负面影响，缩小不同地域间的经济发展差距，促进不同区域之间的协调健康发展。

第二章 改革开放后县级财政体制与政策回顾

1949 年后,由于战争尚未结束等因素,县级财政在 1949 年未完全建立,一直到 1953 年都属于过渡性财政,直到 1953 年才建立起完整的县级财政。中国县级财政从建立到目前大致上经历如图 2-1 所示的几个阶段。1978 年改革开放后,县级财政跟随全国财政体制的改革分别经历了多种类型的财政包干体制和分税制财政管理体制。无论是财政包干体制,还是分税制财政体制,都对我国县(市)域经济的发展产生非常重要的影响。

图 2-1 县级财政体制历史变迁

第一节 1980~1993 年财政包干县级财政体制与政策

改革开放以来中国的经济体制和运行机制已发生深刻变化,高度集中的、以行政手段为主的计划经济体制已基本"瓦解",市场在国家宏观调控下对资源配置的基础性作用已大大加强,新体制的基本构架已大体确立,对外开放的格局基本形成,综合国力大大增强,人民生活水平显著提高。

一、1980~1993 年财政包干县级财政体制的建立

农村经济体制改革,建立起以家庭承包经营为基础、统分结合的双层经营体制,社会生产力得到解放和发展。市场经济对资源配置的基础地位得到确定并发挥了巨大作用。以建立现代企业制度为目标的企业管理制度正在形成和发展。以公有制为主体的多种经济成分共同发展的新体制为社会主义经济体制增添了新内容。运用经济法律手段调控经济的机制和手段正日趋成熟和完善。按劳分配和按要素分配相结合的分配制度及社会保障体系正在建立和实施,过去我们实行高度集中的平均主义的分配管理体制,严重压抑了劳动者的积极性。

市场经济法规和新的经济秩序逐步形成。两个市场，两种资源，中国经济正走向世界经济的大舞台。

总之，改革开放使中国经济运行机制发生了历史性变化，行政指令性、计划纵向分配资源的方式已基本上向多家竞争、市场横向配置资源的方式转变，实现了由凭票供应、商品匮乏的卖方市场向品种繁多、产品丰富的买方市场转变，实现了由封闭半封闭的经济向多层次、全方位开放的经济转变；经济运行由以"短缺"为基本特征的供给约束型向以市场需求约束为主并与资源约束相结合的类型转变，经济增长方式正由粗放经营向集约经营转变，国民经济由大起大落转向持续、快速、健康发展。改革开放有力推动了经济和社会各项事业的发展，使中国发生了翻天覆地的变化。

在这种大的背景之下，1980 年，国务院确立了分级包干的财政体制。主要做法是以 1979 年的收入数为基数，收入大于支出的，多余部分按比例上缴；支出大于收入的，不足部分由中央从工商税收中确定一定的比例进行调剂；个别地方仍不足的，中央给予定额补助。1980 年的财政体制是按照事权与财权相统一的原则设计的，它第一次承认了中央和地方各自的利益和地位，这是走向分级财政体制的重要一步[①]。

1983 年实行了"划分税种、分级包干"的财政体制的改革，体现了财政分权的思想。改革后县级政府的固定收入有县级国营企业和集体企业的所得税、农牧业税，集市交易税，契税，县级包干企业收入、县级经营的粮食、供销、外贸企业的亏损，尚未开征的土地使用税、房产税和车船使用税等。支出方面包括县级基本建设支出，县级企业的挖潜改造资金，支援农业支出，维护建设费以及地方的农林水利事业费、工业、交通、商业部门事业费和文教科学卫生事业费、抚恤和社会救济费、行政管理支出等。

1988 年实行了收入递增包干、总额分成、总额分成加增长分成、上解额递增包干、定额上解、定额补助 6 种不同的财政包干体制。各省级行政区和各县级政府采取逐个谈判、逐个落实的办法相应地在地方财政之间进行了财政的包干。"财政包干"的体制一直执行到 1993 年。

二、1980~1993 年财政包干县级财政体制评价

财政包干制在一定的时间范围内满足了各级政府的需要，对中国的经济社会发展发挥了重要的促进作用，但是随着时间的推移，市场在资源配置中的作用不

---

① 阎坤. 中国县乡财政体制研究 [M]. 北京：经济科学出版社，2006.

断扩大，其弊端日益明显。税收调节功能弱化，影响统一市场的形成和产业结构优化。国家财力偏于分散，制约财政收入合理增长，特别是中央财政收入比例不断下降，弱化了中央政府的宏观调控能力。

第二节　分税制改革后县级财政体制与政策

1980年代末至1990年代初，中国的中央财政陷入严重危机，财政收入占GDP比重和中央财政收入占整个财政收入的比重迅速下降，中央政府面临前所未有的"弱中央"的状态。正是这场财政危机让党中央、国务院痛下决心——1994年，一场具有深远影响的分税制改革在中国拉开了序幕。分税制的实行使中国的财政秩序为之大改，中央财政重获活力。

一、分税制改革开始之后的县级财政

1994年的分税制改革从制度上规范了中央和省级的财政关系、提高了中央财政收入的比例。但分税制改革对于省级以下地方政府之间的财权与事权没有明确规定。在省级以下政府之间，上一级政府尽可能地上收财权、下放事权。分税制改革后，按照集中财力的方式，省级行政区以下财政体制主要可以分为以下模式：一是分税加共享，二是分税加增量提成，三是分税加共享和增量提成，四是分税加增长分成。但无论何种模式都无一例外地造成县级财政困难局面[①]。

二、农业税取消之后的县级财政

2003年农村税费制度改革在全国范围内试行，各省级行政区开始逐步降低农业税税率。2006年，全国所有的省级行政区全面取消面向农民征收的农业税，农民彻底告别了几千年来缴纳"皇粮国税"的历史。农业税的取消是中国财政制度的又一重大变革，对农村的财政制度、基层财政体制都产生了深远影响。

农业税的取消加重了县乡财政的困难。县级财政一般预算收入通常分为3部分：一是国税收入，二是地税收入，三是财政部门收取的农业税费部分。对于以农业为主的地区，农业税一般占到当地财政收入的30%以上，个别县（市）达到70%~80%。取消农业税后，必然使得这些地方的财政更加困难，更加依赖

---

① 中国社会科学院财政与贸易研究所. 走向共赢的中国多级财政[M]. 北京：中国财政经济出版社，2005：83.

上级财政的转移支付。所以，取消农业税后，农业税占财政收入比例较大的地区，在总体的财力中，上级财政补助的收入比例不断上升，已经从"吃饭财政"沦为名副其实的"要饭财政"[①]。取消农业税的改革成本绝不仅仅是600亿元的农业税，而至少是维持目前农村公共服务实际运行所需要的来自农村和农民的那部分资金（这些资金以前以农民负担的形式筹集）随着农业税的取消也一并取消。按照财政部农村税费改革办公室的统计，这些资金的数额应在1800亿元左右，是农业税的3倍。所以，中央财政转移支付的600亿元，只相当于农村公共服务所需要资金的1/3，其余的2/3仍没有着落[②]。

导致县级财政不均衡的状况更加突出。由于地区经济发展的不平衡，各地的农业税对本地的经济贡献率也不相同，农业税在地方税收的份额也不同。经济发达地区，随着城市化进程的加速和农村人口的减少，农业税在地方财政收入的比例不到1%，因此，这些地区完全有能力自行解决由于取消农业税造成的财政收入的缺口。但是，对以农业为主的县（市）来说，情况完全不同。越是农业税多的地区，越是经济不发达地区，越是财政比较困难的地区。而在这些地区取消了作为主体税种的农业税以后，和发达地区的财政差距会越来越大。

导致公共产品供给尤其是农村公共产品供给的短缺。取消农业税后，乡村两级财政收入锐减，加上县级财力有限，县（市）域范围内的公共产品的提供尤其是农村公共产品的供给出现短缺，表现在：第一，基础设施的建设投入不足，影响县（市）域经济的发展；第二，农村义务教育投入严重短缺，影响农村经济的长期和持续发展；第三，农村社会保障制度不健全。中国现行的社会保障制度城乡分割，占全国人口多数的广大农民几乎没有享受到国家提供的社会保障。农村社会保障制度远远落后于农村经济发展的要求[③]。

三、近年来的县级财政新发展

2005年以来，中央财政专门安排资金实施"三奖一补"政策，力图通过这一政策逐步缓解县乡财政的困难[④]。"三奖一补"政策一方面加强了财政体系内部各财政层级之间的内在联系，特别是高端财政和基层财政之间的信息沟通；另一方面，通过"以奖代补"政策在转移支付制度中建立激励约束机制，在基层财政解困过程中形成中央、省、市、县、乡五级财政的良性互动，充分调动基层财政

---

① 张晓山. 浅析后农业税时期中西部地区的农村改革和发展 [J]. 农村经济，2006（3）：3-7.
② 陈纪瑜，袁锦. 财政制度创新推动循环经济发展 [J]. 求索，2009（1）：37.
③ 贾鸿. 制度创新：取消农业税后农村基层财政的必然选择 [J]. 经济探讨，2006（6）：21-24.
④ 苏明，张立承. 我国县乡财政管理体制改革的思路与对策 [J]. 地方财政研究，2006（8）：4-9.

优化公共支出结构、提高公共支出效率的积极性，避免上级财政转移支付资金分配和使用上的"寻租行为"和"道德风险"。

"省直管县"财政体制是相对于"市管县"财政体制而言的。中华人民共和国成立初期，中国省级行政区以下财政体制主要实行的是"省管县"的财政体制。1980年代至1990年代，随着分税制财政体制的确立、"地改市"的实行，"市管县"成为地方财政管理体制的主流模式。近年来，全国部分省级行政区又从解决县乡财政困难的角度出发，重新探索回归"省管县"的财政体制。试图通过财政体制的扁平化进而带动行政体制的扁平化，形成分级分税在省级行政区以下的实质性贯彻。比较典型的省份是浙江，近年吉林、湖北、湖南、安徽等也实行了类似的试点。"省管县"的财政体制的核心是财政体制由省级行政区直接结算到县（市），各项财政拨款补助也由省级行政区直接分配下达到县（市），地级市和县（市）之间是并行关系，没有直接的财政业务关系。从各地试点的情况来看，"省直管县"财政体制使县（市）域经济实力明显增强，降低了行政运行的成本，缓解了县乡财政困难。

"乡财县管"是为了配合农村税费制度改革而推出的在基层财政内部的一项改革举措。其主要内容包括：一是预算共编，县级财政部门提出乡镇预算安排的指导意见并报同级政府批准；二是账户统设，取消乡镇财政的总预算会计，由县财政会计核算中心代理其业务；三是收入统管，乡镇财政的预算内外收入全部纳入县财政管理；四是集中收付，乡镇财政的各项收入统一上缴国库，县财政会计核算中心统一安排乡镇资金的拨付顺序。此外，改革中基本坚持"三权"不变，即乡镇预算管理权不变；乡镇财政资金的所有权和使用权不变，仍然归乡镇财政；财务审批权不变，仍由乡镇政府审批。"乡财县管"的改革规范了乡镇财政的收支行为，强化了乡镇依法组织收入、合理安排支出，严格控制了乡镇财政供养人员的不合理膨胀，预防和化解了乡镇债务风险，维护了农村基层政权的稳定。

分税制改革后，县级财政更加困难。分税制改革导致地方各级政府财力发生变化。其一，从中央到县乡财政中，层级最低的县乡支出比例达30%，高于省级和地级财政的比例。其二，分税制改革降低了地方政府收入的比例，由此产生了地方财政的收不抵支，必须依赖上级政府的转移支付。尤其是县乡财政的收入下降较大，从1993年的29.2%下降到2002年的18.7%，说明分税制对县乡财政的影响最大。其三，县级财政的自给能力系数最低（不足0.5），财政缺口达一半以上，财政最为困难。乡镇财政的自给能力系数从1995年以后下降迅速，2002年已经不到0.8，财政基本不能自给。

分税制改革后，县级财政的资源配置和资源运行效率低下。具体而言，县级财政资源配置与资源运行效率的低下体现在如下几点：第一，政府间财权、事权划分不清。省地级财政与县级财政、县级财政与乡镇财政经常产生分歧与争执，互相推诿责任，效率低下。第二，县级财政本身的支出结构不合理。例如，县级财政支出中，生产性投入和科研及推广的投入相对不足，如基础教育特别是农村义务教育投入不足。第三，各项制度改革没有到位。在中央与省、地一级纷纷实行了公共支出绩效管理改革，如政府采购制度、国库集中支付制度、项目可行性分析和成本效益分析等改革。而大部分的县级财政依旧沿袭传统的财政管理模式，没有任何大的创新举措，结果是县级财政资源的运作效率不高，造成公共资源的巨大浪费。

第三节　分税制财税体制对县（市）域城镇化的影响评价

1994年分税制改革是1949年以来中国财政管理体制的一次重大制度性创新，为科学、规范、合理地处理中央与地方的财政关系奠定了基础，对中央和地方政府行为进而对中国经济产生深远影响。这次改革按照存量不动、增量调整，逐步提高中央的宏观调控能力，建立合理的财政分配机制的原则进行。在财政承包制确定的地方上解和中央补助基本不变、不触动地方既得利益的情况下，结合税制改革，对财政收入增量进行了大幅度调整。改革的目的是达到兼顾中央和地方的积极性，既确保增加中央财力，又不损害地方既得利益，促进国家财政收入合理增长。

1994年分税制改革沿袭了"渐进式改革"的思路，确立了理顺中央和地方分配关系/合理调节地区间财力分配、坚持统一领导与分级管理相结合、坚持整体设计与逐步推进相结合的指导思想，在合理划分中央与地方事权方面进行了积极探索，将税收划分为中央税、地方税以及共享税，分设了国税局和地税局两套税收征管机构，并构建了以税收返还、一般性转移支付和专向转移支付为核心的政府间转移支付制度。分税制改革在一定程度上是对财政包干体制的否定，使中央与地方财政关系"进入了一个全新的状态：公开的利益关系，制度化的获取利益规则"。

分税制在发挥重要作用的同时，弊端也逐步显现。财力层层集中、事权逐级下放导致地方政府特别是县乡基层政府存在较为严重的纵向财政失衡，导致地方政府激励约束机制扭曲，不利于地方政府尤其是县级政府行为理性。相比于财政包干制，分税制是更加理性的选择，但是1994年的分税制改革并不彻底，主要是事权和财权的不匹配,造成地方财政的弊端不断产生,土地财政、地方负债等问题尤为突出。

一、县级政府事权与支出责任不匹配

1994年实施的分税制改革是针对此前以财政包干为主要特征的财政分权进行的制度性变革,表现出财权上移和支出责任留置特点[①]。中国是单一制国家,重要的全国性宏观调控政策由中央政府制定发出而由地方政府具体执行,全国七成以上的预算内资金由地方政府使用,省级以下基层政府完成大约五成的资金支出[②]。与此相对应,教育、卫生、医疗、养老等与民生相关的公共服务多数由地级市、县、乡等基层政府提供。中央政府和省级政府间的财政权利划分有明确规定,但省级政府与地级市政府、地级市政府与县级政府之间的财政权利划分特别是支出分权规定比较模糊[③]。中国各省级行政区、地市级和县级政府之间的财政分权事实上存在极大差异[④]。在中国既有财政分权体制下,各省级行政区之间以及各省级行政区内部各级政府间财政分权呈现显著差异。

虽然各省级行政区之间以及各省级行政区内部各级政府间财政分权存在较大差异,但是呈现出一个共同的特点即财权层层上移、事权层层下放。这使得县乡等基层政府普遍承担着较重的公共支出事务,但拥有的财力十分有限,1997—2005年,县乡政府平均承担了中国35.1%的公共支出事务,但是拥有的财政份额仅为18.2%[⑤]。由于事权和支出责任的不对等,县乡基层政府普遍存在较为严重的财政困难。如图2-2所示,从1999年到2014年,统计的40个县级政府[⑥]中,大部分政府的预算内支出远远高于预算内收入,预算内资金缺口较为明显,财政压力过大。弥补预算内财政缺口的途径主要是预算外收入、上级政府的转移支付收入以及地方政府债务,由于预算外收入的不确定性以及全面预算的实施,依靠预算外资金弥补财政缺口的路径越来越窄。依赖上级政府转移支付弥补财政缺口会形成较高的转移支付依赖度,导致县级政府财政独立性的缺失。最终的办法就是地方政府债务,旧的《预算法》不允许地方政府负债,所以形成的债

[①] 王绍光.分权的底线[M].北京:中国计划出版社,1997.周飞舟.分税制十年:制度及其影响[J].中国社会科学,2006(6):100-115.
[②] World Bank, *China: National Development and Subnatioal Finance, A Review of Provincial Expenditures*[R].Washington: World Bank, 2002.
[③] 参见《关于完善省以下财政管理体制有关问题意见的通知》(国发[2002]26号)以及其他相关文件规定。
[④] 例如,近年来的广东省大约九成左右预算内的财政支出由地级市和县级以下政府完成,而青海省的类似支出仅为五成左右,这些实证数据将在后面具体体现。
[⑤] 李萍.中国政府间财政关系图解[M].北京:中国财政经济出版社,2006.
[⑥] 研究所涉及的40个县级政府从全国2800多个县级政府中随机选取。

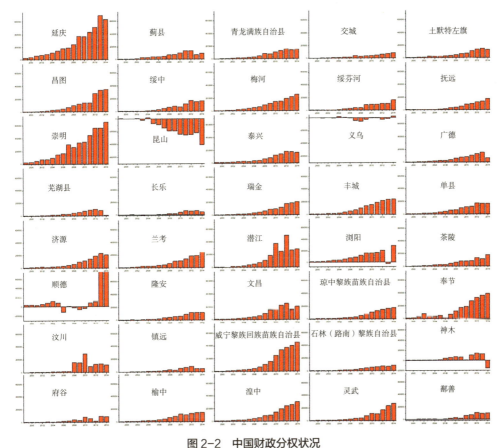

图 2-2 中国财政分权状况
（资料来源：根据《中国县（市）域统计年鉴》相应年份（1999~2014）整理）

务大部分是隐性债务，相对于显性债务不仅数量不好掌握，且多数债务不符合法律规定。新的《预算法》开始允许地方政府负债，但是每年的债务规模有严格规定，仍然无法满足地方政府财政资金需求。

分税制改革以来一直坚持财权与事权相匹配的原则，即从中央政府到县乡级地方政府的每一级政府通过掌握的财权履行所属事权，履行各级政府的职责。十七大报告中论及财税体制改革问题时使用了财力与事权相匹配的提法，到了十八届三中全会又提出了建立事权和支出责任相适应的财政制度。从财力到支出责任这一提法的改变，说明党对财政问题进一步强调了在事权落实过程中责任的重要性。也就是说，各级政府部门在落实事权时，要更好地以财力为保障。这一提法的改变将保证各级政府在事权的执行过程中，事情会做得更好，执行力会更高[①]。

---

① 马海涛. 分税制改革 20 周年：动因、成就及新问题[J]. 中国财政，2014（15）：40-43.

在市场经济条件下，以分税制为主要特征的财政体制运行过程中要保证每一级政府都拥有相对稳定且与事权相匹配的支出责任，必须保证各级政府之间的事权能够划分清晰，分担性的事权少且相对稳定；每一级政府按照自己所拥有的支出责任获得相应的财力，即各级政府都有足够的财源和税源；有足够的税种在各级政府之间分配和共享。

由于历史发展等多方面原因，不少西方国家各级政府之间尽管有共担事权，但划分相对清楚，很大原因在于其分级选举、向下负责。各级政府都是相对独立的权利主体，甚至联邦政府与地方政府之间都是对等的关系而非严格的上下级关系，因此在很大程度上能够做到事权划分清晰。

从中国的现实国情来看，以上条件并不完全具备。一方面在收入特别是税种的划分过程中，客观上基于构建全国统一的市场环境、推进宏观调控的客观需要而存在的财权和财力向中央上移的过程。但是很多具体事权却是需要地方作为政府公共服务的神经末梢向社会民众提供的，这客观上就会造成地方财政的收支困难。另一方面，事权的清晰界定也存在困难。一是事权执行起来内容庞杂，很难穷尽列举。各种事权在各级政府之间难以清晰地划分，机械地把某一项事权归为某一级政府，实际上无法做到。二是很多事权需要多级政府之间协同共担。在协同的过程中容易产生权责划分不清的问题，而又缺乏相应的规范。三是新增事权层出不穷。在市场化改革和工业化发展的大背景下，政府与市场的分工在不断地发生变化，政府面临着许多不确定性的事权需要政府去履行，而这些不确定性的事权很难静态地按照理想化的模式在各级政府之间做出清晰的划分，往往是需要各级政府共同承担。分税制改革并没有对政府间事权和财政支出责任划分的格局做出根本性改变，沿用至今的中央与地方事权和支出责任的划分难以适应发展的需要。事权与支出责任的划分不科学、不规范，一方面压制了地方政府提供公共产品的积极主动性，另一方面也消减了地方政府在地方事务上的财力。

二、财政层级过多导致县乡基层政府普遍陷入财政困境

从秦朝推行郡县制开始，县级政府一直是中国历朝历代国家政权的基础，在整个国家的发展过程中扮演着被其重要的角色。中国采取的是五级政府架构，即中央政府、省级政府、地市级政府、县级政府和乡镇政府，其中省、地市、县和乡镇政府为地方政府，每一级政府在行政上都隶属于上一级政府。目前除了香港和澳门2个特别行政区和台湾省以外，中国共有31个省级政府、334个地市级政府、2861个县级政府以及40000多个乡镇政府。

1978年改革开放以来，伴随着中国中央与地方政府关系变革的逐步深化，省级行政区以下财政收支责任安排也发生巨大变化。不过1994年分税制改革虽然从制度上规范了中央与地方的财政关系，但对省级行政区以下财政管理体制并未做出明确规定。以后一段较长时间内，各地仍然延续着财政承包制的做法。2002年中央出台了《关于完善省以下财政管理体制有关问题的意见》，在其推动下，各地比照中央与地方财政关系的制度框架，2002~2004年较为集中地实施了省级行政区以下分税制[①]。

　　财政收入责任安排方面，绝大多数省级行政区采取按税种划分的做法，只有福建省实行的是总额分成。在按照税种划分收入的省级行政区中，各地的具体做法差异也很大。在支出责任安排上，各地结合实际情况做出了一些原则性规定，但是具体做法同样有较大差异。财政分权是财政资源在各级政府之间的分配，是中央政府给予地方政府一定的税收权和支出权，允许地方政府自主决定预算收支规模和结构。财政分权刻画了各级政府财政收支划分，目前学术界对财政分权尚未有标准的定义，与此相对应，财政分权的度量指标也是多样化，如有预算内收入分权、包含预算外收入的收入分权、支出分权、不包含财政转移支付的支出分权等。以上所述各财政分权度量指标标准不一，侧重点各不相同。本书将财政依存度作为解释变量出现在财政分权的影响因素中，相应地采用不包含财政转移支付的财政分权度量指标度量财政分权，即

$$f_n = \frac{e_n - t_n}{e - t}$$

式中，f_n（n=1、2、3）表示各级政府财政分权，e_n（n=1,2,3）和t_n（n=1,2,3）分别表示各级政府财政支出和转移支付，e和t表示整个省级行政区财政支出和转移支付。本研究分析了31个省级行政区的财政分权状况，结果显示，各省级行政区的财政支出分权差异巨大。虽然不能断言财政分权和经济发展之间必然存在联系，但是通过对财政分权数据的简单排列，如图2-3所示，可以发现东部沿海经济发达地区的财政分权度明显高于西部经济落后地区财政分权度。

　　有学者在之前的研究中将财政分权关系分为财力下沉型、财力中凹型、财力中凸型、财力上浮型四个类型[②]，较为直观地描述了财政权利的分配状况。但是这种划分的缺陷在于没有穷尽所有可能的类型，按照排列组合原理，省、地市和县

---

① 郭庆旺，吕冰洋.中国分税制[M].北京：中国人民大学出版社，2014.
② 张光.财政分权省际差异、原因和影响初探[J].公共行政评论，2009（1）：133-158.

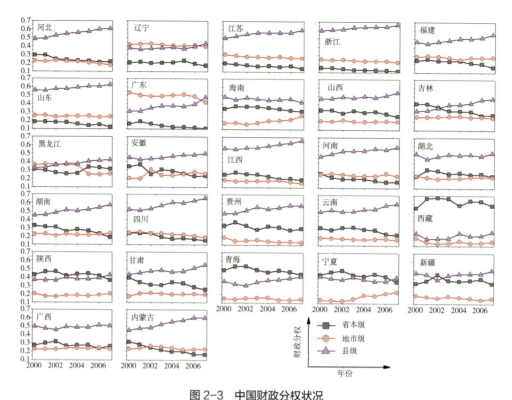

图 2-3 中国财政分权状况

（资料来源：根据《中国财政年鉴》《地方财政统计资料》和《全国地市县财政统计资料》相应年份（2000~2007）整理）

三级政府按照财政权利的大小应该有6种不同的分类[①]，即金字塔形、倒金字塔型、纺锤Ⅰ型、纺锤Ⅱ型、橄榄Ⅰ型和橄榄Ⅱ型。通过分析图2-3可以发现，目前中国财政权利分配结构主要呈现出稳定的金字塔形式、橄榄Ⅰ型到金字塔形的过渡形式、纺锤Ⅰ型到金字塔形过渡形式、纺锤Ⅱ型到纺锤Ⅰ型过渡形式、较为稳定的纺锤Ⅰ型和较为稳定的纺锤Ⅱ型几种形式。具体分类如表2-1所示。

以上分析可以发现，各省级内部财政分权存在巨大差异，县级政府作为承担公共事务较多的一级政府，并未全部在财政分权中占据主要地位。而中国现有的多级政府体制是制约县级政府财政权利获得的重要因素。事实上，改革开放初期，中国基本形成了省、地市、县为核心的纵向地方政府结构。在这一架构中，地市级作为承上启下的扮演者在这种政府架构中起了重要作用，地市级政府不仅作为一级独立主体存在自身利益诉求，同时作为省级政府的行政代理人和县级政府的管理者还需要调动县级政府的积极性、协调县级政府行为以贯彻落实本省级行政

[①] 因为 $A_3^3=3\times 2\times 1=6$，所以一共有6种分类，即金字塔形（县级＞地市级＞省级）、倒金字塔型（省级＞地市级＞县级）、纺锤Ⅰ型（县级＞省级＞地市级）、纺锤Ⅱ型（省级＞县级＞地市级）、橄榄Ⅰ型（地市级＞县级＞省级）和橄榄Ⅱ型（地市级＞省级＞县级）。

财政权利分配形式　　　　　　　　　　　　表2-1

财政权利分配形式	省级行政区	备注
稳定的金字塔形式	江苏、浙江、福建、山东	东部沿海
橄榄Ⅰ型到金字塔形的过渡形式	广东、辽宁	计划单列市
纺锤Ⅰ型到金字塔形过渡形式	海南、山西、吉林、黑龙江、安徽、江西、河南、湖北、湖南、四川、甘肃、内蒙古	多数为中部省级行政区
纺锤Ⅱ型到纺锤Ⅰ型过渡形式	陕西、青海、宁夏	西部省级行政区
较为稳定的纺锤Ⅰ型	贵州、云南、广西、新疆	西南3个省级行政区和新疆
较为稳定的纺锤Ⅱ型	西藏	经济相对落后

（资料来源：根据《中国财政年鉴》《地方财政统计资料》和《全国地市县财政统计资料》相应年份（2000~2007）整理）

区乃至中央的发展战略。这种多重身份蕴含的利益冲突在1980年代的财政承包制期间并不明显，但是随着1994年分税制改革以来收入权利的大幅度上移而逐渐显现并日益加剧。由于财政权利大幅度减少，地市级政府在留存较大收入份额的同时将更多的支出责任下放给县级政府，而且截留、挪用中央和省级政府给予县级政府财政补助并扮演"攫取之手"的现象非常突出，导致县乡基层政府普遍陷入财政困境，阻碍了县（市）域经济社会的发展。

三、县级政府无主体税种

中国共有县级行政组织2000多个，为超过80%的全国人口提供公共产品与服务。税收收入作为县级政府收入中最稳定的来源，它的组成及变化直接影响县级政府履行职能的能力。按1993年发布的《国务院关于实行分税制财政管理体制的决定》，省级政府对省级行政区以下财政管理体制有决策权，因而1994年后各省级行政区对县财政管理体制呈现出多样性，省级行政区以下税收收入的划分也不尽相同。从各地通行做法看，中央下划的税种及新开征的税收大部分地区实行省级行政区与市县共享，其他原有的地方税收基本上仍按原收入级次划分，个别地区调整了营业税的划分办法，大部分地区将增值税留存部分留给市县，小部分地区省级行政区与市县共享。

中国现行地方税系由13个税种组成，其中10个是地方税种，营业税作为地方主体税种随着营改增的全面完成而退出历史舞台。增值税、企业所得税和个人所得税是共享税，增值税的分享比例是75：25，而企业所得税和个人所得税的分享比例是60：40。

在营改增之前，营业税一直是地方的主体税种，在地方政府收入中占据了重要地位。营业税、增值税和企业所得税在地方税收中所占的分量最大。如图2-5

图 2-4 地方税收构成
（资料来源：根据《中国财政年鉴》相应年份（1991~2015）整理）

所示，在地方税收中，按照各税收所占比例排列，依次是营业税、增值税、企业所得税、城市维护建设税、个人所得税、城镇土地使用税和耕地占用税等。其中，营业税作为营改增之前地方政府的主体税种，占到地方税收收入的 1/3，占比几乎是排名第二的增值税和排名第三的企业所得税占比的总和，足见营业税在地方税收收入中的重要地位。

营改增是当下最为重要的税制改革任务，随着营改增的全面实施，营业税作为地方政府主体税种逐渐退出历史舞台，地方政府立刻会面临财力短缺问题。为了防止地方政府财力急剧下滑导致的财力巨大缺口，采取的暂时办法是将适用营改增的行业税收收入仍归地方政府所有。

但是这种办法是不可持续的。随着营改增的全面完成，这种解决办法逐渐演化为按行业分配增值税收入，如交通仓储物流业、服务业等的增值税为地方税，工业的增值税为中央税。

可以预计的是，在中国地方政府具有强大能力支配辖区行政和经济资源的背景下，这种办法极易引发恶性纵向税收竞争，地方政府在收到新办企业申请时，采取各种手段引导企业增加有利于地方政府增税的投资，侵蚀中央税基。所以营改增后以增值税维持地方政府财力的办法只能是体制过渡时期的一种暂时性安排。

具体到县级政府，虽然县级税收收入的规模呈现较快增长，但成长性和稳定性弱于全国税收收入。而且县级税收收入占全国税收收入的比例始终徘徊在 20% 左右。中国县级税收收入占财政支出的比例整体呈现下降趋势，比例最高的 1993 年为 74.5%，最低的 2004 年为 50%，也就是说，县级财政支出中只有 50% 来自于税收收入，其他 50% 靠转移支付、收费等筹集[①]。

---

① 樊勇. 中国县级政府税收收入的结构、规模及影响分析 [J]. 中国财政，2011（12）.

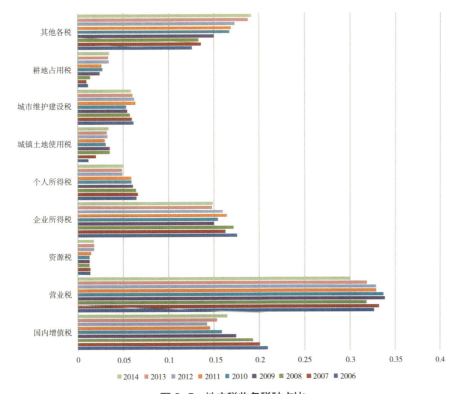

图 2-5 地方税收各税种占比

(资料来源：根据《中国财政年鉴》相应年份（2007~2015）整理）

总之，现行的地方税格局极其不合理，具有明显的过渡时期烙印。营改增改革实际上使得地方税系建设变得非常迫切，其中关键点在于寻找一个可作为地方主要财力支柱的主体税种。

四、对县级政府的转移支付制度存在隐忧

分税制以来，中国实行"分级管理"的财政体制，除实行省直管县体制的省级行政区外，县级财政一般不直接与省级行政区和中央发生关系，县级财政可以获得的转移支付额度在很大程度上首先取决于省级行政区与中央的博弈结果。通常情况下，如果省级政府能够获得中央更多的转移支付收入，那么对于县级政府来说，增加转移支付数量的可能性就将增大，但是这并不意味着县级政府必然会提高其在省、地市、县三级本级财政之间的份额。如果按照理性人假设，省级政府会优先满足本级支出，然后再下拨给地市，地市又同样会先满足本级开支，剩余部分才会传达给县。在这个分级管理层层拨付的过程中，即使省级财政以县级项目从中央申请获得转移支付，在拨付到县的渠道中也往往会截留一些，在省级财政困难的情况下更是如此。

县级转移支付分配结果的变化，直接受到省级或地市级政府行为偏好的影响。如图 2-6 所示，县级转移支付总额度不断攀升，其中一般性转移支付和专项转移支付额度都有所增加。从绝对数上来看，在县级转移支付总额度中，一般性转移支付额度较小，专项转移支付占据了较大份额。从相对数来看，如图 2-7 所示，2000~2007 年，县级转移支付总额中，专项转移支付占比都在 80% 以上，其中 2000 年专项转移支付所占比例最高为 92%，而最近几年则稳定在 84% 左右。

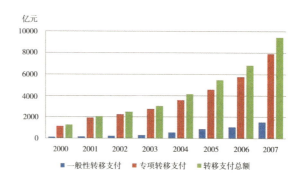

图 2-6　县级转移支付构成

（资料来源：根据《全国地市县财政统计资料》相应年份（2001~2008）整理）

图 2-7　县级政府转移支付结构

（资料来源：根据《全国地市县财政统计资料》相应年份（2001~2008）整理）

虽然从总体上看，县级财政转移支付额度逐年增加，但是增加的多数是专项转移支付，一般性转移支付占比仍然很小。财政转移支付，是指财政资源在政府间的无偿流动，它是与政府的购买性支出相对应的一种支出[①]。由于专项转移支付存在项目设立、预算编制和审批缺乏科学性与规范性、资金过于分散和使用效率不高、绩效考核不健全和资金监管针对性不强等问题，特别是专项转

---

① 马海涛. 财政转移支付制度 [M]. 北京：中国财政经济出版社，2004.

移支付一般需要县级政府配套资金，而绝大部分县级政府财力十分紧张，进行配套难度较大。

纵向来看，全国县级政府转移支付分配结果的演进与县、市层级的转移支付收入占省级总体转移支付收入的比重密切相关。具有迷惑性的是，在一般性转移支付额度构成中，如图2-8所示，县级政府所占的比例最高，甚至高于1[①]。近年来，一般性转移支付中县级所占比例有所下降，省本级占比逐步上升。在县级政府财政资金持续紧张的情况下，这种现象值得警惕。

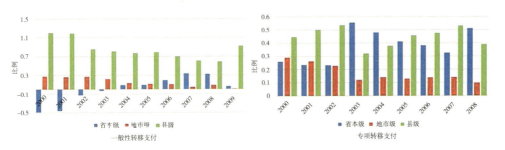

图2-8 省、地市、县级政府转移支付占比
（资料来源：根据《全国地市县财政统计资料》相应年份（2001~2008）整理）

如前所述，专项转移支付在县级政府转移支付总额中占据绝对主导地位，但是从省、地市、县级的分配来看，县级政府接受的专项转移支付占比并不是三级政府中最高的，尤其是近年来，专项转移支付中县级占比逐渐下降，省本级占比逐步上升。

除此之外，还有一个值得思考的问题是，转移支付在县级政府财政支出中占比，也就是县级政府的转移支付依存度。如图2-9所示，在全国31个省级行政区中，县级财政支出转移支付依存度都在0.2以上，最高的西藏达到0.8以上。几乎所有的省级行政区县级财政支出转移支付依存度都在不断攀升，相对来说，经济发达省级行政区转移支付依存度较低，而西部经济相对落后地区转移支付依存度则较高。而这再次论证了目前县级政府财政资金紧张。

总之，一般性转移支付不指定资金用途，地方政府可以自由支配资金。其缺陷是缺乏选民约束的情况下，地方政府倾向将资金用于生产性支出，也易于通过"粘蝇纸效应"导致财政支出规模扩张。专项转移支付按照项目设计，中央政府严格指定用途，地方政府必须按照中央政府的要求将资金用在事前约定的公共支

---

① 造成这种局面的主要原因在于省本级和地市级不仅转移上级的转移支付给予县级政府，自身还对县级政府进行转移支付。

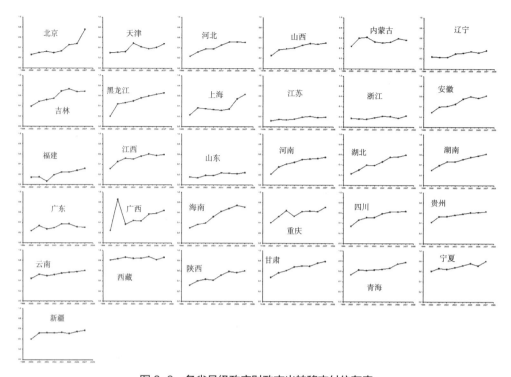

图 2-9 各省县级政府财政支出转移支付依存度
（资料来源：根据《全国地市县财政统计资料》相应年份（2001~2008）整理）

出上，其缺点如前所述。总之，在目前体制下，无论是一般性转移支付还是专项转移支付都存在较大问题，亟需改革。

五、县级年度预算制度缺陷较大

在目前年度预算体制下，存在透明度不足、预见性差等问题。年度预算以上缺陷，引起一系列问题。首先就是年度预算、预决算偏差过大。以 1994~2014 年财政预决算收支数据为依据，从财政超收收入、财政超支支出、财政预决算赤字偏离、财政预决算收支偏离度[①] 等维度直观描述当前中国年度财政预算、预决算偏离现象。

图 2-10 左图为中国财政预决算超收超支情况折线图。从图中可以看出，中国财政预决算超收超支现象相对严重，近年来虽有下降，但是财政赤字预决算偏离在有一个短暂的下降之后又开始攀升。描述的是中国财政预决算收支偏离度呈现不规律波动态势，预决算收入偏离度在 0.6%~16.47% 大幅波动，平均值为 9.23%；预决算支出偏离度在 -0.82%~9.01% 波动。中国财政预决算偏离度平

---

① 财政收支预决算偏离度 =（财政决算收支 - 财政预算收支）/ 财政预算收支。

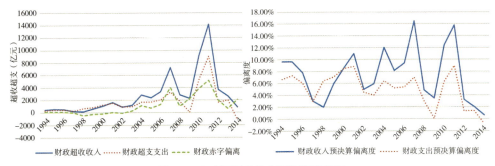

图 2-10 中国财政收支预决算偏离度
（资料来源：根据《中国财政年鉴》相应年份（1994~2014）整理）

均超过美国的 3~4 倍[①]，说明中国财政预算对决算收支预测和控制能力较弱。财政收支预决算偏离度过大也从另一个侧面说明，目前的年度预算由于其短期性导致预见性较差。

预决算偏差过大一方面弱化了预算的约束作用，使得财政预算对实际财政收支的控制能力减弱；另一方面预决算收支偏离过大腐蚀了法律赋予各级人大及其常委会的预算监督权，导致财政收支预算在一定范围内的随意性。

其次是自动稳定器"半有效性"。自动稳定器功能特指经济系统本身所具有的一种自动弱化各种扰动对经济冲击的机制，能够自发地在经济繁荣时期抑制通货膨胀，在经济衰退时期减轻萧条而无须政府采取任何行动。具体到财政收支方面，自动稳定器发挥功效的机理在于当经济处于高速增长阶段，个人收入和企业利润迅速增加，在累计税率制度下其名义收入大幅度上升将导致其进入更高的纳税等级，税收的增加导致财政收入增幅快于经济增幅而熨平宏观经济波动，避免或者减弱通货膨胀风险。在经济下滑时，财政收入减少有助于避免或者弱化通货紧缩风险。但是在现实中，由于各种条件的限制，财政自动稳定器功能经常受到质疑。

验证财政自动稳定器的有效性必须依赖于脉冲响应冲击检验。图 2-11 左图表明，如果 GDP 增长率出现正向波动，财政收入也随之同向变化。其中的滞后影响出现了负向情况，但累积的影响呈现出正向关系，表明财政收入增长与

[①] 为了评估美国各州的预算收入偏离，美国皮尤研究中心和洛克菲勒政府研究所对 1987~2009 年美国各州的财政收入预决算进行研究，形成"州收入预测：水晶球的裂缝"报告，该报告提出美国 1987—2009 年财政预决算收入平均偏离度大约 3%，参见 The Nelson A. Rockefeller institute of government, "States' Revenue Estimating: Cracks in the Crystal Ball," The Pew Center on the States, March 2011, pp.7. http: //www.pewstates.org/research/reports. 另一项研究表明，美国 1975~1992 年其中经济繁荣时期的财政预算偏离度为 2.1%，经济不景气时的预算偏离度接近 0，参见 R. Rodgers, P. Joyce. The Effect of Under Forecasting on the Accuracy of Revenue Forecasts by State Government[J]. Public Administration Review, 1996, 56（1）: 48-56.

GDP 增长正向相关，GDP 增长变化引起财政收入同向波动，因而财政收入具有明显的自动稳定器特性。

但是从图 2-11 右图可以发现，GDP 增长率的正向波动引发了财政支出增长率的同向变化。与财政收入一样，尽管其中的滞后影响也有负向出现，但累积影响依然是正向的，表明 GDP 增长率与财政支出增长率呈现同向变化特征，即财政支出自动稳定器无效。

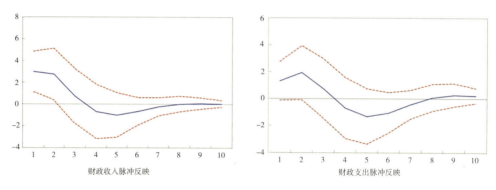

图 2-11 财政收支增速与 GDP 增速脉冲响应检验
（资料来源：根据《中国财政年鉴》《中国统计年鉴》相应年份（1994~2014）整理）

从财政支出内部结构来分析，如图 2-12 所示，全国财政支出增速与 GDP 增速基本属于同涨同落。而从内部结构来分析，地方财政支出增速与 GDP 支出增速趋势一致。而中央财政支出增速则表现出一定的复杂性，大体分为三个阶段，1983~1987 年以及 1997 年之后，中央政府财政支出与 GDP 增速保持负向关系，但是在 1979~1982 年以及 1988~1996 年，中央政府财政支出与 GDP 增速至今表现出同涨同落趋势。

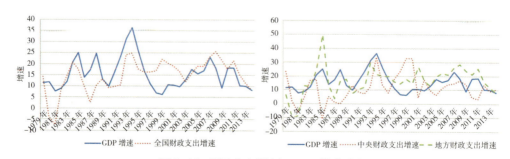

图 2-12 财政收支增速与 GDP 增速对比
（资料来源：根据《中国财政年鉴》《中国统计年鉴》相应年份（1979~2013）整理）

财政自动稳定器作为经济自我修复的重要机制在经济发展中的作用很大。但是无论是全国财政支出，还是地方财政支出都表现出与自动稳定器要求相反的趋势，中央政府财政支出也在一定时期出现上述倾向，财政支出侧的自动稳定器效用很弱甚至无效。

最后便是地方政府债务预算管理缺失。地方政府债务成为金融系统稳定性的一大隐忧。地方政府债务特别是大量隐形债务的快速增长引发了市场关于信贷泡沫破裂甚至诱致全面金融危机的担忧。经过多年修订而出台的新《预算法》开始允许地方政府举借债务，但为了防范风险，严格规定了地方债务的举债主体、资金投向、举债规模、举债方式和风险管控等，其中最为重要的是规定地方政府债务必须纳入地方财政预算，在预算层面实现了对地方政府债务的监控。但是《预算法》并未详细规定债务如何纳入预算。在其后发布的地方债务纳入预算和清理甄别的办法中也只是提到将地方债务纳入预算，但是同时说明具体办法另行规定。目前尚没有专门针对地方债务纳入预算的详细规则。由于年度预算缺乏必要的预见性，在地方政府债务管理方面存在同样的问题。为了既满足地方发展资金需求，又防范地方债务风险的发生，地方政府债务既要纳入预算，又要科学预测，纳入滚动财政规划。

无论是财政收支预决算偏离度还是财政收支自动稳定器功能的发挥，或是地方政府债务预算管理的缺失都受制于预测技术。只有较为准确地预测财政收支及债务才能建立完善的跨年度预算制度，提高财政预算预见性进而提升预算的预见性和稳定性。

综上所述，在目前财政体制下，存在财政资金缺口较大、财政层级过多、县级政府无主体税种、转移支付制度不完善以及预算制度不健全等问题，为了支持县（市）域经济发展，相关改革势在必行。

第三章　支持县（市）域城镇化的财税政策改革思路

城镇化是一系列公共政策的集合，目前城镇化所面临的未建立分级财政管理体制、县级财政风险较大、县级财政专项资金统筹使用范围较小、未建立有效的县级政府的绩效考核机制等问题，从机制上说都与现行财税体制改革不到位、不适应有直接或间接关系。因此，推进新型城镇化，解决以上四大问题，客观上要求深化财税体制改革。

第一节　继续深化分税制改革

分税制下，中国政府间财政关系不断优化，但都是在原有框架下的调整。如前所述，目前中国的财政体制对新型城镇化的发展具有一定的阻碍作用，需要进一步深化改革，其中最为重要的一点就是建立分级财政管理体制。

各级政府都应有反映本级财政支出的独立预算，单独编制与本身支出范围相适应的收支平衡表，支出和收入相适应，自求平衡。预算的编制和执行具有独立性，不受上级政府干预。分级预算要求各级预算主体的独立自主，由国务院向地方下达预算要求，地方自行编制预算并汇总为整个国家的政府预算。分级预算在明确市场经济政府职能边界前提下，合理划分各级政府的事责和财权。分级预算下，各级政府职能分工明确，各级预算重点层次分明，强化地方财政的预算约束，提高地方坚持财政平衡、注重收支管理的主动性和自主性。

财政的根本是政，表现形式是财。财政管理体制形式上是中央和地方事责、财权划分与财力配置问题，深层次则是以政治公共权力确认、协调和实现中央与地方政府共同利益及利益矛盾的政治问题。以政为体，以财为用，才能实现财政管理体制的优化。分级制财政管理体制的内容要充分贯彻这一点。

概言之，财政管理体制的内容就是明确要在中央与地方政府之间以及地方各级政府之间分什么。与财政分权单纯强调分权不同，分级制既要分权，也要分责，要体现权责一体。这一点既适用于中央政府，也适用于地方政府。也只有权责一体，各级政府才能实现真正的自主性，从而发挥中央和地方两个积极性。

分级制要克服分税制过分注重收入的弊端，兼顾财政支出与收入两方面。其中，重点是财政支出。要依据公共产品自身属性、外溢性覆盖面、获取信息难度、供给效率等因素，按照全局利益最大化的激励—相容机制划分各级政府的事责。全国性和具有外溢性的公共产品应由中央政府提供，地区性公共产品则由地方政府提供。事责与财权相匹配。既要谁的事谁花钱，也要保证各级政府有钱可花。

第二节 防范县级财政风险

自1982年开始，我国逐步形成市管县体制，即形成中央、省、地级市、县、乡镇共五级政府管理体制，且1984年普遍建立起乡镇财政，这样就形成了与五级政权相对应的五级财政，乡镇财政自然就成为我国最基层的财政，负担着大部分农村公共产品供给的重任。实行市管县财政体制后，一些较发达城市起到对县（市）域经济的带动辐射作用，但一些财力较弱的城市不但难以带动县（市）域经济的发展，且无力给予所属县（市）财政足够的补助，造成相当一部分县（市）财政困难。特别是2008年金融危机后，为顺应中央政府4万亿元的刺激投资规划，解决地方配套资金来源问题，县级地方政府融资平台在全国爆发式增长，与省市级融资平台相比，县级平台管理规范性、盈利能力及资产规模与质量却是最差的，债务风险较高。

一、县级财政风险较高

根据新修订的《预算法》，中国各级政府预算包括一般公共预算、国有资本经营预算、政府性基金预算、社会保险基金预算，四个预算应当保持完整、独立。中央政府与地方政府预算均由四个预算构成，不同之处在于中央与地方各预算收入构成不同。从地方一般公共预算来看，收入来源包括三部分，即地方本级收入、上级政府对本级政府的税收返还和转移支付及下级政府的上解收入。

一般公共预算收入首先要用于一般公共预算项目的支出需求，包括一般公共服务支出，外交、公共安全、国防支出，农业、环境保护支出，教育、科技、文化、卫生、体育支出，社会保障及就业支出和其他支出。满足支出后剩余的收入及一般公共预算上一年结余的收入可用于支付一般债券利息及本金偿还，具体来看，可以用作偿债来源的有税收收入、非税收入、税收返还及一般性转移支付。

国有资本经营预算收入是国家以所有者身份从国家出资企业依法取得的国有资本收益，包括国有企业利润、股利、股息、股权转让收入、国有股减持收入、国有企业清算收入等。支出主要用于支持国有经济和产业结构调整以及弥补国有企业的改革成本等。新《预算法》规定国有资本经营预算可安排资金调入一般公共预算，这个预算收支结余也可用于一般债券本息支付。

政府性基金预算的收入中最主要的收入为土地出让收入。土地出让收入被中央政府规定了诸多用途，且地方政府可自由支配收入的百分比在逐步下降，近年来，整体可自由支配部分约占出让金总额的20%。可以自由支配的土地出让金收入主要用于专项债券的还本付息。

社会保险基金预算的收入主要来自于"五险一金"的收入，支出专项用于社会保障各项支出，社会保险基金预算相对独立，一般不会与其他预算调剂。由此可见，四个预算中一般公共预算收入、国有资本经营收入和政府性基金收入在一定范围内可由地方政府调剂使用，社会保险基金预算则相对独立。综上所述，一般债券还本付息的资金来源是一般公共预算和国有资本预算收入，专项债券还本付息的资金来源是基金预算中的土地出让收入。

相比于省市级财政，由于县（市）域经济中国有企业的数量及规模有限，国有资本预算收入在县级财政收入中的占比极低，所以，县级债务偿债资金来源主要来自一般公共预算收入和土地出让收入。但县级财政作为最基层财政，在安排一般公共预算支出后，能够安排用于还债的资金极为有限。虽然地方举债投资形成了一批资产，但变现能力较弱，地方政府尤其是县级政府偿还债务仍然主要依靠土地出让收入和借新还旧。偿债能力不足使得县级财政风险较大。

二、防范和降低县级财政风险的对策

如前所述，东部县级财政最强，财政自我平衡能力较强，抵抗财政风险能力更强，中西部财政实力较弱。财力较弱的县级财政对上级政府的依赖性较强，抗风险能力较弱。从长远来看，财政自给能力越强的县，财力增长的潜力越大，偿债能力越强。而防范和降低县级财政风险需要做到以下几点。

1. 开源节流，做大地方财力

县级政府举债说到底还是财力与发展需求不匹配所致，要控制举债规模、化解财政风险根本上是要解决财力不足的窘境。开源节流，做大地方财力，无疑是县级政府采取的固本之法。开源方面，通过政策、资金齐发力，为财力增长注入不竭动力。一是认真落实好国家、省级政府关于保障工业运行和支持中小微企业发展的各项稳增长政策，扶持县（市）域新兴产业发展和小微企业壮大，为财力增长积蓄后劲。二是发挥财政资金杠杆作用，县级政府通过设立现代产业体系建设发展专项资金、创新金融服务手段等方式，用财政资金撬动县（市）域经济转型发展，破解企业融资难、融资贵问题，推动实体经济发展。节流方面，通过严格控制政府性楼堂馆所建设、财政供养人员以及压缩"三公"经费、会议费等一般性开支，加快建设节约型政府，提高县级政府可用财力，从而把节约下来的财力投入到偿债和公益性事业发展中。

2. 偿控并举，做实风险防控

剥离政府偿债责任，按照分类管理、区别对待、逐步化解的原则，有针对性地做好政府性债务的化解工作。对政府负有偿还责任的债务将通过偿债准备金、年度预算安排等方式消化。对政府负有担保责任的债务将通过督促被担保企业加强成本管理、提高盈利水平、安排偿债准备金等方式积极消化。对政府可能承担一定救助责任的其他相关债务将通过债务人依法自行偿还、市场化运营等方式解决。对确需政府偿还的债务，责成债务单位制定年度偿债计划和长期偿债计划，明确偿债顺序、资金来源和偿债时间。对可能出现的偿债高峰期进行预判并制订应急预案。按照上级财政部门部署，对存量债务积极申请置换债券。同时，合理开发、节约集约使用土地，用好用活土地储备资源，增加土地出让收益。严格执行《国务院关于加强地方政府性债务管理的意见》，从严把好举债关。通过省级政府代发地方政府债券这一明渠举债，债务资金严格按规定用于公益性资本支出。合理压缩债务规模，对政府投资项目严格实施监理和财政投资评审制度，实行事前、事中、事后全面监管，力争通过财政、审计的评审尽可能压缩政府债务总量，最大限度减少政府性债务规模。使用政府与社会资本合作模式。树立城市经营理念，变政府承担为社会共建，变财政支出为民间投资，通过吸引社会资金参与城市开发和建设，切实减轻县级政府债务负担。

3. 建章立制，做强债务管理

县级政府要把短期应对措施和长期制度建设结合起来，不断做强债务管理，逐步建立起举借有度、化解有方、管理有序、监控有力的政府债务管理新机制。建立县级政府性债务管理办法，将政府债务的借、用、还制度化，明确相关责任追究机制。建立债务报告和公开制度。把地方政府债务分门别类纳入全口径预算管理，向人大常委会进行报告，主动接受人大常委会监督。同时，建立地方政府性债务公开制度，通过政府门户网站等媒介定期向社会公开政府性债务及其项目建设情况，自觉接受社会监督。建立政府性债务偿债准备金制度，为可能出现的债务风险未雨绸缪。建立政府性债务风险预警机制，合理控制现有的政府性债务规模，对超过预警值和无法落实偿债计划的项目及时予以叫停，避免过度举债。

第三节　扩大县级财政专项资金统筹使用范围

推进财政资金统筹使用既是盘活各领域"沉睡"的财政资金,把零钱化为整钱,优先保障重点领域和民生支出的关键举措,也是落实积极的财政政策,创新宏观调控方式,增加资金有效供给的有力抓手,还是完善政府预算体系,促进财政资金优化配置,深化预算管理制度改革,建立现代财政制度的重要内容。以项目、科目、部门、政府预算体系、跨年度预算、各类收入、增量与存量、编制与执行等为切入点,有序推进财政资金统筹使用,有利于解决项目资金与政府宏观政策联系不紧密、重点不突出、管理不规范的问题,有利于解决财政存量资金结构不合理、不能及时发挥效益的问题,有利于解决政府预算之间统筹力度不够、部分专项收支固化、财政支出政策"碎片化"的问题。

一、建立政府预算协调机制

1. 推进政府预算体系的统筹协调

进一步明确一般公共预算、政府性基金预算、国有资本经营预算、社会保险基金预算的收支范围,将政府的收入和支出全部纳入预算管理,加大各类收入统筹使用的力度。加大政府性基金预算转列一般公共预算的力度,逐步将政府性基金预算中用于提供基本公共服务以及主要用于人员和机构运转的项目收支列入一般公共预算。加大政府性基金预算调入一般公共预算的力度,政府性基金已安排支出的项目,一般公共预算不再安排或减少安排。政府性基金和一般公共预算均安排支出的,可将政府性基金调入一般公共预算统筹使用,或制定统一的资金管理办法,实行统一的资金分配方式。

2. 推动跨年度预算的统筹协调

建立跨年度预算平衡机制。县级政府一般公共预算如出现超收,用于化解政府债务或补充预算稳定调节基金;如出现短收,通过调入预算稳定调节基金或其他预算资金、削减支出等方式予以弥补。实行中期财政规划管理。在编制年度预算时,同步编制中期财政规划。中期财政规划要统筹安排一般公共预算、政府性基金预算、国有资本经营预算支出。

3. 强化预算编制的统筹管理

提高预算编制完整性,加强全口径预算管理,将县级各类收入全部纳入预算,统筹安排支出。推进预算编制与结转结余资金管理的有机结合,县级上年度项目支出结转结余资金要作为下年度预算的首要来源。完善基本支出管理办法,调整完善分类分档办法和支出定额标准，实现基本支出预算与机构类别和人员编制等相对接。健全项目支出预算管理制度，县级财政部门根据财力状况和项目排序，结合本县（市）项目资金结转结余情况，统筹安排项目支出预算。

4. 加强预算执行的统筹协调

县级各部门、各单位要根据工作和事业发展计划做好项目前期准备工作，并根据年度预算安排和项目实施进度等情况，科学编报分月用款计划，及时提出支付申请，确保预算一旦批复或下达，资金便能实际使用。加快项目预算批复和下达，预算经县级人大常委会批准后，要按照规定时间及时批复、下达并拨付资金。县级财政部门要加快资金审核和支付，对基本支出应按年度均衡性原则支付，对项目支出按照项目实施进度和合同约定支付，对据实结算项目根据实际需要采取预拨分配、核实清算的办法支付。

二、加大各类资金的统筹使用

1. 加大专项资金的统筹使用

专项资金要按照先定办法再分资金的原则，制定资金管理办法，明确绩效目标、使用范围、管理职责、执行期限、分配办法、申报程序、信息公开和责任追究等内容，做到一个专项一个管理办法，政策目标明确、分配主体统一、审批程序唯一、资金投向协调。对上级政府下达的专项转移支付资金，县级政府可在不改变资金用途的前提下，发挥贴近基层的优势，按程序报批后，将支持方向相同、扶持领域相关的专项转移支付整合使用。加强转移支付项目和部门预算项目的统筹，减少执行中的预算级次调整。县级政府要将上级政府提前下达的转移支付足额编入本级预算，并及时组织实施。

2. 做好财政存量资金的统筹使用

县级一般公共预算和部门预算的结余资金、连续两年未用完的结转资金，一律由县级财政清理收回。推进预算稳定调节基金的统筹使用，合理控制预算稳定调节基金规模。建立健全财政存量资金与预算安排统筹结合的机制，对上年末财政存量资金规模较大的县（市），适当压缩下年财政预算安排规模。

3. 加大政府债务资金的统筹使用

加大存量债务资金和新增债务资金的统筹使用力度。要结合存量债务清理甄别工作，对尚未使用的政府存量债务资金一律纳入预算管理，与新增债务资金统筹安排使用。县级举借的债务，只能用于公益性资本支出和适度归还存量债务，不得用于经常性支出。

第四节　改革对县级政府的绩效考核机制

加强政府绩效评估制度建设，对推动社会主义政治体制的深化发展与高度完善具有重大意义。构建一个富有效率且适合中国国情的政府绩效评估制度，不仅有利于公众开展对政府公共服务职能的有效监督，激发广大人民参政议政的积极性，让公共服务体系可以有效实现经济性、效率性、效果性等社会效益，而且有助于建立廉洁、高效的政府机制，发扬社会主义民主，推动社会主义民主政治体制的发展及完善。

一、当前绩效考评办法存在的问题

尽管县级政府逐步出台了绩效考评办法、察访核验办法，初步构建了政府绩效管理基本制度框架和考评模式，但实际操作上仍存在一些问题。一是考核评价指标设置不科学。评估指标量化以经济指标为主，重视经济总量增长、税收增加等内容，而对居民实际收入、教育卫生、就业情况等涉及群众切身利益的内容关注不够。考评指标在年初制定，不会就新形势变化而调整变动，再者不同考评对象的财政收入不同，经济发展环境不同，却以同样的指标进行考评，缺乏公平性。县级绩效部门在制定年度考评指标时，对省级、市级的重点工作、重点项目为了保进度、保完成，往往在分解指标时会缩短时间、提高数量，加大考评对象工作难度。二是群众参与评议积极性不高。由于当前绩效考评工作透明度和客观性不足，虽然设置了群众评价，但在考评中所占的权重较低，而且参与评议的群众还存在一定的片面性，党代表、人大代表和政协委员比例高，缺少真正意义上的管理服务对象评价，致使评价结果失真，群众参与意识不强。

二、调整县级政府绩效评价的重心

以往的地方政府绩效评价指标偏重于经济发展，由此带来地方政府为追求各项经济指标而千方百计筹集资金搞形象工程和政绩工程的本能冲动，县级政府也是如此。当绩效考评的指挥棒成为地方政府的行动风向标时，各种问题的积累便成为必然。一方面，县级政府每年度的绩效考核的经济指标逐年表现不错，但很多县级政府的公共服务能力并没有真正得到加强；另一方面，为了追求经济指标的亮眼好看，县级政府用尽各种方法盲目借债融资搞建设，导致县级政府积累很大的财政风险。因此，在发展新型城镇化的过程中，必须强调作为基层政权的县级政府，其首要职责应当是保民生，然后是促发展。

应当在绩效评价指标体系中明确对县级政府绩效评价的最重要指标是民生类指标，其次才是经济类指标和其他类指标。而民生类指标的设计应当以县级政府公共服务、生态环境保护与治理、文化保护和传承等为核心，经济类指标则应以促进就业、特色产业发展、县（市）域城乡基础设施建设、发展现代农业等为重点，引导县级政府关注县（市）域城镇化进程中的社会进步和经济发展问题。同时，对不同地区的县级政府进行绩效评价考核，应当突出当地特点，不搞一刀切，鼓励不同地方的县级政府在保障财政安全的前提下，大胆创新，特色发展，统筹兼顾，求真务实，努力给县（市）域内的城乡居民更多的获得感和满足感，以此促进县（市）域新型城镇化的良性发展。

三、县级政府绩效考评的改进

针对县级绩效评估中存在的问题，需要在以下几个方面努力改进县级政府绩效考评的对策和途径。

1. 促进县级政府和官员转变绩效评价观念

通过加大政府绩效考评的宣传力度，从根本上扭转县级政府单纯追求经济指标的情况。应将县级政府绩效管理内容列入领导干部每年教育培训计划之中，通过举办培训班、专家讲座等方式，对县级政府的各级领导干部进行绩效管理的专题学习和教育培训，提高县级政府机关、公务人员对政府绩效管理意义的认识，知晓县级政府绩效管理的内容和程序，强化行政绩效管理意识，增强依法行政、勤政为民的责任感和使命感。同时，加强媒体对政府绩效管理的宣传报道，使绩效管理在社会中广为人知、家喻户晓，形成良好的社会舆论氛围。

2. 完善绩效考评指标体系

绩效考评的关键是构建一套科学合理、简便易行的指标体系。将县级政府考评指标与国家的五年规划和本地五年规划进行衔接，把五年规划指标分解到各年度，明确目标责任，将规划提出的约束性指标纳入考核，对时效性目标任务与长期性目标任务进行科学设置。对指标的权重进行合理分配，兼顾县（市）域经济与社会、效率与公平、服务产出和公众满意、显绩和潜绩的关系，体现全面性和合理性的要求。对县级政府工作部门进行划分，分为社会管理与政务管理、经济发展与经济管理、市场监管与执法监督及专项事务管理四大类，并开展考评，量身定做各部门的考评指标。目标任务分解既要体现县级机关部门与乡镇的个体差异，又要加大特色工作指标的分值权重。

3. 强化评议监督

县级政府绩效管理必须体现对人民负责，接受群众监督的导向，这是绩效管理区别于目标管理的一个鲜明特点。要建立问计于民、问需于民、问效于民的民主决策机制和考核评价机制。特别是对县这一级基层政府的绩效考评，应当始终坚持群众公认的原则，开通群众评议的渠道，搭建群众监督的平台。把群众满意度具体量化到县级政府整体绩效，评价政府绩效做到工作实绩靠算账，干部形象看测评，执政效果问民意。建立对下负责机制，改变长期以来干部只唯上、只唯官，忽视群众诉求和呼声的情况，从制度和机制上，促使地方政府特别是县级政府各部门和领导干部在实际工作中把对上负责和对下负责有机结合起来，自觉树立群众观点、实践群众路线。

4. 改进考评方式方法

在考核评价的严格、规范、科学等方面加大力度。由县级绩效评价专门机构统一制定并发布当年绩效考评的指标体系框架，各部门框架编制可量化、可报告、可核实的年度工作目标和任务，确保县级党委政府每一项重大决策部署都有清楚的责任主体、细化的推进措施、量化的要求标准、明确的完成时限。改变传统的年终工作总结的方式，建立一套规范的县级政府绩效报告制度。对照年初目标和考核标准，逐个指标进行评估。组成工作组对各单位提交的绩效报告的真实性进行复核，在全面分析、逐项复核的基础上，抓住关键指标和容易弄虚作假的环节进行抽查，确保考评结果的真实性和可靠性。

第四章　构建支持县（市）域城镇化的财税政策体系

1994年分税制改革通过大幅度改革税制与调整政府间税权划分，在很大程度上明确了政府与市场的边界、纵向政府间利益边界，由此大大激发了市场活力和各级政府发展经济的积极性，成为中国经济20年高速增长的重要动力。但是，就在这一高速增长的过程中，中国经济逐渐形成当下看来非常突出的问题，如地方政府职能扭曲、经济增长方式粗放等。这些问题与分税制有密切关系，分税制在客观上起到"推波助澜"的作用。

具体到分税制对县级政府的影响，如前所述，主要体现在财政资金短缺、财政层级过多等问题。为了更好地支持县（市）域经济发展，改革必须解决以上问题，以财政政策支持县（市）域经济社会的发展。

第一节　进一步明确县级政府事权与支出责任

事权和支出责任划分不仅是政府间权责的配置问题，还是行政管理体制改革的内容，涉及政府与相关部门职能调整，事关全局，需要整体实施与重点推进相结合。但在地方层面上，改革必须从具体问题入手，从现实问题抓起，有针对性地先行先试。

一、政府间事权的划分根据"受益原则"确立

"一级政府、一级事权、一级财权"成为政府间划分事权和支出责任的共识。然而，由于中国地方分税制财政体制方案设计中沿袭了"中央与地方事权划分仅原则性规定"模式，沿用原有的模式对地方各级政府间的事权划分进行大的重新调整。这就使得地方各级政府间职责并没有明显区别，除了少数事权如外交、国防等专属中央政府外，地方政府拥有的事权几乎是中央政府事权的翻版。

根据财政联邦主义理论，政府间事权的划分根据"受益原则"确立，即根据公共产品受益范围划分事权和支出责任在不同财政层级的归属，从而实现公共品

受益者与成本负担者的一致性。在实践中，地方政府间事权与支出责任的划分应该充分考虑政府提供的公共物品、公共服务的受益范围和提供效率等问题。

二、在事权和支出责任的划分方面落实"事权法定"原则

本研究认为，事权和支出责任的划分应该改变现有的"上级主导，层层下放"模式，实现事权法定，具有外溢性的事权政府间共同承担，超过本级政府负担的事权应该上移。在合理划分地方各级政府事权和支出责任的基础上，应加快调整省级行政区以下财权划分，从而保证地方各级政府履行事权和支出责任的基本财力。

合理划分地方各级政府的事权范围。具有外溢性或全局性的支出责任，在全国范围内需要公平提供服务的公共支出责任，应该由中央、省级行政区全权负责。需要中央、省级行政区支持的弱势产业、薄弱环节，应该由中央、省级行政区与市县政府共同承担。其他一般性的管理事务应该由基层市县承担。

在合理划分事权的基础上，应该将事权划分法制化。用法律的形式确定中央、省级行政区、市、县的事权，将各级在支出责任方面的权限用法律确定下来，做到各级政权的权利和职责划分有法可依，维护各种权限划分的权威性，将中央、省级行政区、市、县的经济社会发展事务责任纳入法制化轨道。

修改不合理的支出责任政策，取消地方配套政策。对法定性、指令性的支出、部门硬性考核支出等有关法律和政策进行修改，根据市县级财力和实际支出需求在事权范围内予以安排。中央、省级行政区、市安排给市县级的专项支出，坚持量力而行，取消强制配套措施，减轻县级财政支出压力。清理县级支出责任中政策指令性事项，严格支出顺序，着力清理税收优惠政策。压缩财政供养人口，减轻财政负担。

第二节 继续深入推进省直管县改革

目前中国采取的是五级政府架构，地方政府层级过多，加大了政策"上达下行"的成本，无法有效确保中央各项政策的有效贯彻实施，不利于整个国家发展战略的顺利开展，对县级政府行为进而对经济社会协调发展产生巨大的负面影响。

中国政府应该充分结合中国空间地理环境和政治体制特点，明确政府组织结构优化调整原则，积极探索最优行政分权模式。特别是应该认真总结省直管

县财政管理体制改革的经验和教训，切实推进行政管理体制改革，有效避免单纯的财政扁平化改革以及行政和财政管理体制改革错位带来的冲突及其对地方政府行为的扭曲。具体而言，应该大力推进以省直管县为特征的扁平化改革，实行四级政府架构，由省级政府直接负责县级政府的行政管辖，提升县级政府的行政级别，更好地实现县级政府权力与职责对等，完善县级政府的行政激励和约束机制。

此外，要真正发挥扁平化纵向治理的优势，在推进省直管县的同时，应该在合理论证的基础上适当增加省级单位的数量，以减少中国省域辽阔和所辖县众多带来的信息获取和政策协调难度。

具体来说，继续推进和深化省直管县改革需要做到以下几点。

一、继续在减少行政层级上进行探索

制定省直管县的原则和标准，从行政体制改革来看，现在国家就应着手研究制定不同层级设置的基本条件，确定在什么条件下实行两级制、三级制或四级制，为各地行政层级设置提供基本依据。省直管县是行政区划改革的一个重要方面，国家要出台省直管县行政体制改革指导意见，包括经济指标、人口结构、空间布局以及特殊条件等，对那些综合经济实力强、城市化水平高、区位条件优越，可以发展成中等城市的县市要加快推进省直管县改革。推进省直管县体制首先应对综合实力强的县市实行，以便强化行政地位，使其与经济社会地位相符，为经济发展提供更为宽松的环境。探讨省直管县行政等级的安排，通过增加行政层级、减少管理幅度来应对不同县（市）的复杂状况。省直管县改革强化了县（市）的行政地位，但县（市）依然是县级行政区。为了保持行政级别或者人员编制安排上的连续性及系统性，有必要对省直管的县（市）实行分等管理。依据人口、经济、地理等状况将县（市）划分为不同等级，然后设置相应的机构和编制。

二、继续完善和落实省直管县财政体制

合理界定省与县（市）政府间事权关系。事权划分是现代财政制度有效运转的基础。只有在明晰政府间事权划分的基础上，才能界定各级政府间的支出责任。为省直管县财政体制构建明晰的事权与财权关系，解决目前政府职能定位不够明确、政府间事权划分不清晰、财政支出责任不明确的问题，要将省级行政区以下地方财政的主要职能转移到地方政府为辖区提供公共服务上来。省级财政主要负责区域性的经济结构调整、环境改善、中观目标的调控、省本级机关的职能运转

等地方性支出项目，承上启下增强行政活力与效能。市、县级政府具体负责各自辖区范围内的社会治安、行政管理和公用事业发展等具体支出事宜。完善县级基本财力保障机制，把省直管县财政体制改革与建立县级基本财力保障结合好，省级政府会加大宏观调控力度，将财政体制核定到县、转移支付测算到县，使已出台的省直管县财政体制制度化。

三、促进县城的发展

促进新型城镇化发展，优化城镇规模结构，增强中心城市辐射带动功能，加快发展中小城市，有重点地发展小城镇，并把加快发展中小城市作为优化城镇规模结构的主攻方向。省直管县与市管县相比，总体上有利于县（市）域的发展，特别是县城的发展。促进资源向县（市）域集中，按城镇级别配置公共资源的方式已成为改革明确的方向。党的十八届三中全会提出，对吸纳人口多、经济实力强的镇，可赋予同人口和经济规模相适应的管理权。理念的更新，按照基本公共服务均等化的要求，通过公共财政支出、金融支持、制度创新等，使县（市）域能够配置更多公共资源和市场资源。

促进主体功能区的形成和完善，鼓励人口向县城集中、向中心镇集中，从维护大范围生态安全、缓解资源环境的承载力出发，构建有利于生态环境修复和保护的行政区划体制。有重点地发展本地基础较好的中心村和小城镇，完善基础设施和公共服务，大力改善人居环境。按照生态环境和自然保护区发展的特殊要求，整合县级行政区规模。有序引导人口外移，逐步减轻资源环境压力，保护生态环境。控制城市外延扩张。引导人口向县城和城镇集中，尽量减少无序分散的农村居民点。

第三节 尽快构建地方税制体系

中国现行的中央税体系和地方税体系框架，是1994年分税制改革及随后税制调整过程中逐步形成的。地方隐性负债、土地财政问题及仍未完全解决的"基层财政困难"等问题，其产生的根源绝不是由于分税制，而问题恰恰是中国的税制建设一直停留于有地方税但无地方税体系的状态。原本县级财政十分吃紧，随着"营改增"的推进，县级财政更加捉襟见肘。

构建地方主体税种是目前税务领域最为迫切的议题，而问题的解决不是一蹴而就的，必须分步实施、稳步推进。

一、要改变税收分享办法，完善财税体制

协调好中央与地方的收入分配利益，在保持现行中央、地方收入格局基本不变的前提下，科学测算因增值税征税范围扩大导致营业税收入减少的规模，提高地方政府的增值税收入分成比例，缓解地方财政压力。全面实行营改增之后，地税收入中营业税将全部丧失，企业所得税也因新增企业随着营改增变为国税征管而失去新的成长空间，地税部门将失去主体税种的支撑。地税部门应坚持依法治税，切实加强税收征管，提升组织收入的管理水平，进一步强化信息管税的能力，加大稽查力度，力保税收应收尽收。做大做强地方经济是解决地方财政困难、缓解财政压力的根本出路。积极推进经济发展方式转型，推进重点产业发展，加大招商引资力度，不断提高产业附加值，盘活现有存量，大力发展增量，做大经济总量。

二、积极探索并确立地方主体税种

目前税收体系下，作为地方政府主体税种呼声较高的是消费税、房地产税、资源税等税收。由于不对居民生活用房征税，因此中国目前开征的房地产税与国际上通用的房地产税概念并不完全一致。美国将房地产税作为地方主体税种是因为美国地方政府指县、社区等，不包括州政府，而中国地方政府包括省、市、县、乡（镇）等四级政府，房地产税收入有限，很难作为省级行政区的支柱税种。假如坚持将房地产税打造成为地方主体税种，必然扩大房地产税征收范围、提高房地产税的征收强度和比率，势必对整个经济发展、居民消费造成较大负面影响。此外，尽管从长期来看，房地产价格是不断上涨的，地方政府的房地产税收入也是稳定而有保障的，但是房地产价格不会持续上涨。随着中国市场经济的发展和完善，"以房为纲"的经济结构将逐步改变，房地产在中国的支柱行业地位必将丧失。而房地产淡出支柱产业，必然会削弱房地产税源。

资源税同样也不适合作为地方主体税种。资源的不可再生性使地方政府很难获得稳定、持续的收入。中国幅员辽阔，西部不发达地区资源丰富，东部发达地区资源匮乏，资源分布不均等诸多现实因素限制了资源税成为中国地方主体税种的可能性。

以上是作为地方主体税种呼声较高的两种税，但是通过分析，都不适合作为地方政府主体税种，而开征零售环节销售税作为地方政府主体税种是一个不错的选择。通过立法在全国范围内建立一个对终端消费者一次性征收的单一税率的税种。以零售销售税作为地方主体税种，可以真正地通过消费引导投资，将消费者手中的货币变成引导全社会生产和投资的指挥棒。当经济处于扩张期时，销售税的增长会比其他税目缓慢；当经济衰退时，不同于其他税种收入的削减，销售税为地方政府财政提供稳定可靠的收入来源。总之，由于地方税收收入与居民消费水平直接挂钩，地方政府为了扩大税源势必竞相改善消费环境、刺激内需。

第四节 完善县级财政转移支付制度

目前，中国虽然制定了一些规范财政转移支付的一般性法规，但尚未出台财政转移支付的专门或相关的法律，仅有为数不多的规章制度。地方各级人民代表大会对尚未完全纳入预算管理的转移支付资金难以发挥应有的监督职能，导致转移支付资金在拨付、使用中存在较大问题。现行中央对地方转移支付制度存在的问题和不足，主要表现在：转移支付改革与财政事权和支出责任划分改革衔接不够；转移支付资金统筹力度有待加强，资金闲置沉淀问题依然存在；专项转移支付清理、整合没有到位；转移支付管理有待规范，预算公开和绩效评价有待加强。此外，省级行政区及省级行政区以下财政转移支付制度改革进展不平衡。现实中，如前所述，中国转移支付制度也存在诸多问题。为了进一步完善转移支付制度，支持县（市）域经济发展，必须改进转移支付制度。

一、提高一般性转移支付规模和比例

提高一般性转移支付规模和比例，优化支出机构，加大一般性转移支付力度，提高县级政府可支配财力。根据2016年12月23日在第十二届全国人民代表大会常务委员会第二十五次会议上财政部长肖捷所做的《国务院关于深化财政转移支付制度改革情况的报告》，2016年中央对地方转移支付规模达到5.29万亿元，其中一般性转移支付3.2万亿元，专项转移支付2.09万亿元。一般性转移支付占全部转移支付的比例由2013年的56.7%逐步提高至2016年的60.5%。连续多年大幅度增加对革命老区、民族地区、边疆地区、贫困地区的转移支付，老少边穷地区转移支付由2013年的1081亿元增加到2016年的1538亿元，年均增长12.5%。在整体压缩专项转移支付的前提下，优化了专项转移支付内部结构，加大了教科文卫、社会保障、节能环保、农林水等重点民生领域的投入力度。由以上数据可以看出，虽然中国加大了中央对地方一般性转移支付占全部转移支付中的比例，但专项转移支付的占比仍然较高，仍然可以通过

清理、整合和规范，进一步压缩专项转移支付规模，增加一般性转移支付的规模，以保证转移支付制度更加公平、合理、透明和易于监督。

二、整合一般性转移支付项目

目前，一般性转移支付包括均衡性转移支付、民族地区转移支付、县级基本财力保障机制奖补资金、调整工资转移支付等多个项目。这些项目既包括对民族地区的转移支付补助，又包括地方收入减少的财政补助，目标各不相同，在具体操作过程中也很难平衡各项目间关系。因此，应考虑将其合并为一个项目，即一般均衡转移支付项目，通过规范化的公式来分配资金。如果暂时难以全部整合为一般均衡转移支付，也可先将民族地区转移支付并入一般均衡转移支付，并综合考虑经济因素、民族因素、公平性因素、政治因素、财政因素和地区差异因素等，设计标准化公式进行测量。

三、改革专项转移支付制度

改革专项转移支付制度。第一，要科学设置专项转移支付项目，彻底取消需要县级政府进行资金配套的要求。第二，上级政府应根据县级经济社会发展实际情况设置专项转移项目。按照专项转移支付设置的目的，在设置专项转移支付项目时，考虑具有特殊性、非固定性、突发性等特征的项目，教育、社会保障和就业等支出都不应列入专项转移支付。第三，控制专项转移支付的规模。专项转移支付只是作为一般性转移支付的补充，配合国家政策调整而设置的相应项目，不能将其常态化，且规模不宜过大。如果能按照县（市）域发展实际需要进行项目的设置，对资金规模的控制就很容易掌控。第四，加强对县级专项转移支付项目使用的监督及绩效评估，促使其节约高效使用资金，提高资金使用效率。第五，逐步强化中央各部门的政策制定、指导及监督职能，减少其直接提供公共服务的支出及预算审批权，将一些不规范的专项转移支付资金转变为一般性转移支付资金，充实地方政府财力。对关乎重大民生的专项转移支付，如医疗卫生、住房保障支出、粮油物资储备管理事务等专项资金，应进一步加强规范化管理。

四、研究确定"国家基本公共服务最低标准"

由于我国地域辽阔，各地区之间经济发展水平相差很大。即便是同一省市内部，县（市）域之间的差距也非常悬殊。经济发展水平的差异导致县级政府的财力水平极不均衡，继而导致县（市）域范围内政府提供公共服务的能力差异巨大。具体表现在全国范围内，县（市）域之间公共服务基础设施的建设水平差距很大，公共服务的范围、内容、标准各不相同，城乡居民享受的公共服务水准差异很大，公共服务均等化目标尚未实现。为此，本研究认为，应当从国家层面对全国所有地区的县级政府公共服务能力进行汇总分析，在综合考虑空间区位、人口规模与结构、经济发展水平、民族、宗教等诸多影响因素之后进行测算，制定出全国统一的"国家基本公共服务最低标准制度"，以此作为约束地方政府必须向本地居民提供公共服务的人均最低标准。对此，可以有两个方案进行选择。

第一种方案，由于公共服务项目众多，涉及众多专业领域，服务的业务标准难以统一，因此，"国家基本公共服务最低标准"可以设定"国家基本公共服务人均财政支出最低标准"作为衡量指标，通过建立模型测算出具体的量化标准，以此作为衡量地方政府公共服务考核达标的硬性指标加以推行，同时也将其作为中央对地方政府进行一般均衡转移支付公式测算的一个影响因素体现出来。如此，对那些县级财力薄弱、难以达标的县级政府，通过加大中央转移支付和鼓励地方内部上级政府转移支付帮助其达标；而财力较好能够自行达标的，中央可视情况予以适当奖励。这样将有利于推动全国范围内的公共服务均等化目标的实现。

第二种方案，虽然基本公共服务涉及众多领域，很多领域的专业性很强，难以统一制定一个标准，但是可以通过制定"国家基本公共服务最低标准体系"加以解决。也就是说，根据国家基本公共服务清单，梳理和测算每一项公共服务的业务标准和财政支出标准，并形成一个"国家基本公共服务最低标准体系"，由地方财政部门配合各业务主管部门根据各自的最低标准为辖区内的居民提供公共服务。当基础薄弱、财力不足的县级政府难以实现"国家基本公共服务最低标准体系"的各项指标时，由中央财政和中央主管部门予以专项转移支付进行帮扶，对经济基础较好、财力比较充足的县级政府自行达标的，中央可视情况予以适当奖励。

这种量化的国家基本公共服务最低标准制度的实行，一方面可以解决长期以来基层政府基本公共服务供给不均衡导致的社会不公平问题，为实现全民小康社会提供基础条件；另一方面也为财政资源的公平分配特别是财政转移支付制度的公平实施提供了新的思路。

第五节 推动县级财政编制跨年度预算制度

不同的国家引入跨年度预算的具体原因各不相同，中国引进三年滚动财政规划旨在弥补传统年度预算的不足，提高财政政策的前瞻性、有效性和可持续性，促进经济社会平稳健康发展。

一、县级中期预算试点成效

从 2008 年开始,中国开始在河北省、河南省焦作市和安徽省芜湖县试点编制中期预算。其中,芜湖县作为唯一的中期预算试点县,如图 4-1 所示,通过编制中期(3 年)滚动预算,芜湖县财政支出增长速度在 2010 年后趋缓,预算内财政收入稳步上升,预算内财政缺口在 2012 年达到峰值之后大幅度下降。从经济发展角度看,实施中期预算试点以后,芜湖县第一产业增加值和第二产业增加值增速并未受到财政支出增速放缓的影响,尤其是第二产业增加值在近年来出现加速增长的趋势。

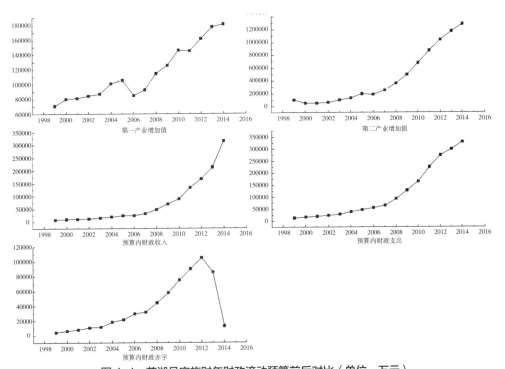

图 4-1　芜湖县实施财年财政滚动预算前后对比(单位:万元)
(资料来源:根据《中国县(市)域统计年鉴》相应年份(1999~2014)整理)

可见,芜湖县在试点编制中期滚动预算的过程中,不仅削减了财政支出,大幅度降低预算内财政缺口,且保证了经济的持续健康增长。按照渐进式改革"先试点后推广"的思路,芜湖县的成功值得推广。

二、推动县级财政编制跨年度预算制度

2015 年 1 月,国务院发布了实行中期财政规划的管理意见,要求中央各部委、各省级单位结合国民经济和社会发展五年规划纲要等的实施,研究未来三年影响

财政收支的重大改革和政策事项并测算收支数额。在此基础上，各部委、各省级单位结合自身实际情况编制三年滚动财政规划。在国务院发布的实行中期财政规划的管理意见中并未提及正式的中期预算，只是要求编制三年滚动财政规划。究其原因，很大程度上是由于编制中期预算的基本要求尚未满足，即基于宏观经济预测以及财政政策变动，对多年财政收入与支出进行合理预测困难，其中最为关键的一点就是合理预测技术的缺乏。但芜湖县的经验告诉我们，在县一级财政编制中期预算是可行的，而且对促进县（市）域经济的可持续发展和统筹安排财政资金、提高资金使用效率具有积极作用。

在推动县级财政编制跨年度预算制度的过程中，应当注意以下问题：第一，编制县级财政跨年度预算，必须紧密对接县（市）域经济社会发展战略规划，立足当下，着眼长久；第二，统筹安排年度预算与跨年预算滚动机制，以保证资金的连续性和稳定性；第三，通过编制跨年度预算，要保证支持县（市）域发展财政政策的稳定性和持久性；第四，县级财政编制跨年预算，时间跨度可由试点的三年延长至五年，以配合国民经济和社会发展五年规划，提高预算编制的预测精度。

但是，编制中期滚动预算比编制年度预算的难度大很多。国外有研究显示，中期预算制度比较成熟的发达国家，其中期预算的编制和实施也存在诸多问题[1]。由于财政预算尤其是支出预算决定了未来财政资金的划分，在各级政府和各部门都有扩大财政支出规模的动机下，目前单纯由县级财政预算部门编制财政预算难免会受到各种因素的扰动，致使年度预算出现预决算收支偏离，县（市）域财政政策部分失效和县级政府债务的预算管理缺失等问题便可能会出现。因此，需要加强对中期滚动预算的研究，在条件允许的县（市）扩大试点范围，积累相关经验，逐步进行推广。

第六节　充分利用新型财政政策工具

随着中国新型城镇化的进程加快，地方经济社会发展与政府财政资金紧张的矛盾日益凸显，特别是县级政府因为财政困难而导致公共服务供给能力不足的问题，在很大程度上影响了县（市）域经济地可持续发展。党的十八届三中全会明确了市场在资源配置中起决定性作用，政府要更好地发挥作用。在这一关键性的

---

[1] Heinemann. planning or propaganda? an evaluation of Germany's medium-term budgetary planning[J]. Finanzarchiv Public Finance Analysis，2006（4）：551-578.

战略定位下,如何明确划分政府与市场的界限,充分调动市场在资源配置中的决定性作用,发挥社会和民间资本参与县(市)域经济社会发展的能动作用,便成为各级政府考虑的重要内容。在此前提下,近几年中国各级政府在财政政策工具的创新和运用上不断探索,积极实践,已经积累了一定经验,取得了一定成效。在促进县(市)域经济发展的过程中,充分利用这些新型财政政策工具,将会进一步放大财政资金的杠杆作用,最大限度地撬动各种社会资本投入到当地的经济社会发展中。

一、利用财政资金注资政府投资基金支持产业发展

2015年底,财政部连续出台《政府投资基金暂行管理办法》(财预[2015]210号)、《关于财政资金注资政府投资基金支持产业发展的指导意见》(财建[2015]1062号),充分肯定了近年来各级财政探索政府投资基金等市场化方式支持地方产业、有效引导社会资本投向、促进各地企业和产业发展的做法,但同时也指出各地政府投资基金在实际运行中存在投向分散、运作不规范、指导监督机制不完善等问题。因此,在新型城镇化建设中,为夯实县(市)域经济发展基础,各地方县级政府应当在现有财力基础上,合理配置财政资金设立政府投资引导基金,按照精准定位、聚焦重点、问题导向、分类施策的原则,集中力量支持重点产业落地发展。

县级政府投资基金引导和支持的重点方向,应当是创新创业领域、中小企业发展领域、产业转型升级和发展、基础设施和公共服务领域。通过政府投资基金的引导和扶持作用,发挥其资金杠杆作用,提高县级政府的公共服务质量和水平,并且撬动和引流各类社会资本向县(市)域方向流动和下沉。当然,在政府投资基金的运作过程中,要强调规范运行,合理履行财政出资人的职责,防范各类风险。

二、创新公共服务领域财政投融资机制

在新型城镇化建设中,发展县(市)域经济,吸纳县(市)域城乡人口就近就地就业,除了需要努力创造条件培育产业、支持创业创新,还需要县(市)域范围内的公共服务质量和水平不断提高,以满足高端产业流入、创新人才吸引、生产生活环境改善等要求。因此,必须加强县(市)域公共服务领域的投资力度,提升县级政府公共服务的财政保障能力。在当前县级政府财力普遍不强的情况下,迫切需要在公共服务领域引入社会资本,实现政府和社会资本合作,增强公共服务领域投资建设和运营能力。

近几年中国政府大力推动的政府向社会力量购买公共服务、PPP模式（公私合作伙伴关系）、特许经营等，都在公共服务领域发挥了积极作用。但是，从现实情况看，目前这些模式在公共服务领域的应用范围较窄，经济社会效益尚未充分发挥出来，还需要深入研究和积极探索。但无论如何，这些公共服务领域财政投融资方式的创新工具，如果运用得当，将在县（市）域经济发展和社会治理中发挥积极作用，应当大力推广和加强应用。

由此，可以鼓励更多的县级政府在一些社会、民生、扶贫项目上探索和尝试发行社会影响力债券募集资金，以社会效益为导向，将债券的收益水平与项目运行的社会效果挂钩，效果越好，投资人的回报越高，以此吸引更多的金融机构、社会资本积极参与到县（市）域城镇化的建设和发展之中。

第七节　完善财政支持新型农业社会化服务体系建设

在中国，促进县（市）域经济发展还有一个无法绕开的问题，就是所谓"三农"问题。在新型城镇化建设过程中，促进传统农业向现代农业转变，除了前述的一些政策工具可以加以运用，还必须建设新型农村社会化服务体系。即要建设以公共服务机构为依托、合作经济组织为基础、龙头企业为骨干、其他社会力量为补充，公益性服务和经营性服务相结合、专项服务和综合服务相协调，为农业生产提供产前、产中和产后全过程综合配套服务的体系。具体包括农业技术推广体系、动植物疫病防控体系、农产品质量监管体系、农产品市场体系、农业信息收集和发布体系、农业金融和保险服务体系等。它的经营载体是以市场经营主体为主，范围更广、分工更细、经营更灵活，涉及供销合作社、农民专业合作社、专业服务公司、专业技术协会、农民经纪人和龙头企业等。政府农、林、水等农业部门下属的各站等，也是目前农业服务的主要力量。要发展这样系统而繁杂的新型农业社会化服务体系，离不开财政的支持。

近年来，中国经济领域的供给侧改革和结构调整进一步加大，农村土地"三权分置"改革落实，为发展现代农业，实现农业提质增效，繁荣农村经济，增加农民收入带来更大的机会和作为空间，也吸引着越来越多的社会资本下乡，投资农业，发展农村经济。但农村积贫、农业积弱的现状一直没有彻底改变，农村公共产品供给不足，农业基础设施建设滞后，农业经营主体单一和农业生产方式传统，严重制约农村经济和农业产业进一步发展。各级政府部门，特别是县级政府，在如何合理运用财政政策调节农业和农村公共产品配置，如何调动市场主体参与政府主导的农业社会化服务体系建设的积极性，如何建立农业社会化服务与农民利益密切相关的连接机制等方面，面临更多的困难和挑战，也对其工作提出更高要求。

当前，中央财政对新型农业社会化服务体系的支持，主要是通过农业部门和供销合作社系统两条线试点推进。前者以财政补贴的形式，通过县级农业局作为政府购买服务的主体，在调节农业公共产品和服务的同时，培育农机合作社等新型社会化服务主体发展，突出政府在公共产品供给中的调节作用；后者以财政补助形式，以支持基层供销合作社发展为主，利用供销合作社农资渠道优势，建设为农服务中心，增加农业公共产品和服务投入渠道，从内容和组织形式上对新型农业社会化服务体系进行创新支持。两者都是以推进农业服务规模化，把分散的土地经营主体通过服务连接，解决一家一户或家庭劳动力不足农户对农业生产的需求问题，对促进农业生产的专业化、标准化建设具有十分重要的现实意义，有利于提高农产品质量和安全，推进农业现代化发展[①]。为发展县（市）域农业，服务于解决"三农"问题，必须加大和完善财政支持新型农业社会化服务体系的建设力度。

当前中国正处于推进新型农业社会化服务体系建设的初级阶段，政府在其中还起着主导性作用，要充分发挥政府对市场失灵的弥补作用，通过增加财政资金直接或间接的投入力度，引导和规范市场主体参与新型农业社会化服务体系建设，培育各类农业经营主体发展，构建农业社会化服务体系，推动农业现代化发展，促进农业公共产品和服务的有效配置。

现行中国财政支持"三农"发展的预算科目设置在农林水事务类中，类下设7款，分别是农业、林业、水利、南水北调、扶贫、农业综合开发和其他农业林水事务支出，在每一款下又覆盖了数量不同的项级科目。以农业综合开发为例，其款下又覆盖6个项级科目，依次是机构运行、土地治理、产业化经营、科技示范、贷款贴息和其他农业综合开发支出。6个预算项级科目中，并未有新型农业社会化服务及相关内容。因此，有必要将"农业社会化服务"作为一个项级科目，可增列在"农业"款下。

中央财政支持新型农业社会化服务体系建设作为中央对地方的专项转移支付，共由四个专项构成（包括农业科技推广与服务、新网工程和农业生产全程社会化服务试点及农业综合开发），且后三者在支持方向和重点上存在一定交叉和重叠。这种多个部门分配、多个投资渠道和管理的现象难以形成合力，发挥财政

[①] 胡恩磊. 政府完善财政支持新型农业社会化服务体系建设研究 [D]. 中央财经大学，2017.

资金使用效益。因此，要落实《国务院关于改革和完善中央对地方转移支付制度的意见》，对使用方向和政策目标相近的专项资金进行相应的合并调整，以集中资金使用方向。

第八节　制定支持县（市）域经济发展的税收优惠政策

经济、体制、政策和征管因素，导致县级税收收入呈下降趋势。加快县（市）域经济发展是积极推动新型城镇化的必然要求，面对新的形势和任务，税收应当有所作为。迫切需要有针对性地确立推进县（市）域经济发展的税收发展战略，立足于政策、制度和管理的创新，更好地发挥税收职能作用，通过加快健全和完善税收法律体系，完善财税分配体制，制定相应的税收优惠政策，大力推进县（市）域经济转型升级和加速发展，最终推动新型城镇化更好、更快发展。

一、进一步完善县级财税分配体制

合理划分中央与地方税收收入，适当提高各税种的地方分享比例，以增强地方上级政府对县级政府的财政转移支付能力，实现既保证中央收入又促进县（市）域经济发展的双赢局面。通过进一步完善调整财税分配体制，适当增加县级税收收入，保障地方政府加大社会民生服务投入的需要。

县（市）域范围内的大型企业集团存在一定程度的税收转移问题，其税收收入应当遵循税收与税源相一致的原则，使税收与税源尽可能保持一致，这样既能促进县（市）域经济的发展，又可充分调动地方政府扶持企业、促进经济发展的积极性。要加快地方税收体系建设，改善县级税源萎缩的局面。近年来，国家出台的各项税收政策特别是"营改增"等政策，倾向于增强中央级财力，地方税收体系建设相对滞后，国家应研究出台合理的地方税收法律和相关政策，稳定地方财力。

二、制定相应的税收优惠政策促进资源型县（市）域经济转型发展

在目前的经济形势下，经济结构优化与转型对资源型县（市）域经济发展、县级财力保障意义重大，推进县（市）域经济转型升级，延伸产业链，提高附加值，发展新能源产业，加快装备制造业发展，是提升县（市）域经济发展、增加县级税收收入的必然选择。国家对县（市）域经济尤其是资源依赖型县（市）域经济应有一定的政策倾斜，制定相应的财税激励政策，促进其经济转型调整，培

育新的税收增长点。在此基础上，运用好信息化技术，加强部门协作，加快推进信息管税进程，规范纳税人税收核算模式管理，不断提高税收管理水平和纳税人税法遵从度，促进县级税收收入稳定提升。

第九节　鼓励金融机构加大对县（市）域城镇化建设的支持力度

党的十八大报告指出，要协调城乡区域发展，走中国特色的新型城镇化道路。城镇化建设已成为我国现代化建设的重要历史任务。在新的历史时期，县（市）域金融如何适应新型城镇化建设要求，助推经济转型和平稳发展，是当前亟需解决的问题。

一、构建功能健全、便捷高效的金融服务体系

首先，要向农村延伸金融机构营业网点。金融机构的服务范围要向县（市）域新型城镇化建设重点区域联动发展，根据县（市）域新型城镇化建设和发展需要，对机构和网点设置做出相应规划和调整，在新型农村社区和人口集中的中心村、镇设立新的营业网点。其次，扩大农村营业网点业务范围。继续巩固和优化农行、邮政储蓄银行、农信社等涉农金融机构现有的农村金融基层网点布局，鼓励和支持营业网点将业务升级为全功能型网点。最终建立起一个覆盖广泛、层次分明、种类齐全且具有完善的服务、健全的功能、充裕的资本金并安全运行的农村金融体系，化解金融服务功能和产品单一化与县（市）域新型城镇化建设中多元化金融需求的矛盾。再次，需要大力提高涉农金融机构的支付结算水平。涉农金融机构要充分发挥自身网点覆盖广泛的优势，并积极运用现代化的支付系统，增加县（市）域新型城镇受理借记卡和信用卡设备的数量，以利于借记卡和信用卡在农村的使用数量有较大幅度增加，同时，农村网上银行业务、电话银行业务等也应加速发展，强化结算服务功能，提高资金的使用效率。

二、加大信贷支持县（市）域新型城镇化建设的力度

金融机构的信贷支持是新型城镇化建设必不可少的重要力量，如果没有金融机构的信贷支持，仅凭县级财政的力量无法完成县（市）域范围内的新型城镇化建设目标。因此，必须加强金融机构对县（市）域城镇化建设的信贷支持力度。

第一，调整和优化信贷结构。各金融机构要努力争取上级行在信贷业务方面的各项倾斜政策，如贷款数量的多少、直接发放贷款的权力等，尤其是要争取对

县（市）域新型城镇化建设的专项额度，然后通过上级行直接贷款或发放委托贷款或信贷资产转让等不同方式，以及银行承兑汇票、开立银行保函或信用证等各项不同的银行表外业务，提高对城镇化建设和县（市）域实体经济发展的资金投放增量。同时，还要盘活资金存量、优化调整资金结构，切实加大对县（市）域新型城镇化进程中在建重点建设项目的信贷投入，确保把有限的信贷资金用在刀刃上。

第二，强化基础设施建设的金融支持，并通过金融创新推动多维城镇化进程，支持向生态化、信息化城镇发展。对县（市）域新型城镇化建设进程中软硬件的金融支持力度要同时加大，城镇化建设的软硬件水平也要同时提高。所谓硬件是指交通、水、电、气、互联网等，所谓软件是指环保、文教卫生、社会保障等。

第三，改善产业结构优化升级的金融服务，推动城镇全面提升工业化水平。加大对县（市）域新型城镇化建设中的战略性新兴产业、骨干企业和为骨干企业配套的企业、各种工业园以及产业转移企业的金融支持，为其量身打造各不相同、极具个性化的金融服务方案，实现存、贷等传统的信用业务和结算、理财等新型中间业务的"一站式"服务，推动城镇尽快提升工业化水平。

三、加强对县（市）域城镇化进程中人口地理空间转移和身份转换的金融支持

以县城为中心辐射和带动县（市）域城镇化的发展是未来新型城镇化建设的重要措施，不可避免地要带来人口的地理空间转移和身份转换。而在这一过程中，大量农村人口迁入县城和乡镇生活、工作，首先带来的就是住房及各种生活配套设施的建设和住房购买问题。除此之外，进入县城和乡镇生活工作的迁入人口的各种创业、就业以及生产、生活消费等，无一不需要金融信贷的支持。为此，本研究认为应当从以下几个方面思考金融支持途径。

第一，从住房的供求两个方面入手，采取有力措施，满足新增农村社区居民的住房需求。供给方面，通过扩大保障性住房的贷款规模、降低贷款利率、放宽贷款审批条件及简化贷款审批程序等措施，增加保障性住房的房源数量；需求方面，对申请房贷的农村社区居民实行差异化贷款政策，房贷门槛要有较大幅度的降低，当然在此过程中也不要忽略控制风险。

第二，贷款支持农村社区居民自身素质的提高和自我价值的实现。金融机构应相机发放联保或小额担保贷款、农民工创业贷款、贴息扶贫贷款等，支持农村社区的复退军人、返乡农民工、失业和就业困难人员接受更高教育和各种职业技能培训，以利于其创业、就业。

第三，启动农村消费信贷业务。积极为收入稳定的农户开展购车、住房装修和其他消费方面的信贷业务，提高新型城镇居民生活水平。要启动城镇消费市场，把农产品的流通市场搞活。

参考文献

[1] 彭雨新.县地方财政[M].上海：商务印书馆，1945.

[2] 兴华.一九五〇年实行高度集中统收统支的财政体制[J].中国财政，1982（11）：37-39.

[3] 宋新中.中国财政体制改革研究[M].北京.中国财政经济出版社，1992.

[4] 中央文献研究室.周恩来年谱（1949-1976）（上）[M].北京：中央文献出版社，1997.

[5] 中共中央文献编辑委员会.陈云文选（第二卷）[M].北京：人民出版社，1995.

[6] 刘国新.中华人民共和国实录（第1卷（上））[M].吉林：吉林人民出版社，1994.

[7] 财政部综合计划司.中华人民共和国财政史料（第1辑）[M].北京：中国财政经济出版社，1982.

[8] 李先念论财政金融贸易编辑组.李先念论财政金融贸易（上卷）[M].北京：中国财政经济出版社，1992.

[9] 阎坤.中国县乡财政体制研究[M].北京：经济科学出版社，2006.

[10] 中国社会科学院财政与贸易研究所.走向共赢的中国多级财政[M].北京：中国财政经济出版社，2005.

[11] 张晓山.浅析后农业税时期中西部地区的农村改革和发展[J].农村经济，2006（3）：3-7.

[12] 陈纪瑜，袁锦.财政制度创新推动循环经济发展[J].求索，2009（1）：37.

[13] 贾鸿.制度创新：取消农业税后农村基层财政的必然选择[J].经济探讨，2006（6）：21-24.

[14] 苏明，张立承.我国县乡财政管理体制改革的思路与对策[J].地方财政研，2006（8）：4-9.

[15] 马昊，庞力.中国县级财政制度的历史变迁与改革思路[J].湖南师范大学社会科学学报，2010（5）：108-111.

[16] 周春英.县财政的历史考察及其启示[J].财政监督，2009（23）：63-64.

[17] 李捍东.立足国情，重塑财政分级管理体制[J].经济体制改革，1990（2）：34-40.

[18] 韩国春，赵伯坤.关于"划分收支、分级包干"财政管理体制简介[J].中国财政，1982（7）：8-9.

[19] 郭小琼.县级财政支出结构与县域经济增长关系的实证分析——以河南省X县为例[D].河南大学，2013.

[20] 崔潮.中国现代化进程中的财政制度变迁[D].财政部财政科学研究所，2011.

[21] 李枢川.财政制度、经济增长与国家治理[D].财政部财政科学研究所，2014.

[22] 杨小东.我国农村财政分级治理结构：演进的基本逻辑与趋向[D].西南大学,2011.

[23] 郑小玲.中国财政管理体制的历史变迁与改革模式研究（1949—2009）[D].福建师范大学,2011.

[24] 兴华.1958年对财政体制进行了重大改革的尝试[J].中国财政,1983（4）：13-15.

[25] 兴华.一九五九年开始实行"总额分成,一年一变"的财政体制[J].中国财政,1983（5）：10-12.

[26] 姜长青.建国初期县级财政的建立[J].地方财政研究,2011（6）：74-80.

[27] 陈光焱.历史上财政管理体制的演变及启示[J].湖北财税,1998（18）：42-44.

[28] 周春英.完善县财政管理体制的思考——基于历史的视角[J].财政经济评论,2010（2）：66-74.

[29] 周春英.县财政的历史考察及其启示[J].财政监督,2009（23）：63-64.

[30] 赖艳华.新中国县级财政体制演变述评[J].宁德师范学院学报(哲学社会科学版),2005(2)：1-7.

[31] 叶振鹏,赵云旗.新中国60年财政转型之研究[J].中国经济史研究,2009（3）：48-55.

[32] 赵云旗.新中国财政60年[J].经济研究参考,2009（62）：2-16.

[33] 张通.新中国财政60年的变迁与思考[J].财政研究,2009（11）：2-9.

[34] 江庆.新中国财政管理体制的变迁与完善[D].福建师范大学,2004.

[35] 宋新中.新中国财政管理体制的改革与发展[J].时代财会,2001（6）：14-18.

[36] 许毅.新中国财政管理体制建立过程[J].财政研究,1993（10）：56-58.

[37] 文炳勋.新中国成立以来财政预算体制的历史演进[J].中共党史研究,2009（8）：21-28.

[38] 陈光焱.中国历史上财政管理体制演变及其启示[J].财政研究,2003（10）：64-66.

[39] 夏海.我国县级机构改革试点综述[J].瞭望周刊,1990（53）：12-13.

[40] 钱其智.我国县级机构改革试点步伐加快[J].瞭望周刊,1992（48）：12-13.

[41] 李鹏.积极推进县级机构改革[J].中国经济体制改革,1992（6）：6-9.

[42] 王秦丰.关于县级机构改革的试点情况[J].燧石,1993（2）：17-20.

[43] 孙占奎.我省县级机构改革试点中的问题及其对策思考[J].理论探讨,1993（3）：74-79.

[44] 边斌.抓住有利时机积极推进县级机构改革——全国县级机构改革试点工作座谈会综述[J].湖北社会科学,1993（1）：40-41.

[45] 夏海.我国县级机构改革试点的经验与成效[J].经济研究参考,1993（2）：54-65.

[46] 许超.新中国行政体制沿革[M].世界知识出版社,2012.

[47] 沈荣华等.地方政府改革与深化行政管理体制改革研究[M].经济科学出版社,2013.

[48] 刘峰,孙晓莉.中国行政体制改革理论与实践[M].国家行政学院出版社,2012.

[49] 吴松江,李燕凌.行政体制新论[M].北京理工大学出版社,2011.

[50] 肖华孝.变革中的行政体制改革研究[M].中国发展出版社,2013.

[51] 魏礼群.行政体制改革论[M].人民出版社,2013.

[52] 崔建军.专业镇行政管理体制创新初探[M].光明日报出版社,2011.

[53] 周天勇. 中国行政体制改革 30 年 [M]. 格致出版社，2008.

[54] 刘侠. 市管县体制改革的必要性分析 [J]. 大众商务，2009（10）：257.

[55] 刘巇毅. 我国市管县体制的现实困境与走向 [J]. 党政干部论坛，2009（7）：17-19.

[56] 曾金胜. 乡镇如何走向"小政府，大社会" [J]. 时代潮，2003（17）：12-13.

[57] 郭庆旺，贾俊雪. 财政分权、政府组织结构与地方政府支出规模 [J]. 经济研究，2010（11）：59-87.

[58] 郭淑芬. 关注撤乡并镇后可能存在的五大问题 [J]. 生产力研究，2007（5）：81-82.

[59] 韩俊. 中国经济改革 30 年：农村经济卷 [M]. 重庆大学出版社，2008.

[60] 黄瑛，龙国英. 乡镇撤并是乡村城镇化的必由之路 [J]. 江西社会科学，2003（2）：172-177.

[61] 贾俊雪，郭庆旺，宁静. 财政分权、政府治理结构与县级财政解困 [J]. 管理世界，2011（1）：30-39.

[62] 刘尚希. 谨防乡镇机构改革落入"循环改革"陷阱 [J]. 人民论坛，2006（2）：20-21.

[63] 鲁静芳，左停. 乡镇撤并的城镇化效应的实证研究：以苏北地区的城镇化改革 [J]. 城市发展研究，2006（6）：52-57.

[64] 罗宏翔，哈颖. 乡镇撤并与农村空间结构优化 [J]. 财贸经济，2005（4）：91-94.

[65] 佚名. 适度撤并乡镇村——有利于农村经济社会发展的重要举措 [J]. 湖北政报，2000（4）：55-56.

[66] 朱香敏. "省管县"改革要警惕市场分割和县域竞争 [J]. 新长征（党建版），2009（3）：15.

[67] 施雪华，邓集文. 省直管县改革面临的问题及解决思路 [J]. 党政干部文摘，2009（3）：28.

[68] 马晓莉. 试析当前我国的省管县体制改革 [J]. 智富时代，2015（6）：93.

[69] 王华春，刘栓虎，刘清杰. 中国财政分权的决定因素与差异性分析——基于省、地市和县级政府 2000—2007 年的实证数据 [J]. 河北经贸大学学报，2016（5）.

[70] 王绍光. 分权的底线 [M]. 中国计划出版社，1997.

[71] 周飞舟. 分税制十年：制度及其影响 [J]. 中国社会科学，2006（6）：100-115.

[72] World Bank. China：National Development and Subnatioal Finance[R].A Review of Provincial Expenditures. Washington：World Bank，2002.

[73] 李萍. 中国政府间财政关系图解 [M]. 中国财政经济出版社，2006.

[74] 马海涛. 分税制改革 20 周年：动因、成就及新问题 [J]. 中国财政，2014（15）：40-43.

[75] 郭庆旺，吕冰洋. 中国分税制 [M]. 中国人民大学出版社，2014.

[76] 张光. 财政分权省际差异、原因和影响初探 [J]. 公共行政评论，2009（1）：133-158.

[77] 樊勇. 我国县级政府税收收入的结构、规模及影响分析 [J]. 中国财政，2011（12）：46-48.

[78] 马海涛. 财政转移支付制度 [M]. 中国财政经济出版社，2004.

[79] Heinemann. Planning or Propaganda? An Evaluation of Germany's Medium-term Budgetary Planning[J]. Finanzarchiv Public Finance Analysis，2006（4）：551-578.

[80] Zaman, Gebeily. Basic Principles for Adopting the Medium-Term Expenditure Framework. Ssrn Electronic Journal, 2014 (3): 499—501.

[81] 王宇. 财税改革过程中地方主体税种的选择 [J]. 税务研究, 2015 (4): 91-96.

[82] 翟玮平. 财政支持县域经济发展的政策思考 [J]. 山西财税, 2013 (8): 12-14.

[83] 李林木, 李为人. 从国际比较看地方财政收入结构与主体税种选择 [J]. 国际税收, 2015 (6): 53-56.

[84] 李峰, 付晓枫. 地方主体税种培育问题探究——以经济发展理论为视角 [J]. 财政研究, 2015 (3): 45-50.

[85] 谢宇航, 邓菊秋. 发达国家地方政府主体税种设置及启示 [J]. 经济纵横, 2014 (11): 105-108.

[86] 朱俊福. 分税制改革20年的成就、问题、未来取向 [J]. 税务研究, 2014 (10): 12-15.

[87] 马海涛. 分税制改革应关注的几个问题 [J]. 中国财政, 2014 (17): 48-49.

[88] 张亚凯. 关于"分税制"财税体制问题的文献综述 [J]. 经济论坛, 2015 (9): 129-130.

[89] 林颖, 欧阳升. 零售消费税:我国现行地方主体税种的理性选择 [J]. 税务研究, 2014 (12): 51-54.

[90] 武庆昭, 李小强, 吴华清. 我国分税制存在的问题及相应对策 [J]. 中外企业家, 2015 (12): 49.

[91] 李琳. 现行分税制财政体制存在问题及改革新思路 [J]. 中国集体经济, 2016 (4): 84-85.

[92] 詹晶. 中央对省财政转移支付的决定因素:公平、议价、还是效益? [J]. 经济社会体制比较, 2011 (6): 73-84.

[93] 马常鑫, 武增虎. 做大县域经济的财政政策研究 [J]. 经济研究参考, 2015 (15): 40-41.

[94] 李春根, 舒成. 基于路径优化的我国地方政府间事权和支出责任再划分 [J]. 财政研究, 2015 (6): 59-63.

[95] 王华春, 刘栓虎. 政府财政预决算偏差治理研究 [J]. 电子科技大学学报（社会科学版）, 2016, 18 (4): 7-12.

[96] 谭浩俊. 专项转移支付越少越好 [J]. 经济研究参考, 2015 (24): 19-19.

[97] 刘梅. 我国财政专项转移支付制度研究:问题、原因及解决思路 [J]. 西南民族大学学报（人文社会科学版）, 2014 (12): 135-138.

[98] 岳希明. 分类拨款:我国专项转移支付改革的方向 [J]. 中国财政, 2014 (5): 36-37.

[99] 肖文东. 年度预算与中期预算:比较及借鉴 [J]. 中央财经大学学报, 2007 (12): 7-11.

[100] 王小龙, 方金金. 财政"省直管县"改革与基层政府税收竞争 [J]. 经济研究, 2015 (11): 79-93.

[101] 姚金武, 周震虹. 促进地方财政事权和支出责任相适应 [J]. 宏观经济管理, 2014 (10): 45-47.

[102] 周贤润. "省直管县"研究:评述与展望 [J]. 云南行政学院学报, 2015 (4): 150-155.

[103] 宫汝凯, 姚东旻. 全面直管还是省内单列:省直管县改革的扩权模式选择 [J]. 管理世界,

2015（4）：92-102.

[104] 盛琳. 完善地方政府间财政转移支付制度的思考 [J]. 湖南行政学院学报，2014（1）：15-19.

[105] 杨燕英，刘栓虎. 规范地方政府融资平台有序发展的路径探析 [J]. 中央财经大学学报，2011（1）：12-15.

[106] 李松森，盛锐. 完善财政转移支付制度的思考 [J]. 经济纵横，2014（3）：88-95.

[107] 姜爱华. 关于我国地方税主体税种选择的思考 [J]. 中央财经大学学报，2002（10）：14-17.

[108] 李菁菁，王冰清. 构建我国地方税主体税种的思考 [J]. 中国管理信息化，2015，18（2）：130-131.

[109] 唐婧妮. 基于税收区域分布视角的地方主体税选择建议 [J]. 经济研究参考，2014（65）：32-36.

[110] 王华春，刘栓虎. 转移支付是否促进了省内财政分权？——基于全国县级面板数据的分析 [J]. 财经论丛（浙江财经大学学报），2017，226（11）：11-23.

[111] 武君婷. 中国县制的历史演进及社会功能 [J]. 甘肃理论学刊，2007（3）：62-65.

[112] 苏文奇. 发挥县城在新型城镇化中的重要作用 [N]. 中国建设报，2015-9-21.

[113] 贾俊雪，张永杰，郭婧. 省直管县财政体制改革、县域经济增长与财政解困 [J]. 中国软科学，2013（6）：22-29+52.

[114] 张迪. 增值税扩围后地方主体税种选择 [J]. 湖北经济学院学报，2016，14（2）：62-68.

[115] 杨燕英，刘栓虎. 中国财政转移支付分配的决定因素研究——基于2000~2009年省际面板数据的分析 [J]. 经济社会体制比较，2017（2）：85-94.

[116] 李奕宏. 完善政府间转移支付制度 [J]. 宏观经济管理，2015（5）：57-59.

[117] 王朝才等. 财政专项转移支付资金的清理、整合和规范性研究 [J]. 经济研究参考，2015（46）：3-52.

课题 5 中国县(市)域经济研究

第一章 县（市）域经济发展总体分析

第一节 县（市）域产业结构及空间分布

一、产业结构总体上以第二产业为主

中国县（市）域经济总体上形成以第二产业为主的产业结构。2014 年，县（市）域平均三次产业结构比重为 15∶51∶34。第一、第二、第三产业所占比例为第一的县所占比例分别为 7.7%、66.7%、25.6%。第一产业占比为第一的县主要分布在东北地区，第二产业占比为第一的县在东部地区、中部地区、西部地区分布广泛，第三产业占比为第一的县主要分布在西南地区。

二、以胡焕庸线为界，东、西两侧的产业强度呈现明显差异

1. 第一产业所占比例、地均产值以胡焕庸线为界，东、西差异明显

第一产业占 GDP 比重的高值中心主要分布在胡焕庸线以西地区。其中，第一产业占 GDP 比重超过 50% 的地区主要位于西藏北部、黑龙江北部地区；第一产业占 GDP 比重小于 10% 的地区主要位于东部沿海、内蒙古西部、陕北、晋东南及冀西南交界处。

地均第一产业产值水平在空间分布上呈现出明显的东、西差异。与胡焕庸线相似，西部多在 30 万 / km² 以下；东部则表现为由沿海向内陆递减的趋势，地均第一产业产值最高的地区位于长三角、鲁西南及皖东北附近。

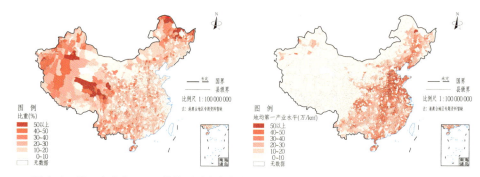

图 1-1 第一产业占 GDP 的比重（左）与地均 GDP（右）的空间分布特征（2014 年）

（资料来源：《中国县域统计年鉴（县市卷）》2015 年）

2. 第二产业产值比重总体较高，地均产值以胡焕庸线为界东、西差异较大

第二产业占 GDP 比重的高值中心主要集中在新疆东南部、内蒙古、陕北、晋东南地区。多数县（市）域的第二产业所占 GDP 的比重较高，第二产业占 GDP 的比重低于 20% 的地区主要位于西藏北部、新疆南部、黑龙江北部地区。

地均第二产业产值水平表现为较强的东西差异。与胡焕庸线相似，西部多在 50 万 / km² 以下；东部则表现为由沿海向内陆递减的趋势，地均第二产业产值最高的地区位于长三角、鲁西南及皖东北附近，超过 1000 万 / km² 以上。

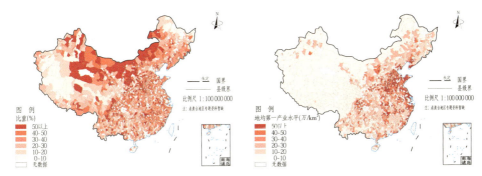

图 1-2　第二产业占 GDP 的比重（左）与地均 GDP（右）的空间分布特征（2014 年）
（资料来源：《中国县域统计年鉴（县市卷）》2015 年）

3. 第三产业所占比重、地均产值以胡焕庸线为界，东西差异明显

第三产业占 GDP 比重的高值中心主要位于胡焕庸线以西地区。其中，第三产业占 GDP 的比重高于 50% 的地区主要位于西藏、甘南地区；低值中心主要集中在新疆东南部和内蒙古，比重多位于 20% 以下。

地均第三产业产值水平呈现出较强的东西差异。与胡焕庸线相似，西部多在 50 万 / km² 以下，占全部县的 22.3%；东部则表现为由沿海向内陆地区递减的趋势，东部沿海地区多位于 1000 万 / km² 以上。

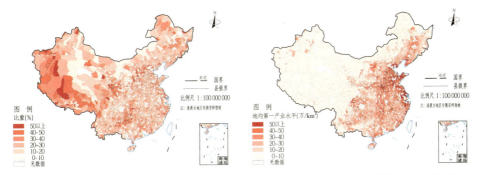

图 1-3　第三产业占 GDP 的比重（左）与地均 GDP（右）的空间分布特征（2014 年）
（资料来源：《中国县域统计年鉴（县市卷）》2015 年）

第二节 县（市）域经济分类

一、分类指标选取

以"经济总量""投资""财政""人口""产业结构"5大指标、19个变量构建经济分类指标体系。

中国县（市）域类型划分的变量选择　　　　　表1-1

指标	变量	单位
A 经济总量	A1——国内生产总值	万元
	A2——人均GDP	元/人
	A3——地均GDP	万元/km²
	A4——GDP年均增长率	%
B 产业结构	B1——第一产业增加值比重	%
	B2——第二产业增加值比重	%
	B3——第三产业增加值比重	%
C 人口	C1——户籍人口总量	人
	C2——户籍人口密度	人/km²
	C3——外来人口占总人口比重	%
	C4——城镇化率	%
	C5——非农人口比重	%
D 投资	D1——固定资产投资总量	万
	D2——固定资产投资密度	万/km²
	D3——人均固定资产投资	元
E 财政	E1——财政收入规模	万元
	E2——财政支出规模	万元
	E3——财政依存度	—
	E4——财政支出增长率	%

二、因子与聚类分析

采用生态因子分析法提取影响中国县（市）域经济的公因子，利用SPSS软件对19个变量进行降维，提取能够反映中国县（市）域经济的主要因子。根据特征方程的根、变量的方差贡献率确定主因子个数；根据因子载荷矩阵以及变量确定主因子内涵。结果表明：在提取9个公因子的方案下，公因子能够解释原变量的89%，几乎涵盖原变量的所有信息，因此县（市）域经济19个变量提取9个公因子最佳。

模型解释的总方差情况　　　　　　　　　表1-2

成分	初始特征值			提取平方和载入			旋转平方和载入		
	合计	方差占比	累计（%）	合计	方差占比	累计（%）	合计	方差占比	累计（%）
1	6.66	35.04	35.04	6.66	35.04	35.04	4.38	23.05	23.05
2	2.40	12.60	47.64	2.40	12.60	47.64	2.54	13.39	36.44
3	1.75	9.19	56.83	1.75	9.19	56.83	1.73	9.10	45.54
4	1.44	7.60	64.43	1.44	7.60	64.43	1.63	8.58	54.12
5	1.29	6.78	71.21	1.29	6.78	71.21	1.58	8.31	62.42
6	1.03	5.41	76.61	1.03	5.41	76.61	1.57	8.27	70.69
7	0.86	4.54	81.15	0.86	4.54	81.15	1.39	7.31	78.00
8	0.83	4.35	85.50	0.83	4.35	85.50	1.08	5.66	83.66
9	0.68	3.56	89.07	0.68	3.56	89.07	1.03	5.40	89.07
10	0.57	2.97	92.04						
11	0.46	2.44	94.48						
12	0.39	2.07	96.56						
13	0.22	1.16	97.72						
14	0.19	1.01	98.72						
15	0.10	0.51	99.23						
16	0.06	0.33	99.56						
17	0.05	0.26	99.81						
18	0.04	0.19	100.00						
19	0.00	0.00	100.00						

注：提取方法为主成分分析法。

第一公因子，经济规模与强度。解释该因子的变量有生产总值（0.915）、财政支出（0.915）、财政收入（0.910），这三个变量的因子载荷解均在0.9以上，能够代表某地区的经济规模。

第二公因子，人口和经济密度。解释该因子的变量有户籍人口密度（0.897）、投资密度（0.891）、地均GDP（0.782），这三个变量的因子载荷解在0.7~0.9，能够代表某地区的人口和经济密度。

第三公因子，工业化程度。解释该因子的变量有第二产业增加值比重（0.629）、第一产业增加值比重（-0.907）、非农人口比率（0.492），这三个变量的因子载荷解较高，其中第一产业增加值比例为负，说明该类县（市）域的工业化程度高；第二产业增加值比重的因子载荷解较高，能够代表某地区的工业化程度。

第四公因子，政府财政力。解释该因子的变量有财政依存度（0.889）、财政支出增长（0.836），这两个变量的因子载荷解高，说明该类县（市）域政府对财政依赖的程度高。

第五公因子，第三产业发展水平。解释该因子的变量有第三产业增加值比例（0.984）、第二产业增加值比例（-0.736）。第三产业增加值比重的因子载荷解很高且为正，第二产业增加值比重的因子载荷解较高且为负，说明该类县（市）域的第三产业相当发达。

第六公因子，投资强度。解释该因子的变量有人均固定资产投资（0.924）。该因子的载荷解非常高，能够代表县（市）域的固定资产投资力度。

第七公因子，人口与外来人口。解释该因子的变量有户籍人口（0.797）、外来人口占总人口比重（-0.554）。户籍人口的载荷解较高，且外来人口变量为负，说明人口要素对该因子的作用较大，能够代表县（市）域的人口要素。

第八公因子，城镇化水平。解释该因子的变量有城镇化率（0.975）。该因子的载荷解非常高，能够代表某地区的城镇化发展水平。

第九公因子，经济发展速度。解释该因子的变量是县（市）域 GDP 的年均增长率（0.987），增长率计算是在 2011~2014 年。该因子的载荷解非常高，说明经济增速对该因子的作用很大。

旋转成分矩阵情况　　　　　　表1-3

	因子1	因子2	因子3	因子4	因子5	因子6	因子7	因子8	因子9
生产总值	0.915	0.232	0.152	-0.068	-0.060	0.107	0.136	0.043	-0.045
财政支出	0.915	0.203	0.089	0.178	0.006	-0.030	-0.084	0.041	-0.010
财政收入	0.910	0.201	0.133	0.211	-0.022	0.102	0.051	0.046	-0.006
固定资产投资	0.751	0.229	0.196	0.009	-0.111	0.312	0.337	0.016	0.010
户籍人口密度	0.130	0.897	0.115	-0.050	-0.006	-0.038	0.286	-0.023	-0.084
投资密度	0.297	0.891	0.124	0.045	-0.017	0.169	-0.031	0.023	-0.017
地均GDP	0.533	0.782	0.072	-0.016	0.008	0.026	-0.176	0.034	-0.037
第一产业增加值比重	-0.209	-0.132	-0.907	-0.117	0.076	-0.167	0.032	-0.021	0.005
非农人口比率	0.453	0.267	0.492	0.003	0.078	0.105	-0.015	0.192	-0.062
财政依存度	0.005	-0.021	-0.057	0.889	-0.011	0.113	-0.024	0.006	0.010
财政支出增长	0.188	0.007	0.194	0.836	0.028	-0.035	-0.095	0.041	-0.009
第三产业增加值比重	-0.007	0.025	0.040	0.037	0.984	-0.028	-0.032	-0.025	-0.007
第二产业增加值比重	0.156	0.079	0.629	0.059	-0.736	0.141	-0.002	0.032	0.001
人均固定资产投资	0.100	0.070	0.146	0.087	-0.068	0.924	-0.082	0.049	0.065
人均GDP	0.523	0.089	0.225	-0.051	-0.162	0.530	-0.409	0.202	-0.023

续表

	因子1	因子2	因子3	因子4	因子5	因子6	因子7	因子8	因子9
户籍人口	0.416	0.159	0.031	−0.132	−0.023	−0.088	0.797	−0.028	−0.083
外来人口所占比重	0.385	0.059	0.167	0.088	0.080	0.442	−0.554	0.179	−0.155
常住人口城镇化率	0.095	0.007	0.070	0.041	−0.039	0.093	−0.076	0.975	−0.020
GDP增长速度	−0.034	−0.084	−0.020	0.002	−0.006	0.036	−0.012	−0.021	0.987
因子内涵	经济规模	经济密度	工业化	政府财政	第三产业水平	投资强度	人口规模	城镇化	经济增速

注：旋转在9次迭代后收敛。

三、县（市）域经济分类

根据公因子得分对县（市）域经济聚类，将2014年中国县（市）域经济类型分为3大类、7小类、15亚类。根据纳尔逊统计标准，采用平均值和标准差作为统计特征的依据，对县（市）域特征进行分析，具体如下。

第一大类为经济发展水平高的县，该类包括2小类、4亚类。

第Ⅰ类县（市）域为经济发展水平高、经济增速慢的第二产业主导县，主要分布在中国的沈阳、大连、北京、青岛、济南、南京、上海、杭州、温州、厦门、武汉、南昌、长株潭、成都、曲靖等地区。其因子特征为：经济规模大、人均GDP高、社会经济发展水平好、第二产业占主导地位。第Ⅰ类县（市）域又包括Ⅰ1、Ⅰ2两种亚类，其中，Ⅰ1类型因具有经济规模大、人口和经济密度大、经济增速小、人口和外来人口小的特征而将其命名为"二三产业发达的沿海县"，Ⅰ2类型因具有经济规模大、人口和经济密度大、工业化程度高、第三产业水平低、经济增速小的特征而将其命名为"二三产业较发达的区位优势县"。

第Ⅱ类县（市）域为经济发展水平较高的第二产业主导县，零星分布在沿海与内陆地区。其因子特征为：生产总值大、人均GDP高、二三产产值大、产业结构以第二产业为主，第三产业较大。第Ⅱ类县（市）域又包括Ⅱ1、Ⅱ2两种亚类，其中，Ⅱ1类型因具有经济规模大、人口和经济密度大、经济增速小、人口和外来人口小的特征而将其命名为"人口密度大、二三产产值稍大的沿海县"，Ⅱ2类型因具有政府财政力小、投资密度大、人口和外来人口小、城市化水平大的特征而将其命名为"人口密度小、二三产产值稍小的内陆直辖县"。

第二大类为经济发展水平中等的县，该类包括2小类、6亚类。

第Ⅲ类县（市）域为经济发展水平中等的第二产业主导/发展县，主要分布在东北平原、黄淮平原、江汉平原、四川盆地、内蒙古地区。其因子特征为：经济发展水平中等，产业结构以第二产业为主、第三产业也较强。第Ⅲ类县（市）域又包括Ⅲ1、Ⅲ2、Ⅲ3三种亚类，其中，Ⅲ1类型因具有经济规模较大、工业化程度低、第三产业水平低、投资密度较大、人口与外来人口较小、经济增速较小的特征而将其命名为"人均GDP稍低的二产主导型平原县"，Ⅲ2类型因具有人口和经济密度大、工业化程度高、政府财政力小、经济增速小的特征而将其命名为"人均GDP较高的二产主导型内陆县"，Ⅲ3类型因具有人口和经济密度大、政府财政力小、投资密度小、人口和外来人口大的特征而将其命名为"人均GDP较低的农业生产县"。

第Ⅳ类县（市）域为经济发展水平中等偏低的混合型经济发展县，集中分布于胡焕庸线以东的东南丘陵、南岭、黄土高原、东北平原等地区。其因子特征为：经济发展水平中等偏低、第三产业比例较大。第Ⅳ类县（市）域又包括Ⅳ1、Ⅳ2、Ⅳ3三种亚类，其中，Ⅳ1类型因具有人口和经济密度大、第三产业水平高、人口和外来人口小、经济增速小的特征而将其命名为"面积较小的三产主导型县"，Ⅳ2类型因具有工业化程度高、政府财政力小、第三产业水平高、经济增速大的特征而将其命名为"经济增速快的第二产业主导县"，Ⅳ3类型因具有第三产业水平高、投资密度小、人口和外来人口大、经济增速低的特征而将其命名为"经济增速缓慢的综合型经济县"。

第三大类为经济发展水平低的县，该类包括3小类、5亚类。

第Ⅴ类县（市）域为政府财政支持下的经济发展水平较低县，主要位于江西、安徽、山西、河北和云南、贵州等地区。其因子特征为：经济发展水平低、政府财政收入和支出占比都很大。第Ⅴ类县（市）域又包括Ⅴ1、Ⅴ2两种亚类，其中，Ⅴ1类型因具有人口和经济密度小、工业化程度高、政府财政力大、第三产业水平低的特征而将其命名为"政府财政支持下的二产主导县"，Ⅴ2类型因具有政府财政力大、第三产业水平高、人口和外来人口小、城市化水平低的特征而将其命名为"政府财政支持下的二三产发展县"。

第Ⅵ类县（市）域为经济发展水平低的山区县，主要分布于胡焕庸线以西的甘南、西藏，并在黔东、渝东分布比较集中。其因子特征为：经济发展水平低、第三产业占比高。第Ⅵ类县（市）域又包括Ⅵ1、Ⅵ2两种亚类，其中，Ⅵ1类型因具有经济规模小、工业化程度低、第三产业水平高、城市化水平高、经济增速大的特征而将其命名为"山区第三产业发展县"，Ⅵ2类型因具有工业化程度低、第三产业水平高、城市化水平低、经济增速大的特征而将其命名为"旅游产业强县"。

第Ⅶ类县（市）域为经济发展水平低、经济增速较快的产业均衡发展县，主要集中于西南、青藏、新疆和东北地区。其因子特征为：经济发展水平低、三次产业均衡发展，三产比例在 33% 左右。

中国县（市）域类型划分结果及类型特征分布　　　　　　表1-4

大类	小类	亚类	亚类特征
经济发展水平高的县	Ⅰ 经济发展水平高、经济增速慢的二产主导县	Ⅰ 1——二、三产业发达的沿海县	GDP 总值与人均 GDP 很大、三产占比较大
		Ⅰ 2——二、三产业较发达的区位优势县	生产总值大、人均 GDP 较大，三产占比稍低
	Ⅱ 经济发展水平较高的二产主导县	Ⅱ 1——人口密度大、二三产产值稍大的沿海县	生产总值较大、人均 GDP 稍小、经济增速较慢、人口密度大
		Ⅱ 2——人口密度小、二三产产值稍小的内陆直辖县	生产总值较小、人均 GDP 较大、经济增速较快、人口密度小
经济发展水平中等的县	Ⅲ 经济发展水平中等的二产主导/发展县	Ⅲ 1——人均 GDP 稍低的二产主导型平原县	GDP 总值较大、人均 GDP 稍小、一二三产产值较大、二产占比小
		Ⅲ 2——人均 GDP 较高的二产主导型内陆县	GDP 总值较小、人均 GDP 稍大、一二三产产值稍小、二产占比较高
		Ⅲ 3——人均 GDP 较低的农业生产县	GDP 总值和人均 GDP 较小、人口多、一产值大且占比高、二三产产值较小且占比较小
	Ⅳ 经济发展水平中等偏低的混合型经济发展县	Ⅳ 1——面积较小的三产主导型县	三产大、二产小、面积小、经济增速慢、城镇化水平低
		Ⅳ 2——经济增速缓慢的综合型经济县	一、三产值和占比较高，二产产值和占比较小，经济增速缓慢
		Ⅳ 3——经济增速快的二产主导县	二产产值和占比较大，经济增速快
经济发展水平低的县	Ⅴ 政府财政支持下的经济发展水平较低县	Ⅴ 1——政府财政支持下的二产主导县	财政依存度和财政支出增长较高，二产产值和占比高
		Ⅴ 2——政府财政支持下的二三产发展县	财政依存度和财政支出增长很大，三产产值和占比稍大
	Ⅵ 经济发展水平低的山区县	Ⅵ 1——山区第三产业发展县	一、二、三产产值较高且产值差距小，三产占比较小
		Ⅵ 2——旅游产业强县	一二三产产值低、一二产与三产产值差距大，三产占比较大
	Ⅶ 经济发展水平低、经济增速较快的产业均衡发展县	—	—

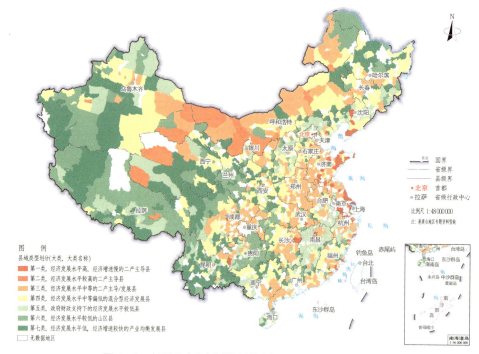

图1-4 中国县（市）域类型的空间分布格局（2014年）

第三节 县（市）域经济发展潜力分析

一、县（市）域经济发展潜力指标体系

采用层次分析法，使用8大指数、18个要素来构建县（市）域经济发展潜力的评价指标体系。所选指标中，既包括反映现有经济发展情况的指标来表征现状发展基础，也包含反映经济发展速度的指标来反映区域经济增速差异性，从而构建相对完善的评价指标体系。各指标的权重值根据专家打分法来确定。

县（市）域经济发展潜力指标体系及权重确定　　表1-5

目标层	准则层	权重	要素层	权重
县（市）域经济发展潜力评价体系	A 经济增长指数	0.2199	A1——GDP规模	0.1649
			A2——GDP增长率	0.0550
	B 经济结构指数	0.1447	B1——第二产业增加值占GDP比重	0.0965
			B2——第三产业增加值占GDP比重	0.0482
	C 供给潜力指数	0.1849	C1——固定资产投资规模	0.1387
			C2——固定资产投资增长率	0.0462

续表

目标层	准则层	权重	要素层	权重
县（市）域经济发展潜力评价体系	D 财政保障指数	0.0911	D1——财政收入规模	0.0541
			D2——财政收入增长率	0.0227
			D3——财政收入占 GDP 比重	0.0143
	E 金融便利指数	0.0944	E1——居民储蓄规模	0.0510
			E2——居民储蓄占 GDP 比重	0.0280
			E3——金融机构贷款占 GDP 比重	0.0154
	F 园区发展指数	0.0703	F1——国家级经济或高新技术开发区	0.0562
			F2——省级高新技术开发区	0.0141
	G 教育竞争指数	0.1356	G1——中学在校生与户籍人口的比重	0.0452
			G2——大学生人数占人口比重	0.0904
	H 交通通达指数	0.0591	H1——公路里程	0.0197
			H2——地均公路里程	0.0394

二、县（市）域经济发展潜力的空间分布格局

中国县（市）域经济发展潜力总体上呈现以胡焕庸线为界，东部地区发展潜力高的空间分布格局。具体来说，东部地区的发展潜力最大，平均发展潜力为 0.327；中部地区次之，为 0.290；东北地区和西部地区的平均发展潜力分别为 0.264、0.256；全国平均水平为 0.284。

东部地区发展潜力较大的区域主要集中于经济发展基础较好的沿海省级行政区，尤其是三个直辖市所在的县（市）域；此外，江苏省、浙江省的县（市）域平均发展潜力也在 0.370 以上。中部地区发展潜力较大的区域主要集中于京广铁路沿线，形成以河南、湖北、湖南为分散高值中心的空间分布特征，山西省的县（市）域平均发展潜力仅为 0.265。西部地区越靠近边境地区的县（市）域，发展潜力越低，西藏的县（市）域发展潜力仅为 0.230，云南、广西、新疆等地的县（市）域发展潜力也较低，而重庆和宁夏的县（市）域发展潜力相对较高。东北地区则差异较大，辽宁省县（市）域平均潜力为 0.309；吉林省次之，为 0.292；黑龙江省最低，仅为 0.219。

在明确中国县（市）域发展潜力的总体空间分布格局后，以样本序列的平均值 $\overline{X}$ 与标准差 a 为分级标准，按照 $\geq \overline{X}+2a$、$[\overline{X}+a, \overline{X}+2a)$、$[\overline{X}, \overline{X}+a)$、$[\overline{X}-a, \overline{X})$、$[\overline{X}-2a, \overline{X}-a)$、$<\overline{X}-2a$ 将县（市）域发展潜力划分为很强、较强、中等偏上、中等偏下、较弱、很弱六种类型。结果显示：发展潜力类型为中等偏上和中等偏下的县（市）域是主要类型，分别占全部县（市）域单元的 28.05%

和 52.85%；发展潜力很强和较强的县（市）域单元所占比重分别为 4.54% 和 6.08%；县（市）域发展潜力较弱的县（市）域单元所占比重为 8.48%；无发展潜力很弱的县（市）域类型（图 1-5）。

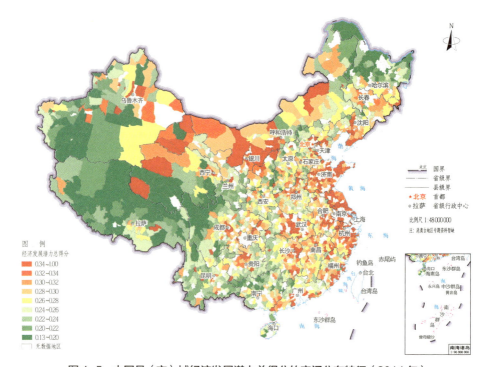

图 1-5 中国县（市）域经济发展潜力总得分的空间分布特征（2014 年）

三、县（市）域经济发展潜力百强县分析

中国县（市）域经济发展潜力百强县形成以东部地区为主的空间分布格局。东部地区的百强县占 65 席，中部地区占 13 席，西部地区占 17 席，东北地区仅占 5 席。发展潜力前 10 的县（市）域主要集中于长三角地区。

县（市）域经济发展潜力百强县的分布（2014年） 表1-6

省份	县（市）域	发展潜力 排名	发展潜力 得分	省份	县（市）域	发展潜力 排名	发展潜力 得分
江苏	昆山市	1	1.000	江苏	海门市	26	0.544
江苏	江阴市	2	0.926	江苏	如皋市	42	0.507
江苏	张家港市	3	0.857	江苏	启东市	44	0.504
江苏	常熟市	4	0.816	江苏	丹阳市	45	0.501
江苏	宜兴市	10	0.635	江苏	泰兴市	48	0.497
江苏	太仓市	15	0.588	江苏	靖江市	50	0.494

续表

省份	县(市)域	发展潜力 排名	发展潜力 得分	省份	县(市)域	发展潜力 排名	发展潜力 得分
江苏	海安县	51	0.494	福建	龙海市	67	0.464
江苏	溧阳市	57	0.480	福建	惠安县	78	0.453
江苏	如东县	81	0.452	福建	石狮市	80	0.452
江苏	东台市	86	0.439	福建	长乐市	98	0.429
江苏	邳州市	89	0.437	浙江	慈溪市	11	0.630
江苏	仪征市	91	0.436	浙江	义乌市	14	0.595
山东	即墨市	13	0.606	浙江	诸暨市	18	0.576
山东	胶州市	19	0.575	浙江	余姚市	29	0.543
山东	龙口市	20	0.564	浙江	海宁市	37	0.522
山东	平度市	30	0.543	浙江	乐清市	38	0.522
山东	荣成市	33	0.534	浙江	瑞安市	40	0.510
山东	滕州市	35	0.524	浙江	平湖市	55	0.488
山东	寿光市	36	0.523	浙江	桐乡市	65	0.467
山东	广饶县	39	0.520	浙江	温岭市	69	0.462
山东	章丘市	47	0.497	浙江	富阳市	70	0.460
山东	莱州市	54	0.489	浙江	东阳市	99	0.423
山东	新泰市	62	0.469	浙江	德清县	100	0.423
山东	邹城市	63	0.468	甘肃	榆中县	85	0.448
山东	莱西市	72	0.458	广东	四会市	95	0.430
山东	肥城市	74	0.455	贵州	凯里市	88	0.438
山东	青州市	82	0.452	河北	三河市	24	0.549
山东	垦利县	84	0.449	河北	迁安市	41	0.507
山东	高密市	90	0.437	河南	新郑市	43	0.507
山东	招远市	92	0.436	河南	中牟县	94	0.434
山东	邹平县	93	0.436	湖北	大冶市	77	0.454
山东	桓台县	97	0.429	湖北	宜都市	87	0.439
安徽	肥西县	21	0.562	湖南	长沙县	9	0.642
安徽	当涂县	59	0.475	湖南	浏阳市	22	0.561
安徽	肥东县	75	0.455	湖南	宁乡县	28	0.543
安徽	青阳县	83	0.449	吉林	延吉市	46	0.500
福建	晋江市	6	0.697	江西	南昌县	5	0.734
福建	福清市	16	0.581	江西	新建县	12	0.622
福建	闽侯县	25	0.549	辽宁	瓦房店市	8	0.678
福建	南安市	53	0.493	辽宁	海城市	34	0.528

续表

省份	县（市）域	发展潜力 排名	发展潜力 得分	省份	县（市）域	发展潜力 排名	发展潜力 得分
辽宁	普兰店市	49	0.495	四川	双流县	7	0.693
辽宁	庄河市	73	0.458	四川	郫县	27	0.544
内蒙古	准格尔旗	17	0.577	天津	静海县	31	0.542
内蒙古	阿拉善左旗	56	0.485	天津	宁河县	52	0.493
内蒙古	乌审旗	64	0.467	天津	蓟县	61	0.470
内蒙古	鄂托克旗	66	0.466	西藏	林芝县	96	0.429
内蒙古	伊金霍洛旗	68	0.463	新疆	石河子市	23	0.555
宁夏	灵武市	71	0.459	新疆	库尔勒市	32	0.535
青海	格尔木市	60	0.471	新疆	昌吉市	76	0.455
陕西	神木县	58	0.479	云南	大理市	79	0.453

1. 百强县形成明显的"二三一"产业结构

2014年，发展潜力百强县的三次产业结构为 5.60∶57.05∶37.35。产业结构未来将在巩固第二产业比重基础上，提升第三产业比重，优化升级产业结构，实现县（市）域经济向更高级产业结构转变。

2. 百强县主要集中于平原地形区，对地形的依赖较高

2014年，发展潜力百强县中的平原县、丘陵县、山区县分别有 50 个、33 个、17 个，占百强县总数的 50%、33%、17%。

3. 百强县集中分布在城市群范围内，与城市群的关系密切

2014年，发展潜力百强县仅有 24 个县（市）域位于城市群外，城市群内是百强县的主要分布区域。具体来说，长三角城市群为最主要的集中地，占 24 席；其次为山东半岛城市群和海西城市群，分别占 16 席和 8 席；其余城市群范围内的县（市）域数量均小于 5 个。

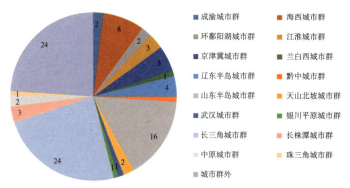

图 1-6　县（市）域经济发展潜力百强县与城市群的关系（单位：个）

4. 百强县趋向于地级市、省会城市分布

2014年，发展潜力百强县多位于距离地级市或省会城市100km范围内。进一步研究发现，在距离50km范围内有百强县77个，在距离30km范围内有百强县38个。因此，与地级市、省会城市的距离越近，发展潜力百强县个数越多。

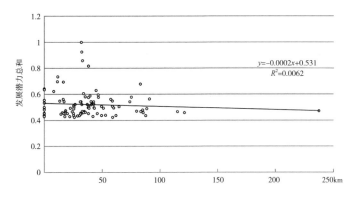

图1-7 县（市）域经济发展潜力百强县与地级市、省会城市的关系（单位：个）

第二章 不同视角的县（市）域经济发展分析

第一节 分省份的县（市）域经济发展分析

一、县（市）域经济总体上在各省级行政区占重要地位，在经济发达省级行政区所占比例低

2014年，全国县（市）域生产总值占全国生产总值比例约为45%，县（市）域经济在全国经济中占重要地位。县（市）域生产总值占省级行政区内生产总值的比重在25%以下、25%~45%、45%~60%、60%以上的省级行政区数量分别为5个、6个、12个、8个。其中，4个直辖市的县（市）域经济占比均低于25%；东北地区仅吉林的县（市）域经济占比超过45%；除江苏、广东外，东部地区其他省级行政区的县（市）域经济占比超过45%；中部地区多数省级行政区的县（市）域经济占比超过45%，仅湖北的县（市）域经济占比低于45%，而江西、河南的县（市）域经济占比超过60%；西部地区多数省级行政区的县（市）域经济占比超过45%。因此，经济越发达的省级行政区，县（市）域经济在省级行政区内所占比重越低。

二、东中部地区省级行政区的县（市）域经济水平强于西部地区

按照各省级行政区的县（市）域GDP总量将其划分为规模大、中、小3类，按照各省级行政区的县（市）域人均GDP水平将其划分为层次高、中、低3类，两个评价维度进行组合后形成9类县（市）域经济发展水平的省级行政区。东部沿海地区省级行政区的县（市）域经济发展水平高；中部地区省级行政区的县（市）域经济规模受人口基数大的影响，县（市）域经济发展水平较低；西部地区省级行政区的县（市）域经济规模虽然较小，但由于人口基数更小，县（市）域经济发展水平并未明显落后。除重庆人均GDP水平较低，县（市）域经济发展水平较差外，上海、天津、北京的人均GDP水平较高，县（市）域经济发展水平较好。

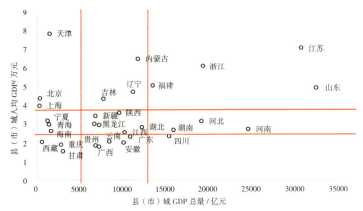

图 2-1　中国各省级行政区县（市）域经济发展水平的类型划分（2014 年）

第二节　城市群内外县（市）域经济发展分析

城市群内县（市）域经济发展水平总体较高，但与城市群外县（市）域的差距总体在缩小，主要表现为以下几个方面。

一、城市群内县（市）域 GDP 水平高于城市群外县（市）域，但增速慢于城市群外县（市）域

2010~2014 年，城市群内县（市）域 GDP 总量、人均 GDP、地均 GDP 分别由 10.27 万亿元、2.56 万元、694.53 万元/km² 增加到 16.41 万亿元、4.04 万元、1109.31 万元/km²，城市群内县（市）域 GDP 总量、人均 GDP、地均 GDP 均一直高于城市群外县（市）域。受城市群外县（市）域经济发展较快的影响，城市群内县（市）域 GDP 占全国县（市）域的比重由 53.70% 降低为 53.33%；城市群内县（市）域人均 GDP 增幅、地均 GDP 增幅分别为 57.57%、59.72%，而城市群外县（市）域人均 GDP 增幅、地均 GDP 增幅分别为 61.32%、62.11%。

二、城市群内县（市）域产业结构优于城市群外县（市）域产业结构

2010~2014 年，中国城市群内县（市）域三次产业增加值比重由 14.19∶54.10∶31.71 演变为 12.63∶53.00∶34.37，城市群外县（市）域三次产业增加值比重由 19.52∶48.73∶31.76 演变为 17.28∶48.29∶34.43，城市群内与城市群外的县（市）域均呈现第一、第二产业所占比重下降而第三产业比

重上升的产业结构。其中，城市群内县（市）域第一产业增加值比重始终低于城市群外县（市）域，城市群内县（市）域第二产业增加值比重始终高于城市群外县（市）域，城市群内县（市）域第三产业增加值比重略微低于城市群外县（市）域。

2010~2014年城市群内外的县（市）域主要经济指标情况　　　　　表2-1

	城市群内县（市）域		城市群外县（市）域	
	2010年	2014年	2010年	2014年
GDP总量（万亿元）	10.27	16.41	8.86	14.36
人均GDP（万元）	2.56	4.04	1.69	2.72
地均GDP（万元/km²）	694.53	1109.31	128.95	209.04
第一产业增加值比重（%）	14.19	12.63	19.52	17.28
第二产业增加值比重（%）	54.10	53.00	48.73	48.29
第三产业增加值比重（%）	31.71	34.37	31.76	34.43

注：城市群空间范围根据黄金川等《中国城市群等级类型综合划分》（2015年）确定。

三、西部地区多数城市群内县（市）域人均GDP低于城市群外县（市）域，而地均GDP则高于城市群外县（市）域

2010~2014年，西部地区城市群人口稀疏，经济总量较小，多数城市群内县（市）域人均GDP低于城市群外县（市）域（比值低于1），尤以兰白西、成渝、滇中、黔中和北钦防等城市群非常明显。长三角、呼包鄂、山东半岛和天山北坡4个城市群由于产业基础发展较好、国家政策优惠较多等原因，县（市）域人均GDP高于城市群外县（市）域（比值大于2）。天山北坡、长株潭、黔中和珠三角等14个城市群县（市）域工业化进程加快，人均GDP增长速度相对快于城市群外县（市）域。

2010~2014年，中原、长三角、山东半岛、辽东半岛、京津冀和晋中6个城市群因经济增长速度放缓，其县（市）域地均GDP与城市群外县（市）域地均GDP的比值有所降低（始终大于1），长三角和辽东半岛尤为明显。长株潭、武汉、环鄱阳湖和关中等16个城市群内县（市）域经济快速发展，地均GDP与城市群外县（市）域地均GDP的比值升高，尤以中部地区城市群内县（市）域非常明显。天山北坡城市群内县（市）域因经济总量偏低且区域面积广阔，地均产出始终低于城市群外县（市）域（比值低于1），这说明天山北坡土地集约节约利用程度较低。而其他城市群内县（市）域地均产出均高于城市群外县（市）域，特别是长三角、山东半岛、中原、海西和长株潭5个城市群内县（市）域地均产出始终远高于城市群外县（市）域（比值大于5）。

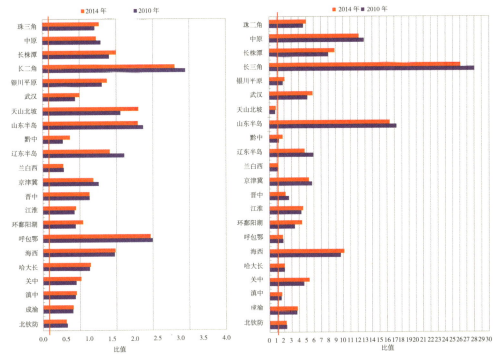

图 2-2　2010 年和 2014 年城市群内外县（市）域的人均 GDP 对比结果

图 2-3　2010 年和 2014 年城市群内外县（市）域的地均 GDP 对比结果

第三节　分地形的县（市）域经济发展分析

一、山区县是县（市）域经济的主体，山区县的面积大、数量多、人口少

平原县主要分布在新疆、东北、华北、长三角、珠三角等地区，分布较零散；丘陵县主要分布在内蒙古、广西、湖南、四川等地区；山区县主要分布在青藏高原、云贵高原等地区，多为集中连片区域。山区县的数量和行政区面积所占比重较大，而平原县的人口所占比重较大，即平原县以相对较少的土地承载了相对较多的人口，而山区县则以相对较多的土地承载了相对较少的人口。

由于自然条件的天然差异，平原县相较于山区县和丘陵县而言，具有更好的农业生产条件，因此，平原县的第一产业增加值占全国的 42.76%，山区县、丘陵县则分别仅占 30.55%、26.69%。与此同时，较高的农业生产水平以及优越的地形环境使得平原县具有发展工业的天然优势，平原县的第二产业增加值占全国的 46.07%，规模以上工业企业的数量和产值占比均超过 50%。

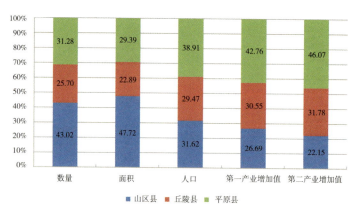

图2-4 平原县、丘陵县、山区县的占比情况（2012年）
（资料来源：《中国县域统计年鉴（县市卷）》2013年）

二、平原县的经济相对发达，但发展方式粗放

平原县的自然环境和地理条件相对优越，人口密度高，人均GDP高，财政收入较高，工业化水平先进，规模以上工业企业总产值、固定资产投资规模较高。平原县县（市）域经济发展的特点及问题表现为以下方面。

1. 农业生产条件好，农业产业化水平低

平原县地势平坦，土地肥沃，气候适宜，是粮食生产的核心区和最重要的商品粮基地，在全国粮食安全战略中占据重要地位。但是，传统平原农区农业生产力的发展水平仍然落后，科学种田水平不高，农业产业化水平低，资源优势没有转变成产业优势，农业现代化进程亟待加强。

2. 土地利用效率低，新型工业化进程慢

平原县尽管自然条件相对优越，但是自然资源则比较匮乏，土地利用效率低下，粗放式经营普遍。产业以轻工业为主，企业规模化较低，产业结构层次较低，科技含量较低，支撑带动能力较弱，新型工业化进程亟待加强。

3. 人口流失严重，就地城镇化水平较低

平原县人口总量大，人口密度高。随着农业现代化的逐步推进，逐渐形成大量农业剩余劳动力，富余劳动力逐步流向城市，成为建设城市的重要力量。但由于经济基础相对薄弱，城镇化水平较低，新型城镇化进程亟待加强。

三、丘陵县以资源开发为主，但转型压力增大

四川、重庆以及广东、福建沿海一带的丘陵县人口密度较高，内蒙古西部以及陕北地区的丘陵县人均GDP较高，内蒙古及陕北地区的丘陵县第二产业比重

较高，内蒙古西部、陕北地区、辽东半岛、胶州半岛的丘陵县地方财政收入较高，辽东半岛、胶州半岛的丘陵县规模以上工业企业总产值较高，胶州半岛、辽东半岛以及福建沿海地区的丘陵县固定资产投资较高。综上所述，辽东半岛和胶州半岛是丘陵县工业经济较发达的地区，而内蒙古西部和陕北地区的丘陵县主要依托当地资源实现了经济的快速增长和地方财政的迅速增收。

受自然条件的限制，丘陵县主要存在以下三方面特点和问题：一是基础设施建设滞后，水利设施和交通设施滞后是制约丘陵地区发展的两大瓶颈问题；二是人口密度过大，人均自然资源和人均财力不足，就业压力和环境压力不断加重；三是资源枯竭型地区面临急迫的转型探索。

四、山区县的矿产资源相对富集，但发展要素稀缺

山区县人口密度较低，工业化水平低下，地方财政收入较低，规模以上工业企业总产值较低，固定资产投资规模较低。值得注意的是，局部地区如东南沿海地区的山区县发展程度相对较高，沂蒙山区人口稠密、工业发达。山区县县（市）域经济发展的特点与问题如下。

1. 山区县资源富集与发展要素稀缺的矛盾普遍尖锐

山区县的自然资源丰富，但由于地理阻隔、地处偏远、交通不便，山区县大多不能聚集资源开发所必需的人才、技术、资金、管理等重要的发展要素。更严重的是，由于区域差距继续趋于扩大，山区县不仅不能聚集短缺发展要素，而且已有的有限要素也在不断加大外部流失的规模和速度，造成山区县目前普遍处于发展要素稀缺的状态。

2. 加快经济增长与重视生态环境保护构成内在冲突

山区县加快经济发展的首要选择和基本切入点是以具有明显比较优势的资源为开发对象，以资源换资金，以资源换市场，以资源换增长，由此来推动山区县（市）域经济发展。但是，由于山区县多位于生态脆弱区，生态环境承载力较弱，过度的经济开发易对区域内部乃至更大范围的生态环境造成不利影响，由此决定山区县在促进经济发展和重视生态环境保护的矛盾将持续较长时期。

3. 基础设施需求量大与建设成本费用高的矛盾突出

山区的地域和空间特征客观地决定了要实现资源开发和产业发展必须依赖于显著改善其地理屏障。但由于山区县基础设施不仅欠账多，而且建设成本高，滑坡、塌方、泥石流等地质灾害频发，加之基础设施后期管护成本高昂。因此，"一刀切"的基础设施建设补贴政策和地方政府按比例配套资金的政策，无疑对山区县较快改善基础设施瓶颈性制约构成巨大的政策制约。

第四节 分等级的行政单位发展分析

一、县（市）域单位数量多、面积广、GDP 占比较高

在县（市）域、地级市、直辖市省会副省级三级行政区划中，县（市）域行政单位的数量占全国行政区划的 87.07%，辖区面积占全国的 92.38%，GDP 占全国的 43.71%。县（市）域行政单位在数量、辖区面积、GDP 占比等方面均具有总量高的优势，但 GDP 占比远低于辖区面积占比、行政单位数量占比。

表2-2 分等级行政单位基本状况（2014年）

行政单位	直辖市、省会、副省级	地级市	县（市）域
行政单位数量（个）	36	255	1960
行政单位占比（%）	1.6	11.33	87.07
辖区面积总和（km²）	179670	542888	8760240
辖区面积占比（%）	1.89	5.72	92.38
户籍人口总和（万人）	16143	26810	93517
户籍人口占比（%）	11.83	19.65	68.52
人口密度（人/km²）	898.5	493.9	106.8
地区生产总值（万亿元）	21.2	18.4	30.8
地区生产总值占比（%）	30.12	26.17	43.71
第一产业增加值（亿元）	2993	8386	45537
第一产业增加值占比（%）	5.26	14.73	80.01
第二产业增加值（亿元）	83981	98137	156328
第二产业增加值占比（%）	24.81	29.00	46.19
第三产业增加值（亿元）	125082	77688	105854
第三产业增加值占比（%）	40.53	25.17	34.30
地均生产总值（万元/km²）	11803	3393	351
人均生产总值（万元）	13.14	6.87	3.29

（资料来源：《中国县域统计年鉴（县市卷）》（2015年）；《中国城市统计年鉴》（2015年））

二、县（市）域单位的人均、地均 GDP 均远低于其他等级行政单位

县（市）域行政单位的地均生产总值远低于地级市和直辖市、省会、副省级一级行政单位，仅达到其 2.98% 和 10.35% 水平。县（市）域行政单位的人均生产总值也远低于地级市和直辖市、省会、副省级一级行政单位，仅达到其

47.89% 和 25.05% 水平。县（市）域行政单位的经济发展程度较低，易造成不同等级城镇之间较大的贫富差距。

三、多数省级行政区的经济以县（市）域经济为主，呈现为金字塔结构类型

根据不同等级行政单位经济在各省级行政区所占比例，将省级行政区划分为沙漏形、金字塔形、倒金字塔形以及梨形。多数省级行政区属于金字塔形结构，县（市）域经济所占比重最大且副省级及以上等级经济所占比重较小；新疆、青海和西藏受地级市数量较少的因素影响，地级市经济所占比重很低，呈现为明显的沙漏形结构；广东和 4 个直辖市呈现明显的倒金字塔结构。

中国各省级行政区不同等级行政单元GDP构成模型特征及分布（2014年）　　表2-3

结构类型	特征描述	分布省级行政区
沙漏形结构	直辖市、省会、副省级城市 GDP 总量和县（市）域 GDP 总量占比较大，而地级市一级 GDP 占比低于 10%，形成两头大、中间极小的结构	青海、新疆、西藏
金字塔形结构	直辖市、省会、副省级城市 GDP 占比最低，地级市 GDP 占比次之，县（市）域 GDP 占比最高，形成最上层最窄、往下层越宽的结构	黑龙江、江苏、甘肃、广西、安徽、四川、山东、湖南、内蒙古、山西、江西、河北、河南
倒金字塔形结构	直辖市、省会、副省级城市 GDP 占比最高，地级市 GDP 占比次之，县（市）域 GDP 占比最低，形成最上层最宽、往下层越窄的结构	广东、4 个直辖市（直辖市由于只有两级行政单元，且县（市）域 GDP 占比很低，将其纳入倒金字塔形结构）
梨形结构	县（市）域 GDP 占比最高，直辖市、省会、副省级城市 GDP 占比次之；地级市一级 GDP 占比大于 10%，但未达到 1/3，形成两头大、中间相对较小的结构	辽宁、宁夏、湖北、浙江、吉林、海南、陕西、福建、云南、贵州

第五节　分驱动力的县（市）域经济发展分析

县（市）域经济的形成与发展是多方面因素共同作用的结果，不同视角的划分导致县（市）域经济发展模式的多样性。当前国内关于县（市）域经济发展模式的研究，主要从成因、主导产业、经济发展组织方式、县（市）域发展特色化等方面进行考虑。

尽管县（市）域经济是多种因素共同作用的结果，但是不同时空条件下，不同因素所起的作用有别，或处于从属地位，或处于主导地位。因此，本研究按照影响县（市）域经济发展的主要驱动力对县（市）域经济发展模式进行划分，并将其主要划分为资源禀赋型发展模式、区位导向型发展模式、政府扶持型发

中国县（市）域经济发展模式分类方法　　　　　表2-4

分类依据	分类
发展主导影响因素	张洪力，2006： （1）以服务中心城市为主的城郊服务型县（市）域经济发展模式； （2）以农业产业化为主的专业化基地型县（市）域经济发展模式； （3）以招商引资为主的外向商贸型县（市）域经济发展模式； （4）以自然资源开发为主的资源型县（市）域经济发展模式 应新杰等，2007： （1）资源主导型；（2）区位主导型；（3）产业发展型；（4）企业带动型；（5）综合发展型 战炤磊，2010： （1）区位导向型；（2）资源导向型；（3）资本导向型；（4）技术导向型；（5）市场导向型； （6）企业导向型；（7）产业导向型；（8）体制导向型
主导产业/特色产业	闫天池，2003： （1）农业主导县；（2）工业主导县；（3）服务业主导县
空间结构	朱舜，2001： （1）极核式；（2）点轴式；（3）网络式
地理区位	闫天池，2003： （1）非市郊县（市）域经济（可细分为山区县、平原县以及丘陵县）；（2）市郊县（市）域经济
经典模式总结	费孝通，1980年代： （1）苏南模式；（2）温州模式；（3）珠江模式（顺德模式、南海模式、中山模式和东莞模式的概括） 其他学者，在费孝通提出三大成功模式后进行扩展补充： （1）晋江模式；（2）巩义模式；（3）农安模式；（4）义乌模式；（5）海安模式；（6）耿车模式等

展模式三大类，进而试图探究不同模式下县（市）域经济的发展规律。需要指出的是，县（市）域经济发展模式并非仅此三种，实践中还有主导产业驱动模式、不同所有制组织驱动模式等，本研究不便详细阐述；县（市）域经济的影响因素可能会存在一定程度的交叉性，而这种交叉性不会从根本上影响分析的准确性和可靠性。

一、资源禀赋型发展模式

资源禀赋型县（市）域经济发展模式，是指依靠本地资源优势，打造产业优势，通过主导产业和关联产业带动整个县（市）域经济发展的一种经济发展模式。它包含4种主要类型：以自然环境为基础推进农业产业化，依托丰富矿产资源发展资源型工业，依托自然风景与人文资源发展现代旅游业，借助人口资源优势发展劳动密集型产业。

在资源禀赋型发展模式下，丰富的自然资源是推动县（市）域经济发展的主导因素，县（市）域自然资源的开发利用状况决定着县（市）域经济发展的成败。

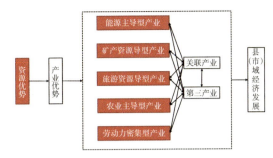

图 2-5 资源禀赋型县（市）域经济发展模式

资源导向型县（市）域经济对当地禀赋资源的依赖性极强，县（市）域经济活动多数都围绕资源的开发利用展开。

资源禀赋型县（市）域经济的适用条件为：第一，县（市）域具有丰富的自然或人文资源，市场发展前景广阔，市场需求规模巨大；第二，资源开发的行政制约和经济限制较低，政府鼓励引导不同经济主体进入资源开发领域，资源开发相关产业的资本、技术要求较低，易吸引更多经济主体进入资源开发产业。

二、区位导向型发展模式

区位禀赋型县（市）域经济是凭借区位比较优势，通过为上级中心城市提供补充服务并接受其辐射而获得推动县（市）域经济全面发展的一种经济发展模式。借助区位优势，依靠上级城市经济辐射力，鼓励引导资金、技术、人才等多样化生产要素流入县（市）域，发展工业产品配套型产业、农副产品基地型产业和多层次综合服务型产业，构建完善的产业结构。

采用区位导向型发展模式的县（市）域，在其经济发展过程中通常具备明显的城市依附烙印，表现在以下方面：第一，产业结构上以承接城市转移产业和补充产业为主；第二，资金来源上以源自城市经济的投资为主；第三，经济运行机制上则与中心城市经济运行机制的关联性和相似性较强。

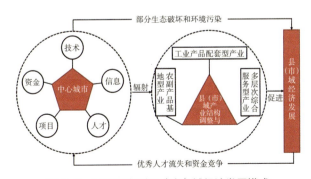

图 2-6 区位导向型县（市）域经济发展模式

区位导向型县（市）域经济的适用条件为：第一，区位条件优越，这决定县（市）域经济发展兴衰；第二，邻近现代化工业生产力和城市文明辐射力强的城市，交通便利；第三，与中心城市的交往比较密切，吸收大城市辐射的功能比较强。

三、政府扶持型发展模式

政府扶持型县（市）域经济发展模式是指政府除了做成熟市场经济下政府应该做的事，如除提供制度和政策环境外，还通过制定非常明确的发展规划和发展战略来引导投资者进入，并积极参与到引导外部资源尤其是企业家资源进入。

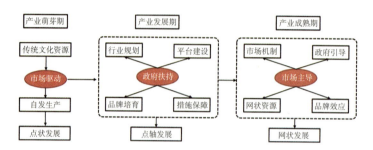

图2-7 政府扶持型县（市）域经济发展模式
（资料来源：江振娜《政府扶持型县域经济发展模式研究——福建仙游县工艺美术产业实证分析》）

政府扶持型县（市）域经济发展模式是政府通过直接的经济干预、系统的制度安排，依靠政府的有效引导和推动，搭建产业发展平台，实现资源整合，为产业的发展创造一个宽松、开放的政策和经济环境，实现社会资源合理有效配置，壮大产业规模，逐步壮大产业发展基础，提高产业竞争力的经济发展模式。该模式下，政府对企业给予一定的政策优惠，并搭建相应平台，等到该行业市场机制成熟、社会网络健全，政府扶持型县（市）域经济发展模式必然要向市场主导型县（市）域经济发展模式转变。

地方特色产业经过政府一定时期的扶持，已形成良好的品牌知名度、较完善的社会网络和比较健全的制度。区域品牌一经建立，在消费者心中有了良好的口碑，便具有强大的生命力。良好的区域品牌可以节省本地企业的营销成本，更好地实现资源聚合。地方政府在培育区域品牌的同时，还通过加快相关配套产业开发，延伸产业链，形成融产供销于一体，支柱产业与配套产业紧密联系的产业网络和大量中小企业集聚在一起的企业网络。这些强大的社会网络有利于企业共享信息资源，开展创新活动。

当某一产业市场需求旺盛，行业发展前景良好，并对本县（市）的经济发展起着重大作用时，宜采用政府扶持型发展模式。

第三章 县（市）域经济发展存在的主要问题

第一节 县（市）域经济问题

1. 经济产出低，GDP 总量和人均 GDP 较低

（1）县（市）域经济总量落后于城市地区

2014 年，中国县（市）域以占全国 87.04% 的国土面积和 68.37% 的人口，仅创造了全国 48.37% 的 GDP 总量和 14.70% 的财政收入；而城市地区以占县（市）域 1/7 的国土面积和 1/2 的人口，创造了县（市）域 1.07 倍的 GDP 总量和 5.8 倍的财政收入。

（2）四大经济区的县（市）域经济总量均处于较低水

2014 年，东部地区、中部地区、东北地区、西部地区的县（市）域生产总值占各自地区生产总值的比重分别为 36.77%、57.39%、44.01%、53.66%。东部地区和东北地区的大中城市经济规模的优势明显，县（市）域在面积和人口均占优势的情况下，生产总值所占比重都低于 50%；中部地区和西部地区的县（市）域经济所占比重虽已超过 50%，但考虑到县（市）域的国土面积和人口数量均远超 50%，县（市）域经济总量仍处于较低水平。

中国四大经济区及其县（市）域主要经济指标情况（2014年） 表3-1

地区	东部地区	中部地区	东北地区	西部地区
地区生产总值（万亿元）	35.01	13.87	5.75	13.81
县（市）域生产总值（万亿元）	12.87	7.96	2.53	7.41
县（市）域所占比重（%）	36.77	57.39	44.01	53.66
地区行政面积（万 km²）	90.76	99.00	79.00	66.08
县（市）域行政面积（万 km²）	71.66	90.94	63.25	609.45
县（市）域所占比重（%）	78.96	91.85	80.07	92.22
地区年末总人口（万人）	47051	39816	10635	40185
县（市）域年末总人口（万人）	28166	30281	6262	28808
县（市）域所占比重（%）	59.86	76.05	58.88	71.69

（资料来源：《中国县域统计年鉴（县市卷）》2015 年）

（3）县（市）域人均 GDP 与全国平均水平有差距

2014 年，县（市）域人均 GDP 为 3.5 万元，比全国平均水平低 1.1 万元。此外，人均 GDP 高于全国平均水平的县（市）域仅占 19.22%，主要集中于中国西北地区和东部沿海地区；人均 GDP 低于全国平均水平的县（市）域占比高达 80.79%，广泛分布于中国东、中、西部地区。值得注意的是，45.02% 的县（市）域人均 GDP 未能达到全国平均水平的一半，集中分布在中西部地区，这表明中国在提高县（市）域人均 GDP 方面仍需努力。

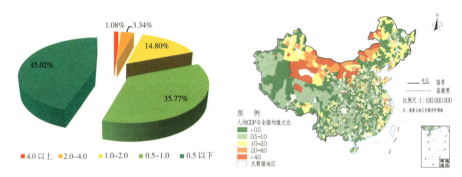

图 3-1 中国县（市）域的人均 GDP 与全国均值之比的空间分布（2014 年）
（资料来源：《中国县域统计年鉴（县市卷）》2015 年）

2. 经济产业结构层次低

县（市）域行政单位形成"二三一"的产业结构，第二产业所占比重在 50% 以上；县（市）域行政单位第一产业所占比重将近 15%，远超过地级市比重；与地级市相比，县（市）域产业结构较为落后，产业发展程度较低。

3. 县（市）域经济发展不均衡

县（市）域 GDP 总量呈现较大的东、西差异。2014 年，东部沿海地区 GDP 总量水平最高，500 亿元以上的县级单元达到 89 个；西部青藏高原、四川西北部、新疆南部等地区 GDP 总量水平最低，多在 50 亿元以下。

县（市）域地均 GDP 水平表现为东高西低的空间分布格局。2014 年，地均 GDP 较高的县（市）域主要集中在胡焕庸线以东，特别是华北地区和东南沿海地区的县（市）域地均 GDP 较高；胡焕庸线以西的县（市）域，地均 GDP 水平相对较低。

第二节 县（市）域人口问题

1. 普遍存在人口外流，中部、西南地区较突出

县（市）域普遍存在人口外流现象，中部、西南地区省级行政区尤为明显，河南省县（市）域流出人口规模超过 1000 万；流入地区主要集中在长三角、珠三角与京津冀地区。西北地区的常住人口普遍高于户籍人口，人口为净流入状态。随着中国城镇化进程不断推进，农村人口不断往城市迁移，2010 年中国县（市）域总的净流出人口超过 9100 万。

图 3-2 中国县（市）域的地均 GDP 空间分布（2014 年）

（资料来源：《中国县域统计年鉴（县市卷）》2015 年）

图 3-3 中国县（市）域的净流入人口空间分布格局（2010 年）

注：净流入人口 = 常住人口 − 户籍人口

2. 面临人口衰退问题，东北地区和东部沿海较明显

县（市）域存在陷入"超低生育率"陷阱风险，面临人口衰退问题，随着"少子化程度"的逐渐加重，未来将面临劳动力不足问题。2010 年人口普查数据表明，中国 14 岁以下人口仅占总人口的 16.60%。1982 年该比例为 33.6%，1990 年为 27.7%，2000 年为 22.9%。此外，2010 年人口普查数据表明，县（市）域户均规模为 3.2 人，平均每户生育 2 个小孩左右；东北三省、内蒙古、浙江、四川与安徽等省级行政区县（市）域的户规模已低于 3.2，平均每户生育少于 2 个小孩，这表明这些县（市）域进入严重少子化时代，这些省级行政区将进入人口衰退期。

县（市）域"未富先老"现象明显，带来巨大养老压力。中国县（市）域地区除西藏、新疆、青海、内蒙古外，其他省级行政区县（市）域 65 岁以上老年人口比重均在 7% 以上；东部沿海地区多数省级行政区的县（市）域老龄人口比重超过 11%，在成渝地区、长江中游的多数县（市）域老龄人口比重也超过 11%，

表明众多的县（市）域完全进入老龄化社会。但是，县（市）域广大的农村地区人均收入依然较低，"未富先老"现象明显，将给家庭与社会带来巨大压力。

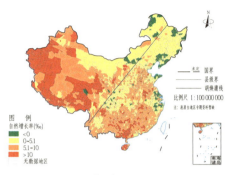

图3-4 中国县（市）域的人口自然增长率空间分布格局（2010年）
（资料来源：第六次人口普查）

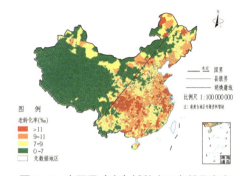

图3-5 中国县（市）域的人口老龄化率空间分布格局（2010年）
注：老龄化率＝（65岁及以上人口）/总人口×100%

3. 受教育水平总体偏低

中国县（市）域高学历人员比重较高的地区主要分布在北京、天津及上海等直辖市。河南、河北、安徽及广东等省级行政区县（市）域高学历人员比例较低，也低于西部省级行政区。中部、西南省级行政区高素质人口外流，河南、河北、安徽及广东等省级行政区县（市）域经济较市区落后，高学历人口流向非县（市）域地区。西藏、青海、内蒙古及新疆地区的县（市）域，由于中央支援的干部、职工学历普遍较高，因此，高学历人口比重反而比中部省级行政区和南部省级行政区高。

青藏高原、横断山脉等西南地区人均受教育年限较短。从平均受教育年限看，青藏高原、横断山脉地区以外的地区义务教育普及率较高，人均受教育时间普遍在7年以上。青藏高原、横断山脉地区自然条件恶劣，经济发展水平较低，

图3-6 中国县（市）域大学本科及以上学历人数比重的空间分布格局（2010年）
（资料来源：第六次人口普查）

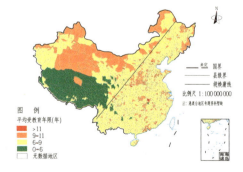

图3-7 中国县（市）域的居民平均受教育年数空间分布格局（2010年）
（资料来源：第六次人口普查）

交通不便，学校等教育相关的基础设施建设相对不足。因此，人均受教育年限相对较短。

第三节 县（市）域财税问题

1. 财政收入和财政依存度较低

财政依存度在一定程度上能够反映财政的集中力度以及地方经济发展对财政的依赖程度。2014 年，中国县（市）域财政依存度仅为 0.076，财政依存度在 0.1（即全国平均水平）以下的县（市）占总量的 74.02%，大部分地区财政依存度不高，财政收入对经济发展的促进作用较弱。

2. 公共财政支出占县（市）域 GDP 的比重大

中国县（市）域财政支出占 GDP 的比重持续提高，从 2006 年的 9.87% 增长为 16.02%，增幅达到 6.15%，这与全国财政总体发展趋势相一致。此外，中国县（市）域财政支出增加的边际倾向（MGP）从 2006~2010 年的 17.82% 增加到 2010~2014 年的 19.64%，说明政府财政支出对县（市）域 GDP 的集中和控制力度不断增强。

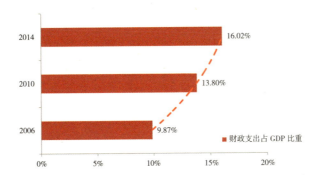

图 3-8　2006 年、2010 年与 2014 年公共财政支出占 GDP 比重
（资料来源：《中国县域统计年鉴（县市卷）》）

3. 财政赤字普遍，尤以长江流域和东北地区最严重

2014 年，县（市）域行政单元的财政支出超过财政收入，且财政赤字率超过欧盟规定的 3% 警戒线。出现财政赤字的县（市）域则占全部县（市）域的 98.31%，而财政盈余的县（市）域数量仅占全部县（市）域的 1.69%。以胡焕庸线为界，以东地区的赤字程度较重，且尤以东北地区和长江流域最为明显；以西地区的县（市）域则由于财政收入较低，赤字程度往往较轻。

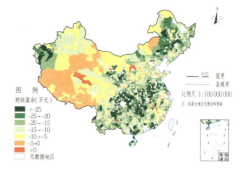

图 3-9 中国县（市）域的财政依存度空间分布格局（2014年）

注：财政依存度＝财政收入规模/国内生产总值×100%

图 3-10 中国县（市）域的财政盈余空间分布特征（2014年）

注：财政盈余＝财政收入－财政支出；颜色越深，财政赤字越严重

第四节 县（市）域公共服务问题

1. 教育层次结构偏低

2014年，中国县（市）域小学在校学生6243万人，占全国在校小学生比重为66.06%；普通中学在校学生4240万人，占全国普通中学在校学生比重为62.49%；中等职业教育在校学生564万人，占全国中等职业教育在校学生比重为32.12%。相比在校小学生比重，县（市）域中学生比重和中等职业教育在校学生比重较低，特别是为当地经济部门输送拥有专业技能的实用人才的职业教育明显落后于城市地区，因此县（市）域教育层次结构偏低。

2. 医疗设施水平落后

2014年，中国县（市）域医疗卫生机构床位数约为313万张，占全国医疗卫生机构床位数的47.44%。全国县（市）域每万人拥有医疗卫生机构床位数为33.49张，86.06%的县（市）域低于全国平均水平（48.26张/万人）。

3. 社会福利设施较弱

2014年，中国县（市）域各种社会福利收养性单位个数为31947个，占全国社会福利收养性单位个数的33.25%；中国县（市）域各种社会福利收养性单位床位数为296万张，占全国医疗卫生机构床位数的48.25%。全国县（市）域每万人拥有社会福利收养性单位个数为0.34，89.23%的县（市）域低于全国平均水平（0.70个/万人）；全国县（市）域每万人拥有医疗卫生机构床位数为31.69，77.13%的县（市）域低于全国平均水平（44.90张/万人）。

第五节 县（市）域资源环境问题

1. 土地利用效率低下

多数县（市）域土地利用集约程度不高，土地利用水平较低。东部地区建设用地面积规模大，早期粗放的土地利用模式导致资源环境约束趋紧；中西部地区建设用地粗放扩张，部分地区存在明显的土地闲置现象。此外，部分县城旧城区内存在大量极低容积率的住宅。

2. 生态环境质量日益下降

资源破坏严重。改革开放以来，县（市）域经济得到持续增长，但同时也付出巨大的生态环境代价。长期的掠夺式开发、粗放式经营导致水土流失日趋严重，土地沙漠化、盐碱化程度加快，生态环境遭到不同程度的破坏。

污染问题明显。随着农药、化肥等化学物品的大量使用，尽管在一定程度上提高了农业产量，但也给农村生态环境造成严重破坏，产生严重的农业污染。此外，低技术、粗管理、高能耗乡镇工业的发展，使环境污染不断加重，加之"三废"得不到有效处理，导致水质恶化和空气质量下降，产生乡镇企业污染。

第四章　县（市）域经济发展环境、目标和思路

第一节　县（市）域经济发展环境

一、经济技术环境发生转变

1. 工业化向信息化过渡，需要树立新的资源观

农业经济和工业经济时代，有形的物质资源包括自然资源、土地资源和劳动力资源，是区域发展基础，从而构成以农业、矿业等第一产业为主和以资源加工、再加工的第二产业为主的区域经济特点。

信息经济时代，信息资源是一种新的推动区域发展的动力资源，对国内外各种信息的采集、处理、传输成为新区域经济运行的主体过程。可以说，谁掌握了信息资源，谁就掌握了发展的主动权。而作为智力中心、创新中心和信息中心的城市，成为区域发展的核心。

因此，必须适应变化了的区域资源观念，建立强有力的中心城市，打造人才、信息集聚的高地，掌握区域发展的主动权。

2. 地方化走向全球化，需要树立新的区域观

传统的区域发展研究是以本区域（更多是行政区域）的条件（如资源、劳动力、资金等）为依据，以服务本区域为目标。这是一种区域自我经济循环的过程，带有某种封闭性，其发展受到区域条件的很大约束。

经济全球化时代和市场经济条件下，生产要素依据利润原则向优区位、区域流动，本地区的资源、资金、劳动力可以流向其他区域，而无资源的区域可以发展资源工业。例如，上海成为中国重要的钢铁工业和炼油工业基地，香港成为全球金融中心城市。

因此，当前区域发展的研究决不能"就区域论区域"，应当扩大研究视野，从参与市场竞争的角度和运用新国际劳动分工的理论，强化区域的基础设施，创造良好的投资环境，吸引区外、国外的资源、资金、技术、人才，建立起内外结合的经济运转系统，促进区域发展。

3. 人口资源环境恶化，需要树立新的发展观

工业革命之后，尤其是1950年代以来，人口爆炸、资源枯竭、环境恶化成

为当今世界人类面临的最迫切的挑战。人们认识到以牺牲资源、环境为代价的发展难以为继。因此，当1987年联合国世界环境与发展委员会提交联合国的《我们共同的未来》报告和1992年巴西的世界环境发展会议通过的《21世纪议程》提出可持续发展的思想时，得到全世界各国政府和人民的普遍赞同。

由此，可持续发展也成为区域研究的主题、区域开发的基本原则，实现人口、资源、环境的协调发展是区域发展的主要目的。人类不能仅仅为了生产和发展，而要看到未来的生存；不仅为了这一代人的生存发展，而且还要为下一代人留有生存和发展的可能；不能因为发展而破坏生存空间，而是要优化生存空间，使人类社会得到更好的发展。

二、世界经济环境出现变化

1. 发达国家实施再工业化，迫使中国加速产业转型升级

发达国家在经历了二十多年金融自由化后，金融危机重创了其过度膨胀的虚拟经济。危机后，发达国家发出了回归实体经济的强烈信号，掀起了再工业化的浪潮。为了实现再工业化的战略意图，保证实体经济的快速回归并抢占世界经济和科技发展的制高点，发达国家纷纷制定发展制造业的计划。例如，美国的《国家出口计划》、英国的《制造业新战略》、日本的《制造基础白皮书》、欧盟的《刺激经济计划书》等。

发达国家的再工业化带来国际经济格局的变化，给中国的发展带来更多挑战。首先，国际产业转移发生转向，延缓制造业升级；其次，市场竞争深化，加剧国际贸易摩擦；再次，技术竞争加剧，阻碍中国海外并购；最后，外资提高控制，削弱企业创新能力。为扭转不利局面，中国主要从转变经济发展模式、加快科技创新、核心技术并购、完善产业集群创新政策等方面加以应对。

2. 世界经济正在缓慢复苏，但仍面临下行风险

2008年国际金融危机爆发后，世界经济维持了多年的低速增长。但自2016年开始的全球经济回升已变得更为广泛、更为强劲，全球约75%的经济体经济增速都将加快。2017年全球经济增长率为3.8%，其中发达经济体、新兴经济体的经济增速分别为2.3%、4.8%，为世界经济近10年来最大范围的增长提速。根据IMF的预测，发达经济体在2018年和2019年将继续以超过潜在增长率的速度扩张，随后经济增长将减速；而新兴市场和发展中经济体的增长将加快，随后趋于稳定。对于多数国家，当前有利的经济增速不会一直持续下去。

尽管全球经济全面复苏，但全球经济潜在增速放缓的趋势值得注意。第一，

发达经济体可能加快货币政策正常化步伐,从而引发全球金融条件收紧;第二,贸易保护主义抬头以及地缘政治紧张将拖累经济复苏;第三,随着资本积累速度下滑,生产率增速放缓,人口老龄化加剧,有可能导致全球经济脆弱性增加。

三、中国经济社会环境变动

1. 新常态下经济发展速度和动力发生转变

经过几十年改革开放的发展,在实现经济快速增长的同时,也带来资源损耗较大、环境压力增加等问题,以往的经济发展模式难以为继,资源环境也难以持续推进经济高增长态势。当前,中国经济发展进入新常态,经济增速从高速增长转为中高速增长,增长动力从要素、投资驱动转向创新驱动。

从发展速度上看,进入 2010 年以来 GDP 增速呈现不断下滑趋势,2017 年达到 6.9% 的水平。这意味着百分之六点几的增长将成为新常态。从发展动力上看,中国的县(市)域发展水平较低。根据 WEF 标准划分发展阶段,中国的市域(直辖市与副省级市)中有 53% 处于"效率驱动"转向"创新驱动"的发展阶段,而县(市)域中有 68% 处于"要素驱动"和"效率驱动"的发展阶段。这是谋划县(市)域经济发展的逻辑起点。

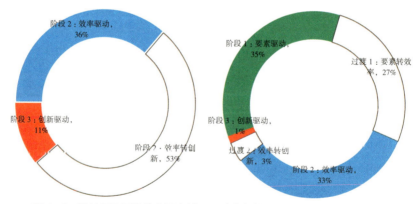

图 4-1 按 WEF 标准的中国市域和县(市)域发展阶段对比(2014 年)

2. 新阶段下城镇化的内涵发生变化

2011 年中国城镇化率首次超过 50%,进入快速发展阶段。新阶段下,城镇化表现为新的特征:一是城镇化进入质量与速度并重的发展新时期。城镇化内在动力(劳动力、土地等生产要素供给)转变,城镇化从外延式扩张向内涵式提升转型;二是城镇化以人为本,走以人为核心,集约、智能、绿色、低碳的新型城镇化道路;三是城镇化进程推动相关体制机制改革和创新(县改市、扩权强镇、大中小城镇协调发展、产城融合、户籍制度改革、城乡公共服务均等化），推动城镇化内涵更加注重生活方式、产业非农化。

为此，2014年国家出台《国家新型城镇化规划（2014—2020年）》以应对新阶段下城镇化发展的挑战。新阶段下，城镇化应以生产活动非农化、生活方式现代化（就近城镇化、就地城镇化、城乡盖房土地交换）的状态在县（市）域展开，以人为本理念更多地体现在怎么让人民群众吃得更好、挣得更多、过得更舒服。

3. 人口变化给社会发展带来新的挑战

首先是人口结构恶化。人口增长在经历1963~1975年和1985~1990年的两个高峰期之后，在1990年代后期呈"断崖式减少"。它导致：其一，直接用于生产和消费的人口减少，影响中国GDP增长率，降低人口红利；其二，劳动力成本上升以及与其相关的经济发展模式转变，减弱中国出口产品的竞争力；其三，低端劳动力短缺将极大地打击依赖简单劳动力的行业，包括简单制造业和快递、鲜花、餐饮、零售、电商等在内的服务业；其四，减速城镇化进程以及包括房地产在内的围绕城镇化进程的各种商业活动，并慢慢冷却；其五，老龄化社会加剧，将加重劳动人口养老负担，社会保障成本大幅度升高。

其次是劳动力回流。进入21世纪，内地吸引流动人口的能力在不断强化（省会城市周边、地级市辖区、县（市）域），越来越多的农村劳动力从沿海发达地区向中西部传统人口输出地回流，劳动力迁移呈现外出与回流并存的"双向化"格局。劳动力回流在为内地城市提供发展机会的同时，引发沿海城市的用工慌。

4. 生态保护对发展的约束性增强

一方面，全国生态、环境安全及保护形势严峻。据《中国环境状况公报2015》披露，2014年生态环境质量"优"和"良"的县（市）域占国土面积的45.1%、"一般"的县（市）域占24.3%、"较差"和"差"的县（市）域占30.6%。同时，全国耕地平均质量总体偏低（平均等别为9.97），加之因建设占用、灾毁、生态退耕、农业结构调整等原因耕地面积减少38.80万hm^2。环境污染要铁腕治理，更是被写入2015年政府工作报告。

另一方面，人们要求发展的愿望强烈。2014年，中国人均GDP为4.72万元/人，世界排名第78位，与发达国家水平相距甚远，唯有发展才能满足人民提高生活水平的愿望。因此，如何在保护生态、环境的同时促进社会发展和人民生活水平提高，是政府工作的重中之重。

第二节　县（市）域经济发展目标

1. 壮大县（市）域经济实力

加快推进新型工业化进程，不断提高资金、技术投入，促进高新技术产业快速发展。加速推动现代农业发展，构建现代农业体系，走农业产业化、农业现代化道路。努力培育形成竞争力强、规模较大、技术先进的产业集群，发挥规模效应。促进服务业多元化发展，提高生产性服务业、生活性服务业对县（市）域经济的带动能力，改善消费结构和提高消费能力。统筹协调城乡发展，逐步推进城镇化进程，实现人口的就地城镇化和就近城镇化。

2. 增强县（市）域发展活力

加快政府职能转变，明晰权责事宜，推进重点领域和关键环节突破，增强县（市）域发展活力。鼓励支持大众创新、万众创业，活化和优化发展环境，营造实现物质财富增加和精神追求满足的良好氛围。引导支持个体、私营业主发展，推动市场主体多元化发展，增强市场活力。加大县（市）域经济开放度，吸引资本进入，发挥资本对经济增长的拉动作用。完善基础设施建设，提升保障服务能力，为经济发展提供良好的基础。

3. 提升县（市）域持续动力

大力发展循环产业，引导支持低碳发展，提高能源利用效率。加大技术投入，加强技术创新，提高技术含量，增强市场竞争力，促进经济持续增长。加速推进美丽乡村建设，改善区域生态环境，通过新农村建设来实现城乡一体化进程，助力经济发展。加快县（市）域增长动力从要素驱动、投资驱动向创新驱动的转变，提升县（市）域经济持续动力。

4. 改善县（市）域民生能力

增强城乡居民收入水平，优化收入结构，缩小城乡收入差距，使城乡居民更好地共享经济发展成果。提高县（市）域城镇化水平，改善居民生产、生活水平，将实现好、维护好、发展好最广大人民根本利益作为发展的根本目的。通过精准扶贫，实现贫困人口全面、全部脱贫，达到温饱乃至小康水平。完善公共服务体系和社会保障体系，全面覆盖城镇参加基本养老保险，切实做到"发展为了人民，发展成果由人民共享"。

第三节 县(市)域经济发展指导思想

1. 坚持因地制宜,实现特色发展

县(市)域产业发展的关键在于形成地域特色。结合县(市)域资源禀赋和产业优势,坚持特色化、差异化、品牌化发展思路,推进城镇品牌、企业品牌和产业品牌建设,培育和发展一批特色鲜明、竞争优势明显、带动能力强的特色产业、名品名企名镇。一方面,在区域总体产业发展战略基础上,进行相应的产业链条划分,发展具有相对比较优势的产业,尤其是特色产业,壮大县(市)域经济实力。另一方面,加强特色产品的规模化、集约化、科技化、信息化、品牌化、商品化生产。

2. 坚持创新驱动,实现持续发展

深入实施创新驱动发展战略,推动创业创新蓬勃发展,提高全要素生产率。加强科技与经济深度融合,使创新要素配置更为高效合理,推动重点领域和关键环节核心技术突破,全面增强自主创新能力,迈进创新型县(市)域和人才强县行列,实现县(市)域创新驱动发展。强化企业创新主体地位和主导作用,重点培育发展一批以自主知识产权和自主品牌为核心竞争力、以优秀企业家和创新创业高层次人才为核心团队的创新型领军企业,加快科技创新载体、科技综合体等平台载体建设,培育创新型产业集群。

3. 坚持城乡统筹,实现协调发展

坚持工业反哺农业、城市支持农村,实现工业与农业、城市与农村协调发展,建立以工促农、以城带乡的长效机制。大力发展农副产品加工业,推进农业产业化和现代农业进程,提高农业产出效率,促进产业更加高效。加快推进城镇化,强化城镇产业支撑,加强城镇基础设施和社会事业建设,加速城乡一体化进程。

4. 坚持民生共享,实现全面发展

围绕"发展为了人民、发展依靠人民、发展成果由人民共享",大力推进农村公共服务城镇化,提升城乡居民均等化水平。把促进居民工资性收入、资产性收入、经营性收入和保障性收入作为结构性改革、提振经济发展和民生的重要抓手与结合点,实现中国现行标准下农村贫困人口脱贫,解决区域性整体贫困。建成经济、政治、文化、社会、生态文明建设五位一体的全面小康社会。

5. 坚持生态优先,实现绿色发展

着力提高能源资源开发利用效率,大幅度减少主要污染物排放总量,严格控制能源资源消耗总量和碳排放总量,实现绿色、低碳发展,促进生产方式和生活方式生态、绿色、高效、集约发展。树立"保护环境就是保护生产力"的发展理念，大力发展资源节约型、环境友好型产业，积极探索"生态＋休闲旅游""生态＋文化创意"等新业态、新模式，推动生态优势转化为现实生产力。严守生态红线，加强生态保护与修复，不断累积生态财富，将生态打造成为县（市）域发展的第一资源。

第四节 县（市）域经济发展思路

1. 加强县（市）域经济分类指导，创新工作思路

依托县（市）域的资源禀赋、区位条件、产业现状，坚持因地制宜、因时制宜，科学指导县（市）域发展分类，创新引领发展思路，促进县（市）域发展特色化、错位化、协调化、综合化，实现县（市）域各具特色又相得益彰的发展场景。充分调动不同类型县（市）域发展的主动性和积极性，引领县（市）域全面落实"创新、协调、绿色、开放、共享"的发展理念，实现科学发展、转型发展。

具体来说，重点开发区域所在县（市、区）要积极引导其承接发达地区和大城市产业转移，加快纺织、食品、建材、机械制造等传统产业改造升级，培育形成电子信息、新能源、生物医药、新材料等新兴产业，通过大力发展现代生产性服务业，打造县（市）域经济"升级版"。农产品主产区所在县（市）域要加快发展以产业化经营为核心的现代农业、以农产品加工为主导的工业化，培育核心竞争力强的特色产业。重点生态功能区所在县（市、区）要引导其依托良好生态环境和自然资源，大力推进发展特色生态农业、生态文化旅游和自然风光开发等，实现保护生态环境和促进经济发展的有机统一。

2. 加快新型工业化推进，壮大县（市）域经济实力

加快传统产业改造升级，按照"优化结构、创新产品、增强配套、淘汰落后"的要求，着力推动食品、纺织、石化、建材、冶金等产业调整改造升级，支持企业技术和设备更新，突出抓好企业技术改造工程。

积极培育发展新兴产业，鼓励支持有基础、有条件的县（市）域大力发展电子信息、新能源、生物医药、新材料等新兴产业和现代物流、金融、信息服务等现代服务业。科学选择重点产业培育，增大新兴产业比例，使其成为经济发展的新增点，为县（市）域经济发展提供新动力、构筑新支点，促进产业结构优化升级。

3. 大力发展现代农业，促进县（市）域特色化发展

整合优化资源配置，充分发挥资源优势和比较优势，以市场需求为导向，引

导农民积极调整产业结构,增强经济作物种植比例,加快构建粮经饲统筹、种养加一体、农牧渔结合的现代农业产业体系,形成农业特色化的县(市)域发展格局。

着重增强农业产业化和规模化,以特色农产品为依托,以农业产业化为途径,重点发展粮油加工、畜禽产品加工、水产品加工、林特产品加工、棉麻加工、果蔬及茶叶加工六大产业,延伸、壮大绿色农产品种养加工产业链条,提高农产品附加值,培育一批生产基地,形成龙头企业带动、产业化经营、生产基地依托的农业生产格局。

培育形成农业新业态和新增点,加强科技投入,推进现代信息技术应用到农业生产、经营、管理和服务,鼓励引导农业生产的物联网改造,提高生产方式的现代化和科技化。积极引导绿色农业、现代农业发展,提高农产品附加值和科技含量。开展农产品地理标志认证活动,提高农产品知名度和品牌化。

4. 推动新型城镇化建设,改善县(市)域民生环境

转变县(市)域发展方式,加强基础设施建设,推进公共服务设施市场化改革,打破县级政府对公共服务设施的垄断,使市场主体参与到县(市)域公共服务供给机制中,提高公共服务供给的效率,实现资源的有效配置,形成以县级政府为主、民间参与为辅的公共服务资金筹措机制,完善公共基础设施体系。

明确树立责任意识,建立经费保障机制,实现县(市)域教育布局合理、教育资源分配公平,保证县(市)域教育硬件均衡和软件配套相结合。合理配置医疗机构的数量、规模、布局和功能,完善农村三级医疗卫生服务体系,科学制定县、乡、村级卫生室等基层医疗机构的设施配套和设备配套标准,提高医疗卫生资源的利用率,完善县(市)域医疗公共服务供给机制。

5. 培育多元化动力体系,提升县(市)域发展水平

把发展基点放在创新上,推动科技创新与大众创业、万众创新有机结合,塑造更多依靠创新驱动、更多发挥先发优势的引领型发展。

一是鼓励创新创业。首先,完善创业服务体系,落实各项扶持政策,加强创业辅导,建设各类创业孵化基地和创业园区,拓宽农民工返乡创业平台。其次,鼓励龙头企业结合乡村特点建立电子商务交易服务平台、商品集散平台和物流中心,推动农村依托互联网创业。再次,依托互联网拓宽市场资源、社会需求与创业创新对接通道,提升县(市)域创新基础能力。

二是实施人才优先发展战略。首先,创新人才发展体制。加快完善工资、医疗待遇、职称评定、养老保障等激励政策,提高县(市)域人才质量,优化人才结构。其次,营造人才发展的环境。完善人才评价激励机制和服务保障体系,营造有利于人人皆可成才和青年人才脱颖而出的社会环境。

三是大力发展民营经济。首先，认真落实鼓励和引导民间投资的各项政策措施，营造机会公平、权利公平、规则公平的投资环境。其次，促进非公有制经济公平参与市场竞争，充分激发非公有制经济的活力和创造力。再次，严格执行私有财产保护法律制度，保障非公有制企业和个人财产权不受侵犯。以次，引导和鼓励民营企业建立现代企业制度，推进产权制度创新，完善法人产权制度。最后，支持民营企业扩大债券融资、上市融资等直接融资规模。

四是促进中小企业成长。首先，大力实施中小企业成长工程，加大"专精特新"和科技型中小企业扶持力度，打造一批行业细分领域"隐形冠军"。其次，制定规模企业培育计划，完善小企业进入规模企业的育成机制。再次，实施企业人才培育工程，推进"123"企业家培训计划，建设高素质的企业家队伍。最后，积极推进银企对接，组织银企对接洽谈会，缓解中小企业融资难。

6. 加强生态文明建设，增强县（市）域可持续能力

一是促进绿色低碳发展。首先，实施绿色制造工程，推进县（市）域重点行业全流程绿色化改造，实现高效、清洁、低碳和可持续发展。其次，推进企业间、行业间、产业间循环发展模式，构建纵向闭合、横向联系的循环型产业体系。再次，推动产业园区循环化改造，提高产业关联度和循环化程度。以次，大力发展生态循环农业，开展生态循环农业示范创建。最后，培育发展再生资源龙头企业，加强行业整合，提高产业集中度。另外，延长再生资源利用产业链，形成覆盖分拣、拆解、加工、资源化利用和无害化处理等环节的完整产业链。

二是强力推进节能减排。首先，推广节能、节水新技术、新工艺，提高工业"三废"的综合利用水平，构建节约型的产业结构和消费结构。其次，推进钢铁、水泥、铁合金等重点耗能行业节能降耗，严格执行国家强制性节能标准，引导企业应用节能减排先进适用技术装备。再次，加强宏观指导和协调，推进冶金、建材、化工等行业淘汰落后和化解过剩产能。最后，推行绿色消费，鼓励全民形成勤俭节约、绿色低碳、文明健康的生活方式。

三是加强生态环境保护。首先，坚持经济效益、生态效益、社会效益并重，在发展中保护和修复生态环境，在生态环境保护和修复中培育新的经济增长点。其次，将生态保护和修复纳入农业农村发展总体规划，制定出台促进农业资源有效保护、合理利用的政策措施，依法管理农业资源和生态环境。再次，完成农业空间和生态空间保护红线划定，并强化林地、湿地、森林和水资源管理等生态红线刚性约束。最后，建立健全生态效益补偿机制，不断加强生态环境保护和修复力度，实现生产发展、生活富裕、生态良好的良性循环机制，增强县（市）域经济可持续发展能力。

第五章 县（市）域经济发展策略

第一节 县（市）域发展类型的综合框架

按照县（市）域经济发展水平划分为发达县、中等发达县和欠发达县，按照县（市）域是否位于城市群范围内划分为城市群内的县（市）域与城市群外的县（市）域，按照县（市）域所在地形划分为山区县、平原县和丘陵县，按照县（市）域发展推动力划分为区位推动、资源推动、政府扶持等，得到不同视角下县（市）域发展类型研究的总体框架。

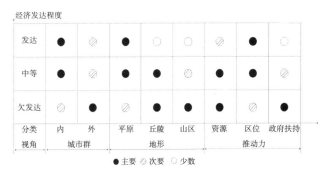

图 5-1 不同视角下县（市）域与经济发达程度的主要类型框架

第二节 不同阶段县（市）域经济发展策略

发达县、中等发达县和欠发达县所占比重分别为 5.41%、52.34% 和 42.25%。其中，发达县主要集中在东南沿海地区和矿产资源丰富的传统县（市）域，中等发达县集中分布在胡焕庸线以东的大部分区域和西北地区资源相对丰富的县（市）域，欠发达县主要集中在胡焕庸线以西的地区和丘陵山地区域。

一、发达县（市）域发展策略

1. 依托城市群，借力高等级城市，促进产业升级

以发达的交通网络为支撑，加强与中心城市、高等级城市的经济联系，努力

融入城市群范围，构建完善且各具特色的产业体系。依托自身发展的区位优势，合理制定产业发展定位，与高等级城镇和其他县（市）域产业形成错位化和补充式发展，避免不良竞争和资源浪费。将高等级城市作为自身生产的消费端而不是支配者和竞争对手，针对其巨大的市场需求，打造成为高等级城市辐射下的重要生产基地，提升区域合作和生产能力，促进地区共同发展。支持引导发达县（市）域重点推进循环、清洁产业，培育新兴制造业，重点发展高端制造业，推动制造业发展的智能化和信息化，推动县（市）域发展由投资驱动向创新驱动转型，实现县（市）域产业结构优化升级。

2. 完善交通等基础设施，圈层"携手"共同发展

便捷高效的交通网络设施有助于促进核心城市与其周边县（市）域间的人口、信息和商品的快速流动，实现生产要素的整合配置，促进经济共同发展。合理规划、完善发达县（市）域的轨道交通设施，建设不同类型的交通设施，有助于持续改善区域交通发达程度，提高周边高等级城市的影响力，有利于高等级城市的规模扩展，将中心城市周边的众多县（市）域融入城市发展圈，形成城市中心与周边县（市）域、县（市）域与县（市）域之间密切联系的局面，最终促进"圈层"共同发展。

3. 简政放权，注重政策引导，推动"两创"发展

发达县（市）域经济发展水平较高，市场经济比较活跃，市场机制相对完善，实行宽松的市场环境有助于生产要素的自由流动，充分发挥市场的调节作用。通过实行简政放权，明晰权责界限，发挥政府的政策引导和规范服务职能定位，实现市场"无形的手"和政府"有形的手"共同引导市场经济发展，实现资源的高效利用和有序运行。鼓励引导产业融合，大力发展第六产业，实行产业的现代化、高效化、新型化和绿色化，提升产业结构的深层价值和科技含量，助力"大众创业万众创新"发展。

二、中等发达县（市）域发展策略

1. 合理承接产业转移，激发特色产业化发展潜力

中等发达县（市）域需要基于自身在产业基础、土地规模和劳动力资源等方面的比较优势，积极承接发达县、地级市、直辖市的产业转移，引进具备技术含量较高、附加值较高、产业链较长的相关产业，坚决避免引入高污染、低附加值的落后产能，实现县（市）域产业结构的转型升级。同时，坚持因地制宜、因时制宜的原则动态调整经济发展战略。适宜发展农业的县（市）域要在农业现代化、农产品产业化上着重推进；适宜发展工业的县（市）域要在新型工业化、工业园区方面重点推进，提高资源利用效率；适宜发展旅游业的县（市）域要在挖掘自

身旅游资源内涵、开发打造特色旅游产品、加快旅游配套产业发展方面下大力气。

2. 完善配套设施建设，以产业化带动新型城镇化

大力推进以人为核心的新型城镇化，加快产城融合，提高产业发展对城市的促进作用，促进城乡一体化发展。同时，实行积极的市民化政策，鼓励引导农业转移人口进入城镇，并通过完善教育、医疗、卫生、公共交通等配套设施，让转移人口"进得来"；通过产业发展来提供充足就业机会，使转移人口"留得住"；通过改善生态环境，让城乡居民"住得好"。

3. 加大财税政策的扶持力度，避免成为"政策盲区"

中等发达县（市）域，是沟通发达地区与落后地区的重要纽带。县（市）域中农村人口外迁，有较大一部分是迁往当地的县城，由于县城整体发展水平高于农村，而且社会矛盾相对不突出，容易被忽略成为"政策盲区"，但是要解决农村人口外迁与农村农产品外销等问题，关键在于县（市）域。因此，加强县（市）域税收优惠政策，扶持偏远和落后地区县（市）域产业与基础设施的发展，避免成为"政策盲区"。

三、欠发达县（市）域发展策略

1. 完善基础设施建设，提高人民生活条件

欠发达县（市）域，多数地处山地、丘陵地区，基础设施比较落后，完善基础设施建设是改善县（市）域生活水平、共享经济社会成果、促进农村地区现代化的有力支撑。因此，要加大对基础设施投入力度，加强对山区公路交通、农田水利及其他生产、生活设施的倾斜力度，提升交通、能源、水利、信息等基础设施的共建共享、互联互通能力和水平。

2. 加大财政转移支付力度，推进精准扶贫

继续强化不同发展水平县（市）域在财政收入的分配比重，科学采用差异化的财政政策。建立规范的转移支付制度，加大对困难地区转移支付，适度扩大一般性转移支付规模，努力缩小地区之间的发展差距。同时，根据致贫原因和脱贫需求，通过发展特色产业、转移就业、易地扶贫搬迁、生态保护扶贫、教育培训、开展医疗保险和医疗救助等措施，实现落后地区贫困人口脱贫，实现精准扶贫。

3. 发挥政策叠加效应，充分释放政策红利

尽管国家对欠发达县（市）域的政策支持在迅速增加，扶持力度在逐步强化，但受限于政策资源整合，易形成项目资金部门化、分割化，造成资金利用效率低下或严重浪费。因此，当务之急是以区域性的产业发展规划为平台，进行新农村建设项目、扶贫开发项目、生态建设项目、革命老区建设项目、民族地区发展项

目等众多项目的资金整合,在加强外部监管的条件下,集成项目目标,捆绑使用资金,提高项目绩效。

4. 推进生态环境保护建设,助推绿色发展

欠发达县(市)域尽管存在基础设施水平较低、区位条件相对恶劣、经济发展水平低下等限制,但却通常具有良好的生态环境,能够为其发展绿色生态产业提供有利契机。因此,要积极争取资金、技术注入,鼓励引导环境友好型产业、绿色产业发展,大力推进产业生态化,实现欠发达县(市)域经济建设和环境保护的有机结合。充分利用区域自然环境和农业发展现状,推动农业产业化发展,借助生态农业和农业产业化趋势,加强推广集生态农业、农产品加工和生态农业旅游于一体的体验式发展,以生态环境和低加工强度与低资本投入的服务业发展区域经济,构建资源集约节约型县(市)域。

第三节 城市群内外县(市)域经济发展策略

一、城市群内县(市)域经济发展策略

1. 按照就近原则承接中心城市重要产业的配套行业

城市群内中心城市与县(市)域产业发展形成稳定的协同发展关系。对于城市群内的县(市)域产业发展选择应依据已有的产业基础,按照就近原则,主动承接城市群内中心城市重要产业的生产环节,培育形成某种产业的生产基地,为城市群中心城市主导或支柱产业发展配套,构建与城市群内中心城市互补的产业分工体系。城市群内经济发展水平中等和欠发达的县(市)域在承接中心城市转移产业的同时,应发挥自身的生态优势,大力发展生态休闲旅游产业和现代农业产业。

2. 深化对外开放,鼓励引导与中心城市技术合作交流

扩大对外开放广度和深度,引进经济效益高、环境友好型、带动能力强、与当地资源优势密切的产业,将招商引资与培育本土龙头企业相结合。鼓励城市群内经济发达县(市)域规模以上企业与中心城市研发设计机构开展各种形式合作。依托中心城市科研机构,通过项目转化,共建特色产业中青年技术人才培养基地。积极探索创业孵化联动机制,建立或完善孵化器+加速器+产业园区的发展模式。

3. 以基础设施建设先行保障城市群内县(市)域与中心城市社会经济联系

完善的基础设施是区域间经济技术合作的前提,城市群内中心城市与县(市)域可通过建立网络化、信息化的现代基础设施体系,实现中心城市与周边县(市)

域基础设施的资源共享和效能最大化。统一推进城市群内中心城市与周边经济发达或中等层次的县（市）域在快速交通设施建设和交通转换的无缝衔接，在城市群内建立分散化的基础设施网络结构，以便中心城市职能向其周边县（市）域疏散。

二、城市群外县（市）域经济发展策略

1. 基于资源禀赋优势承接中心城市产业转移

借助资源成本、劳动力成本、环境成本等优势，基于县（市）域自身产业体系，城市群外县（市）域要选择性地承接中心城市转移的劳动密集型和资源密集型产业，健全产业链，引导产业向城市群外县（市）域差异化集聚，培育特色产业集群和特色小城镇。在承接城市群内中心城市转移的低端产业的同时，加大科技投入，提高产品的科技含量，增强产业竞争优势；努力挖掘区域内自然、人文等重要资源，改善旅游设施，大力发展文化旅游产业。

2. 依托农村合作组织和中介机构，人力发展现代农业

城市群外县（市）域农业发展应优化升级原有的农业发展模式，鼓励支持农民参与农村土地流转，建立农村经济合作组织，实现农业生产的规模化。依托农村经济合作组织，大力发展订单农业和特色农业，积极扶植龙头企业带动生产基地建设。重视高新科技对农牧畜产品进行深加工，走科技兴农的可持续发展道路。

3. 营造良好的投资环境，加快发展民营经济

城市群外县（市）域投资环境差是其利用外资水平偏低、限制民营企业发展的主要原因之一。因此，要完善铁路、高速公路及通信设施等硬件设施，强化与周边中心城市交通廊道上的社会经济联系，交通网络建设应与城镇产业发展和布局良性互动。积极出台有利于改善投资环境的政策和措施，落实促进中小企业发展的各项优惠政策，将民营企业的资金扶持与发展县（市）域经济的情况直接联系起来。

第四节　不同地形县（市）域经济发展策略

一、平原县经济发展策略

1. 发展特色化经济，培植壮大支柱产业

发挥区域比较优势，将资源优势转化为竞争优势。发展农产品深加工业，做大做强龙头企业。培植特色产业和支柱产业，提高产业竞争力。调整产业结构，加快产业融合，促进产业结构升级。

2. 推进农业产业化，提高农产品竞争力

在依托地方特色农业发展基础上，延伸产业链条，培育形成特色品牌，增强市场影响力和竞争力，促进农业发展。大力推广"公司＋基地＋农户""种植—加工—销售""定单农业"等的经营模式，建立龙头企业与农户的利益共同体，提高抵御市场经济风险的能力，增加市场的组织化程度，助推农业产业化发展。

3. 走新型工业化道路，向产业集聚发展

以新农村建设为抓手，以建立健全以工促农、以城带乡长效机制为保障，形成以工促农、以城带乡、工农互惠、城乡一体的新型工农、城乡关系。实施"三化"联动战略，力求通过"两化"互动来推动农业现代化。加强三大产业融合，以园区建设、企业引进、品牌培育为抓手，有效启动新型工业化对农业现代化的推动作用，促进产业集聚，实现规模效应。

二、丘陵县经济发展策略

1. 强化基础设施，优化发展环境

按照"打开通道、构建枢纽、完善路网、提升功能、支撑发展"的基本思路，抓好骨干交通体系的升级改造，加快农村公路网络的完善，提升丘陵地区运输服务能力和服务水平。加大对丘陵地区农田水利设施投入力度，加速丘陵地区中低产田土改造，提高农业综合生产能力。

2. 立足资源特色，壮大县（市）域经济

立足丘陵县（市）域的独特资源，发展壮大关联产业和特色产业。引导丘陵县（市）域准确识别自身的比较优势，从细微之处做大文章，通过错位发展避免陷入与周边区域的恶性竞争和产业雷同，以产业特色化来破解外部竞争压力。鼓励引导资源密集型产业发展的基础上，加大资金、技术投入，提高产品科技含量，增强市场竞争力，培育形成新的经济增长点。

3. 提高农民素质，促进就地城镇化

增加教育投入，加强农村成人教育和职业教育培训，提高县（市）域劳动力的素质和技能，促进农村剩余劳动力就地城镇化。结合农业产业化经营，促进农村剩余劳动力向农产品加工、农村中介服务组织转移，促进农民就业，带动农村城镇化发展。

三、山区县经济发展策略

1. 坚持以基础设施建设为先导，努力为山区发展创造必要条件

加大对山区基础设施建设的投入力度，尤其是对山区的公路交通、农田水利

及其他生产、生活设施的倾斜力度，提升交通、能源、水利、信息等基础设施的共建共享、互联互通能力和水平，全面提高基础设施承载能力，为加快新型工业化、新型城镇化和农业现代化提供强有力的支撑。

2. 注重将扶贫开发与产业发展相结合，增强山区"造血"功能

把发展产业作为建设重点，依托优势资源，统筹谋划脱贫致富与长远发展，推动产业结构调整，大力培育一批增收致富支柱产业，提升群众就业增收能力。把能力建设作为"造血式"扶贫的重要手段，加大种植业、养殖业、加工业和服务业等专业知识培训力度，加强劳务输出培训，提高居民的自我发展能力。

3. 着力推进生态环境保护建设，倾力助推山区县（市）域绿色发展

把生态环境保护建设放在更加重要的位置，坚持走资源节约型、环境友好型道路，将促进山区县（市）域经济发展与加强生态环境保护有机结合，实现山区县（市）域资源的可持续开发利用，形成经济发展与生态保护的双赢局面。努力发掘地方特色，以"休闲、养生、观光"等为主题，大力发展生态旅游业，培育新的绿色经济增长点。

第五节　不同驱动力的县（市）域经济发展策略

一、资源禀赋型县（市）域经济发展策略

1. 做优做强矿产资源型产业

提高矿产资源集约节约利用，加大资金、技术投入力度，转型升级资源型产业，做优做强基础性矿产资源型产业，形成产业竞争优势，提升县（市）域经济的竞争力和综合实力。运用技术创新和产业结构调整的手段，推进矿产资源加工业的产业创新，实现矿产资源产品的高、精、尖化发展，提高产品附加值，助力工业强县推进。

2. 扩展延伸资源型产业链条

加快培育一批资源深加工龙头企业和产业集群，推进产业集约化发展，形成综合的矿产资源型产业体系，增强矿产资源关联产业的竞争力和可持续发展能力。

3. 推进更新外生型主导产业

立足于原有的矿产资源产业基础，根据国家产业政策、区域发展规划、城市的发展战略，以及城市的资源状况、区位条件、产业基础、历史沿革、文化底蕴、生产要素配置、市场发展状况等确定新型的主导产业。借助现代信息技术和高新

技术，大力发展高新技术产业、现代农业、旅游业等产业，鼓励发展战略性新兴产业，推进县（市）域由单一的矿产资源型经济向多元经济转变。

4. 创新提升环境友好型产业

通过技术创新，实现对传统产业的技术改造，降低对自然资源开发所造成的生态破坏影响。提高产业的技术含量，增强传统主导产业的国际竞争力。加快发展具有能耗低、绿色环保和高附加值的产业。在技术创新与产业升级过程中，必须坚持以市场为导向、以结构升级为目标，推进产业结构的战略性调整，为经济增长注入新的结构活力。

二、区位导向型县（市）域经济发展策略

1. 提高产业集群水平和分工深度

加强县（市）域与区域中心城市的分工合作，提升经济联系的深度与广度，在巩固、加强产业链条基础联系外，向装备制造业和高新技术产业合作进行深入合作，提高产业发展持续动力，促进产业集群发展。利用区域中心城市在资金、技术、信息等要素领域的领先优势，将县（市）域产业作为区域中心城市产业发展战略的一个重要配套基地，努力使县（市）域产业向深入、高新方向推进，助力经济发展。

2. 积极发展现代化生产性服务业

通过政策优惠和鼓励引导，构建企业间产业战略合作联盟，提高抵御市场经济风险能力。吸引更多外部投资进入，构建起立体式、全过程的金融服务平台，为企业根植于县（市）域创造有利条件。提供便利的基础设施和优越的公共服务设施，提升城市发展品位，积极发展现代化生产性服务业，促进服务层次高端化、现代化、专业化发展。

3. 培育市场对劳动力的吸纳程度

加大对劳动力市场的管制，积极引导劳动力自由流动，促进劳动力市场发展。给予中小企业更多优惠政策，吸引更多企业进入县（市）域，培育形成企业集群，加强企业间交流合作，从而提供更多就业岗位。完善各种基础设施建设，加强配套服务产业发展，使劳动力能够进得来、留得下、住得好，从而促进经济发展。

4. 与周边城市形成产业错位互补

立足县（市）域发展实际情况，密切县（市）域与城市的经济文化联系。加强生产要素由城市向周边县（市）域流动，加大城市对县（市）域发展的涓滴效应，将县（市）域作为城市发展的重要一环。集中力量重点突破，培育形成新的

经济增长点和优势产业，大城市在研发、金融、技术等环节着力提升，而县（市）域则在先进制造业、现代服务业、现代农业等环节重点建设，从而构建区域产业互补错位的格局，促进经济发展。

三、政府扶持型县（市）域经济发展策略

1. 准确定位政府推动作用

明晰政府权责界限，加强政策引导鼓励，给予经济发展优惠政策，在制定产业发展战略、合理规划发展空间、提供公共服务等方面下大力气，促进县（市）域产业发展。强化政策引导在促进县（市）域产业发展作用的基础上，也要尊重企业发展自身规律，着力实现市场基础性调节作用和政府政策引导作用共同发力的局面。

2. 选择核心企业重点培育

利用核心企业的带动作用，促进关联性企业、产业链条发展，促进县（市）域经济发展。核心产业选择过程中，既要紧密结合县（市）域发展优势，也要坚持市场导向原则，具有较强的市场竞争力。核心企业选择过程中，既要注重企业的基础和实力，也要考虑到龙头企业与关联性企业是否存在较大的互动和互补需求。

3. 营造良好的产业发展环境

通过完善园区基础设施建设，培育产品物流中心，定期举办科技洽谈会和行业信息发布会，引导园区企业建立行业协会加强交流与自律，加强循环经济的规划引导，鼓励各项中介服务的配套跟进，对入园企业实行"一条龙"服务等举措，有效培育产业良好的公平竞争环境、市场环境、政策环境、人文环境和服务环境，从而为产业的发展创造良好条件。

4. 做好区域发展总体规划

加强政策统筹规划，坚持有所为有所不为，在重点领域和关键环节着力突破，发挥比较优势和地方特色，形成分工有序、互利协作、各具特色的县（市）域经济发展格局。做好区域发展总体规划，加强县（市）域工业园区的产业选择、发展方向、发展重点等领域的科学决策，为园区产业集群的健康、有序、快速发展提供保证。

第六章　县（市）域经济发展政策建议

第一节　推进供给侧改革

1. 加强供给侧改革，促进产业创新升级

立足区域发展基础，优化升级产业结构。保证农业基础地位，推进新型工业化发展，培育壮大第三产业。加强传统产业更新换代，引导支持新型工业发展。发挥市场调节作用，支持多元经济发展。加强产业融合，保持经济活力。

挖掘地域特色产业，形成比较优势产业。整合优化资源配置，着力发展特色产业，培育形成特色产业体系。提高资源利用效率，增强市场竞争能力，变资源优势为经济优势。

推动科技创新与大众创业、万众创新有机结合，以科技创新为核心，以人才发展为支撑，塑造更多依靠创新驱动、发挥先发优势的引领型发展。营造激励创新的市场竞争环境，加快"两创"发展进程。

2. 推进农业现代化，优化农业生产结构

以市场需求为导向，以调结构、上规模、创品牌为主线，坚持走产出高效、产品安全、资源节约、环境友好的农业现代化道路，形成数量充足、质量优良的特色优质农产品供给体系，推动特色农业品牌化发展。

以农业产业化为抓手，探索农业产业化的有效组织模式，加大产业链条的前向投入和后向投入，延伸农业产业链条，促进经济发展。

以农业集约节约为抓手，合理转移农业剩余劳动力，稳步推进农村土地流转制度改革，发展壮大龙头企业和专业合作组织，提高农业生产效率和产业化水平。

3. 推动特色工业化，提升工业产品附加值

延长农产品增值链条，推动农业产业结构优化升级。推进生产方式的规模化、规范化和标准化，打造"一县一品"。密切工业和农业联系，实行工业反哺农业。

依托主导产业，引进培育龙头企业，加快集群内部企业联合重组，积极发展配套产业，拓宽延长产业链条，推进产业集聚、集群发展，打造特色产业集群。引导产业向开发区和工业园区聚集，提高产业集约发展水平。

以"微笑曲线"为指导方针，培育形成品牌效应，提高产品技术含量，加快

向研发投入和市场服务转变，提高工业盈利能力，提升产品价值链的含量，增强市场竞争力。

4. 发展现代服务业，推动服务业优质高效

加快发展现代物流业。以特色优势产业为依托，借助县（市）域基础设施系统，密切县（市）域产业之间、城乡之间和县（市）域内外的有机联系，增加就业机会，强化县城和中心镇的城市功能。

全面推进商贸服务业。依托县城、交通枢纽、历史文化街区等为节点，引进、建设一批大型综合批发市场和商贸综合体，推动商贸服务企业集聚，打造商贸服务中心和消费中心。

大力建设金融服务业。以完善社会信用体系、促进中介服务体系建设为手段，优化县（市）域金融发展环境，积极开发适宜特色产业发展的金融产品，开拓新的融资渠道，建立多层次、多元化的金融服务体系，为县（市）域经济发展提供支撑。

5. 创新发展"互联网+"，推动县（市）域经济转型

树立互联网思维，推进发展模式创新，积极实施"互联网+"战略，加强与传统产业有机结合，壮大主导产业，培育形成新产业、新业态、新模式。

围绕促进产业结构优化升级和经济增长方式，加快应用高新技术和先进适用技术改造传统信息服务业，增强现代信息服务业的自主创新能力，鼓励信息服务业的产品创新、品牌创新、技术创新、管理创新，大力发展信息服务业。

加快发展县（市）域电子商务，激发消费增长潜力，服务"三农"、服务民生，惠及农村广大群众，推动和提高农村发展效益与质量，促进县（市）域制造业和现代服务业的发展，调整优化县（市）域产业结构。

第二节 加强基础设施公共服务建设

1. 完善基础设施建设，保障县（市）域经济发展

提高路网密度和通达深度，形成以高速公路为骨干、国省干线为基础、农村公路为延伸，便捷、通畅、高效、安全的县（市）域综合交通运输体系，解决制约县（市）域经济发展的交通基础设施问题。

按照节水优先、综合治水、生态安全的要求，加强水利设施建设，提高水安全保障能力。加快重点水源和城市水资源配置工程建设，加强饮用水水源地保护。实施农村饮水巩固提升工程，有条件的地区推进城乡供水一体化。

把推进"三网融合"作为契机,大力实施信息通信基础网络提速升级工程,加快电信网、互联网和广电网升级改造,全面提高信息通信基础网络建设和综合利用水平。重点支持农村地区信息通信基础设施建设。

2. 完善公共服务体系,推动城乡协调发展

推进公共服务设施市场化改革,加快县(市)域公共服务社会化进程。打破县级政府对公共服务设施的垄断,使市场主体参与到县(市)域公共服务供给机制中,提高公共服务的供给效率,实现资源的有效配置。

加快建设现代教育体系。普及学前教育,均衡发展义务教育,基本普及高中教育,大力发展中等职业教育,扶持发展特殊教育,稳步发展继续教育。保证县(市)域教育硬件均衡,实现教育资源布局合理、分配公平。

完善医疗服务供给机制。推进医疗卫生体制改革,加强基本医疗保障制度建设,巩固和完善新型农村合作医疗制度。提高公共卫生服务和突发公共卫生事件应急处理能力,提高医疗卫生资源的利用率。

第三节 构建发展新体制

1. 健全现代市场体系,促进经济多元化

加快建立城乡统一的建设用地市场,在符合规划、用途管制和依法取得前提下,推进农村集体经营性建设用地与国有建设用地同等入市、同权同价。健全集体土地征收制度,规范征收程序,完善被征地农民权益保障机制。

清理废除妨碍统一市场和公平竞争的各种规定和做法,维护市场公平竞争。健全竞争政策,完善市场竞争规则,实施公平竞争审查制度。健全统一规范、权责明确、公正高效、法治保障的市场监管和反垄断执法体系。

坚持权利平等、机会平等、规则平等,激发非公有制经济活力和创造力。消除各种隐性壁垒,保证依法平等使用生产要素、公平参与市场竞争、同等受到法律保护、共同履行社会责任。

2. 加强县(市)域财政支持,推进财税改革

强化地方财政财力,建立稳定的县(市)域财政收入来源。中央政府以及地方省级政府应当强化对地方税收制度的调整,加大对县(市)域财政的支持比例。优化财政支出结构,提高支出效率。

壮大县级财政是统筹城乡经济发展,解决"三农"问题,优化财政分配结构的有效途径。财政部提出"明确责任、综合治理、激励约束、分类指导"的原则,

建立"以奖代补"激励机制，将中央财政支持与地方工作实绩挂钩。

优化财政分配结构，积极探索和开展财政资金市场化运作，通过融合市场力量，按照市场规则运作财政资金，创新财政的扶持手段，发挥财政资金的杠杆调控作用，提高财政支持对促进经济发展的效果。

3. 完善土地流转机制，坚持土地集约化

健全土地承包经营权登记制度，推进土地承包经营权确权登记。建立健全承包合同取得权利、登记记载权利、证书证明权利的土地承包经营权登记制度，是稳定农村土地承包关系、促进土地经营权流转、发展适度规模经营的基础性工作。

严格规范土地流转行为，健全土地流转管理服务，加快发展多种形式的土地经营权流转市场。加强土地流转用途管制，坚持严格的耕地保护制度，切实保护基本农田。严禁借土地流转之名违规搞非农建设。

强化土地节约集约利用，提高土地集约利用效率。严控新增建设用地，有效管控新区和开发区无序扩张，严格执行工业园区、工业集中区单位土地面积投资强度标准。建立集约用地激励机制，建立县（市）域主导优势产业用地优先支持制度，确保重点项目建设用地。

4. 加强县（市）域对外开放，密切区域联系

加大在重大基础设施建设等领域的合作力度，实行公平的市场准入原则，实施更加开放的政策，密切县（市）域与大中城市的经济联系。坚持以开放促开发，以开放促发展，坚持走出去、请进来，加快发展外向型经济，扩大县（市）域发展空间。

密切县（市）域间市场经济联系和合作交流，形成县（市）域资源互补优势，探索培育产业比较优势，走产业错位协同发展道路，形成对内合作与对外开放统筹、互动、共赢的局面。

第四节 推进新型城镇化

1. 加快推进新型城镇化，完善县（市）域城镇体系

坚持扩容提质和凸显特色并重，按照科学规划、适度超前、高标准、高起点的要求，以城镇群为主体形态，依托交通干线，发挥中心县城辐射带动作用，努力构建由县级中等城市、小城市、特色县城和经济强镇为骨干的县（市）域城镇体系。

树立精明增长、紧凑城镇理念，合理确立城镇定位，科学划定开发边界，鼓

励多中心、组团式发展，建设集约城镇。以新理念建设新型小镇，提升特色小镇品质和形象，因地制宜发展特色鲜明、产城融合、充满魅力的小城镇和中小城市。

2. 推进城乡一体化发展，加快建设美丽乡村

推进农村改革和制度创新，增强集体经济组织服务功能，激发农村发展活力。全面改善农村生产、生活条件，提高农民生活水平。科学规划村镇建设、农田保护、村落分布、生态涵养等空间布局。加快美丽宜居乡村建设步伐。

统筹规划城乡基础设施网络，健全农村基础设施投入长效机制，促进基础设施城乡联网、生态环保设施城乡统一布局建设。推动城镇公共服务向农村延伸，构建以工促农、以城带乡、工农互惠、城乡一体的新型工农、城乡关系，促进公共资源均衡配置。

3. 建设和谐宜居县城，提高居民生活质量

转变县（市）域城区发展方式，提高城市治理能力，不断提升城市环境质量、居民生活质量和城市竞争力，努力打造和谐宜居、富有活力、各具特色的城市。

第五节 加快改善生态环境

1. 发展生态环保产业，助推县（市）域经济可持续发展

以提高环境质量为核心，以解决生态环境领域突出问题为重点，加大生态环境保护力度，提高资源利用效率，为人民提供更多优质生态产品，推进环境保护建设，助推县（市）域经济可持续发展。

大力发展生态工业，引导企业向工业园区集聚，推进县（市）域传统块状经济向现代产业集群转变。积极发展生态农业，推广生态农业开发模式、粮经作物轮作模式等。加快发展生态服务业，促进生态环保产业化和绿色化，推广绿色消费和绿色生活，推动生活方式和消费模式向绿色低碳、文明健康方式转变。

树立节约集约循环利用的资源观，加强全过程节约管理，提高资源利用综合效益。加快发展循环经济，坚持循环经济发展理念，推进循环型产业发展。实施循环发展引领计划，推进生产和生活系统循环链接，加快废弃物资源化利用。

2. 构建生态文明体系，加大环境综合治理力度

推动县（市）域重点生态功能区建设成为保护生态安全的核心区，严格实施自然保护区管控，全面实施产业准入负面清单制度，积极推动造林绿化、天然林保护等重大生态工程建设。实施能源和水资源消耗、建设用地等总量和强度"双控"行动，强化目标责任，完善市场调节、标准控制和考核监管。

创新环境治理理念和方式,强化排污者主体责任,形成政府、企业、公众共治的环境治理体系,实现环境质量总体改善。实施污染防治行动,推进污染物达标排放,严密防控环境风险,加强基础设施建设,加大环境综合治理力度。

完善生态环境保护机制,坚持"绿水青山就是金山银山"的发展理念,实行最严格的环境保护制度,形成政府、企业、公众共治的环境治理体系。加强风险监测预警响应,健全生态安全动态监测预警体系,定期对生态风险开展全面调查评估。

第六节 扎实推进脱贫攻坚

1. 完善脱贫政策体制,为脱贫攻坚提供强有力支撑

强化政策资金保障,加强扶贫监管力度。发挥政策性金融、开发性金融、商业性金融和合作性金融的互补作用,整合各类扶贫资源,拓宽资金来源渠道。建立严格的扶贫资金管理制度,建立扶贫资金信息披露制度以及扶贫对象、扶贫项目公告公示制度,保证财政专项扶贫资金在阳光下运行。

健全广泛参与机制,加大扶贫支持力度。健全东、西部扶贫协作和党政机关、国有企业、人民团体定点扶贫机制,鼓励支持民营企业、社会组织、个人参与扶贫开发,引导社会扶贫重心下移,实现社会帮扶资源和精准扶贫有效对接。加大扶贫力度,引导资金向贫困地区更多转移,助推经济发展。

落实脱贫责任制度,完善精准扶贫工作。落实精准帮扶责任,把责任分解到单位、个人,实施"一户一策一责任人"的到户帮扶责任制,推进贫困村整村扶贫开发。全面做好精准识别、建档立卡工作,建立精准扶贫台账和贫困户脱贫认定机制,规范完善精准扶贫工作。

2. 支持贫困地区发展,提高基础设施公共服务水平

强化产业项目扶贫。以市场需求为导向,以县(市)域实际为依托,选择适宜产业项目,培育形成特色优势产业,建立稳固长效的收入增长机制。将新型工业化、城镇化、农业现代化与扶贫开发工作相结合,大力推动以工辅农,加快城市化和新型工业化进程,促进产城互动发展,让城镇成为吸纳农民进城就业和外出农民工回乡创业的"容纳器"和"吸铁石"。

加强基础设施建设。因地制宜解决贫困地区基础设施建设,构建贫困地区外通内连的交通运输通道。加大"以工代赈"投入力度,支持贫困地区中小型公益性基础设施建设。改善贫困地区基本公共服务,提高教育质量和医疗服务水平。

参考文献

[1] 刘国斌.县域经济学[M].长春：吉林大学出版社，2011.

[2] 吕凤勇，邹琳华.中国县域经济发展报告[M].北京：社会科学文献出版社，2005.

[3] 王科健.县域经济纵横[M].兰州：兰州大学出版社，2013.

[4] 徐菁蔚.中国县域经济发展白皮书（2006—2012）[M].北京：当代中国出版社，2013.

[5] 姚超雄.县域经济发展战略研究[M].武汉：武汉大学出版社，2008.

[6] 中国社会科学院工业经济研究所课题组.中国县域经济推进产业升级实践[M].北京：社会科学文献出版社，2013.

[7] 隆少秋.县域经济发展及结构优化的理论与实践[M].广州：华南理工大学出版社，2006.

[8] 王秉安，罗海成，徐小佶.县域经济竞争力[M].北京：社会科学文献出版社，2008.

[9] 周扬，李宁，吴文祥，吴吉东.1982—2010年中国县域经济发展时空格局演变[J].地理科学进展，2014，33（1）：102-113.

[10] 闵敏，苗长虹，胡志强，钟佳慧.基于地形修正的河南省县域交通优势度评价及与经济发展的空间耦合研究[J].地域研究与开发，2018，37（5）：37-42.

[11] 陈红娟，冯文钊，彭立芹.县域经济发展水平评价及时空格局演变——以河北省为例[J].测绘科学，2016，41（4）：97-101.

[12] 蔡芳芳，濮励杰，张健，等.基于ESDA的江苏省县域经济发展空间模式解析[J].经济地理，2012，32（3）：22-28.

[13] 李小建，乔家君.20世纪90年代中国县际经济差异的空间分析[J].地理学报，2001，56（2）：136-145.

[14] 罗庆，李小建，杨慧敏.中国县域经济空间分布格局及其演化研究：1990年~2010年[J].经济经纬，2014，31（1）：1-7.

[15] 张毅.中国县域经济差异变化分析[J].中国农村经济，2010（11）：15-25.

[16] 凌耀初.中国县域经济发展分析[J].上海经济研究，2003（12）：3-11.

[17] 周春山，王晓珊，盛修深，刘艳艳.1990年代以来广东省县域经济差异研究[J].地域研究与开发，2011，30（2）：27-32.

[18] 刘戈，王明浩，王建廷，方玉涛.城乡统筹背景下县域产业规划路径选择[J].城市发展研究，2015，22（2）：82-88.

[19] 张兴瑞.全球价值链分工双面效应下中国县域产业升级研究——基于长三角地区全国百强县的实证[D].复旦大学，2011.

[20] 史守正，石忆邵.中国百强县（市）时空演变特征与影响机制分析[J].苏州科技学院学报（自然科学版），2013，30（2）：57-63.

[21] 郑俊，赵毅.转型与提升：城市化水平超过50%之后——以百强县前十名江苏省县（市）城市化发展为例[J].现代城市研究，2012，27（7）：22-28.

[22] 闫人华,熊黑钢,瞿秀华,郑丽丽.1975年以来新疆县域产业结构的空间分异研究[J].经济地理,2013,33(3):99-105.

[23] 李后强.加快民族地区县域经济振兴繁荣[J].当代县域经济,2017(1):15-20.

[24] 刘玉,潘瑜春,陈秋分.山东省县域经济发展的时空动态研究[J].经济地理,2012,32(5):43-48.

[25] 马仁锋,王筱春,李文婧,马俊杰.省域尺度县域综合发展潜力空间分异研究——以云南省为实证[J].地理科学,2011,31(3):344-350.

[26] 余晓霞,米文宝.县域社会经济发展潜力综合评价——以宁夏为例[J].经济地理,2008(4):612-616.

[27] 黄金川,陈守强.中国城市群等级类型综合划分[J].地理科学进展,2015,34(3):290-301.

[28] 胡毅,张京祥.基于县域尺度的长三角城市群经济空间演变特征研究[J].经济地理,2010,30(7):1112-1117.

[29] 刘古超.中国县域经济发展模式研究评述及其反思[J].企业经济,2013,32(2):154-158.

[30] 邢志广.中国县域经济发展模式研究[D].哈尔滨工程大学,2006.

[31] 赵伟.县域经济发展模式:基于产业驱动的视角[J].武汉大学学报(哲学社会科学版),2007,60(4):481-486.

[32] 应新杰,赵媛.我国县域经济发展的区域差异及主要模式[J].南京师范大学学报(自然科学版),2007,30(2):110-114.

[33] 江振娜.政府扶持型县域经济发展模式研究——福建仙游县工艺美术产业实证分析[J].福建行政学院福建经济管理干部学院学报,2008,108(2):90-96.

[34] 战炤磊.中国县域经济发展模式的分类特征与演化路径[J].云南社会科学,2010(3):109-113.

[35] 张洪力.县域经济发展模式的理性思考[J].中州学刊,2006(4):59-61.

[36] 闫天池.我国县域经济的分类发展模式[J].辽宁师范大学学报,2003,26(1):22-24.

[37] 朱舜.西部县域经济空间结构模式选择与跨越式发展[J].农村经济,2001(12):22-24.

[38] 赵昌文."十三五"时期中国产业发展新动向[J].财经问题研究,2016,338(3):27-34.

[39] 芮明杰.新一轮工业革命正在叩门,中国怎么办?[J].当代财经,2012,333(8):5-12.

[40] World Economic Forum.The Global Competitiveness Report2005-2006[R].WEF publication,2006.

[41] 周春山,颜秉秋,刘艳艳,吕拉昌.新经济下广州城市竞争力分析[J].人文地理,2008,100(2):113-118,25.

[42] 任志安,何宏春.欠发达县域经济增长因素决定及其发展方式转变研究——安徽省北部地区县域的经验分析[J].湖南商学院学报,2012,19(2):52-59.

[43] 王曙光,杨敏.农村供给侧结构性改革与县域农村金融创新发展[J].农村金融研究,2016

（7）：55-59.

[44] 俞东毅，成青青. 供给侧结构性改革与县域经济发展——基于海门市的实践与思考[J]. 经济研究导刊，2016，301（20）：88-92.

[45] 樊帆. 农村土地流转的深层原因探析[J]. 热带农业科学，2009，29（7）：53-56.

[46] 赵玉红，李坤英. 促进辽宁县域经济发展的财政政策建议[J]. 农业经济，2013（7）：94-96.

[47] 缪小林，伏润民，王婷. 地方财政分权对县域经济增长的影响及其传导机制研究——来自云南106个县域面板数据的证据[J]. 财经研究，2014，40（9）：4-15，37.

[48] 张晴，刘李峰，高明杰. 中国中部地区县域城乡统筹发展模式探讨[J]. 中国农学通报，2011，27（11）：93-97.

附件　项目参加团队与专家名单

项目负责人与顾问

邹德慈　中国城市规划设计研究院　中国工程院院士　课题负责人　组长
李晓江　中国城市规划设计研究院　教授级高级规划师　课题负责人　副组长
郭仁忠　深圳市数字城市工程研究中心　中国工程院院士　副组长
王建国　东南大学　中国工程院院士　副组长
张　娟　中国城市规划设计研究院规划研究中心副主任　教授级高级规划师　副组长
孟建民　深圳市建筑设计研究总院有限公司　中国工程院院士　课题专家
王瑞珠　中国城市规划设计研究院　中国工程院院士　顾问
陆大道　中国科学院　中国科学院院士　顾问
郑时龄　同济大学　中国科学院院士　顾问
崔　愷　中国建筑设计研究院　工程院院士　顾问

中国城市规划设计研究院（课题1：综合报告，专项研究报告）

刘　航　中国城市规划设计研究院规划研究中心　城市规划师
王玉虎　中国城市规划设计研究院规划研究中心　城市规划师
王　颖　中国城市规划设计研究院规划研究中心　城市规划师

闫　岩　中国城市规划设计研究院上海分院　四所所长　高级城市规划师
李新阳　中国城市规划设计研究院上海分院　高级城市规划师
卢弘旻　中国城市规划设计研究院上海分院　高级城市规划师
李　妍　中国城市规划设计研究院上海分院　城市规划师
潘　磊　中国城市规划设计研究院上海分院　城市规划师
张　超　中国城市规划设计研究院上海分院　城市规划师
陆容立　中国城市规划设计研究院上海分院　城市规划师
靳文博　中国城市规划设计研究院上海分院　城市规划师
李鹏飞　中国城市规划设计研究院上海分院　城市规划师
吴春飞　中国城市规划设计研究院上海分院　城市规划师

罗 彦	中国城市规划设计研究院深圳分院	总规划师 教授级高级规划师
吕晓蓓	中国城市规划设计研究院深圳分院	研究中心主任 教授级高级规划师
石爱华	中国城市规划设计研究院深圳分院	高级城市规划师
孙文勇	中国城市规划设计研究院深圳分院	城市规划师
罗仁泽	中国城市规划设计研究院深圳分院	城市规划师
解芳芳	中国城市规划设计研究院深圳分院	城市规划师

陈怡星	中国城市规划设计研究院西部分院	总规划师 高级规划师
汪 鑫	中国城市规划设计研究院西部分院	城市规划师
丁洁芳	中国城市规划设计研究院西部分院	城市规划师
杨 卓	中国城市规划设计研究院西部分院	城市规划师
肖 瑶	中国城市规划设计研究院西部分院	城市规划师
刘 敏	中国城市规划设计研究院西部分院	城市规划师
王怡婷	中国城市规划设计研究院西部分院	城市规划师
邓 俊	中国城市规划设计研究院西部分院	城市规划师

王继峰	中国城市规划设计研究院交通分院	副所长 教授级高级工程师
陈 莎	中国城市规划设计研究院交通分院	所主任工程师 高级工程师
岳 阳	中国城市规划设计研究院交通分院	工程师
姚伟奇	中国城市规划设计研究院交通分院	工程师
于 杰	中国城市规划设计研究院交通分院	助理工程师

深圳市数字城市工程研究中心（课题2：县（市）域土地利用演变研究）

杜茎深	深圳市数字城市工程研究中心	高级工程师
孙语晴	深圳市数字城市工程研究中心	工程师
赵 军	深圳市数字城市工程研究中心	工程师
姜仁荣	深圳市数字城市工程研究中心	教授级高级工程师
张玉茜	深圳市数字城市工程研究中心	高级工程师

东南大学（课题3：县（市）域城乡聚落体系与建筑风貌研究）

王兴平	建筑学院	区域与城市发展研究所所长 教授
薛 力	建筑学院	副教授
陈 骁	建筑学院	博士研究生

赵胜波　建筑学院　硕士研究生
赵立元　建筑学院　博士研究生
王　慧　建筑学院　硕士研究生
施一峰　建筑学院　硕士研究生
关慧姗　建筑学院　硕士研究生
周　琪　建筑学院　硕士研究生
周　阳　建筑学院　硕士研究生
杨长青　建筑学院　硕士研究生
李　多　建筑学院　硕士研究生

中央财经大学（课题4：支持县（市）域城镇化的财政政策与制度创新研究）

杨燕英　中央财经大学政府管理学院　教授　系副主任
刘栓虎　北京师范大学"一带一路"学院（中信城市运营研究中心）
吴婧如　中央财经大学金融学院　硕士研究生
刘腾飞　北京师范大学政府管理学院　博士研究生
杨　琼　中央财经大学财税学院　博士研究生
谷　金　中央财经大学政府管理学院　硕士研究生

中山大学（课题5：中国县（市）域经济研究）

周春山　地理科学与规划学院　副院长　教授
张国俊　广州财经大学　讲师
曹永旺　地理科学与规划学院　博士研究生
王宇渠　地理科学与规划学院　博士研究生
刘　松　地理科学与规划学院　博士研究生
刘　樱　地理科学与规划学院　博士研究生
金万富　地理科学与规划学院　博士研究生
李世杰　地理科学与规划学院　博士研究生
黎　明　地理科学与规划学院　博士研究生
王珏晗　地理科学与规划学院　硕士研究生
史晨怡　地理科学与规划学院　硕士研究生
黄婉玲　地理科学与规划学院　硕士研究生